Lições de ética

FUNDAÇÃO EDITORA DA UNESP

Presidente do Conselho Curador
Mário Sérgio Vasconcelos

Diretor-Presidente
Jézio Hernani Bomfim Gutierre

Superintendente Administrativo e Financeiro
William de Souza Agostinho

Conselho Editorial Acadêmico
Danilo Rothberg
João Luís Cardoso Tápias Ceccantini
Luiz Fernando Ayerbe
Marcelo Takeshi Yamashita
Maria Cristina Pereira Lima
Milton Terumitsu Sogabe
Newton La Scala Júnior
Pedro Angelo Pagni
Renata Junqueira de Souza
Rosa Maria Feiteiro Cavalari

Editores-Adjuntos
Anderson Nobara
Leandro Rodrigues

IMMANUEL KANT

Lições de ética

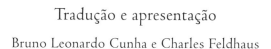

Tradução e apresentação
Bruno Leonardo Cunha e Charles Feldhaus

© 2018 Editora Unesp

Título original: *Eine Vorlesung Kants über Ethik*

Direitos de publicação reservados à:

Fundação Editora da Unesp (FEU)
Praça da Sé, 108
01001-900 – São Paulo – SP
Tel.: (0xx11) 3242-7171
Fax: (0xx11) 3242-7172
www.editoraunesp.com.br
www.livrariaunesp.com.br
feu@editora.unesp.br

Dados Internacionais de Catalogação na Publicação (CIP)
de acordo com ISBD
Elaborado por Odilio Hilario Moreira Junior - CRB-8/9949

K16l
    Kant, Immanuel
        Lições de ética/Immanuel Kant; traduzido por Bruno Leonardo Cunha, Charles Feldhaus; apresentado por Bruno Leonardo Cunha, Charles Feldhaus. – São Paulo: Editora Unesp, 2018.

        Tradução de: *Eine Vorlesung Kants über Ethik*
        ISBN: 978-85-393-0726-5

        1. Filosofia. 2. Ética. 3. Kant, Immanuel, 1724-1804. I. Cunha, Bruno Leonardo. II. Feldhaus, Charles. III. Título.

2018-455   CDD 170
                                                                      CDU 165:17

Editora afiliada:

Asociación de Editoriales Universitarias de América Latina y el Caribe

Associação Brasileira de Editoras Universitárias

Sumário

Apresentação – *Lições de ética*: estudo introdutório . 7

Lições de ética . *81*

Ethica . *209*

Apresentação
Lições de ética: *estudo introdutório*[1]

1. A história e a natureza das Lições

Em 1924, por ocasião do ducentésimo aniversário de nascimento do pensador de Königsberg, Paul Menzer trouxe à luz as *Lições de ética*, de Immanuel Kant, originalmente intituladas *Eine Vorlesung Kants über Ethik*. É certo que, do ponto de vista cronológico, trata-se de uma publicação tardia, se considerarmos o fato de que ainda em vida, reconhecendo a importância filosófica de sua própria atividade de preleção, Kant havia editado suas lições de antropologia ainda no século XVIII, publicando-as em 1798 com o título *Antropologia do ponto de vista pragmático*. Ainda em fins do século XVIII, não obstante, a continuidade desse trabalho foi deixada sob a responsabilidade de alguns de seus mais confiáveis discípulos e amigos. Gottlob Benjamin Jäsche, doutor e *Privatdozent* na Universidade de Königsberg, foi o res-

---

[1] A primeira parte deste ensaio foi redigida pelo prof. Bruno Cunha, da Universidade Federal de São João del Rei, e a segunda, a partir da terceira seção, "Dos deveres dos seres humanos", pelo prof. Charles Feldhaus, da Universidade Estadual de Londrina.

ponsável por editar e publicar as lições kantianas de lógica em 1800, enquanto Friedrich Theodor Rink, aluno de Kant entre 1786 e 1789 e frequentador de seu círculo íntimo, publicou as lições kantianas sobre Geografia Física e sobre Pedagogia, respectivamente, em 1802 e 1803. Pouco tempo depois, em 1817 e 1821, foi a vez das conferências sobre a doutrina filosófica da religião e sobre metafísica aparecerem sob a supervisão de Karl Heinrich Pölitz, professor de Leipzig que também fora aluno de Kant.

Apesar desse atraso na edição e na publicação das *Lições de ética*, é perceptível que houve um reconhecimento progressivo da importância desses manuscritos no século XX, o que é atestado, sobretudo, nos estudos e comentários que foram desenvolvidos, a partir de então, utilizando esse material como um suplemento para a reconstrução e a compreensão do desenvolvimento do pensamento moral de Kant.[2] Ademais,

---

2 Da decisão dos primeiros editores das obras de Kant (*Immanuel Kant's sämmtliche Werke*), Karl Rosenkranz e Friedrich Schubert, de não incluir as lições no conjunto da obra daquele tempo, passando ainda pelas reservas do primeiro editor das *Lições*, Paul Menzer, seguiu-se uma avaliação positiva do material nos trabalhos de interpretação que apareceram a partir da primeira metade do século XX. Dentre os trabalhos que se apoiam nas *Lições*, é importante citar, da primeira metade do século XX, o trabalho de Max Küenburg, *Ethische Grundfragen in der jüngst veröffentlichten Ethikvorlesung Kants* (1925) e também o livro de Paul Schilpp, *Kant's Precritical Ethics* (1938). Da segunda metade, são memoráveis os trabalhos de Joseph Schmucker, *Die Ürsprunge der Ethik Kants* (1961), o de Keith Ward, *The Development of Kant's View on Ethics* (1972), e um livro mais recente de Clemens Schwaiger, intitulado *Kategorische und andere Imperative* (1999). No entanto, é verdade que ainda poucos estudos têm sido dedicados às *Lições* em particular. Nesse sentido, cabe citar aqui a dissertação pioneira de Max Küenburg.

Lições de ética

é importante destacar que, tempos depois da precursora edição de Menzer, as *Lições de ética* foram reeditadas por Gerhard Lehmann³ e incluídas, em 1974, no tomo XXVII da edição crítica da Academia de Berlim das Obras Completas de Kant (*Kants gesammelte Schriften*). Algum tempo depois, dando continuidade ao trabalho editorial, um novo e mais minucioso texto foi preparado com o objetivo de ocupar a posição da edição de Lehmann. Dessa forma, sob os cuidados de Werner Stark, foi-nos apresentada, em 2004, aquela que é considerada hoje a mais confiável e bem elaborada entre todas as versões das *Lições de ética*.

Mas aqui cabe perguntar: o que, de fato, são essas *Lições*? Qual sua natureza e sua origem? Muito embora Kant tenha dado em algum momento o aval para a divulgação de suas aulas,⁴ parece bastante claro que as *Lições*, de modo geral,

---

3 Em oposição às admitidas reservas de Menzer, para Lehmann, "todos os escritos impressos pressupõem as lições, sobretudo os mais difíceis. As lições constituem o acesso simples e natural à filosofia de Kant" (1966, p.554).

4 Segundo o relato de Lehmann (1966, XVII.2, p.957), atendendo às diversas solicitações e levando em consideração as péssimas condições em que se encontravam vários dos cadernos, "Kant por si mesmo achou correto permitir que fossem usadas publicamente as cópias de suas lições e [...] ele cuidou do fornecimento [*Beschaffung*] dessas cópias". Um dos primeiros interessados nos manuscritos foi o ministro Zedlitz, que "solicitou uma cópia da Geografia Física", embora já a estivesse estudando por um manuscrito (o de Phillipi). "No entanto trata-se de algo confuso, algumas vezes também escrito de maneira errada." Markus Herz também solicita a Kant um dos manuscritos. "Eu tenho alguns cadernos bastante conservados de suas *Lições de Lógica* e tenho que agradecer a sua aprovação. Mas não tenho nenhum do *Metaphysikkolleg*" (X, p.241-4).

não são textos que foram redigidos com o propósito de publicação. Na verdade, nem são textos que foram redigidos por Kant. Trata-se das notas que foram tomadas pelos alunos a partir dos ensinamentos do professor em sala de aula. Sabe-se que, desde 1755, Kant estava habilitado[5] como *Privatdozent* e que, desde então, adquiriu grande notoriedade como professor. Borowski, que, como aluno, assistiu às primeiras preleções kantianas, por exemplo, relembra que Kant se entregava por completo (1804, p.186) à sua atividade docente.[6] As "lições de kant" são retratadas, por seu primeiro biógrafo, como "temperadas de piadas e bom humor, muitas vezes com citações

---

5 A dissertação para obtenção do grau de *Magister* intitulou-se *Sucintas meditações sobre o fogo* e foi submetida à universidade em abril de 1755. Quatro semanas mais tarde, o trabalho passou por um exame público e em junho Kant já estava de posse do título. No entanto, para receber a *"venia legendia"* e obter a habilitação para ensinar, Kant ainda precisava defender outra dissertação. Assim, em setembro, Kant apresentou e defendeu a dissertação *Nova elucidação sobre os primeiros princípios do conhecimento metafísico*, na qual critica alguns dos princípios fundamentais da lógica e da ontologia dos wolffianos. Para comentário, consultar Cunha, *A gênese da ética de Kant* (2017).

6 Em pormenor, Borowski nos conta: "Eu o escutei em sua primeira lição em 1755. Ele morava naquela época na casa do prof. Kypke em Neustadt e tinha lá um espaçoso salão de leitura que, como o salão de entrada e a escada, era preenchido com uma quantidade inacreditável de estudantes. Isto parecia ser desconfortável para Kant. Desacostumado com a coisa, ele quase perdeu toda compostura, falando mais suave que de costume, muitas vezes corrigindo a si mesmo. Mas, certamente, isso apenas nos deu uma impressão mais vívida e maravilhosa do homem a quem presumíamos ser o mais erudito e que nos parecia apenas modesto e não temeroso. Nas lições seguintes já foi totalmente diferente. Sua palestra, tanto quanto as seguintes, não foi apenas meticulosa, mas sincera e agradável" (1804, p.186).

dos livros que acabara de ler, e às vezes com anedotas que, no entanto, eram sempre relevantes" (p.188). Essa popularidade ainda é explicitada pelos relatos de outros estudantes, como o irmão de Hamann, que revela em uma carta ao amigo: "*Magister* Kant vive feliz e contente. Silenciosamente, ele recruta aqueles que frequentam as lições do glamoroso Watson" (1821, p.11). Talvez não seja difícil supor alguns motivos que justificavam essa dedicação. Uma vez que a posição de *Privatdozent* estava abaixo da de professor universitário, Kant não recebia um salário fixo da universidade, mas dependia dos honorários que eram pagos pelos estudantes, e isso talvez possa explicar, pelo menos em alguma medida, o motivo pelo qual deveria se esforçar profissionalmente para conseguir seguidores, embora certamente isso não estivesse acima de sua vocação nem de seu amor pela filosofia. Por essa razão, muito embora precisasse angariar estudantes em uma "disputa acirrada", Kant os selecionava, proferindo a sua célebre frase: "Você não aprenderá comigo filosofia, mas a filosofar" (Borowski, 1804, p.187).

Tão logo Kant se habilitou, começou a lecionar na Albertina e sua atividade se estendeu por mais de quatro décadas,[7] atraindo, desde o início, tanto os jovens estudantes de Königsberg quanto profissionais e pessoas de diversos setores da sociedade. Logo de início,[8] no semestre de inverno de 1755-1756, foram ministrados cursos de Lógica, Metafísica, Física

---

7 Foram mais de oitenta semestres de docência, de 1755 a 1796.
8 Por ocasião de sua promoção a *Magister*, Kant teve de proferir, em 12 de junho de 1755, uma palestra em latim sobre "A exposição fundamental e fácil na filosofia". Para Lehmann (1966, XXIV.2, p.955), caso esse documento não tivesse sido perdido, seria "o primeiro documento da história das lições kantianas".

e Matemática. Ainda em 1756, no semestre de verão, foi acrescentado o curso de Geografia e, logo depois, as lições de Ética.⁹ De maneira geral, os cursos ou as preleções universitárias eram oferecidos e ministrados em períodos bem definidos do ano. No semestre de verão, eles aconteciam do fim de abril ou do início de maio até meados de setembro. No inverno, eram ministrados a partir do meio de outubro, estendendo-se até o fim de março ou o começo de abril. Os cursos geralmente tinham carga horária de aproximadamente quatro horas por semana distribuídas em dois ou quatro encontros. As *Lições de ética*, em especial, compunham o currículo do primeiro ano, fazendo parte da preparação para os cursos de Direito, Medicina e Teologia (Kühn, 2004, p.108).

É de nosso conhecimento que os compêndios universitários eram uma referência obrigatória das lições em geral.¹⁰ Dessa

---

9 Segundo o *Índice* de Arnoldt dos cursos kantianos ministrados ou apenas anunciados, em 1759-1760, já se encontra uma referência às *Lições de ética* como "Ethik über Baumgarten" (1894, p.330). Contudo, Lehmann é da opinião de que Kant não usou as duas obras de Baumgarten até o semestre de inverno de 1764-1765, época em que Herder assistiu a suas preleções. A *Praktische Philosophie Herder* é baseada na *Ethica philosophica*, de Baumgarten. Antes disso, Kant supostamente teria usado o manual de Baumeister. No entanto, segundo Stark (1993, p.327) e Schwaiger (1999, p.34 ss.), a suposição de que Kant teria ensinado antes com a obra de Baumeister, *Elementa philosophiae*, é provavelmente falsa.

10 Sobre isso, Erik Adickes (XIV, p.xxi) comenta, em sua introdução ao *Legado manuscrito*, que os "compêndios de Meier, Baumgarten, Achenwall, Eberhard lhes serviam como base para suas lições. Naquele tempo, o uso de manuais deste tipo era reconhecidamente comum nas universidades alemãs e foram incutidos, de modo especial, aos professores de Königsberg por meio de um édito do ministro

forma, sabe-se que, para a matemática, Kant utilizou-se dos compêndios de Christian Wolff. *Princípios de todas as ciências matemáticas* e o *Extrato dos princípios de todas as ciências matemáticas*. Os cursos de Física e Ciências Naturais foram baseados no texto de Johann Eberhard, *Primeiros fundamentos da doutrina da natureza*. As leituras de metafísica, por sua vez, eram feitas tendo como referência o "mais útil e fundamental entre todos os compêndios do seu tipo" (AA I: 503), a saber, a *Metaphysica*, de Alexander Baumgarten, a quem Kant, expressando claramente o seu respeito e preferência, julgou como um gigante entre os metafísicos (AA 1:408). A lógica era ensinada a partir do *Extrato da doutrina da razão*, do discípulo de Baumgarten, Georg Friedrich Meier. Na antropologia e na religião foram seguidos, respectivamente, partes da *Metaphysica* e, além dela, na religião, a *Preparação para a teologia natural*, de Eberhard. Para as *Lições de ética*, em particular, os textos de referências foram a *Ethica philosophica*,[11] de 1740, e a *Initia philophiae practicae primae*,[12] de 1760, ambos de Alexander Baumgarten.

Diferente da atitude de alguns que insistiam em seguir à risca os compêndios, era nítida a atitude crítica e independente de Kant diante dos textos de referência que, de acordo com Borowski (1804, p.186), não eram estritamente seguidos, sendo

---

V. Zedlitz de 16 de outubro de 1778. 'O pior dos compêndios', diz-se aqui, 'é certamente melhor do que nenhum e os professores podem, se possuírem sabedoria o suficiente, melhorar seus autores tanto quanto puderem, mas a leitura em forma de ditado deve ser abolida totalmente".

11 É provável, de acordo com Menzer (1924, p.326), que Kant tenha utilizado a segunda edição.

12 *Iniciação à filosofia prática primeira*.

usados por ele apenas para seguir a ordem na qual os autores disponibilizavam os seus tópicos, apresentando suas próprias observações e teorias sobre os assuntos em questão, sempre de maneira "muito interessante" (p.186). Ao que parece, em total contraste com sua caracterização tradicional como um pensador frio e abstrato, seus comentários ao compêndio escolástico o retratavam não como "um filósofo especulativo", mas como "um orador espirituoso". Segundo Jachmann (apud Menzer, 1924, p.323), um dos "mais entusiasmados alunos de Kant e seu biógrafo", as *Lições de ética*, em particular, provocavam uma profunda impressão em seus ouvintes: "quão frequentemente ele [Kant] nos levou às lágrimas; quão frequentemente ele balançou com violência nosso coração, quão frequentemente elevou nosso espírito e nosso sentimento dos grilhões do eudaimonismo egoísta até a elevada autoconsciência da liberdade da vontade, até a obediência incondicionada à lei da razão".[13] Mas, de alguma maneira, eloquência e espontaneidade pareciam não concordar bem com um rigor estritamente didático e, dessa forma, segundo Borowski (1804, p.187), considerando o fato de que Kant não ditava sistematicamente as lições, não gostava de se repetir e tampouco de forçar o aprendizado de seus alunos, ter atenção era um requisito fundamental ao estudante que não quisesse ser deixado para trás.[14] Essa exigência pode

---

13 Esta passagem é retirada do trabalho de Jachmann de 1804.

14 Adickes (XIV, p.xxxiv) observa que "a exposição [*Vortrag*] de Kant era livre de tal modo que ele raramente utilizava literalmente suas anotações no compêndio, ou, quando ele o fazia aqui e ali (algo relacionado com determinações terminológicas), seus ouvintes não copiavam literalmente (ou nem sempre)". Emil Arnoldt (p.291) corrobora essa opinião, dizendo: "Provavelmente Kant falava de tal

Lições de ética

justificar, talvez, o motivo pelo qual Kant não era muito simpático às anotações dos alunos. Ao tomar notas extensivamente, eles perdiam ou negligenciavam o que era mais importante (p.187). Mesmo assim, ainda que tivessem de se dar o trabalho de permutar seus cadernos com os dos colegas, os jovens estudantes insistiam em registrá-las, inscrevendo-as em volumes encadernados e, a despeito das reservas mais particulares do professor, essas anotações registravam satisfatoriamente o conjunto de seus ensinamentos. Uma crescente demanda desses cadernos estabeleceu um verdadeiro comércio entre os estudantes e, então, naqueles tempos, cópias (*Abschriften*) das anotações dos *Collegia* de Kant circulavam livremente pela universidade.

Foi a partir de alguns desses *Abschriften* que a edição de Paul Menzer, referência para essa tradução, foi preparada. Em particular, três manuscritos foram utilizados para a edição de 1924. O primeiro manuscrito[15] pertenceu a um estudante de teologia matriculado na Universidade de Königsberg em 4 de março de 1779, Theodor Friedrich Bauer. Segundo Menzer (1924, p.324), trata-se de um caderno de 487 páginas. O segundo manuscrito,[16] de setembro de 1780, traz exatamente 304 páginas. Ele foi de propriedade de Gottlieb Kutzner, estudante

---

maneira que dificilmente os estudantes podiam tomar notas de sua exposição. Apesar de se esforçarem nisso, muitos daqueles que assistiam ao mesmo curso trocavam suas anotações, utilizando-se dos apontamentos dos outros para corrigir e completar os seus".

15 O manuscrito apresenta a inscrição original: *Philosophia practica universalis/ una cum/ Ethica/ substrato compendio Baumgartenii/ docente/ Excellentissimo Domino P. I. Kant/ calamo excerpta est a Theodoro/ Friderico Bauer. ss. Theol, cult, incept: d 12 8ber 1780*.

16 Originalmente: *Vorlesungen/ über die/ Philosophische Moral/ von/ HE. prof. Kant/ in Königsberg/ G Kutzner S. S. T. C. 1781.*

matriculado em 21 de julho de 1779. O último dos manuscritos[17] é um caderno de 301 páginas, com data final de fevereiro de 1782, que pertenceu ao estudante Christopher Mongrovius, cuja matrícula foi registrada na Universidade de Königsberg em 21 de março de 1781. O exame dos textos mostra que estamos, indubitavelmente, diante de cópias manuscritas, uma vez que, de acordo com Menzer (1924, p.325), é possível identificar, em todos os cadernos, vestígios de erros e correções que só poderiam ser encontrados em uma transcrição. A comparação entre os manuscritos, não obstante, tornou possível um acordo textual entre eles e a similaridade observada a partir daí conduziu Menzer à pressuposição de que tais foram copiados de um mesmo texto original (*Urtext*). As datas dos *Abschriften* não correspondem necessariamente à época em que as lições foram professadas, mas referem-se tão somente ao momento em que os textos foram copiados. Isto é, nenhum deles traz apontamentos diretamente tomados dos ensinamentos em sala de aula. Menzer esclarece que o primeiro dos manuscritos serviu de base para a versão final do texto de sua edição, enquanto os outros dois serviram para conferir e corrigir o primeiro. Apesar das dificuldades de datação, Menzer acredita ser possível, por meio de algumas evidências diretas e indiretas (*Terminus ad quem* e *a quo*),[18] pressupor que o texto editado e publicado, oriundo da

---

17 *Des berühmten Professor Kant zu Königsberg in Pr./ philosophische Moral/ wie er sie vorgelesen/ eine treue Nachschrift von vielem Werth/ Mongrovius*).

18 Além das datas apresentadas nas cópias, que são os *termini ad quem*, Menzer leva em conta algumas referências indiretas, como *termini a quo*, apresentadas no texto, tais como a referência aos institutos educacionais de Basedow que foram fundados em 1774 e que, por volta de 1775, já tinham despertado o interesse de Kant (1924, p.326).

comparação dos manuscritos, representa as *Lições de ética* de Kant na forma como foram apresentadas nos anos 1775-1780,[19] mais especificamente, nos semestres de inverno de 1775-1776, 1776-1777, 1778-1779, 1780-1781 e em 1777.[20]

Apesar da predileção de Menzer por esses textos em particular, sabe-se que outros manuscritos das mesmas lições estavam disponíveis na época.[21] Por conseguinte, para a inclusão

---

19 Uma vez que o fecho do manuscrito C, de Kutzner, é de fevereiro de 1782, momento em que Kant não lecionara seu curso de Ética, pode-se supor, pelas datas dos outros dois manuscritos, que o texto original, a partir do qual estes foram copiados, não pode ser de depois de 1780. É preciso observar, contudo, que alguns manuscritos mais tardios demonstram que Kant não alterou o teor e o conteúdo de seu discurso sobre ética mesmo no fim da década de 1780. O manuscrito de Collins, por exemplo, data de meados de 1780 e provavelmente remete ao curso ministrado no semestre de inverno de 1784-1785. Outros manuscritos mais tardios apresentam datas situadas ao fim dos anos 1780 e ao início da década seguinte. Trata-se dos manuscritos *Philosophia Moral von Brandt/ Aron* e *Philosophia Practica Marburg*, datados de 1788-1789, sem mencionar outros dois manuscritos provavelmente posteriores conhecidos como *Moralische Vorlesung 1791* e *Philosophische Moral Dilthey*. Levando isso em consideração, Lehmann observa que Kant parece não ter alterado o principal de seu discurso sobre ética durante o longo período situado entre 1777 e 1791, contrariando a ideia de Menzer de que as *Lições* representariam o ensinamento de Kant na segunda metade dos anos 1770. É interessante notar que, a despeito de todas as reservas que têm sido dispensadas às *Lições*, o próprio Kant não pareceu considerar seu discurso incoerente em relação àquele apresentado em seus escritos éticos publicados depois de 1785, a *Fundamentação da metafísica dos costumes* e a *Crítica da razão prática*.

20 Está listada, no índice de Arnoldt/Schöndörffer, uma lição de ética no verão de 1777.

21 Como editor do volume 4 das edições de Kant da Academia Prussiana e de Königsberg de Ciências, Menzer já havia apresentado, em

no volume XXVII da Edição Crítica das Obras Completas de Kant (*Kants gesammelte Schriften*), Gerhard Lehmann decidiu selecionar um manuscrito diferente dos três anteriormente editados por Paul Menzer (Lehmann, 1979, p.1041). Visto que dois dos textos utilizados por Menzer já não estavam mais disponíveis, o manuscrito selecionado para compor a edição da academia foi o de Georg Ludwig Collins,[22] um caderno de 606 páginas repleto de notas marginais, pertencente a um estudante de teologia matriculado em outubro de 1784. A escolha editorial de Lehmann foi, justificadamente, alvo de críticas, uma vez que o texto de Collins é certamente o mais deficiente entre todos os que foram publicados.[23] O fato é que, além de algumas discrepâncias, ele deixa de fora importantes

---

1912, uma lista com alguns dos manuscritos disponíveis. A lista de Menzer, segundo Stark (2004, p.376), ofereceu indicações de um total de noventa manuscritos, dentre os quais dezesseis são de filosofia moral. Em 2004, tínhamos informações de 25 manuscritos.

22 Originalmente: *Moralphilosophie nach den akad: Vorlesungen des Herrn Prof: Kant. Königsberg im Wintersemestre 1784 und 1785. Georg Ludw Collins d:GG:S. über Baumgarten.*

23 Alguns intérpretes defendem que as diferenças entre os manuscritos não seriam tão problemáticas quanto se supõe. J. B. Schneewind nota que muitas das discrepâncias não são tão relevantes, uma vez que dizem respeito a palavras sinônimas, por exemplo, à permuta de *stärkste* (mais forte) por *höchste* (mais alto/supremo) ou a algumas expressões ou nomes, como quando uma passagem é atribuída a Sócrates em vez de Aristóteles, ou ainda a parágrafos. À parte algumas passagens faltantes que são acrescentadas na tradução de Peter Heath e certas divergências menores, Schneewind acredita que Collins e Kaehler são praticamente os mesmos. Aramayo (1988, p.13-5) também advoga a favor da similaridade entre Menzer, Kaehler e Collins, embora seu trabalho comparativo deixe claro, pelos diversos ajustes na versão de Collins a partir de Menzer, as várias disparidades.

passagens. Nesse sentido, é principalmente digno de nota um longo trecho, ausente em Collins, na seção "Do princípio supremo da moralidade", situado entre as páginas 49 e 56 da edição de Menzer, que se mostra de grande importância para compreender o problema do móbil no transcorrer das lições.[24] Além disso, como Stark[25] assevera, há uma dúzia de linhas que foram incluídas em Collins (AA XVII: 375), mas que não são observações genuínas do próprio Kant. Como ele observa, elas são, na verdade, comentários marginais do copista que erroneamente foram incluídos no corpo do texto. Por esses e outros motivos, Stark acredita que a edição de Lehmann não é capaz de substituir a edição pioneira de Menzer (p.379). Dessa forma, a nova edição de 2004, preparada por ele, reivindica, por seu próprio direito, assumir a posição do texto editado por Lehmann, que, segundo suas palavras, "desde então tem sido amplamente considerado um fracasso" (p.392). A reivindicação de Stark adquire um forte apelo, em primeiro lugar, devido ao fato de que o novo manuscrito que serviu de base para a sua edição, a saber, o manuscrito de Kaehler, pode ser confirmado por outros doze manuscritos de meados de 1770. Em segundo lugar, porque, pela primeira vez, alcançou-se segurança na análise e apresentação do texto das lições através de procedimentos modernos e fazendo uso de tecnologia. Para Stark, é realmente surpreendente que haja um total de treze manuscritos, locados em um curto período, relacionados de maneira tão próxima.

---

24 Esse problema é tratado em Cunha, *A gênese da ética de Kant* (2017, p.204-9).
25 Citado por SCHNEEWIND, Jerome. Foreword. In: DENIS, Lara; SENSEN, Oliver. *Kant's Lectures on Ethics*: A Critical Guide. Cambridge: Cambridge University Press, 2015, p.xv.

"Este não é o caso de nenhuma outra das lições ministradas por Kant" (2004, p.392).

O manuscrito de Kaehler[26] tornou-se disponível para o trabalho editorial tão somente em 1997, depois de ser adquirido pelo Arquivo Kant de Marburgo. O texto tem 454 páginas, apresentando ao final a data de 19 de setembro de 1777. O caderno pertenceu originalmente ao estudante Johann Friedrich Kaehler, cuja matrícula foi registrada em 10 de abril de 1772 no curso de Teologia[27] da Universidade de Königsberg. Kaehler tinha 22 anos de idade no semestre de inverno de 1777-1778 e frequentou, além das lições de Filosofia Moral, as de Metafísica e Antropologia. Embora o texto de Kaehler tenha se tornado disponível apenas tardiamente, é interessante notar que Otto Schöndörfer, ainda na primeira metade do século XX, informa a Menzer, em uma carta de dezembro de 1924, sobre a existência de mais um manuscrito[28] dos cursos kantianos de Ética. Segundo Stark (2004, p.378), tratava-se justamente do manuscrito que seria adquirido em 1997 pelo Arquivo Kant de Marburgo e que seria o 13º componente do que Wilhelm Kraus chamou de o mesmo conjunto ou "tradição de transcrições"[29] [*Abschriftentradition*].

---

26 *Collegium/ Philosophiae practicum universalis/ una cum ethica/ privatim pertractatum/ studio vero persecutum/ ab/ Joanne Friderico/ Kaehler/ Iur. utrq. et Phil. Cultore./ Regiomonti/ per semestre/ Aestivum 1777.*

27 Segundo as listas de visita dos estudantes do Ministério de Finanças de Königsberg, encontramos Kaehler exclusivamente entre os estudantes de Direito.

28 No final de 1924, nem Adickes nem Kraus haviam sido ainda informados da existência de mais um manuscrito do curso de Ética.

29 Em 1926, Wilhelm Kraus havia reunido e analisado, em suas *Investigações sobre as lições de filosofia moral de Kant,* quinze manuscritos

Lições de ética

De acordo com Stark, esse conjunto de cópias do qual Kaehler faz parte forneceu, do mesmo modo, a base material para a preparação do próprio texto de Menzer, que, no espaço dos estudos kantianos, tornou-se a referência para praticamente todas as traduções desde 1930. É interessante notar que, no contexto de divulgação das *Lições* em outros idiomas, não obstante, a primeira tradução apareceu mesmo antes da própria edição de 1924. Embora pouco divulgado, esse material veio à luz ainda no século XIX, sob os cuidados de Christoph C. Mongrovius, antigo aluno de Kant. Em 1854, em comemoração aos cinquenta anos do falecimento de seu honroso professor, Mongrovius fez uma tradução parcial de seu próprio manuscrito, publicando-o em sua língua materna com o título *Tratado filosófico sobre religião e moral proveniente de Immanuel Kant e traduzido em língua polonesa por Mongrovius*. Contudo, uma tradução completa teve de esperar até o início do século XX. A primeira tradução em língua inglesa apareceu, sob responsabilidade de Lois Infield, pouco tempo depois da edição Menzer, em 1930, com o título de *Lectures on Ethics*. Essa versão foi reimpressa várias vezes até a segunda metade do século XX, servindo de base para os primeiros trabalhos em língua inglesa sobre o desenvolvimento da ética de Kant, dentre os quais destacam-se o livro de Paul Schilpp de 1938, *Kant's Pre-critical Ethics*, e, posteriormente, o de Keith Ward de 1972, *The Development of Kant's View on Ethics*. Em 1997, com o propósito de compor um dos volumes da Cambridge Edition of the Work of

dos cursos kantianos. Kraus reconheceu uma dúzia deles como pertencendo à mesma "tradição de transcrições" ou cópias, cujo aparecimento se remete a um curso ministrado no espaço de tempo compreendido entre 1774-1775 e 1778-1779.

Immanuel Kant, as *Lições de ética* ganharam, sob supervisão de Peter Heath, uma nova e melhorada versão em língua inglesa. Embora a tradução de Heath de *Lectures on Ethics* seja baseada na criticada edição de Lehmann, seu minucioso trabalho editorial é, de alguma forma, capaz de suprir as denunciadas carências observadas no manuscrito de Collins. Além de algumas correções mais pontuais, Heath preenche muitas das lacunas desse manuscrito, complementando o seu texto final com passagens retiradas dos cadernos de Mongrovius. Isso faz que, em substância, o texto de Collins-Heath difira pouco do de Kaehler, revelando-se como uma fonte confiável aos pesquisadores de Kant para os quais Kaehler está inacessível. No ambiente de língua latina, cronologicamente falando, convém primeiramente citar a tradução para a língua italiana, baseada em Menzer, que apareceu em uma edição de Augusto Guerra, em 1971, com o título *Lezioni di etica*. Deixada aos cuidados de Roberto Rodrigues Aramayio e Concha Roldán Panadero, a edição em castelhano veio à luz em 1988 com o título *Lecciones de etica* e, embora tenha sido extraída integralmente da *Moralphilosophie Collins*, ela empreende um trabalho minucioso de comparação com a versão de Menzer, preenchendo, inclusive, a partir desta última, muitas das lacunas da primeira. Em língua francesa, apesar de haver desde os fins dos anos 1970 alguns extratos já traduzidos, apenas em 1997 apareceu uma versão completa das *Leçons d'éthique*, também baseada em Menzer, sob responsabilidade de Luc Langlois.

A presente edição é a primeira tradução das *Lições de ética* de Kant para língua portuguesa. Seguindo a tendência das traduções latinas, ela também foi baseada na precursora edição de Menzer (1924). Não obstante, com o intento de levar adiante um trabalho editorial mais completo, foi empreendido um esforço de comparação e cotejamento com os manuscritos *Moralphilophie Collins* e *Moralphilosophie Kaehler*, respectivamente incluídos nas edições alemãs de Lehmann (1974) e de Stark (2004). Dessa forma, embora não tenha sido possível identificar todas as diferenças entre os manuscritos, pode-se dizer que grande parte dessas divergências – pelo menos as mais relevantes – foram encontradas e indicadas em notas de rodapé. Em alguns momentos, inclusive, opta-se por termos presentes em Kaehler ou Collins, embora, quando é o caso, isso sempre seja devidamente indicado. Com exceção das traduções polonesa e italiana, todas as outras versões traduzidas serviram como referência para cotejamento e adequação do texto. Em alguns momentos, quando necessário, as opções dos tradutores são citadas ou mesmo discutidas. No que diz respeito à tradução em si, buscamos, sobretudo, ser fiéis à letra do autor, sem contudo macular o seu espírito. Por isso, as adaptações foram utilizadas apenas quando necessárias para adequar o pensamento do autor às exigências mais estritas da língua portuguesa. É importante observar que as notas de rodapé são empregadas de cinco maneiras diferentes. Elas são primeiramente usadas com o propósito de elucidar termos e explicar opções de tradução. Em segunda instância, elas nos servem como notas comparativas em relação aos manuscritos. Ademais, as notas buscam ainda informar ao leitor os parágrafos do compêndio de Baumgarten que serviram de referência para as seções discutidas por Kant em sala de aula. E, por fim, considerando o importante propósito de situar as *Lições* dentro do espaço de discussão dos problemas kantianos em geral, o texto também apresenta um conjunto de notas que são preenchidas ora com comentários interpretativos, ora com passagens dos próprios escritos kantianos maduros. Conscientes do grande desafio que é trazer ao público um trabalho deste tipo e das próprias limitações que se impõem nessa tarefa, esperamos, com a presente edição, tornar disponível, de maneira proveitosa, uma importante fonte, ampliando o horizonte dos estudos kantianos em língua portuguesa.

2. *A filosofia prática de Kant nas* Lições

A filosofia prática universal

A *Initia philosophiae practicae primae*, de 1760, é, como já foi relatado, um dos textos de referência para as *Lições* de Kant. Da mesma forma que a *Filosofia practica universalis*, de Christian Wolff, a *Initia*, de Alexander Baumgarten, também é um escrito de fundamentação[30] no qual são tratados e esclarecidos os conceitos práticos fundamentais. Em especial, ela ocupa-se exaustivamente do conceito de obrigação.[31] Apesar de *Ethica*

---

30 No prefácio da *Fundamentação*, ao tentar distinguir a metafísica dos costumes da filosofia prática universal de Wolff, Kant deixa claramente indicada a função propedêutica dessa última: "Não se vá pensar, porém, que aquilo que aqui pedimos exista já na propedêutica que o célebre Wolff antepôs à sua Filosofia moral, a que chamou Filosofia prática universal, e que se não haja de entrar portanto em campo inteiramente novo" (AA, IV, p.390-1).

31 Schwaiger (2009, p.68) destaca que, enquanto Christian Wolff se ocupou de tratar o conceito de obrigação em apenas uma seção de sua *Philosophia practica universalis*, o seu discípulo promoveu uma radicalização desse tratamento ao dedicar a *Initia philosophiae practicae primae* inteira a ele.

philosophica ter sido publicada vinte anos antes, é notável que a fundamentação conceitual desenvolvida na *Initia* possa ser tomada, em grande medida, como o alicerce para toda a discussão em torno dos deveres em geral proposta na *Ethica*. Dessa forma, tendo como referência a *Initia*, a primeira parte das *Lições de ética* ocupa-se com o esclarecimento e a fundamentação dos conceitos éticos, procedendo como um esboço do que seria desenvolvido na *Fundamentação* de 1785, enquanto a segunda parte, que se constitui como um debate com a *Ethica philosophica*, trata da doutrina dos deveres éticos do ser humano em um caminho muito similar ao da doutrina da virtude de 1797.[32] Com esse formato, o curso certamente parece fazer jus à separação da filosofia prática da tradição escolástica de Christian Wolff, levando em conta, portanto, a distinção entre a filosofia prática universal e a ética propriamente dita.

Durante a década de 1770, não resta dúvida que fora o debate de Kant com a *Initia*, de Baumgarten, atestado por meio das diversas correções em seu exemplar de trabalho e por sua atitude crítica em sala de aula, o fator responsável pela gestação final da doutrina do imperativo categórico,[33] tanto em relação

---

32 Para Kühn (2015, p.53) seria inadequado dizer que a primeira parte das *Lições* corresponde à *Fundamentação*, enquanto a segunda, à *Metafísica dos costumes*, uma vez que Kant ainda não tinha desenvolvido, nesse momento, sua concepção de ética. Contudo, essa afirmação é contestável, pois, embora a perspectiva kantiana ainda não estivesse plenamente desenvolvida, é perceptível que alguns conceitos fundamentais de sua ética já se encontram aí expostos basicamente em sua forma madura. Nesse sentido, ver Schmucker (1961), Henrich (1959) e Cunha (2017).

33 Essa tese é defendida em especial por Clemens Schwaiger em seu livro *Kategorische und andere Imperative*. Em contrapartida, diante da

à compreensão madura da forma fundamental e estrutural da práxis moral quanto no que diz respeito ao desenvolvimento dos elementos conceituais das duas primeiras seções da *Fundamentação da metafísica dos costumes*. É curioso observar, não obstante, que, ainda na primeira parte das *Lições*, Kant deixa um pouco de lado o escrito de Baumgarten para retornar a Christian Wolff,[34] ocupando-se de um importante tema, que seria desenvolvido e posteriormente apresentado na dialética da *Crítica da razão prática*. Ao contrapor as escolas filosóficas antigas, é notável que Kant já busca uma resposta plausível para o problema do sumo bem, constituída na integração dos dois elementos basilares que compõem a vida ética, a saber, virtude e felicidade. Acompanhando a ordem de seu compêndio, Kant ainda se empenha, no transcorrer da primeira parte das *Lições*, em uma discussão de teor predominantemente jurídico sobre os conceitos de obrigação, coerção, necessitação, legislação, punição, recompensa e imputação. A segunda parte, elaborada em referência à *Ethica philosophica*, discorre sobre temas como a

---

tese de Schwaiger, é preciso verificar em que medida a análise conceitual em torno da distinção dos imperativos, na década de 1770, é suficiente para uma compreensão integral da gestação da ética kantiana. Antes, para tanto, talvez seja importante considerar melhor todo o debate ético dos anos 1760 com a obra de autores como Christian A. Crusius, Francis Hutcheson e Jean-J. Rousseau. Para uma interpretação nesse sentido, consultar Cunha, *A gênese da ética de Kant* (2017), e também Schmucker (1961) e Henrich (1963).

34 Diferente de Wolff, para quem "o propósito da ética é a felicidade dos homens" (Wolff, 1750, §8), Baumgarten dá pouca atenção ao problema da felicidade em sua *Iniciação à filosofia prática primeira*. Distintamente, ele tenta não misturar e confundir os conceitos de perfeição e felicidade.

religião natural, os deveres do homem em geral, concluindo com uma discussão sobre a destinação final do homem, que claramente já prenuncia alguns dos aspectos essenciais de sua filosofia da história.

A delimitação metodológica do objeto prático

A seção de abertura das *Lições de ética*, denominada "Proêmio", não segue estritamente o *Prolegomena* do tratado de Baumgarten, embora certamente tome do *Prolegomena* um de seus aspectos principais, isto é, a preocupação metodológica em delimitar rigorosamente o objeto de investigação da filosofia prática.[35] Dessa forma, a seção de abertura é inaugurada com uma importante distinção entre filosofia prática e teórica levando em conta a natureza de seus respectivos objetos. Propõe-se esclarecer, de maneira fundamental, que a filosofia prática não diz respeito ao conhecimento de objetos, mas tão somente à *práxis*. Se, por um lado, é de se admitir que os diversos tipos de saberes, tais como a geometria, a mecânica, a medicina e a jurisprudência, comportam, ao mesmo tempo, um caráter teórico e prático, de modo a podermos falar de uma geometria prática, uma mecânica prática etc., isso diz respeito tão so-

---

35 Nos parágrafos iniciais de seu *Prolegomena*, Baumgarten demonstra sua preocupação metodológica em definir o escopo da filosofia prática: "§1 Assim como a filosofia é a ciência dos conhecimentos das qualidades da coisa sem o recurso da fé, é a [filosofia] prática então a ciência dos conhecimentos das obrigações do homem sem o recurso da fé. §2 A filosofia prática é o método apodítico a partir de princípios [...], não a partir do testemunho, da autoridade, seja ela divina ou humana".

mente à "forma do conhecimento". Nesse caso, tais saberes se dizem teóricos ou práticos quando se estabelecem, respectivamente, como "a base dos conceitos dos objetos" ou "a base da realização do conhecimento do objeto". Mas, distintamente, a diferença entre filosofia prática e teórica não é meramente formal, pois a filosofia prática pressupõe um campo inteiramente novo de objetos. Ela se ocupa estritamente com o objeto prático, ou seja, as ações e o comportamento livre. Dessa forma, ao abstrair todos os objetos particulares da experiência ética, ela deve ser capaz de nos conceder regras objetivas da conduta livre e do uso da vontade.

A ciência das regras objetivas do comportamento é definida propriamente como *filosofia prática*. Ela dita o que deve acontecer, mesmo que nunca aconteça. A ciência que se ocupa com as regras do comportamento arbitrário, baseada na condição real e subjetiva do homem, é a *antropologia*. Em contraste àquela posição assumida anos à frente, na *Fundamentação* (IV, p.389), nesse ponto Kant compreende que as duas ciências encerram uma relação fundamental e que a moral não pode existir sem a antropologia. Segundo ele, é importante saber, antes de tudo, se o sujeito está em condições de executar aquilo que é exigido dele. Por conseguinte, quando a filosofia prática atua sem a antropologia ou o conhecimento real do sujeito, "ela é apenas algo especulativo". A regra moral, nesse caso, costuma ser vazia e tautológica, mostrando-se inútil, na medida em que prescinde de uma preparação prévia do homem para sua observância.

As regras objetivas da filosofia prática são apresentadas, na seção introdutória, na mesma tripartição da práxis já conhecida desde o ensaio de 1764, *Investigação sobre a evidência dos princípios da teologia natural e da moral*, a saber, "regras de habilidade, regras de prudência e regras da moralidade", cada uma das quais é representada, respectivamente, através de imperativos. Esses imperativos expressam um dever ou uma necessidade objetiva do livre-arbítrio. Os imperativos de habilidade ou imperativos problemáticos representam uma necessidade dirigida para um fim desejado. Os meios são enunciados assertoricamente, mas os fins são problemáticos. Enquanto esse imperativo pertence ao âmbito das ciências, os demais estão incluídos na filosofia prática. Esta, por sua vez, é dividida, em pragmática e moral. O imperativo de prudência ou pragmático faz o uso dos meios em vista de um fim universal do homem, isto é, a felicidade. Essa condição universal, contudo, só pode ser concebida como assertórica e necessária em sentido subjetivo. Não obstante, assim como na *Fundamentação*, Kant acredita ser possível pensar ainda em um imperativo no qual o fim é constituído como uma condição que não ordena subjetivamente, mas objetivamente. Este é o imperativo moral. Nele, a ação não é determinada de acordo com um fim qualquer, mas refere-se imediatamente ao livre--arbítrio. Ao determinar imediatamente o agir, suas prescrições devem ser válidas incondicionalmente e aludem a certo tipo de bondade [*bonität*] intrínseca que dá ao homem um valor interno absoluto da moralidade.

O supremo princípio da moralidade

A questão sobre o princípio da moralidade introduzida na seção inaugural vai ser desenvolvida em outras duas importantes seções da primeira parte, intituladas "Sobre o princípio da moralidade" e "Sobre o princípio supremo da moralidade", nas quais Kant busca esclarecer a peculiaridade da bondade moral e identificar mais claramente a natureza do princípio. As duas seções não são necessariamente homogêneas e a própria diferença em seus respectivos títulos levou a se conjecturar se ambas não haviam sido redigidas em épocas diferentes, o que resultaria no reconhecimento de duas fases distintas no desenvolvimento ético nas *Lições*.[36] A primeira seção inicia-se com a importante exigência de que o princípio da moralidade seja tanto um princípio de judicação, capaz de reconhecer unanimemente o que é bom e ruim, quanto um princípio de distinção, capaz de diferenciar a bondade moral dos demais tipos de bondade. Com o propósito de determinar melhor a natureza desse princípio, Kant realiza uma análise da regra moral nas principais doutrinas éticas. De acordo com a fonte a partir do qual o princípio é discernido, os sistemas morais podem ser empíricos ou intelectuais. Os sistemas empíricos podem se basear em fundamentos internos e externos. Os do primeiro tipo estão representados no sentimento físico, ou seja, no amor de si e no egoísmo, como em Epicuro, Helvétius e Mandeville, ou no sentimento moral de Shaftesbury e Hutcheson. Os do segundo tipo são aqueles baseados na educação, como em Montaigne, ou no governo, como é o caso de Hobbes. O problema é que, como assevera Kant, o princípio da moralidade de acordo com o sistema empírico sempre se apoia em fundamentos contingentes. Esse caráter contingente é claramente perceptível tanto no amor de si, no qual vantagem e desvantagem precisam pressupor sempre uma grande variedade de situações, quanto no sentimento moral, no qual prazer e desprazer não

---

36 Essa hipótese é defendida por Max Küenburg (1925), mas rejeitada por J. Schmucker (1961, p.316). Segundo ele, "quão pouco fundada é essa conclusão, quando colocamos mais proximamente diante dos olhos essas duas importantes partes das *Lições*".

são determinados objetivamente. Os fundamentos externos baseados na educação e no governo também não são válidos, já que pressupõem o caráter relativo dos costumes.

Em oposição ao sistema empírico está o sistema intelectual, que deriva do princípio da moralidade do entendimento e, por isso, pode ser compreendido completamente *a priori*. Posto que a moralidade não é objeto dos sentidos, mas do entendimento, o princípio da moral só pode ser intelectual. Mas os princípios intelectuais podem ainda ser divididos em internos e externos. São internos quando se baseiam na propriedade interna das ações. Eles podem ser compreendidos, nesse caso, como uma lei do arbítrio. São externos quando a determinação da ação se relaciona com outro ser. Trata-se, nesse caso, de um princípio intelectual teológico.

Da rejeição do princípio teológico segue-se a aceitação de um princípio intelectual interno da razão pura como o verdadeiro princípio da moral. Contudo, como Kant assevera, no percurso da tradição, esse princípio tem sido mal compreendido. De acordo com suas ponderações, um princípio da moral, fundamentalmente, não pode ser tautológico. O primeiro alvo das críticas é certamente Christian Wolff, cuja fórmula *Fac bonum, et omite malum* (faça o bem e evite o mal) é vazia e não filosófica. Kant também cita o princípio da verdade de Cumberland – que exige a busca da perfeição, mas se engana pela aparência. E, por fim, critica o princípio da indeterminada justa medida de Aristóteles.

A necessitação prática

Como então deve se constituir, para Kant, um princípio intelectual da razão pura? Para tentar responder a essa questão,

Kant retoma a sua divisão tripartida da práxis moral expressa nos imperativos. Mas ele avança em sua compreensão ao relacioná-los à perspectiva mais estrita do compêndio de Baumgarten. Os imperativos morais baseados em um princípio intelectual interno não só encerram algum tipo de necessidade moral, mas estão, ademais, representados em uma fórmula de *necessitação prática*.

O motivo pelo qual toda obrigação moral não deve ser compreendida apenas como uma necessidade moral objetiva (*necessitas*), mas também como uma necessitação (*Nöthigung/Necessitatio*), é porque ela se relaciona diretamente com a vontade finita dos homens. Pode-se dizer, comparativamente, que a vontade de Deus é necessária em vista da moralidade, mas a vontade humana não é necessária, mas necessitada. Isto é, a necessidade prática em vista do ser supremo não pode ser nenhuma obrigação, pois a necessidade moral só pode ser "um tornar-necessário [*Nothwendigmachung*] objetivo e uma obrigação" se a necessidade subjetiva for contingente. Portanto, em uma vontade perfeita diante da qual a necessidade moral é necessária não apenas objetiva, mas também subjetivamente, não há por que falar de necessitação e obrigação moral. Disso se depreende que uma obrigação se impõe apenas a seres humanos.

Uma vez esclarecido esse importante aspecto, a necessitação da vontade pode atuar em dois caminhos diferentes, ou seja, a partir do livre-arbítrio (*per motiva*) ou segundo a inclinação sensível (*per stimulus*). As últimas são patológicas e só podem necessitar subjetivamente. Uma necessitação prática objetiva, por sua vez, deve ter como base leis objetivas, que se anunciam através desses imperativos. Enquanto as regras de habilidade *necessitam* a vontade apenas de forma problemática e as regras de prudência a partir de uma condição que, embora universalmente válida, é pragmática, o imperativo moral representa uma "necessitação moral categórica e não hipotética". A fórmula que expressa a necessidade prática é a causa impulsiva de uma ação livre e, uma vez que ela necessita objetivamente, denomina-se um *motivum* e deve ser capaz de produzir uma "bondade [*bonität*] absoluta da ação livre e isto é a bondade moral [*Bonitas moralis*]".

Uma teoria da obrigação universalmente válida precisa levar em conta, portanto, uma necessitação prática e objetiva na qual o imperativo moral necessita incondicionalmente, enunciando uma bondade absoluta. Diferente dos imperativos problemáticos e pragmáticos, que necessitam condicionalmente e enunciam apenas uma bondade restrita, a bondade absoluta só pode ser extraída por um tipo especial de imperativo. Aqui nos deparamos com a primeira tentativa de derivação da fórmula do imperativo categórico. Kant acredita ser suficiente, nesse ponto, dizer que o imperativo moral exige "a subordinação de nossa vontade à regra do fim universalmente válido". Trata-se do meio pelo qual é possível enunciar a bondade interna e a perfeição absoluta do livre-arbítrio, pois, nesse caso, ela se harmoniza com todos os fins. Em outras palavras, a bondade moral é "o governo de nosso arbítrio através de regras por meio das quais todas as ações de meu arbítrio concordam de forma universalmente válida". A regra moral é, portanto, "o princípio da possibilidade da concordância de todo livre-arbítrio". Este é a forma através da qual a liberdade humana pode ser estabelecida sob regras. Considerando que a liberdade não é determinada pelas leis da natureza, ela seria algo terrível – uma anomalia na ordem do mundo – caso carecesse completamente de regras e não pudesse, a despeito disso, ser concebida como liberdade bem ordenada.

Para que o arbítrio seja de fato submetido a uma regra universalmente válida, precisa ser determinado totalmente *a priori*. Da mesma forma que a bondade moral é de um tipo especial por ser determinada dessa maneira, os motivos morais também são qualitativamente especiais por serem representados como completamente puros e separados dos motivos da sensibilidade. Embora Kant demonstre, ao longo das *Lições*, sérias restrições acerca da capacidade desses motivos de serem por si sós suficientes para a determinação da vontade, ele acredita aqui que, apesar de tais motivos não satisfazerem tanto quanto os da sensibilidade, devem conter um móbil suficiente. Apesar de serem destituídos dos elementos subjetivos do prazer meramente sensível, estão relacionados a um comprazimento de validade universal capaz de agradar até mesmo ao Ser supremo.

Judicação e execução

A segunda seção sobre o princípio da moralidade desenvolve grande parte das questões já abordadas na primeira seção e, sobretudo, o problema do móbil. Especialmente importante nesse sentido é a distinção da dupla natureza do supremo princípio moral. Ele pode ser um princípio de judicação, por meio do qual se reconhece e julga a bondade moral, e um princípio de execução, através do qual se realiza ou executa aquilo que se reconhece como bom. Enquanto o primeiro se situa no entendimento, o segundo se encontra no coração. O princípio do móbil é o sentimento moral. É interessante observar que, na própria rejeição dos princípios morais tradicionais, não obstante, Kant vai avançar em sua própria compreensão do sentimento moral.

Antes de desenvolver sua hipótese, ele pretende discriminar, em um caminho negativo, aquilo em que não consiste o supremo princípio da moralidade. Não se trata certamente de um princípio patológico como o engendrado pelo sentimento físico a partir da satisfação de todas as nossas inclinações. Também não se trata da satisfação de uma intuição intelectual, uma vez que, como é o caso em relação ao sentimento moral, um sentimento em direção aos objetos do entendimento é um absurdo. Não podemos considerar um sentimento algo ideal, pois é contraditório conceber algo ao mesmo tempo como intelectual e sensível. Além disso, a sensibilidade não pode nos dar leis objetivas com relação àquilo que devemos fazer. Ela não é capaz de nos ordenar categoricamente em relação a isso sem considerar em absoluto o agrado subjetivo. Como uma crítica direta à doutrina de Hutcheson, Kant acredita que recorrer ao sentimento para estabelecer uma regra prática é uma atitude não filosófica, pois um sentimento habita apenas o campo da validade privada e não é acessível aos outros indivíduos. Com isso, esclarece-se que o supremo princípio da moralidade deve ser intelectual, mas não pode ser um princípio mediato como no caso do princípio pragmático, porque, na verdade, este – tal como o verdadeiro epicurismo – é o verdadeiro princípio de satisfação das inclinações. Trata-se, sem dúvida, de um princípio intelectual, na medida em que o entendimento dita as regras do uso dos meios para se alcançar determinado fim, a saber, a felicidade, mas não pode de modo algum ser uma regra moral porque nenhuma concordância pode ser apoiada em nossa sensibilidade. Portanto o princípio moral deve ser um princípio imediato do entendimento, uma vez que o entendimento é capaz de reconhecer o fundamento da moralidade de forma direta e imediata. Contudo, à diferença da tradição ética ocidental, esse princípio intelectual puro da razão pura não pode ser tautológico como o princípio da perfeição de Wolff, o princípio da verdade de Cumberland ou a justa medida de Aristóteles. O princípio intelectual externo também não pode ser o verdadeiro princípio da moral, pois a judicação moral segundo a qual chegamos ao discernimento do bem e do mal moral não pode depender da relação com outro ser. O princípio teológico poderia ser válido apenas se todos os povos adquirissem o conceito teórico de Deus antes do conceito de dever. Na ausência do primeiro, com efeito, nenhum dever seria possível, o que é falso. Nesse ponto, embora Kant admita que a existência de Deus *não é necessária* para o *discernimento* do princípio moral, ele apela a Deus como fundamento subjetivo de execução, ou seja, como fator motivacional. Toda obrigação, pois, possui uma relação com um *"obligantem"*. Dessa forma, a moral pressupõe um *"obligator"*, ou seja, um "terceiro ser" responsável pela "execução" da lei, algo que, de algum modo, deve nos coagir em direção àquilo que devemos fazer.[37]

Posto que o conhecimento da vontade divina não é possível em um caminho meramente teórico e tampouco pela revelação, o acesso que podemos ter ao arbítrio divino é mediado pela razão quando esta discerne, através de sua própria atividade interna, a perfeição da vontade por meio da lei moral. Se

---

37 Não é de modo algum claro como Kant pretende fazer o conceito de Deus um móbil sem macular a doutrina pura do princípio ético. Uma sugestão para essa questão é apresentada em Cunha (2018), *O problema do sumo bem nas* Lições de ética *de Kant*.

nosso acesso a Deus é de fato mediado pela lei moral, é de se esperar que a relação do homem com Deus não seja mantida por meio de ações agradáveis e atos de submissão, mas se consume na própria realização da moralidade. Honrar a Deus não é, dessa forma, elevá-Lo com louvores, mas esforçar-se para executar, através de uma motivação pura, a lei moral. É por esse caminho que cumprimos o comando divino de bom grado e honramos a Deus por meio dos verdadeiros fundamentos da religião natural.

A determinação negativa dos princípios da moralidade, proposta inicialmente, abre espaço para uma determinação positiva do princípio que, mais uma vez, se volta à fundamentação de um princípio intelectual interno. De novo, Kant aventura-se na derivação e na formulação do princípio que mais tarde seria o imperativo categórico. Ao se perguntar em que ele consiste, Kant está seguro em responder que o princípio é aquele em que todas as ações concordam com a regra universal que é válida em todo momento para qualquer um. Portanto "a moralidade é a concordância da ação com uma lei do arbítrio válida universalmente". Assim, tomando como critério uma regra universal, toda moralidade diz respeito a uma relação de regularidade entre as ações. Como forma de melhor ilustrar o seu princípio, Kant apresenta-nos o teste de consistência e contradição que comporia, tempos depois, a explicação do imperativo categórico na segunda seção da *Fundamentação*. A regra, por exemplo, nos diz que manter uma "promessa para satisfazer a sensibilidade não é moral", pois, se alguém quisesse mantê-la dessa maneira, as promessas se tornariam inúteis. Mas, quando é avaliado se a promessa é uma regra universal pelo entendimento, ela mostra-se de acordo com a moralidade porque minha máxima está, nesse caso, de acordo com a regra universal do arbítrio de todos. Aqui já se mostra explícito o fato de que as máximas, compreendidas como leis subjetivas, devem se erigir em leis universais. Se, ao ser constituída como lei universal, a intenção da ação concorda consigo mesma, é moralmente possível. Se a intenção da ação, quando assim constituída, não concorda consigo mesma, é moralmente impossível. Por exemplo, se alguém assume a máxima de se tornar rico, notar-se-á que esta não pode ser estabelecida universalmente, pois, se assim fosse e todos desejassem enriquecer de fato, não seria possível para ninguém alcançar tal propósito.[38] Uma máxima desse tipo só pode ter validade subjetiva e destrói a si mesma se tornada pública. Do mesmo modo, se alguém resolve infligir prejuízos ao próprio corpo com o propósito de lucrar, quando se examina se a intenção da ação é constituída de tal forma que poderia ser uma regra universal, percebe-se que a máxima se contradiz. Prenunciando a segunda formulação do imperativo categórico, tal como no caso do suicídio, nessa situação, além de se autodestruir, a máxima mostra-se inconsistente consigo mesma ao violar a humanidade na própria pessoa do sujeito moral.

O problema do móbil

Uma vez definido o princípio objetivo de judicação da moralidade, que enuncia que "a moralidade da ação consiste

---

38 Para Manfred Kühn (2015, p.62-3), Kant compreende o significado de "máxima" de um modo diferente nesse ponto. Se, de fato, Kühn tem razão em afirmar que a, partir do exemplo de Kant, a máxima, além de ser um princípio subjetivo, é vista como algo que pode ser exposto publicamente ou não, é preciso perceber que o exemplo, mesmo que bastante inadequado, é uma tentativa de mostrar como uma máxima pode ser ou não universalizável.

na forma universal do entendimento (que é puramente intelectual), a saber, se a ação tomada universalmente pode existir enquanto regra", é preciso esclarecer o princípio subjetivo de execução, que permite que a ação seja realmente realizada. O fato de o entendimento ser capaz de discernir a bondade e o princípio moral ainda não é motivo suficiente para que a vontade seja levada à execução de uma ação. Dessa forma, ao perguntar-se sobre como o entendimento pode ter a força de um móbil, Kant admite estar diante do mistério da pedra filosofal. Não obstante, esta é precisamente a oportunidade para Kant reinterpretar a doutrina do sentimento moral de acordo com a sua nova doutrina do princípio moral. O sentimento moral é, por definição, a capacidade de ser afetado pelos juízos morais. É longe de estar claro, no entanto, como o entendimento pode influir na sensibilidade, adquirindo a força de um móbil. Como é possível que, na doutrina do princípio moral, o princípio de judicação se relacione proximamente com o princípio de execução? A experiência moral pressupõe que o entendimento tem de ter também uma força de execução. É preciso, portanto, responder à questão: "[d]e que maneira as condições morais se transformam em motivo [*motiva*]? Isto é, sobre o que se funda sua força movente [*vis movens*] e, portanto, sua aplicação sobre o sujeito?" (Refl. 6628; AA, XIX, p.117). Ora, sem responder a essa questão, o princípio do entendimento é quimérico, uma vez que, mesmo sendo capaz de julgar, não é capaz de chegar por si mesmo à realização do ato.

Partindo de uma interpretação mais adequada da relação entre o formal e o material na moralidade, uma tentativa de solução para o problema já é apresentada na medida em que o sentimento que antes fora rejeitado como princípio patológico é assumido em outra conotação.

O entendimento como faculdade de regras se contrapõe a tudo que se opõe à realização das mesmas e, portanto, também às máximas imorais. Com isso começa a se esclarecer como o entendimento pode impulsionar a vontade às ações. Embora ele não tenha em si mesmo nenhum móbil, pode, todavia, impor uma resistência às máximas imorais, impulsionando certo tipo de causalidade que influi positivamente na sensibilidade. Nesse caso, a resistência imposta pela razão transforma-se em motivo. Quando a sensibilidade concorda com esses motivos, estamos diante do verdadeiro sentimento moral. Mesmo que a capacidade de repudiar uma ação não esteja no entendimento, estando nele apenas a capacidade de reconhecer uma ação como repugnante, é possível que uma ação seja repudiada através da sensibilidade quando esta se submete ao entendimento. Desde que haja um acordo entre entendimento e sensibilidade na experiência moral, a última é capaz de mover a ação do sujeito de acordo com as regras do entendimento. Em outras palavras, ao reconhecer o moralmente reprovável, a razão impõe uma resistência, um tipo de necessitação prática capaz de impelir um móbil que pode ser experimentado e acolhido pela sensibilidade.[39] Embora seja muito pouco claro como esse acordo entre razão e sensibilidade é possível, Kant

---

39 Manfred Kühn (2004, p.xxviii-xxxv) acredita que o supremo princípio da moralidade não pode ser imediatamente identificado com o imperativo categórico, pois esse princípio se mostra apenas como um princípio objetivo da ação, mas não chega ao móbil. Para Kühn, o *princípio de judicação*, enquanto supremo princípio da moral, não alcança, sem um princípio empírico, o *princípio de execução*. No entanto, se aqui estamos diante de uma formulação inicial do sentimento de respeito, a afirmação de Kühn é infundada. Uma discussão nesses termos é apresentada em Cunha, *A gênese da ética de Kant* (2017).

compreende que o que podemos fazer para reforçar tal relação é produzir, através da repetição e do exercício frequente, um hábito no qual aprendemos a despertar um repúdio que não está baseado nas consequências das ações, mas que é excitado, de maneira imediata, devido ao caráter interno abominável dos vícios. A educação e a religião devem proceder de modo a educar o sentimento moral dessa maneira, incutindo nos jovens tanto uma repulsa imediata em relação às más ações quanto um prazer imediato em relação às ações morais.

A suprema perfeição ética: o problema do sumo bem

Sem um correspondente direto nas obras de Baumgarten, a questão abordada na dialética da razão prática ganha uma exposição mais pormenorizada em uma das seções das *Lições de ética*, pelo menos no que diz respeito a uma análise mais precisa das doutrinas antigas do sumo bem. Tendo como referência as escolas da Antiguidade, o conceito de sumo bem é concebido como um ideal, uma medida máxima segundo a qual se pode determinar e mensurar todas as coisas. Trata-se de um modelo para todos os nossos conceitos de bem. Mas qual é o maior bem possível? Quando se pensa no melhor dos mundos possíveis, supõe-se estar incluídos nele ao mesmo tempo dois princípios de perfeição. De um lado, está o princípio da boa conduta e da dignidade, a saber, a virtude, que consiste na perfeição do livre-arbítrio. Do outro lado, contraposto a ele, encontra-se o estado máximo de satisfação dos seres humanos, ou seja, a felicidade, que corresponde à perfeição do bem-estar. Os antigos já compreendiam que para haver um sumo bem deveria haver uma integração entre esses dois elementos, embora sua compreensão sobre o modo como esses aspectos se relacionam não estivesse em plena concordância.

A partir do modo como essa relação é avaliada distinguem-se os sistemas da Antiguidade. Em primeiro lugar, está o sistema dos cínicos, cujo representante é Diógenes. Trata-se do ideal da inocência ou, antes de tudo, da simplicidade. É estritamente negativo na medida em que Diógenes acredita que o sumo bem é uma questão de natureza, e não de arte. Isto é, o caminho para a felicidade encontra-se na autossuficiência da condição humana, ou seja, na sua completa independência dos desejos e necessidades, enquanto o caminho da moralidade encontra-se na simplicidade do homem, que precisa de muito pouco para sobreviver. Dessa forma, para Diógenes, o homem pode ser feliz sem abundância e moral, sem virtude, uma vez que a ausência de desejos que se constitui como o princípio de sua felicidade lhe assegura um caminho sem obstáculos e, portanto, mais curto para a moralidade. Nesse caminho, os dois elementos do sumo bem se harmonizam sem dificuldade. Na modernidade, Kant vê a figura do cínico em Rousseau, o Diógenes refinado, para quem o homem tem a vontade boa por natureza, mas se corrompe devido às exigências e necessidades engendradas pelo convívio social. Isso justifica o motivo pelo qual Rousseau, em seu programa pedagógico, compreende que a parte essencial da educação deve ser de natureza essencialmente negativa.

De perspectiva contrária é a escola epicurista, que afirma que o sumo bem é uma questão de arte e não de natureza. Trata-se de um ideal de prudência segundo o qual o sumo bem consiste na felicidade e a virtude ou a boa conduta é apenas um meio para se alcançar esse propósito. Em outras palavras, o sumo bem de Epicuro é a felicidade ou, como ele o chamou, o prazer. No entanto, Kant chama a atenção para o fato de que, ao longo da tradição, a doutrina de Epicuro tem sido mal compreendida. Não se trata meramente de uma filosofia do prazer, porque o prazer é singularmente entendido por ele como um contentamento interior e um coração alegre. Trata-se, de outra maneira, do prazer de um sábio.

Ao lado do ideal epicurista está o ideal estoico. Zenão e Epicuro concordavam sobre o fato de que a inocência e a simplicidade não estão asseguradas e a arte precisa ser acrescentada a elas, embora discordassem acerca do modo como os elementos do sumo bem deveriam se relacionar. Nesse sentido, em contraposição à escola epicurista, o ideal estoico da sabedoria compreende que o sumo bem consiste na moralidade ou na virtude. A felicidade é, dessa forma, tão somente uma consequência essencial da dignidade e da boa conduta. Por último, Kant ainda cita o ideal místico platônico segundo o qual o sumo bem é alcançado na comunhão com o ser supremo. Todavia, de antemão, esse ideal é rejeitado por ser considerado um ideal fanático.

O problema das escolas antigas, em especial as de Zenão e Epicuro, segundo a avaliação de Kant, é que, ao buscar a unidade, elas acabaram por reduzir um elemento do sumo bem ao outro. Epicuro reduziu virtude à felicidade, enquanto Zenão, ao tentar vincular os dois princípios, acabou por reduzir a felicidade à dignidade e à virtude. Em outras palavras, ao situar o sumo bem no prazer, Epicuro privou à virtude de valor, transformando a moralidade em um simples meio para a felicidade. Do mesmo modo, quando Zenão estabeleceu a virtude como sumo bem, ela a privou dos móbeis. Em detrimento aos ideais antigos, por conseguinte, Kant apresenta o ideal cristão da santidade que, considerado filosoficamente, é o mais perfeito, porque é o ideal da maior perfeição moral pura. Os ideais antigos não foram capazes de alcançar a perfeição moral suprema, posto que acomodaram as suas leis morais às limitadas condições da natureza humana. Ao submeter a virtude à fraqueza da natureza humana, os sistemas antigos permaneceram incompletos e destituídos da verdadeira pureza moral. Em contrapartida, o ideal cristão da santidade é integral na medida em que apresenta maior pureza e rigor e, com efeito, a maior dignidade da felicidade. No entanto, uma vez que a maior pureza e perfeição exigidas pela lei moral em vista da maior dignidade não podem ser alcançadas integralmente pelo homem, se faz necessária a crença em uma assistência divina para complementar as limitações da natureza humana. Por esse caminho, a dignidade da felicidade pode esperar alcançar a maior perfeição moral e, ao mesmo tempo, possuir o maior móbil enquanto realização da própria felicidade, embora, considerando o caminho até a santidade,[40] essa felicidade não possa ser pensada de outra forma senão como bem-aventurança.

Interlocuções entre ética e direito: os tipos de obrigação

Na exposição de vários dos conceitos da filosofia prática, uma discussão terminológica quase jurídica é estabelecida com o compêndio de Baumgarten. É perceptível que, dentro da filosofia prática universal e mesmo nos tratados daquele tempo,

---

40 Essa passagem parece deixar implícita a necessidade do postulado prático da imortalidade da alma.

não havia uma distinção, por assim dizer, rigorosa entre a matéria do direito e a da ética. Os autores — e aqui podemos citar tanto os juristas quanto os moralistas — tratavam em próxima relação tanto os deveres e princípios da ética quanto aqueles relacionados ao direito natural, sem estabelecer uma linha clara de separação entre eles. É muito interessante notar, dessa forma, como Kant começa a empreender, ao reprovar e corrigir muitas das distinções terminológicas de Baumgarten, a importante distinção que seria apresentada anos à frente na *Metafísica dos costumes* entre os âmbitos da ética e do direito.

Uma das questões principais abordadas na discussão ético-jurídica de Kant é aquela posta diante de uma distinção importante aos wolffianos com relação à obrigação. Como Kant nos explica, uma obrigação ativa é aquela que sempre traz consigo um caráter meritório. Nesse caso não sou coagido e necessitado pelo outro, mas apenas pela razão. Assim ocorre, por exemplo, em obrigações em vista da generosidade e magnanimidade, obrigações nas quais a necessitação é fundada objetivamente pela razão e diz respeito diretamente às ações, embora, pelo fato de ser meritória, não haja qualquer base para uma autoridade nos coagir a ela de forma estrita. Por outro lado, uma obrigação passiva é aquela em que temos uma obrigação direta com relação ao outro. Nesse caso não estou obrigado apenas à ação, mas também à pessoa, que se torna agora o meu obrigante e tem o direito de me exigir aquilo que lhe é devido.

Importante também, na mesma discussão, é a distinção entre obrigação positiva e natural. A primeira é aquela que se funda na vontade de outro, enquanto a última é aquela que é estabelecida a partir da natureza própria das ações. Kant aproveita a ocasião para se posicionar contra a moral teológica de

Christian August Crusius, proeminente filósofo e teólogo alemão, que ocupa um lugar de destaque na gênese de seu desenvolvimento ético. De acordo com Crusius, toda obrigação é *per arbitrium alterius*,[41] sendo resultado de uma necessitação que ocorre por meio do arbítrio divino. Mas, segundo a avaliação de Kant, por não ser capaz de prover uma determinação imediata da ação, o mandamento teológico não é expressão de nada mais do que uma obrigação positiva, não podendo se constituir como uma obrigação moral. Posicionando-se contra o voluntarismo teológico, Kant considera a necessidade do mandamento de Crusius arbitrária, já que, ao ser fundada no agrado de Deus, a regra não é capaz de delimitar apoditicamente a origem universal a partir da qual os juízos morais nascem e, portanto, não é capaz de justificar a obrigação moral. Por conseguinte, toda obrigação moral só pode ser *per arbitrium internum* na medida em que é delimitada pela condição necessária do arbítrio universal. Ações obrigatórias são executadas sempre levando em conta a qualidade interna (*innern Beschaffenheit*) da ação em si, ou seja, a disposição de ânimo, segundo a qual eu faço algo não devido a uma proibição ou às vantagens que podem me beneficiar, mas porque é bom em si mesmo.

Como complemento à seção sobre o princípio da moralidade, a crítica ao princípio intelectual externo, incapaz de fundamentar uma obrigação natural e, portanto, moral, é estendida ao princípio intelectual interno de Baumgarten e Wolff, que também se mostra incapaz de fundar uma verdadeira obrigação por apresentar fórmulas tautológicas e vagas. A fórmula de Baumgarten – *Fac bonum et omitte malum* – não é

---

41 Pelo arbítrio de outro.

mais do que uma repetição daquilo que já se encontra em seu próprio enunciado e, portanto, trata-se de uma tautologia. Ela não é capaz, em absoluto, de nos ditar e qualificar o bem moral que nos leva a fazer e deixar de fazer algo. A outra fórmula do autor — *quaere perfectionem, quantum potes* — é mais determinada, embora ainda seja incapaz de especificar o que é a perfeição, se ela, em sentido wolffiano, diz simplesmente respeito à completude do estado natural do homem ou concerne, como parece apropriado, à capacidade humana de fazer um bom uso da vontade. A terceira fórmula — *vive convenienter naturae* — é um enunciado de caráter estoico que se mostra como uma representação da lei natural. O problema aqui é que o enunciado não pode representar uma lei moral genuína, posto que, segundo a perspectiva kantiana, viver segundo a natureza ou a ordem física das coisas não pode nos conceder qualquer princípio moral, mas no máximo regras de prudência. Tanto quanto na segunda formulação, a crítica parece se dirigir especialmente ao fisicismo naturalista dos wolffianos, que concebe o bem físico e o bem moral em próxima e estrita relação. É certo que, nesse ponto, Kant já está consciente de que uma solução para o problema ético exige uma concepção dualista do homem segundo a qual são distinguidos os âmbitos da natureza e da liberdade.

A distinção entre ética e direito

Na esteira da revisão terminológica dos conceitos práticos fundamentais, outra distinção importante no decorrer das *Lições* é aquela empreendida entre obrigações internas e externas. Toda obrigação é um tipo de coerção. Desde que essa coerção não seja efeito de uma necessidade bruta, ela é moral e pode ser dividida em interna e externa. No primeiro caso, somos coagidos internamente apenas por meio de nosso próprio arbítrio. Como exemplo, podemos citar o dever de ajudar o outro. Eu não posso ser coagido pelo outro a realizar esse dever, pois isso descansa em meu próprio ato discricionário. É possível falar, por outro lado, de uma obrigação externa na qual a necessitação acontece por meio do arbítrio do outro na medida em que sou coagido relutantemente a realizar uma ação, embora ainda a partir de motivos morais. A título de exemplo, menciona-se, nesse caso, a obrigação de reparar uma ofensa ao próximo. Dessa forma, em um sentido embrionário que mais tarde vai se expressar na divisão entre os deveres perfeitos (estritos) e os deveres imperfeitos (meritórios), Kant compreende que as obrigações internas são imperfeitas porque não podemos ser coagidos a elas, enquanto as obrigações externas são perfeitas por carregarem, além de uma obrigação interna, também uma necessitação externa. Embora o seu debate ainda esteja em dependência das terminologias de seu autor, Kant ensaia nesse ponto uma distinção fundamental. Mesmo que haja uma distinção real entre obrigações externas e internas, a distinção entre ética e direito, à diferença de Baumgarten, não se encontra na distinção dos tipos de obrigação, mas nos motivos que as preenchem. Se o motivo pelo qual eu realizo uma ação é interno, posso dizer que realizo a ação por dever, mas se esse motivo é exclusivamente externo, eu a realizo por coerção. Dessa forma, pode-se afirmar que a distinção entre o direito e a ética consiste não no tipo de obrigação, mas nos motivos para que sejam cumpridas. Se essas obrigações, sejam obrigações de benevolência, generosidade e bondade, sejam obrigações de dívida (*Schuldigkeit*), são preenchidas por motivos internos, certamente dizem respeito à ética. A ética vai considerá-las todas juntas na medida em que o motivo é interno. Em termos kantianos que se tornarão bem conhecidos, a moral não deve preencher apenas a letra da lei, mas também o seu espírito. Por outro lado, para o direito é suficiente o cumprimento da obrigação por meio do móbil da coerção. O soberano não vai exigir de seus súditos que o pagamento de impostos seja realizado por dever. É indiferente se o que é feito por obrigação para com ele acontece por dever ou por coerção. Ainda assim, tanto os pais quanto Deus exigem dos filhos que a obrigação seja cumprida estritamente por dever.

A teoria da imputabilidade

Outro aspecto importante do compêndio de Baumgarten do qual Kant se apropria criticamente é a discussão sobre a imputabilidade. A imputação é "o juízo de uma ação, na medida em que é resultado da liberdade de uma pessoa, em relação a certas leis práticas". Portanto, a imputação precisa sempre levar em consideração dois aspectos, a saber, a liberdade e a lei. Por esse motivo as ações de um bêbado não são imputáveis, embora a própria embriaguez possa lhe ser imputada em seu momento de sobriedade. Para além da mera *imputatio facti*, não obstante, a imputação pressupõe também a *imputatio legis*, a saber, que as ações livres sejam avaliadas segundo essa ou aquela lei prática. Em um campo de batalha, por exemplo, a morte de vários inimigos certamente pode ser imputada a um general, embora não o assassinato, uma vez que ele, em uma situação de guerra, agia em conformidade com a lei. A ação poderia lhe ser imputada como uma ação livre, mas não como uma ação legal.

Em vista das consequências, os atos podem ser imputados em mérito e demérito. Mas a imputação nesses termos acontece de maneira diferente em relação à ordem jurídica e à moral. Na ordem jurídica algo é imputável apenas em demérito. Isto é, sua omissão é punível, embora o seu cumprimento não seja meritório. As omissões jurídicas são ações e podem ser imputadas apenas em demérito, pois são omissões daquilo para o qual posso ser necessitado através da lei. Por outro lado, as consequências daquilo que faço em relação ao que me é exigido por lei nunca são meritórias, uma vez que, com elas, não cumpro nada mais do que a minha obrigação. Se, por exemplo, ao quitar minha dívida, o credor é agraciado com boas consequências nos negócios, não há mérito algum nisso. Mas, se faço menos do que me era devido, todas as consequências das minhas ações me podem ser imputadas em demérito. Se, por exemplo, deixo de pagar uma dívida e meu credor vai à falência, todas as consequências advindas daí me são imputáveis. Por outro lado, se violo leis éticas, deixo de fazer aquilo para o qual eu não poderia ser coagido. Isto é dizer que as omissões éticas não são de modo algum ações. Então as consequências das ações, nesse caso, nunca podem me ser imputadas em demérito, mas apenas em mérito. Enquanto a obediência à lei moral é algo meritório, sua omissão nunca é punível, pois, se deixo de fazer aquilo para o que as leis não me coagem, não cometo falta alguma. Se, por exemplo, pratico ações caridosas aos necessitados, minhas ações são certamente meritórias, mas se deixo de fazê-las, aí não há demérito algum. Portanto, as omissões éticas com as suas consequências nunca me podem ser imputadas, mas bem o podem ser as omissões jurídicas, da mesma forma que as realizações éticas devem sempre me ser imputadas, enquanto as jurídicas não. Em outras palavras, a violação de leis jurídicas e a observância de leis éticas têm sempre consequências positivas, enquanto a observância de leis jurídicas e a violação de leis éticas não levam consigo nenhuma consequência positiva de recompensa e castigo.

Recompensa e punição

A aptidão para julgar e verificar o grau de imputação de uma ação fica a cargo de um tribunal e de um juiz. Se o tribunal ou o juiz possui força legalmente efetiva, tem o poder e a autoridade para julgar segundo a lei e executar o seu veredito. O tribunal pode ser de dois tipos: o tribunal externo e o tribunal interno. O primeiro é o tribunal dos homens, no qual se julga por meio de leis jurídicas e externas. Aqui o juiz civil tem autoridade legal para imputar, julgar e sentenciar de acordo com a transgressão (demérito), atribuindo castigos. Em um tribunal jurídico, as punições podem ser de dois tipos. São reparativas se estão de acordo com a culpabilidade da ação, sendo uma consequência direta do mal praticado. Em desacordo com a posição adotada na *Doutrina do direito* de 1797, as de segundo tipo, porém, são punições dissuasivas, castigos pragmáticos com o propósito de aperfeiçoamento do indivíduo ou para servir de exemplo. De acordo com a posição de 1797, essas punições promoveriam uma violação da dignidade humana, uma vez que o ser humano é aqui usado como meio para se alcançar um propósito diverso.

O segundo tipo é o tribunal interno ou o tribunal da consciência, ao qual se vincula o tribunal divino. Enquanto o primeiro é uma instância jurídica, o segundo é uma instância moral, que deve sobretudo julgar o mérito das disposições. A consciência moral, portanto, é um instinto de julgar e sentenciar nossas ações de acordo com suas disposições. Porém, embora sua sentença seja legalmente efetiva, nem sempre o homem está disposto a acatar a sua decisão ou mesmo é capaz de fazê-lo. Assim, em última instância, no que diz respeito à atribuição de recompensas segundo o mérito moral, é preciso apelar ao tribunal divino e na crença em um supremo juiz capaz de realizar uma "precisa repartição" das recompensas segundo a dignidade moral. Certamente Kant tem essa hipótese em mente ao discutir com Baumgarten sobre os tipos de recompensa (*Praemia*). Nesse ponto, o conceito de recompensa é compreendido de duas maneiras, quer seja como *auctorantia*, quer seja como *remunerantia*. Trata-se, no primeiro caso, das recompensas que são consideradas como motivos para as ações. No segundo caso, no entanto, as recompensas não são motivos, mas retribuições. Compreendidas como motivos, as recompensas não carregam qualquer valor moral, mas tão somente um caráter pragmático. Como retribuições, contudo, essas recompensas atuam de acordo com as *boas disposições* e vinculam-se à *bondade moral*. Isso faz que a *remunerantia* converta-se em *praemia moralia*, porque as disposições morais tornam-se assim compatíveis com a "maior dignidade de ser feliz" e merecedoras de recompensa e felicidade infinita. Trata-se de um claro rompimento com Baumgarten, cujas fórmulas da moralidade também consideram o prospecto da recompensa. Por isso, "a frase do autor: faça aquilo que te proporciona a maior recompensa, é claramente contrária à moralidade" e deve ser recolocada nos seguintes termos: "faça aquilo que é digno da maior recompensa". Ao inverter a lógica de Baumgarten, Kant traça uma rigorosa linha de separação entre os conceitos de moralidade e felicidade, submetendo o último ao primeiro. Com essa atitude, ele levanta-se decerto contra o eudemonismo dos wolfianos, estabelecendo, *prima facie*, os alicerces para sua própria doutrina do sumo bem.[42]

3. Os deveres dos seres humanos

O dever de não se suicidar

A segunda parte das *Lições* é dedicada em grande medida a uma discussão sobre os deveres éticos dos seres humanos. Em relação a isso, é interessante notar a ênfase dada a um tema bastante caro ao Kant da maturidade. Em uma seção preliminar, Kant aborda o tema do direito que seres humanos teriam de dispor de sua própria vida, o que poderia ser entendido como uma preparação ao relevante tema da seção seguinte, a saber, o suicídio. Kant, primeiramente, deixa claro que, se tivermos um direito de dispor de nossa própria vida, este deveria vir acompanhado de um direito a demandar cuidado para com a própria vida. Ele levanta a hipótese de uma relação meramente acidental entre o corpo e a vida, mas a seguir defende que o corpo é uma condição integral e não apenas acidental da vida. Uma das razões de o corpo ser uma condição integral da vida se relaciona com a ausência de qualquer outro conceito de vida à parte a mediação com o corpo. Outra razão diz respeito ao fato de que,

---

[42] Toda essa discussão sobre recompensa e punição também adquire relevância com relação ao problema da teodiceia. Para uma discussão a esse respeito, consultar Cunha, *A gênese da ética de Kant* (2017).

ao se destruir a vida mediante o corpo, se está ao mesmo tempo destruindo a força do arbítrio. Aqui Kant parece antecipar o argumento que empregará em *Fundamentação da metafísica dos costumes* contra o suicídio baseado na noção de uma contradição na vontade, na universalização da máxima, ao cometer suicídio. A verdade é que aqui não aparece ainda o termo "arbítrio" e a distinção entre vontade e arbítrio somente ocorre depois da publicação de *Fundamentação da metafísica dos costumes*.

Kant sustenta que o suicídio pode ser considerado condenável, permissível ou heroico. Os defensores do suicídio consideram que o mesmo deveria ser permitido salvo nos casos em que houver uma evidente violação do direito de outra pessoa. Os seres humanos podem utilizar seu corpo de várias maneiras e por isso estariam livres para fazer com seu corpo tudo o que seja conveniente e benéfico. O suicídio é geralmente considerado um meio de escapar de toda as calamidades da vida. Em *Fundamentação da metafísica dos costumes,* Kant apresenta a máxima do suicida como a de alguém que tenta escapar de todos os infortúnios da vida. Quando a vida tem muito mais infortúnios do que felicidade a nos oferecer, o suicídio seria uma maneira de escapar da infelicidade. Nas *Lições de ética*, Kant recorre ao exemplo de Catão como de alguém que escolhe o suicídio como uma alternativa diante da situação em que a vida não oferece mais nenhuma oportunidade de buscar a virtude e a prudência. Kant sustenta que esses tipos de atos de suicídio tendem a dar a aparência de que são atos que podem ser justificáveis. Ele deixa muito claro que pretende discutir o tema do suicídio não de uma perspectiva religiosa ou teológica, mas de uma perspectiva filosófica, procurando examinar se o suicídio poderia ser permitido ou proibido como uma prática a ser considerada em si mesma. Desse modo, embora Kant considere que seja em si adequado permitir que alguém ampute uma perna ou um pé para salvar a própria vida, não considera adequado suicidar-se, uma vez que dessa maneira não se conservaria a própria pessoa. O conceito de pessoa aqui é um conceito normativo, e não um meramente descritivo. O conceito de pessoa aqui se vincula no pensamento de Kant à noção de dignidade humana, o valor que serve de base à segunda formulação do imperativo categórico em *Fundamentação da metafísica dos costumes*. O suicídio também é compreendido nesse contexto como uma violação ao dever supremo do ser humano para consigo mesmo. A pessoa – o que mais tarde será a ideia do ser humano como dotado de um valor em si mesmo – dotada de dignidade, é a condição do cumprimento de todos os demais deveres. O suicídio é moralmente proibido porque destrói o próprio sujeito de direitos. Kant também trata do suicídio nessa seção das *Lições de ética* como uma violação da humanidade, como o fará na segunda seção da *Fundamentação*, baseado na fórmula da humanidade como um fim em si mesmo. Aqui ele diferencia a abordagem do suicídio a partir da regra de prudência e a partir da regra de moralidade. A regra de prudência considera como aceitável o suicídio sob certas circunstâncias, ao passo que a regra de moralidade não o considera aceitável sob nenhuma circunstância, uma vez que tal prática destrói a humanidade.

A observância da moralidade é mais elevada do que a exigência moral de preservar a própria vida. O que significa dizer que, quando a única opção de evitar o suicídio ou a morte for cometer um ato imoral, o mesmo poderia ser aceitável. Diz ele: "viver não é algo necessário, mas é necessário que, enquanto o homem viva, o faça honradamente". Desse modo, embora o suicídio não seja moralmente justificado, a fim de se viver feliz por razões pragmáticas, por razões de honestidade moral poderia ser justificado. Kant entende que o cumprimento de deveres para consigo mesmo pode exigir o sacrifício da própria vida. No fundo, o que ele parece querer dizer é que o sacrifício da própria vida para manter a honestidade não é suicídio, mas uma exigência moral específica diante de certas circunstâncias.

Kant também encontra problemas na posição daqueles que criticam o suicídio, não apenas naqueles que o defendem, uma vez que parece não existir um motivo adequado na posição dos primeiros. Alguns consideram que o suicídio é um ato de covardia ou até mesmo um ato de heroísmo, como se pensa que teria sido o de Catão. Houve até mesmo quem considerasse, como os estoicos, o suicídio uma honra e um ato de liberdade. Kant considera isso uma ilusão. A liberdade no sentido adequado do termo não pode ser empregada dessa forma, para destruir a si mesmo. Kant parece desaprovar a conduta de Catão com base na contradição de uma suposta disposição universal ao suicídio e na ausência de respeito à vida com base em princípios.

Além disso, Kant discute o dever de cuidado para com nossa vida e sustenta, como já estava fazendo, que "a vida, em si e por si mesma, não é o sumo bem". Quando o valor de nossa pessoa está em jogo, a exigência moral de preservação da vida pode ser colocada em posição condicionada. Da incorreção moral do suicídio não se segue a exigência incondicional de preservar a vida sob todas as circunstâncias. Quando a escolha consiste em ou praticar um ato injusto, ou sacrificar a própria vida, a exigência moral de honestidade deve ser colocada acima da exigência moral de preservar a própria vida. O que não significa, porém, que a vida possa ser sacrificada com base em qualquer motivo. A vida não pode, moralmente, ser sacrificada por mero interesse ou por um propósito privado. Kant classifica como um infame aquele que sacrifica a vida por um propósito privado, por exemplo, colocar deliberadamente a vida em risco atravessando um rio a fim de receber algum dinheiro como recompensa. Obviamente, existem casos de adoção de risco deliberado à vida que não se baseiam em propósitos privados, como aquele de um soldado que vai ao combate para proteger a sua pátria. Por conseguinte, mesmo que Kant não identifique a exigência moral de preservação da vida como suprema, ele identifica a exigência moral de respeito à humanidade em nossa própria pessoa como inviolável e como objeto de respeito supremo. Desse modo, diz Kant: "É, portanto, bem melhor morrer com honra e glória do que prolongar, por alguns anos, a própria vida através de uma ação infame e continuar vivendo como um trapaceiro". Assim, embora a preservação da vida não seja um dever supremo ou um sumo bem, o sacrifício da vida somente se justifica ou é aceitável moralmente quando é necessário a fim de se viver de modo justo e honrado, e não a fim de atender interesses ou propósitos privados.

Kant introduz a perspectiva da jurisprudência a respeito do tema da exigência de preservar a própria vida e sustenta que os juristas costumam apresentar essa exigência como uma exigência suprema. Contudo, Kant, como fará em *A metafísica dos costumes*, sustenta que a exigência moral encontra-se acima da exigência jurídica. Os juristas costumam basear sua posição na presença de uma suposta situação de necessidade, num *casus necessitatis*. Mas "nenhuma necessidade pode suprimir a moralidade". O tema abordado aqui será mais bem elaborado na parte de *A metafísica dos costumes* que trata especificamente do direito equívoco, que inclui direito de necessidade e direito de equidade. Kant considera ambos anomalias e, portanto, não adequados a uma concepção estrita do direito. A equidade será o tema de uma seção específica, embora bastante breve, das *Lições de ética*.

O dever de cultivar a autocracia

Os deveres para com o seu próprio corpo são tratados em outra seção. Nela, Kant sustenta que é dever do ser humano disciplinar o seu corpo e fazer que o mesmo se submeta às leis universais da liberdade. A disciplina do corpo é necessária porque o ânimo é afetado pelos *principia* do corpo. A autocracia, por sua vez, consiste no controle do corpo, a fim de que o mesmo não altere o ânimo. Kant também trata da autocracia na *Metafísica dos costumes* como uma concepção de liberdade que procura contra-atacar os efeitos das paixões e dos afetos no ânimo. Nas *Lições de ética*, a autocracia consiste na capacidade do ânimo em manter sua supremacia por *principia* e máximas pragmáticas e morais. A exigência moral é que se impeça que o corpo necessite o ânimo, contudo, é uma obrigação apenas impedir que o mesmo seja necessitado, não mais do que isso, uma vez que é impossível impedir que o ânimo seja afetado pelo corpo ou pela sensibilidade. Com isso, Kant parece querer deixar claro que é inadequado pensar que a exigência seja uma eliminação completa da parte sensível e corporal do ser humano. É verdade que existem passagens da *Fundamentação* em que Kant parece sugerir que a existência de inclinações ou emoções seria um grande problema para a moralidade das ações. Entretanto, aqui e em *A metafísica dos costumes*, assim como em outros conjuntos das *Lições de ética*, como a de *Vigilantius*, Kant enfatiza que a meta não é a eliminação das inclinações ou a negação completa da parte corporal, mas apenas impedir que a parte corporal predomine e impeça o ânimo de realizar sua atividade. Ele compreende que a postura de negação completa da parte corporal consiste num tipo de mortificação da carne, a qual consiste numa prática fanática e numa virtude própria de um monge ou uma virtude monástica. O corpo tem de ser submetido à disciplina, mas não tem de ser destruído. Esse tema será novamente retomado no debate entre Kant e Schiller a respeito do papel das inclinações nas ações morais e virtuosas.[43]

Kant ressalta ainda que não apenas temos um dever de disciplinar o corpo, mas também um dever de cuidar do corpo. É dever do ser humano promover vitalidade, alegria, atividade, força e coragem. O dever de disciplina implica tanto a moderação quanto a suficiência. Os vícios contrários à moderação são a gula e a ebriedade. Ambos consistem na violação de deveres para consigo mesmo. Os deveres para consigo mesmo implicam evitar vícios bestiais e vícios diabólicos. Entre os vícios bestiais encontram-se a gula, a ebriedade e o *crimina contra naturam*. Entre os vícios diabólicos se encontram a inveja, a ingratidão e a alegria maliciosa. No caso dos bestiais, o ser humano se coloca num nível inferior aos animais e se torna objeto de desprezo. No caso dos diabólicos, o ser humano se coloca num grau de maldade além da maldade humana e se torna objeto de ódio.

---

43 Para uma discussão mais detalhada do debate entre Kant e Schiller, veja Feldhaus, Dever e inclinação em Kant e Schiller, *Ethic@. Revista Internacional de Filosofia Moral*, v.14, n.3, 2015, e Kant, Schiller, Obligation and Chimerical Ethics, *Studia Kantiana*, v.15, n.2, 2017.

O sentimento de vida também será tratado em algum ponto, sendo considerado algo vinculado às ações e não ao prazer, o que inclusive destoa em alguma medida do que fala a respeito do sentimento de vida em outras obras, como a *Crítica da faculdade de julgar*, em que a capacidade de sentir prazer e desprazer ocupa um papel importante na definição do sentimento de vida.[44] Vida, nas *Lições de ética*, está vinculada a atividade, a mera capacidade de sentir prazer e dor consistiria numa passividade. Para se sentir vivo, o ser humano precisa ocupar seu tempo com ações não meramente lúdicas, precisa estar consciente de que está exercendo e desenvolvendo suas forças; quanto mais o ser humano sente suas forças, mais vivo se sente. O sentimento que o ser humano tem no final de sua existência também consiste num sinal distintivo de quanto um ser humano viveu. Mesmo que um ser humano tenha no momento em que realiza atividades lúdicas um sentimento de que seu tempo está pleno de atividades, a rememoração ou a memória não se deixam enganar e o ser humano percebe esses momentos como ociosos, logo, como não consistindo de momentos em que de fato viveu. O ser humano que deixa de viver geralmente é muito queixoso a respeito do tempo de vida que possui, ao passo que o ser humano que se ocupa nem percebe o tempo passar. Kant entende que a vitalidade, o sentimento de estar vivo e ativo, é um componente importante no cumprimento dos deveres, assim como a ociosidade deveria ser evitada a todo custo. Mesmo as atividades lúdicas são melhores do que a ociosidade completa, uma vez que ao menos permitem ao ser humano perceber o exercício de suas faculdades. A falta de ocupação ou

---

44 Para uma discussão mais detalhada do sentimento de vida em Kant, veja Rocha, *A noção de "sentimento de vida" em escritos do sr. professor Kant*.

ócio é considerada um tipo de vício a ser evitado. A capacidade de divertir-se exige que se evite o vício do ócio e da falta de atividade. Mesmo a capacidade de desfrutar de um bom concerto ou de uma reunião social depende em boa medida de ter estado ocupado com alguma coisa. O próprio ato de descansar adequadamente exige ter estado ocupado. Em geral, quem esteve ocupado durante o dia tem menos dificuldade para dormir do que aquele que ficou apenas no ócio.

Deveres com relação aos impulsos sexuais

Em sua discussão sobre os deveres, Kant trata, além do mais, dos deveres para com o corpo relacionados ao impulso sexual. Ele considera que a inclinação sexual degrada o ser humano porque não é uma inclinação que o ser humano possui em relação ao outro ser humano enquanto pessoa, é um *principium* de degradar a humanidade da outra pessoa, a humanidade da mulher é completamente indiferente, cada um dos parceiros desonra a humanidade da outra pessoa e apenas é valorizada a natureza animal dela. Apesar disso, Kant não é completamente contrário à atividade sexual em si mesma, desde que realizada sob certas condições. Ele considera que se está autorizado a fazer uso de seu impulso sexual sem violar a humanidade da outra pessoa. Quando se faz uso de seu impulso sexual é necessário manter a distinção, que será central na ética madura, a partir da *Fundamentação da metafísica dos costumes*, entre coisa e pessoa. Nesse contexto, Kant não se refere à questão do consentimento ou coisa do tipo, que seria aquilo que contemporaneamente se considera o critério de um ato moral e legalmente correto. Ele se refere ao motivo pelo qual a pessoa se entrega a seu impulso sexual. O ato sexual não pode ser motivado apenas por interesse, como se se tratasse de usar a outra pessoa para apenas satisfazer seu impulso sexual. Também não pode ser motivado por dinheiro, o que sugere a proibição da prostituição. Kant também é contra alguns tipos de uniões conjugais, como o *concubinatum*. O impulso sexual somente pode ser realizado de forma aceitável dentro da relação matrimonial. O matrimônio é a única condição moral para se fazer uso do seu impulso sexual. O casamento também deve ser monogâmico. Ainda quanto aos deveres com relação ao impulso sexual, Kant é contra o incesto, entendendo que a proibição do mesmo parece ter como base uma repugnância natural. Contudo, mesmo dentro do casamento podem existir tipos de realização do impulso sexual não apropriados. Aqui, Kant se refere aos crimes contra a carne segundo a natureza e contra a natureza. A finalidade do impulso sexual é a conservação da espécie. Práticas sexuais como o adultério violam o contrato matrimonial. A *onania* não tem como finalidade a reprodução. Kant considera que outras práticas são contra a natureza, contra os fins da humanidade e contra o instinto natural de reprodução, como ter relações sexuais com seres do sexo oposto mas de outras espécies, como a sodomia. Kant situa a violação dos deveres relativos aos impulsos sexuais contra a natureza como os mais ignóbeis e degradantes entre todas as violações de deveres para consigo mesmo. O suicídio é a violação dos deveres para consigo mesmo mais horrível de todas.

Deveres relacionados a uma estética moral

Os deveres para consigo mesmo em relação às circunstâncias externas da vida dizem respeito às coisas que são necessárias à suficiência e ao aprimoramento dos prazeres espirituais. Entre as coisas exteriores existem aquelas que são meios das necessidades básicas ou emergências e aquelas que são meios de agradabilidade. As primeiras são necessárias para se poder viver, as últimas para se poder viver de maneira cômoda. A primeira questão é como distinguir o que é um meio para satisfazer necessidades básicas e o que é um meio de agradabilidade. O dever ético aqui parece dizer respeito a não se deixar dominar pela necessidade de meios de agradabilidade transformando-os em meios de necessidade básica. É preciso cultivar a força do espírito e manter o ânimo alegre, mesmo diante da privação dos meios de agradabilidade. Ao discutir esse tema, Kant novamente deixa claro que a finalidade de virtude, compreendida no sentido filosófico genuíno do termo, não é a privação da alegria da vida. A virtude monástica não é idêntica à virtude filosófica. A virtude filosófica aprende a suportar com alegria de ânimo as adversidades da vida, a privação de certos bens que poderiam tornar a vida até mais agradável.[45] A finalidade na vida ética não é a privação dos meios de agradabilidade, mas o aumento da capacidade do ser humano em suportar com espírito alegre as adversidades inevitáveis da vida humana. Não é preciso produzir as adversidades para somente então se atribuir virtude a uma conduta, como sugere o epigrama de Schiller e Goethe, escrúpulos da consciência. Mais adiante, ao tratar

---

45 Para uma discussão mais aprofundada da concepção de virtude no período pré-crítico do desenvolvimento da ética de Kant, particularmente comparando e contrastando as concepções de virtude de Kant e Schiller, veja Feldhaus, Kant, Schiller e a virtude em *Observações sobre o sentimento do belo e do sublime*, Conjectura: Filosofia e Educação, v.22, n. esp., 2017.

de certos vícios, Kant diz: "não há mérito algum em suportar males autoinfligidos". Mas, mesmo que a privação dos meios não seja o objetivo último de uma vida ética, Kant entende que o excesso de desfrute dos meios da agradabilidade pode corromper o ânimo e produzir vícios. A luxúria consiste no excesso no gozo dos divertimentos. A efeminação no excesso no desfrute da comodidade. O consumo excessivo de bebidas alcoólicas também consiste num vício, assim como o consumo de comida em excesso. A relevância moral da discussão desses vícios encontra-se no aumento da dificuldade ocasionada naqueles que os possuem de cumprir as demais exigências morais. Mas isso também não significa que o luxo e a agradabilidade não tenham nenhuma importância na vida ética. O luxo permite o desenvolvimento das ciências e das artes numa sociedade. A agradabilidade permite um refinamento da moralidade, uma vez que torna as pessoas mais hospitaleiras com as outras pessoas. A agradabilidade, dessa forma, parece consistir não num empecilho, mas num elemento necessário no desenvolvimento da destinação da humanidade. Sem o luxo não é possível o cultivo dos padrões elevados da beleza e do gosto. O luxo não é em si algo avesso à ética. O luxo apenas é censurável eticamente quando se torna um obstáculo ao comportamento ético. A estética e a ética não se opõem, mas podem ser complementares nesse aspecto.

Os deveres em relação à riqueza

Kant se devota então à riqueza como um dos bens exteriores e aos deveres relacionados com a mesma. A riqueza é aquilo que torna a vida do ser humano confortável e próspera, por conseguinte a riqueza tem suas vantagens, dado que torna as pessoas mutuamente independentes e permite comprar várias coisas. A dependência influencia no valor que as pessoas possuem. Contudo, a riqueza não é algo nobre, houve até quem considerasse a nobreza exatamente a característica daquele que despreza as riquezas como os antigos. Além disso, a riqueza modifica apenas a condição da pessoa e não a pessoa mesma. Uma vez que a riqueza tem essa influência na vida humana, Kant trata dos deveres do ser humano relacionados ao apelo do ânimo às riquezas, em especial a avareza. O avarento possui um prazer muito mais na capacidade de ter as coisas do que na própria posse das coisas. O foco do avarento é na sensação que teria depois de desfrutar da posse de alguma coisa e não na posse propriamente dita. Kant sustenta que a avareza é contrária à razão, uma vez que compreende de forma inadequada o valor do dinheiro. O avarento tem um comprazimento imediato na posse do dinheiro, e não na posse das coisas que o dinheiro permite adquirir. Kant até mesmo esboça um processo genético da personalidade avarenta. Todos os indivíduos têm desejos de objetos e de prazeres; aquele que futuramente se tornará avarento, teria o desejo mas não teria os recursos para adquirir aquilo que deseja. Por causa disso, devota-se a obter os meios ou recursos necessários para obter o que deseja. Para conseguir isso, precisa se acostumar com a privação de outros prazeres por algum tempo, porém, com o passar do tempo, se desabitua de todos os prazeres, vivendo uma vida indiferente a eles. O pior em tudo isso é que ele começa a prescindir dos prazeres mesmo quando já tem recursos e meios para satisfazer os seus prazeres. Desse modo, continua a privar-se dos prazeres mesmo quando isso não é mais necessário para poupar para realizar outros desejos de prazer. No fundo, a avareza envolve uma grande ilusão na cabeça do avarento. Ele concebe, o que é verdade, o dinheiro como a capacidade de satisfação de todos os desejos possíveis. O avarento continuamente procura manter essa capacidade evitando gastar o dinheiro realizando qualquer dos seus desejos e com isso constrói uma falsa impressão de vitória diante das outras pessoas. Ele parece estar contente com a simples capacidade de obter tudo aquilo que os outros desejariam ter e não podem, por isso evita gastar a todo custo o dinheiro que possui para manter viva essa capacidade no futuro. Kant discorre também sobre a influência da classe, do gênero e da idade na posse da avareza, assim como contrasta o avarento e o esbanjador ou pródigo. O avarento priva-se da vida presente em função de uma vida futura que não vai de fato viver, pois a principal característica do avarento é a procrastinação diante das situações em que poderia sentir prazer com a posse dos bens que pode comprar, mas que nunca compra. O avarento vive em função da expectativa nunca realizada de usufruir do prazer oriundo da posse das coisas, razão pela qual um avarento morre como um idiota estúpido que nem mesmo chegou a viver. O esbanjador, por sua vez, carece de prudência e goza da vida presente sem preocupação alguma com a vida futura. A vantagem do esbanjador é que ainda diante do infortúnio pode criar coragem de viver sem recursos, dado que não poupa nada para o futuro.

Deveres de respeito e amor

Em certo momento das *Lições*, são discutidos os dois impulsos da natureza, a saber, respeito e amor, e os deveres que os seres humanos possuem com relação aos mesmos. O sentimento de respeito se baseia num valor interno e concede mais segurança do que o sentimento de amor diante das outras pessoas. A exigência de respeito não se baseia em considerações de utilidade, vantagem ou outros tipos de propósito, mas na consciência do valor próprio. O sentimento de respeito consiste num elemento central do pensamento ético maduro de Kant tanto na *Fundamentação* quanto na *Crítica da razão prática*. Obviamente, Kant discute o respeito nas *Lições de ética* ainda mais próximo de considerações antropológicas do que fará na ética madura. Discorre sobre a importância que todas as pessoas atribuem em serem respeitadas pelas outras pessoas, mesmo pelas pessoas em posição inferior. Por causa disso, ele distingue entre desejo de honra e amor de honra. O desejo de honra se dirige àquilo que diz respeito ao valor de nossa pessoa, ao passo que sentimentos como a vaidade não dizem respeito a nossa própria pessoa, mas a títulos, vestimentas etc. O amor de honra não exige necessariamente a presença de outras pessoas, ao passo que o desejo de honra não existe no isolamento, porque tem a ver com a maneira como se é estimado pelas outras pessoas. Quanto às obrigações em relação a tais impulsos, Kant sustenta que devemos oferecer resistência àquelas pessoas que se mostram muito ansiosas por honra, até porque quanto mais uma pessoa é merecedora de honra, menos tem a presunção de ser honrada e mais estamos dispostos a conceder a honra. De alguma forma, a discussão dos impulsos naturais serve como trabalho preparatório à discussão de algumas virtudes e vícios relacionados a eles e dos tipos de deveres. Kant traça uma distinção entre o que é apenas devido e o que é meritório. A honestidade é algo apenas devido, mas a bondade e a magnanimidade são meritórias. Pode-se exigir de todas as pessoas que sejam honestas, mas não se pode exigir de todas as pessoas que sejam magnânimas. À conduta meramente devida devemos reagir com respeito, à conduta meritória devemos reagir com honra. À conduta que deixa de cumprir deveres obrigatórios devemos deixar de reagir com respeito. A honra é apresentada como um sentimento útil à sociedade, uma vez que incita ao desenvolvimento das ciências, razão pela qual seria um dever ético para consigo mesmo ser um amante da honra como um complemento ao dever de aperfeiçoamento dos talentos naturais. O amante da honra busca a aprovação dos outros, inclusive após sua morte com base em suas realizações nos campos das ciências e, poderíamos dizer, das artes também. O sentimento de honra também parece ocupar um papel na aparência estética da conduta humana, uma vez que, em função da honra, busca-se dar boa aparência à conduta ética. O desejo de honra faz levar-se em consideração a opinião dos outros, mas Kant entende que ele pode se basear em motivos empíricos e em motivos provenientes da razão. A conduta ética precisa se pautar em princípios internos discernidos mediante a razão.

Deveres com relação às outras pessoas

Agora Kant se dedica aos deveres com relação às outras pessoas e aos outros seres. Ele começa criticando Baumgarten por um excesso ao identificar obrigações diretas dos seres humanos para com as coisas inanimadas e os animais. É importante observar que Kant tratará novamente desse tema numa seção de *A metafísica dos costumes*. Nas *Lições de ética*, assim como em *A metafí-*

sica dos costumes, Kant defende que temos apenas deveres indiretos com relação à parte inanimada ou aos animais.

Uma distinção entre deveres de benevolência e deveres de obrigatoriedade é traçada. Essa distinção ocupará papel relevante na distinção entre direito e ética que Kant apresenta na introdução geral da *Metafísica dos costumes* e nas introduções das partes que compõem essa obra, a *Doutrina do direito* e a *Doutrina da virtude*. Os deveres de benevolência exigem ações dotadas de bondade ética. Os deveres de obrigatoriedade exigem ações apenas obrigatórias. O que suscita a questão a respeito da possibilidade de se obrigar eticamente a cultivar sentimentos com relação a outras pessoas e a outros seres. Kant entende que não podemos ser obrigados a amar a partir de inclinações, mas a bondade pode ser obrigada na medida em que se baseia em princípios e surge um dever de beneficência como uma obrigação e não como um sentimento de amor. O sentimento de amor surge do coração, ao passo que a obrigação surge, ao menos nesse momento do desenvolvimento do pensamento ético de Kant, da faculdade do entendimento. Kant distingue então entre amor de benevolência e amor de complacência. O primeiro consiste no desejo ou na inclinação de promover o bem dos outros; o segundo, num prazer em demonstrar aprovação pela perfeição dos outros. O amor de benevolência com relação ao próximo pode ser prescrito, ao passo que o amor de complacência não pode. A ideia aqui é que devemos respeitar a humanidade das outras pessoas e somente esse tipo de amor pode ser obrigado. Ao discutir esse tema, Kant sustenta inclusive que um juiz, ao punir um criminoso, não deve desonrar a humanidade deste. Kant aqui parece antecipar um tema que surgirá novamente na *Metafísica dos costumes*, quando trata do direito penal e critica o critério penal utilitarista de Beccaria exatamente por desrespeitar a humanidade do criminoso.

Um tratado a respeito da amizade

Uma parte significativa das *Lições de ética* é devotada ao tratamento do tema da amizade. Kant classifica a amizade em amizade de necessidade, amizade de gosto e amizade de disposição. A amizade de necessidade é aquela relação entre as pessoas em que elas podem confiar num cuidado recíproco no que diz respeito às necessidades vitais. Esse tipo de amizade seria a que teria originado a amizade, mas que seria comum apenas em condições mais primitivas e praticamente inexistente entre pessoas que vivessem em estado de luxúria. Assim como sustenta, ao tratar do dever de beneficência, que devemos ajudar aqueles que se encontram em situação de necessidade sem buscar diminuir a outra pessoa, na ajuda entre amigos, nesse primeiro tipo de amizade, aquele que recebe o auxílio deve ser respeitado, a fim de que não se altere a relação de igualdade que serve de base às relações de igualdade. A amizade do gosto é considerada como um análogo da amizade e se baseia na complacência, na companhia e na associação recíprocas entre as pessoas. Esse tipo de amizade é mais comum de ocorrer entre pessoas de posições ou ofícios diversos do que de uma profissão ou posição similar; por exemplo, é mais comum ocorrer entre um erudito e um comerciante ou soldado, desde que o erudito não seja um pedante e o comerciante ou soldado não seja um imbecil. A amizade da disposição não se baseia em algo que as pessoas esperam da outra pessoa, dado que é guiada por uma disposição pura e sincera. Kant também discute a inimizade e a misantropia como um contraponto às formas de amizade anteriormente tratadas e ao amigo universal, que consistiria numa pessoa de bom coração, entendimento e gosto. Na amizade, Kant acredita que a virtude é cultivada em alguma medida e que a amizade universal seria um alto grau de perfeição. A inimizade, por sua vez, não significa que a pessoa é inimiga de todas as pessoas, significa apenas que não tem amigos. A ausência de amigos também não implica falta de caráter, apenas que a pessoa tem dificuldade em agradar outras pessoas. A misantropia consiste num ódio à humanidade e pode ser de dois tipos: temor ou aversão aos seres humanos, dado que essa pessoa se sente intimidada diante das outras pessoas; inimizade com as outras pessoas, diferente do anterior, esse segundo tipo é uma inimizade por princípios e não por sentimentos. O misantropo se considera melhor do que as outras pessoas.

A distinção entre as esferas da filosofia prática: moral, direito e ética

Kant trata dos deveres que surgem dos direitos do ser humano e, ao abordar esse tema, adentra no da distinção entre direito e ética como partes da moral ou dos costumes. A moral ou os costumes versa sobre o que é correto de uma forma mais ampla, que inclui direito e ética. O direito versa sobre o que pode ser exigido mediante coerção externa. A ética versa sobre o que pode ser exigido apenas mediante coerção interna ou obrigação interna. Kant distingue entre os deveres de direito e os deveres éticos. Os deveres de direito são obrigatórios porque surgem dos direitos dos seres humanos. Os deveres baseados em direitos de outros seres humanos ocupam uma posição hierarquicamente superior aos deveres não baseados em direitos de outros, mas, por exemplo, em necessidades. Os deveres baseados em necessidades ou desejos de outras pessoas consistem em atos de bondade ou generosidade. Kant diz ainda que não se deve deixar de cumprir um dever baseado em direitos de outros seres humanos a fim de cumprir um dever de bondade; por exemplo, não se pode ajudar uma pessoa a sair da miséria se, para fazer isso, se deixa de pagar uma dívida. O dever de pagar as dívidas é baseado no direito de outro ser humano, o dever de ajudar pessoas em necessidade é baseado num interesse ou necessidade. Assim como faz na introdução à *Doutrina do direito*, Kant trata da equidade nas *Lições de ética*. Na *Doutrina do direito*, Kant distingue o direito estrito, baseado apenas na autorização da coerção externa, do direito equívoco, que mistura elementos de necessidade e ética com o direito. Nas *Lições de ética*, ele apenas sustenta que o direito não autoriza o emprego da coerção externa para obrigar as pessoas a realizar ações de equidade. A equidade, baseada em considerações éticas, é uma condição de direito, mas não é uma condição obrigatória ou compulsória, dado que faltam certas condições para que o juiz tome a decisão: as condições exteriores estão ausentes, os fundamentos de imputação não são válidos e o que se exige é válido apenas no tribunal da consciência e não do direito.

O dever de veracidade

Temas relacionados ao dever de veracidade também são abordados, um assunto muito recorrente no pensamento ético e jurídico maduro de Kant.⁴⁶ Quem nunca ouviu falar do opúsculo em que Kant trava um debate com Benjamin Constant a respeito da permissibilidade ou proibição de mentir a um assassino. O dever de veracidade para com os outros tem a ver com a comunicação de intenções e pensamentos, exige sinceridade, e o principal problema com o descumprimento desse tipo de dever é que produz desconfiança na sociedade. Obviamente Kant não sustenta que devemos dizer tudo o que se pensa e se sabe. Ele mantém que se tem a obrigação de guardar segredos, que pessoas tagarelas são mais propensas do que pessoas que falam menos a contar segredos de outras pessoas. Mesmo que Kant defenda nas *Lições de ética* um dever de veracidade, ele ao menos contempla com mais pormenores outras alternativas do que aquela apresentada no opúsculo, a saber, suponha que é notório que a pessoa à qual tenho que fazer uma declaração pretende fazer um mau uso da declaração sincera que eu venha a fazer. Suponha que se trata de um inimigo e o mesmo procura saber se carrego ou tenho dinheiro, deveria eu dar uma declaração verdadeira nesse tipo de caso? Kant parece considerar a omissão da verdade, mesmo nesse caso, uma mentira, uma vez que seria uma violação do direito de humanidade. Ele acredita que uma mentira vai colocar em xeque uma condição mediante a qual a sociedade humana pode acontecer: a confiança. Algo semelhante a um teste de univer-

---

46 Para uma discussão mais detalhada do debate a respeito do dever de veracidade no pensamento ético maduro de Kant, veja Feldhaus, As diferentes estratégias de enfrentar a controversa posição de Kant a respeito do dever de não mentir por amor à humanidade, *Kant e-prints*, série 2, v.6, n.2, 2011.

salidade, tal como apresentado na *Fundamentação da metafísica dos costumes*, parece estar operando como critério, proibindo a falsidade nas declarações. Se fosse universalizada, a mentira colocaria em dificuldade o próprio incremento do conhecimento humano, uma vez que poderia colocar em dúvida os relatos de experiências e os testemunhos. Kant discute também o conceito de mentira necessária e sustenta que esse tipo de caso é um aspecto bastante crítico a que precisa se devotar um filósofo moral. A ideia de uma mentira necessária consiste em que, diante de certas circunstâncias, consideradas como uma emergência ou um caso de necessidade, a mentira seria eticamente permitida. Suponha um caso em que alguém pretendesse fazer mau uso de uma declaração sincera ou veraz; a mentira parece ser a única arma de defesa diante desse tipo de circunstância. Kant considera problemática, nessa ideia de mentira necessária, a suposição de que se trata de um caso de necessidade ou de uma emergência. Nunca se pode estar completamente seguro de que se trata de uma emergência. Entretanto, a mentira pode ser considerada errada eticamente mesmo quando não interessa a ninguém nem causa qualquer prejuízo a outras pessoas. A mentira pode ser considerada errada eticamente apenas porque viola um direito de humanidade ou é um prejuízo para a humanidade. Surge também a questão de se uma mentira pode ser autorizada no caso de se obter algum bem com ela. Kant considera a mentira errada eticamente mesmo que possa trazer boas consequências. Ele compara o mentiroso com um ser humano covarde, e um ser humano eticamente comprometido não deixaria surgir nenhum caso de necessidade a fim de que a mentira necessária se tornasse a única arma de defesa. Enfim, Kant compara o mentiroso com o assassino e o envenenador.

Deveres específicos e a destinação final do gênero humano

Kant fala dos deveres com relação às diferentes idades dos seres humanos, a saber, infância, adolescência e maturidade. Aqui, ele critica Baumgarten, que sustentava que existem deveres específicos para cada grupo de pessoas. Kant afirma que não se trata de deveres diferentes, mas de condições diferentes, sob as quais se observam os mesmos deveres humanos universais. Quanto à educação, Kant acredita que ela precisa considerar os propósitos da natureza, da condição natural e da condição civil e, por causa disso, compõe-se de duas partes. Primeiro, o desenvolvimento das disposições naturais do ser humano, que consiste na formação do homem; em segundo lugar, a aquisição da arte, que consiste no ensino ou instrução propriamente dita. A formação do homem consiste em algo eminentemente negativo, uma vez que procura impedir tudo o que for contrário à natureza, e a educação nessa parte cabe a um tutor. Essa parte da educação consiste na disciplina e não tem a função de ensinar nada de novo à criança, mas apenas restringir a liberdade sem regras. A outra parte da educação consiste na doutrina, que deve ser oferecida por um instrutor e buscar a formação do caráter e das disposições humanas de um homem civilizado. Quanto às diferentes idades, Kant compreende que a disciplina se aplica à criança e ao jovem, de tal maneira que a criança é disciplinada pela obediência, e o jovem, pela honra. A doutrina tem a função principal de formar o caráter na maturidade.

Existe uma interconexão no pensamento de Kant entre a destinação final do gênero humano e a educação – ele até cita como exemplo o Instituto Educacional de Basedow. A educação nessa concepção não deve ser dirigida apenas à formação técnica do ser humano, mas formar o ser humano para um grau maior de perfeição moral segundo o princípio interno da liberdade. O princípio interno da liberdade é o meio pelo qual a espécie humana realiza sua destinação final, a saber, a perfeição moral da espécie. É importante ressaltar que, no pensamento de Kant, a perfeição moral não é algo alcançável no indivíduo, somente podendo ser alcançado na espécie como um todo. Obviamente, é obrigação moral de todo ser humano fazer individualmente sua parte no desenvolvimento de sua própria perfeição moral, no desenvolvimento de sua virtude, para que a espécie possa alcançar sua destinação final. Na seção das *Lições de ética* em que trata especificamente da destinação do gênero humano, Kant também já parece contemplar a ideia de uma ordem mundial pacífica, o que será o tema de obras como *A metafísica dos costumes*, *À paz perpétua* e *Sobre a expressão corrente*, uma vez que faz clara referência a um senado mundial dos povos e critica o tempo que se devotava à segurança, principalmente do que ele chama de a parte mais ilustrada do mundo. É preciso que os príncipes gastem mais tempo pensando na educação do que na segurança, nos esforços de guerra e na preparação para guerra. A educação é o único meio que a espécie humana deve empregar para chegar à sua destinação final. Mas não é qualquer educação que leva a essa finalidade. Kant diz expressamente que a educação deve se pautar pelos fins da natureza, da sociedade civil e da vida doméstica. Deve visar à cultura dos talentos naturais dos seres humanos e à formação do caráter de acordo com princípios morais. Com a melhora no sistema educacional, os príncipes seriam educados de maneira diferente e poderiam se preocupar com algo distinto do que havia sido até então, isto é, apenas com a prosperidade dos seus domínios e não com a perfeição moral da humanidade e com o valor da humanidade. Kant acredita que esse tipo de educação poderia ser mantida pela opinião pública, e a criação dos Institutos Educacionais de Basedow consiste numa esperança alentadora que pode alimentar nosso ímpeto na busca da destinação final da espécie humana.

Referências bibliográficas

ADICKES, Erich. Einleitung in die Abtheilung des handschriftlichen Nachlasses. *Kant Gesammelte Schriften*, Berlin, v.XIV, p.XV-LXII, 1925.

ARAMAYO, Roberto R. La presencia de la "Critica de la razon practica" en las "Lecciones de Etica" de Kant. *Agora*, Santiago de Compostela, n.7, p.145-58, 1988.

_____. Introducción: la cara oculta del formalismo ético. In: *Lecciones de Ética*. Trad, R. Aramayio y C. Panadero. Barcelona: Crítica. 1988.

ARNOLDT, Emil. Möglichst vollständiges Verzeichnis aller von Kant gehaltenen oder auch nur angekündigten Vorlesungen nebst darauf bezüglichen Notizen und Bemerkungen. In: *Gesammelte Schriften*. v.V. Berlin: B. Cassirer, 1909. p.173-344.

BOROWSKI, L.; JACHMANN,R.; WASIANSKI, E. *Immanuel Kant, sein Leben in Darstellungen von Zeitgenossen.* Darmstadt: Wissenschaftliche Buchgesellschaft, 1968.

BOROWSKI, Ludwig Ernst. *Darstellung des Lebens und Charakters Immanuel Kants.* Königsberg, 1804.

CUNHA. Bruno. *A gênese da ética de Kant*: o desenvolvimento moral pré--crítico em sua relação com a teodiceia. São Paulo: Liberars, 2017.

_____. O problema do sumo bem nas *Lições de ética* de Kant. In: *Coleção XVII Encontro Anpof*. São Paulo: Anpof, 2018. (No prelo.)

DENIS, Lara & SENSEN, Oliver. *Kant's Lectures on Ethics*: A Critical Guide. Cambridge: Cambridge University Press, 2015.

BUNKE, Simon; MIHAYLOVA, Katerina; RINGKAMP, Daniela. *Perspektiven der Ethik 5. Verbindlichkeitsdiskurse im 18. Jahrhundert*. Tübingen: Mohr Siebeck, 2015.

CLEWIS, Robert R. *Reading Kant's Lectures*. Berlin: De Gruyere. 2015.

FELDHAUS, Charles. As diferentes estratégias de enfrentar a controversa posição de Kant a respeito do dever de não mentir por amor à humanidade. *Kant e-prints*, série 2, v.6, n.2, pp.120-134, 2011.

_____. Dever e inclinação em Kant e Schiller. *Ethic@. Revista Internacional de Filosofia Moral*, v.14, n.3, p.395-414, 2015.

_____. Kant e a ética de virtudes contemporânea. *Dissertatio*, v.42, p.211-30, 2015.

_____. Kant, Schiller e a virtude em *Observações a respeito do sentimento do belo e do sublime*. *Conjectura: Filosofia e Educação*, v.22, n. esp., p.49-58, 2017.

_____. Kant, Schiller, Obligation and Chimerical Ethics. *Studia Kantiana*, v.15, n.2, p.111-20, 2017.

HERCEG, José Santos. La moral kantiana en la década del silencio: elementos para uma reconstrucción. *Dianoia*, Mexico, n.54, p.101-22, 2005.

HENRICH, Dieter. Hutcheson und Kant. *Kant-Studien*, Berlin, v.49, 1957, p.49-69.

_____. Über Kants früheste Ethik. *Kant-Studien*, Berlin, v.54, p.404-31, 1963.

LANGLOIS, Luc. Les *Leçons d'éthique* et la "découverte" de la raison pratique. In: *Leçons d'éthique*. Trad. Luc Langlois. Paris: Le livre de Poche, 1997.

LEHMANN, Gerhard. Bericht über die Edition von Kants Vorlesungen. *Kant-Studien*, Berlin, v.56, p.545-54, 1966.

_____. Einleitung. *Kant Gesammelte Schriften*. v. XXVII. Berlin: De Gruyter, 1972. p.1037-68.

MENZER, Paul. Anmerkungen. In: *Eine Vorlesung Kants über Ethik*. Berlin: Pan Verlag Rolf Reise, 1924, p.323-35.

KÜENBURG, Max. *Ethische Grundfragen in der jüngst veröffentlichten Ethikvorlesung Kants*. Innsbruck: F. Rauch. 1925.

KÜHN, Manfred. *Kant*: A Biography. Cambridge: Cambridge University Press, 2002.

_____. Einleitung. In: *Vorlesung zur Moralphilosophie*. Berlin/New York: De Gruyter, 2004, p.VII-XXXV.

_____. Collins: Kant's Proto-Critical Position. In: *Kant's Lectures on Ethics*: A Critical Guide. Cambridge: Cambridge University Press, 2005.

ROCHA, Leandro J. *A noção de "sentimento de vida" em escritos do sr. professor Kant*. Florianópolis, 2017. Tese (Doutorado em Filosofia) – Centro de Filosofia e Ciências Humanas, Universidade Federal de Santa Catarina.

SCHILPP, Paul. *Kant's Precritical Ethics*. Evanston, Illinois: Northwestern University Press, 1938.

SCHMUCKER, Josef. *Die Ursprünge der Ethik Kants in seinen vorkritischen Schriften und Reflektionen*. Meisenheim: A. Hain, 1961.

SCHWAIGER, Clemens. *Kategorische und andere Imperative: Zur Entwicklung von Kants praktischer Philosophie bis 1785*. Forschungen und Materialien zur deutschen Aufklärung. Stuttgart-Bad Cannstatt: frommann--holzboog, 1999.

_____. The Theory of Obligation in Wolff, Baumgarten, and the Early Kant. In: AMERIKS, K.; HÖFFE, O. *Kant's Moral and Legal Philosophy*. Cambridge: Cambridge University Press, 2009. p.58-76.

STARK, Werner. *Nachwort. Immanuel Kant*: Vorlesung zur Moralphilosophie. Berlin/New York: De Gruyter, 2004. p.371-408.

WARD, Keith. *The Development of Kant's View on Ethics*. New York: Humanities Press, 1972.

WOLFF, Christian. "Vernünftige Gedancken von der Menschen Tun und Lassen zur Berförderung ihrer Glückseligkeit". Halle, 1750.

Lições de ética

[1] // Proêmio

Toda filosofia é teórica ou prática. A teórica é a regra do conhecimento. A prática é a regra da conduta em vista do livre-arbítrio. A distinção entre a filosofia teórica e a filosofia prática é o objeto. A teórica tem como objeto a teoria, e a prática, a práxis [*Praxin*]. Além disso, a filosofia divide-se em especulativa e prática. As ciências se denominam, em geral, teórica e prática, sejam quais forem os seus objetos. Elas serão teóricas se forem o fundamento dos conceitos do objeto; serão práticas se forem o fundamento da execução dos conhecimentos desses objetos. Dessa forma há, por exemplo, uma geometria teórica e prática, uma mecânica teórica e prática, uma medicina teórica e prática, uma jurisprudência teórica e prática. O objeto nesse caso é sempre o mesmo. Portanto se, em consideração ao objeto, as ciências são, todavia, teóricas e práticas, isso diz respeito tão somente à forma do conhecimento, as ciências teóricas certamente em vista do ajuizamento do objeto e as práticas em vista da produção deste. Mas aqui há uma distinção entre teórico e prático em relação ao objeto. A filosofia prática não é prática pela forma, mas de acordo com o objeto, e esse objeto são as ações e a conduta livre. A filosofia teórica é o conhecimento e a prática é a conduta. Se eu me abstraio das coisas particulares [*Gegenstände*], a filosofia da conduta é aquela que nos proporciona uma regra do bom uso da liberdade e este é o objeto da filosofia prática sem consideração a essas coisas. Assim como a lógica trata do uso do entendimento sem considerar os objetos particulares [*Gegenstände*], a filosofia prática, portanto, trata do uso do livre-arbítrio não em relação a tais objetos, [2] mas independente deles. A lógica nos dá // regras em relação ao uso do entendimento e a filosofia prática em relação ao uso da vontade,[1] que são os dois poderes a partir dos quais tudo se manifesta em nosso ânimo[2] [*Gemüt*]. Ora, se considerarmos as forças superiores da faculdade de conhecer e de desejar, então a primeira é a faculdade superior de conhecimento ou o en-

---

[1] O Proêmio das *Lições* nos remete ao prefácio da *Fundamentação da metafísica dos costumes*, embora em termos diferentes. "Todo conhecimento racional é: ou material e considera qualquer objeto, ou formal e ocupa-se apenas da forma do entendimento e da razão em si mesma e das regras universais do pensar em geral, sem distinção dos objetos. A filosofia formal chama-se Lógica; a material, porém, que se ocupa de determinados objetos e das leis a que eles estão submetidos, é por sua vez dupla, pois que estas leis ou são leis da natureza ou leis da liberdade. A ciência da primeira chama-se Física, a da outra é a Ética; aquela chama-se também Teoria da Natureza, esta Teoria dos Costumes" (AK, VI, p.387).

[2] Como uma progressão dessa perspectiva, na *Crítica da faculdade de julgar*, ao versar sobre o sistema de todas as faculdades humanas, Kant afirma: "Podemos reduzir todas as faculdades do ânimo, sem exceção, às três seguintes: a *faculdade de conhecimento*, o *sentimento de prazer e desprazer* e a *faculdade de desejar*" (AK, V, p.205-6).

tendimento e a segunda é a faculdade superior de apetição ou o livre-arbítrio. Possuímos agora duas instruções para ambas as capacidades [*Kräfte*], a saber, a lógica para o entendimento e a filosofia prática para a vontade. As capacidades inferiores[3] não podem ser instruídas porque são cegas. Estamos levando em conta aqui, portanto, um ser dotado de livre-arbítrio que não é apenas um ser humano, mas que pode ser também qualquer ser racional.[4]

E aqui examinamos as regras do uso da liberdade, e isto é a filosofia prática em geral. Portanto ela possui regras objetivas da conduta livre. Qualquer regra objetiva diz o que deve acontecer, mesmo que nunca aconteça. A regra subjetiva diz, porém, o que realmente acontece, pois mesmo entre os viciosos [*bei den Lasterhaften*] existem regras segundo as quais eles agem. A antropologia ocupa-se com as regras práticas subjetivas. Ela considera a conduta real do ser humano, mas a filosofia moral

---

3 Pode-se pensar que Kant aqui se refere à faculdade inferior em sentido wolffiano, como a que difere da faculdade superior apenas em termos de grau de clareza e distinção em relação às representações. Mas, nesse contexto, Kant certamente já estava atento à distinção das faculdades tão cara para a sua filosofia prática (consultar Cunha, *A gênese da Ética de Kant*). Sobre isso, vale destacar uma passagem da terceira *Crítica*: "É bem verdade que alguns filósofos, que de resto merecem todo louvor pela profundidade de seu modo de pensar, tentaram explicar essa diferença como meramente ilusória e reduzir todas as faculdades somente à faculdade de conhecimento" (AK, V, p.206).

4 O mesmo argumento é explicitado na *Fundamentação*: "não se pode contestar que a sua lei é de tão extensa significação que tem de valer não só para os homens, mas para todos os *seres racionais em geral*" (AK, IV, p.408).

busca trazer sob regras sua boa conduta, a saber, o que deve acontecer. Em outras palavras: como uma ação possível pode ser boa.[5] Ela contém regras do bom uso da vontade, assim como a lógica contém regras do uso correto do entendimento.

A ciência das regras de como o ser humano deve se comportar é a filosofia prática e a ciência das regras de sua conduta real é a antropologia. Essas duas ciências estão proximamente relacionadas e a moral não pode existir [*bestehen*] sem a antropologia,[6] pois se deve primeiramente conhecer do sujeito se ele também está em condição de levar a cabo // o que dele se exige em relação ao que deve fazer. É possível, decerto, considerar também a filosofia prática mesmo sem a antropologia ou sem o conhecimento do sujeito, mas, nesse caso, ela

[3]

---

5 Frase ausente em Collins.

6 Podemos observar aqui uma diferença fundamental em relação ao ponto de vista apresentado na *Fundamentação da metafísica dos costumes*, ao mesmo tempo que visualizamos, nesse contexto, a importância concedida à antropologia na gestação da Ética kantiana (consultar Cunha, *A gênese da Ética de Kant*). Ao contrário das *Lições*, na *Fundamentação*, Kant acredita que "toda a Filosofia moral assenta inteiramente na sua parte pura, e, aplicada ao homem, não recebe um mínimo que seja do conhecimento do homem (Antropologia), mas fornece-lhe como ser racional leis *a priori*" (AK, IV, p.389). No mesmo sentido, lemos na *Metafísica dos costumes*: "Desta antropologia não se pode prescindir, mas ela não deve de modo algum preceder aquela metafísica dos costumes ou ser a ela misturada, porque então se corre o perigo de extrair leis morais falsas" (AK, VI, p.217). Se o programa iniciado em meados de 1760 concebia o estudo antropológico do homem como fundamental para estabelecer os fundamentos da moral, no período crítico, em contrapartida, a antropologia é considerada tão somente uma disciplina paralela que, embora conserve sua importância, não deve se misturar com a doutrina pura.

é apenas algo especulativo ou uma ideia. Por essa razão, o ser humano precisa ao menos, no fim das contas, ser estudado em conformidade a isso. Sempre se prega o que se deve fazer e ninguém pensa se pode acontecer. Por isso, da mesma forma, as advertências, que são repetições tautológicas das regras já conhecidas por todos em que nada mais é dito do que aquilo que já se sabe, nos ocorrem de maneira bastante tediosa e os discursos de púlpito de tais advertências são vazios se o orador não considera, ao mesmo tempo, a humanidade. Nisso Spalding[7] é preferível a todos os outros. Então é preciso conhecer do homem se ele também é capaz de fazer o que dele se exige.

A consideração da regra é inútil se não se pode tornar o ser humano preparado para seguir regras. Por causa disso, essas duas ciências estão tão relacionadas. Trata-se da mesma coisa que acontece quando a física teórica está vinculada aos experimentos, pois também se faz experiências com seres humanos. Por exemplo, quando testamos um serviçal para ver se ele é confiável. Dessa forma, em um exame para pregador [*Prediger*], devemos examinar tanto seu caráter e coração quanto seu conhecimento dogmático.

---

7 Johann Joachim Spalding (1714-1804) foi um teólogo protestante alemão. Além de tradutor de Shaftesbury, Spalding foi uma importante figura do iluminismo alemão. O seu tratado, publicado em 1748, com o título *Betrachtungen über die Bestimmung des Menschen* [Considerações sobre a destinação do ser humano] é considerado o manifesto da teologia alemã iluminista. Nele o autor vai empreender a rejeição do autoritarismo dogmático e da ortodoxia confessional, promovendo ao mesmo tempo uma filosofia do senso comum que busca elucidar um caminho individualmente acessível que vai da sensibilidade para a espiritualidade, conduzindo com efeito à imortalidade.

Por conseguinte, a filosofia prática é prática não segundo a forma, mas segundo o objeto. É uma doutrina da execução. Assim como a lógica é uma ciência da razão, não de acordo com a forma, mas porque a razão é seu objeto, do mesmo modo o objeto da moral deve ser prático,[8] isto é, a práxis (*Praxis*). Ela é, então, uma ciência sobre as leis objetivas do livre-arbítrio, uma filosofia da necessidade objetiva das ações livres ou do dever, isto é, de todas as ações boas possíveis, assim como a antropologia é uma ciência sobre as leis subjetivas do livre-arbítrio. A

[4] // filosofia prática, assim como a lógica, não possui um tipo específico de objetos [*Gegenständen*] da prática, mas trata, abstraindo de todos os objetos da práxis em geral, das ações livres. As regras práticas que dizem aqui o que deve acontecer[9] são de três tipos: regras de habilidade, regras de prudência e regras da moralidade. Qualquer regra objetiva prática é expressa por meio de imperativos,[10] embora não seja assim com as regras práticas subjetivas. Assim, por exemplo, os idosos costumam dizer[11] – "isso é assim, embora não devesse ser" – e, por isso, na velhice, não se deveria mais economizar tanto quanto na juventude, porque nessa época da vida não mais se precisa de

---

8 Pequeno trecho modificado em Kaehler.

9 Em paralelo à *Fundamentação*: "Numa filosofia prática, em que não temos de determinar os princípios do que *acontece*, mas sim as leis do que *deve acontecer*, mesmo que nunca aconteça, quer dizer leis objetivas-práticas" (AK, IV, p.427).

10 Sobre isso, na *Fundamentação* esclarece-se: "A representação de um princípio objetivo, enquanto obrigante para uma vontade, chama-se um mandamento (da razão), e a fórmula do mandamento chama-se *imperativo*" (AK, IV, p.413).

11 Em Kaehler, lemos: "Os idosos tendem a ser avarentos [*pflegen zu geizen*]".

tanto, posto que não se tem tanto tempo para viver quanto na juventude.

Existem, então, três tipos de imperativos, um imperativo de habilidade, um de prudência e um da moralidade.[12] Todo imperativo, pois, expressa um dever, portanto uma necessidade objetiva, e decerto uma necessidade do arbítrio bom e livre, pois diz respeito ao imperativo necessitar de maneira objetiva. Todos os imperativos contêm uma necessidade objetiva e certamente sob condições de um arbítrio livre e bom. Os imperativos de habilidade são problemáticos, os imperativos de prudência, pragmáticos, e os imperativos da moralidade são morais.

Os imperativos problemáticos dizem que, sob uma regra, é indicada uma necessidade da vontade em vista de qualquer fim. Os meios são enunciados de maneira assertórica, mas os fins são problemáticos. Assim, a geometria prática nos dá tais imperativos. Se, por exemplo, um triângulo – um quadrado ou um hexágono – deve ser constituído, deve-se proceder conforme as regras. Portanto trata-se de um fim arbitrário através de um meio prescrito. Dessa forma, todas as ciências práticas em geral, como a geometria, a mecânica, contêm imperativos de habilidade. Eles são de grande utilidade e devem preceder [5] os demais imperativos, // pois se deve estar em condição de realizar fins de qualquer tipo e ter os meios para alcançá-los, antes de poder realizar os fins estabelecidos. Os imperativos de habilidade ordenam [*imperieren*] apenas hipoteticamente, pois

---

12 Estamos diante da conhecida tripartição dos imperativos apresentada na *Fundamentação* (AK, IV, p.414-8). É importante lembrar, no entanto, que, de algum modo, Kant já tratara da tripartição da necessidade prática desde 1764 em sua *Investigação sobre a evidência dos princípios da teologia natural e da moral* (AK, II, p.275-7).

a necessidade do uso do meio é sempre condicionada, a saber, sob a condição do fim.

A filosofia prática não contém regras de habilidade, mas regras de prudência e da moralidade [*Sittlichkeit*]. Portanto trata-se de uma filosofia pragmática e moral. Pragmática em relação à regra de prudência e moral em relação à regra da moralidade [*Sittlichkeit*].

A prudência é a destreza ao usar os meios para o fim universal do ser humano, ou seja, para a felicidade.[13] Ao contrário da habilidade, portanto, aqui o fim já está determinado. Para a regra da prudência são exigidas duas coisas: determinar o fim em si e, então, o uso dos meios para esse fim. Dessa forma, isso envolve uma regra de ajuizamento para o que pertence à felicidade e as regras relacionadas ao uso dos meios para essa felicidade. A prudência é, então, uma destreza de determinar o fim e, do mesmo modo, os meios para esse fim. A determinação da felicidade é o aspecto primário na prudência, pois muitos ainda discutem [*streiten noch*] se a felicidade consiste na preservação [*Enthalten*] ou na aquisição [*Erwerben*].[14] Aquele que não tem nenhum meio, mas também não precisa de nada que possa ser obtido através desses meios, parece ser mais feliz

---

13 De acordo com a *Fundamentação*: "O imperativo hipotético que nos representa a necessidade prática da ação como meio para fomentar a felicidade é *assertórico*. Não se deve propor somente como necessário para uma intenção incerta, simplesmente possível, mas para uma intenção que se pode admitir como certa e *a priori* para toda a gente, pois que pertence à sua essência. Ora, a destreza na escolha dos meios para atingir o maior bem-estar próprio pode-se chamar *prudência* [*Klugheit*]" (AK, IV, p.416).

14 Na tradução espanhola, traduz-se "deter coisas [*Erhalten*] ou adquirir prestígio [*Erwerben*]".

do que aquele que tem muitos meios, mas também de muito necessita. Portanto é a determinação do fim da felicidade e no que ela consiste o aspecto primário da prudência e os meios o aspecto secundário. Os imperativos de prudência ordenam não sob uma condição problemática, mas sob uma condição necessária assertórica universal, que está em todos os seres humanos. Eu não digo: "na medida em que desejas ser feliz, [6] deves tu fazer isso e aquilo", // mas digo: "uma vez que todos querem a felicidade, o que, no entanto, é pressuposto a partir da condição de cada um, o indivíduo precisa ter isso diante dos olhos". Trata-se, portanto, de uma condição subjetiva necessária. Eu não digo: "tu deves ser feliz", pois isso seria uma condição necessária objetiva, mas digo: "porque tu desejas ser feliz, deves fazer isso e aquilo".

Podemos, não obstante, imaginar um imperativo no qual o fim é estabelecido como uma condição que não ordena de maneira subjetiva, mas objetiva, e esses são os imperativos morais.[15] Por exemplo, "não deves mentir"[16] não é nenhum

---

15 O imperativo no qual as condições subjetivas e objetivas do querer coincidem é o verdadeiro imperativo moral, o que, nas palavras da *Fundamentação*, define-se como um imperativo categórico: "Há por fim um imperativo que, sem se basear como condição em qualquer outra intenção a atingir por um certo comportamento, ordena imediatamente este comportamento. Este imperativo é *categórico* [...] Este imperativo pode-se chamar o imperativo *da moralidade*" (AK, IV, p.416).

16 O exemplo da mentira é recorrente nos textos kantianos (ver já em 1764-1765, AK, XX, p.156-7) e tanto aqui quanto na *Fundamentação* (AK, IV, p.419) serve para ilustrar o teste de consistência e contradição que acompanha a fórmula do imperativo categórico. Para comentário, ver Cunha, *A gênese da Ética de Kant*.

imperativo problemático, pois do contrário teria de ser enunciado assim: "se lhe prejudica, então não deves mentir". Mas ele ordena categórica e absolutamente: "não deves mentir". Dessa forma, esse imperativo ordena de forma incondicional ou sob uma condição objetiva necessária. No imperativo moral, o fim é propriamente indeterminado. A ação também não é determinada conforme o fim, mas decorre [*geht auf*] do livre-arbítrio, seja qual for o fim. O imperativo moral ordena, portanto, absolutamente, sem considerar os fins. Nosso fazer ou deixar de fazer livre [*freies Tun und Lassen*] possui uma bondade interna independente do fim. A bondade moral,[17] portanto, concede ao ser humano um valor absoluto interno imediato da moralidade. Por exemplo, aquele que mantém a palavra possui sempre um valor interno imediato do livre-arbítrio independente do fim. A bondade pragmática, porém, não dá ao ser humano qualquer valor interno.

Os sistemas morais da Antiguidade

[7] // Todos os sistemas morais da Antiguidade tinham como fundamento a questão do *summo bono*[18] e no que ele consiste.

---

17 A vontade como bem irrestrito é o que está em questão aqui e em total consonância com a posição da *Fundamentação*: "A boa vontade não é boa por aquilo que promove ou realiza, pela aptidão para alcançar qualquer finalidade proposta, mas tão somente pelo querer, isto é, em si mesma, e, considerada em si mesma, deve ser avaliada em grau muito mais alto do que tudo o que por seu intermédio possa ser alcançado em proveito de qualquer inclinação, ou mesmo, se se quiser, da soma de todas as inclinações" (AK, IV, p.394).

18 Bem supremo.

Na resposta a essa questão distinguem-se os sistemas da Antiguidade.[19] Eu designo esse *summum bonum* um ideal, isto é, um máximo de coisas que se pode pensar e segundo o qual tudo se determina e se mensura. Em todas as instâncias, devemos primeiramente conceber um padrão a partir do qual tudo pode ser avaliado. O *summum bonum* é dificilmente possível, sendo tão somente um ideal, isto é, um padrão, uma ideia, um modelo de todos os nossos conceitos do bem.

No que consiste o sumo bem? O mundo mais perfeito[20] é o maior dos bens criados. No mundo mais perfeito estão incluídas, não obstante, a felicidade das criaturas racionais e a dignidade dessas criaturas em relação a tal felicidade.

Os antigos compreendiam bem que a felicidade não poderia ser o único bem supremo, pois, se todas as pessoas quisessem encontrar essa felicidade sem a distinção do justo e do injusto,

---

19 Mas, como Kant assevera anos à frente na *Crítica da razão prática*, "Os antigos, todavia, cometeram abertamente esse erro, por terem apostado sua investigação moral totalmente na determinação do conceito de sumo bem, por conseguinte de um objeto que depois tencionaram tornar fundamento determinante da vontade na lei moral" (AK, V, p.112).

20 Ao mencionar um mundo mais perfeito, Kant está certamente fazendo referência a um importante debate do meio do século XVIII, conhecido como debate sobre o otimismo, em que ele, de algum modo, também tomou partido. A respeito disso podemos citar, sobretudo, o *Ensaio de algumas reflexões sobre o otimismo* (1759) e também as *Folhas soltas* [*lose Blätter*] conhecidas como *Reflexões 3703-3704-3705*, que são esboços de uma resposta para a questão anunciada pela Academia Prussiana Real de Ciências, em julho de 1753, como requisito de um concurso para 1755. Para acesso à tradução, consultar *Studia Kantiana* 18 (jun. 2015) e, para comentário, consultar Cunha, *A gênese da Ética de Kant*.

então certamente haveria aí a felicidade, mas nenhuma dignidade em relação a ela e, portanto, nenhum sumo bem.

Temos que tentar encontrar, no ser humano, a felicidade e a dignidade da mesma e, se isso é assumido conjuntamente, temos então o sumo bem. O ser humano só pode esperar ser feliz na medida em que se torna digno dela, pois essa é a condição da felicidade que a própria razão nos apresenta.

Mais tarde eles compreenderam que a felicidade se baseia na bondade da vontade livre, nas disposições para fazer bom uso de tudo aquilo que a natureza lhes oferece em abundância. Para aquele que é rico e possui todos os tesouros, a pergunta que se coloca é: qual a sua disposição para fazer // uso desses tesouros? Portanto a qualidade e a perfeição do livre-arbítrio [*freien Willkür*], que contém o fundamento da dignidade da felicidade, é a perfeição moral.[21] O bem físico ou o bem-estar, no qual estão incluídas a saúde e a riqueza, não constitui o sumo bem. O bem moral, a boa conduta, a dignidade da felicidade, não obstante, devem convir a isso e isto constitui o sumo bem.[22] Imagine se o mundo fosse repleto de seres racionais que se comportassem todos muito bem e, portanto, fossem dignos de felicidade e estivessem em situação de grande indigência, cercados de aflição e necessidade; eles não teriam qualquer felicidade e, consequentemente, não haveria nenhum sumo bem nessa situação. Se, ao contrário, todas as criaturas estivessem cercadas de felicidade, mas não houvesse boa conduta, dignidade, então nesse caso também não haveria qualquer sumo bem.

[8]

---

21 Kant percorre um longo caminho até alcançar a culminante percepção de que perfeição moral é uma característica *sui generis* do livre-arbítrio.

22 Frase ausente em Collins.

O ideal do sumo bem para os antigos assumiu três formas.[23]

1. O ideal cínico, que é a seita de Diógenes.
2. O ideal epicurista.
3. O ideal estoico, que é a seita de Zenão.

Essas seitas são classificadas de acordo com conceitos.

O ideal cínico é o ideal da inocência ou, antes, da simplicidade. Diógenes disse: "o sumo bem consiste na simplicidade, na suficiência do gozo da felicidade".

O ideal epicurista era o ideal da prudência. Epicuro disse: "o sumo bem consiste na felicidade[24] e a boa conduta seria apenas um meio para a felicidade".

O ideal estoico foi o ideal da sabedoria. É o contrário dos anteriores. Zenão disse: "o sumo bem consiste tão somente na moralidade [*Sittlichkeit*], na dignidade e, portanto, na boa con‑

[9] duta e essa felicidade seria uma consequência // da moralidade. Aquele que se comportou bem já seria feliz".

A seita cínica disse que o sumo bem seria uma coisa da natureza e não da arte. Para Diógenes, os meios da felicidade eram negativos. Ele disse: "o ser humano está por natureza satisfeito com pouco, porque ele, naturalmente, não tem qualquer necessidade. Então ele também não sente a falta de meios e desfruta, sob essa carência, de sua felicidade". Diógenes tem muito a seu favor, pois a provisão de meios e dádivas da natureza aumenta nossas necessidades, porque, quanto mais pos‑

---

23 A divisão dos sistemas dos antigos da forma como apresentada nas *Lições* é estabelecida na distinção entre natureza, o ideal de Diógenes, e arte, o ideal de Zenão e Epicuro.

24 Em Kaehler e Collins, lemos "tão somente na felicidade".

suímos os meios, mais necessidades se sucedem e a inclinação do homem sempre cresce de acordo com a maior satisfação. O ânimo está, portanto, sempre inquieto. Rousseau, o Diógenes refinado, declarou também que nossa vontade seria boa por natureza, mas nós sempre nos corrompemos.[25] A natureza teria nos provido com tudo e nós apenas engendramos mais necessidades. Ele deseja também que a educação das crianças deva ser apenas negativa. Isso é contrário a Hume, que afirmou que isso é questão de arte e não de natureza.[26] Diógenes

---

25 A frase de abertura do livro primeiro do *Emílio* ilustra muito bem a posição de Rousseau nesse sentido: "Tudo é certo quando sai das mãos do autor das coisas, tudo se degenera nas mãos do homem". O ideal de Rousseau, como o de Diógenes, tem em conta a concepção de que a natureza, concebida como boa em si, precisa apenas se depurar das necessidades artificiais que se apresentam ao espírito humano e o prejudicam. Mas, desde meados de 1760, em suas *Anotações nas Observações sobre o sentimento do belo e do sublime*, Kant se mostra crítico em relação a esse ideal, já que não o considera como um verdadeiro ideal de virtude, mas tão somente um estado de simples inocência: "[n]o estado de simplicidade não há nenhuma virtude" (AK, XX, p.64). A posição kantiana mostra-se bem definida na seguinte nota de meados de 1760: "Já que o homem natural precisa de pouco e [também já que] quanto mais ele precisa mais miserável é, então o homem é perfeito na medida em que ele pode prescindir de coisas, mas também na medida em que ele ainda tem força suficiente para promover as carências e a felicidade de outros; ele tem um sentimento por uma vontade bondosa além de si mesmo" (AK, XX, p.146). Para comentário, consultar Cunha, *A gênese da Ética de Kant*.

26 De acordo com Stark (2004, p.15), uma crítica explícita de David Hume à concepção fundamental de Rousseau não foi identificada nesse ponto e, dessa forma, o editor opta por conservar, em vez de Hume, o nome de outro autor, *Home*, no manuscrito de Kaehler.

disse: "podeis ser feliz sem abundância, podeis ser moral sem virtude". Sua filosofia era também o caminho mais curto para a felicidade. Por meio da suficiência [*Genugsamkeit*] vive-se feliz, posto que se pode dispensar tudo. Sua filosofia era também o caminho mais curto para a moralidade [*Sittlichkeit*], pois, se não possuímos nenhuma necessidade, também não possuímos nenhum desejo [*Begierde*] e então nossas ações se harmonizam com a moralidade [*Moralität*]. A tal homem não custa nada ser honesto. Consequentemente, seria a virtude apenas uma ideia. Dessa forma, a simplicidade é também o caminho mais curto para a moralidade [*Sittlichkeit*].

A seita epicurista afirmou que o sumo bem seria uma questão de arte e não de natureza. Portanto aqui estava a diferença [10] de ambas // as seitas, visto que esta foi contrária à primeira. Epicuro disse: "se não possuímos nenhum vício por natureza, temos, contudo, uma predisposição em direção a ele". Portanto a inocência e a simplicidade não estão asseguradas e a arte precisa lhes ser acrescentada. Nisso Zenão concordava com Epicuro, que considerava igualmente o sumo bem como uma questão de arte. Pois se, por exemplo, uma jovem camponesa inocente está livre de todos os vícios habituais é devido ao fato de que ela não teve nenhuma oportunidade para a libertinagem [*Ausschweifung*]. E um camponês, que se mantém com uma alimentação ruim e contudo está satisfeito com isso, não procede dessa maneira porque é indiferente, mas porque não tem nada melhor e, se alguém lhe houvesse dado a oportunidade

---

Nas *Lições* de Powalski, lemos: "Ritter Home afirma o contrário [de Rousseau] e diz que a virtude deve ser ensinada onde ainda não havia nenhuma instrução de qualquer coisa civilizada" (AK, XXVII, p.102 ss.).

de viver melhor, ele também cobiçaria essa vida. Assim sendo, a simplicidade é apenas negativa. Epicuro e Zenão aceitavam, portanto, a arte, porém ela era diferente para eles.

Os dois elementos do sumo bem são o bem físico e o bem moral, o bem-estar e a boa conduta. Uma vez que toda filosofia esforça-se para produzir a unidade nos conhecimentos e reduzi-lo a poucos princípios, buscou-se comprovar se, a partir desses dois princípios, não se poderia reunir um,[27] já que, afinal, cada coisa é designada pelo fim e não pelo meio. Portanto, de acordo com a ideia de Epicuro, a felicidade era o fim e a dignidade tão somente um meio. Dessa forma, a moralidade seria uma consequência da felicidade. Zenão também tentou vincular os dois princípios e, de acordo com sua ideia, o fim seria a moralidade. A dignidade e a virtude seriam por si mes-

---

27 O diagnóstico resultante da tentativa dos antigos, especialmente de Zenão e Epicuro, de estabelecer uma identidade entre os elementos do sumo bem já aparece em uma reflexão do início dos anos 1770. Esse diagnóstico vai servir como base para o argumento maduro de Kant, em 1787, na *Crítica da razão prática*. Na Reflexão 6607, lemos: "Os antigos não coordenaram a felicidade com a moralidade, mas subordinaram uma à outra, porque, se ambas constituem duas partes diferentes cujos meios são distintos, entram frequentemente em conflito" (AK, XIX, p.106). De acordo com o parecer apresentado na segunda *Crítica*: "Segundo o *epicurista*, o conceito de virtude encontrava-se já na máxima de promover sua própria felicidade; contrariamente, segundo o *estoico*, o sentimento de felicidade já estava contido na consciência de virtude. [...] O que, porém, a torna um problema difícil foi mostrado na Analítica, a saber, que felicidade e moralidade são, *quanto à sua espécie*, dois *elementos do sumo bem* totalmente diversos e que, portanto, a sua vinculação não pode ser conhecida analiticamente" (AK, V, p.202-3).

mas o sumo bem e a felicidade seria apenas uma consequência[28] da moralidade.[29]

O ideal e o padrão de Diógenes é o homem da natureza. O padrão de Epicuro é o homem do mundo. O padrão ou a *idea archetypon*[30] de Zenão é o sábio, que sente em si mesmo a [11] felicidade, que possui tudo e tem // em si a fonte da alegria e da retidão [*Rechtschaffenheit*]. Ele é o rei, posto que domina a si mesmo e não pode ser coagido [*gezwungen*], visto que coage a si mesmo. Eles preferiram tal sábio aos deuses, levando em conta que este não se assemelhava muito às suas divindades. A divindade, pois, não tinha nenhuma sedução e nenhum obstáculo para superar, enquanto um sábio desse tipo alcançaria tal perfeição através de sua força na superação dos obstáculos.

Podemos conceber ainda um ideal místico, no qual o sumo bem consiste no fato de que o homem se vê em comunhão

---

28 Em paralelo a uma das reflexões ao compêndio de Baumgarten: "O ideal estoico é o ideal mais puro e correto da moral, mas *in concreto*, em relação à natureza humana, é incorreto. É certo que alguém deva proceder dessa forma, mas falso que alguma vez procederá assim. O ideal de Epicuro é falso segundo a regra pura da moral e, portanto, na teoria dos *principii* morais, embora em relação às doutrinas morais [seja] verdadeiro; no entanto, é o que mais está de acordo com a vontade humana. O ideal cínico diz respeito apenas aos meios e é correto na teoria; na prática, no entanto, é muito difícil, mesmo que seja a *norma*. Os ideais anteriores eram meramente teorias de filosofia moral, o ideal cínico era meramente uma doutrina dos meios" (Refl. 6607, XIX, p.106). Consultar também as seguintes reflexões: 6583, 6584, 6601, 6611, 6624, 6827, 6829, 6879, 6882, 6894.
29 Nesse ponto, há uma modificação em Collins.
30 Ideia-modelo.

com o Ser supremo. Este é o ideal platônico, que é um ideal fanático.³¹

O ideal dos cristãos é o ideal da santidade e o padrão é Cristo. Do mesmo modo, Cristo é um simples ideal, um arquétipo da perfeição ética, que é santo através do auxílio divino. Não obstante, isto não deve ser confundido com as pessoas que são denominadas cristãs, pois estas buscam tão somente se aproximar desse ideal e padrão.

Epicuro e Zenão falharam em seu objetivo, visto que Epicuro quis conceder móbeis à virtude, mas não lhe concedeu nenhum valor: o móbil era a felicidade e o valor era para ser a dignidade. Zenão exaltou o valor interno da virtude e estabeleceu nisso o sumo bem, privando a virtude dos móbeis. O sumo bem de Epicuro era, portanto, a felicidade ou, como ele o chamou, o prazer [*Wollust*], isto é, um contentamento interior e um coração alegre. Em vista de todas as reprovações em direção a ele e a outros, deve-se estar certo que a doutrina de Epicuro não é uma filosofia do prazer e, por isso, ele tem sido

---

31 Em Menzer, lemos "fantástico [*fantastisches*]". Optamos pela grafia de Kaehler e Collins, em que encontramos "fanático [*fanastisches*]". A Reflexão 6611 é um apoio à opinião de que em Menzer temos uma confusão ortográfica. "Platonismo: através da natureza com Deus, cristianismo: através de meios sobrenaturais. Filosofia ou fantasia. Entusiasta, fanático, místico" (AK, XIX, p.109). De acordo com a impressão que Kant nos dá do ideal místico, encaixa-se a seguinte definição da *Antropologia Ms-Parow* (1772-1773): "Dessa forma trata-se de fanatismo quando um homem pensa estar sempre em comunidade com seres mais elevados" (p.61 apud Stark, 2004). Essa definição concorda com a apresentada nas *Observações sobre o sentimento do belo e do sublime*: "O fanatismo deve ser distinguido do entusiasmo. O primeiro crê sentir uma comunhão imediata e extraordinária com uma natureza mais elevada" (AK, II, p.251).

[12] mal compreendido. Existe ainda uma sua carta, na qual ele convida alguém para jantar, mas promete receber essa pessoa com nada mais do que um coração alegre e com polenta, isto é, uma refeição epicurista modesta. Tal prazer era, portanto, um prazer de um sábio. // Desse modo, ele privou a virtude de valor, posto que a moralidade se transformou em meio para a felicidade.

Zenão fez o contrário. Estabeleceu a felicidade como valor e não deu à virtude nenhum móbil. Móbeis são todos os fundamentos de nossa vontade que são retirados dos sentidos. A consciência da dignidade da felicidade ainda não acalenta os desejos do homem e se o homem não satisfaz os seus desejos quando, também, sente em si mesmo que é digno, ele ainda não é feliz. A virtude agrada mais que qualquer outra coisa, mas não satisfaz, já que, se assim fosse, todos seriam virtuosos. Em vista dessa virtude, os desejos de um virtuoso são tanto mais fortes segundo os anseios da felicidade. Quanto mais virtuoso e menos feliz é um homem, tanto mais doloroso é para ele não ser feliz, embora digno de felicidade. Nesse caso, o ser humano está satisfeito com seu comportamento, mas não com sua condição.

Epicuro prometeu ao ser humano contentamento consigo mesmo se ele se assegurasse previamente de ser feliz em seu estado. Zenão prometeu ao ser humano contentamento com sua condição, se ele pudesse previamente estar satisfeito consigo mesmo.[32]

O homem pode estar satisfeito ou insatisfeito consigo mesmo de forma pragmática ou moral. Porém ele confunde, muitas vezes, os dois casos. Frequentemente, ele acredita ter peso na consciência, embora tenha tão somente medo de um juiz de prudência. Se ofendemos alguém em uma relação, re-

---

32 Devido à conduta virtuosa.

provamo-nos em casa por isso devido às acusações do juiz de prudência, posto que temos de supor um inimigo, pois toda censura [*Reproche*] da prudência é aquela através da qual um prejuízo surge. Ora, se sabemos que o outro não viu, estamos satisfeitos. Por conseguinte trata-se de uma acusação da prudência // que consideramos, no fim das contas, como uma acusação da moralidade. Ora, Epicuro disse: "conduze-te de modo que não tenhas de esperar nenhuma acusação por parte de ti ou dos outros e então serás feliz".

[13]

O ideal de santidade,[33] assumido segundo a filosofia, é o ideal mais perfeito, pois é um ideal da maior perfeição moral pura. Porém, uma vez que tal não pode ser alcançado pelo ser humano, ele baseia-se na crença em uma assistência divina [*göttlichen Beistandes*].

Nesse ideal, não apenas a dignidade da felicidade possui a maior perfeição moral, mas esse ideal tem da mesma maneira o maior móbil e este é a felicidade, embora não neste mundo. Portanto o ideal do Evangelho tem a maior pureza dos costumes e também o maior móbil, isto é, a felicidade ou a bem-aventurança[34] [*Seligkeit*].

Os antigos não tinham nenhuma grande perfeição moral além daquela que poderia fluir da natureza do homem. Ora, visto que essa natureza era bastante deficiente, eram também suas leis morais deficientes. O sistema moral deles, portanto, não era

---

33 Em Collins, lemos "sagacidade".

34 Nas *Lições*, já se mostra clara a predominância do ideal cristão no que diz respeito ao problema do sumo bem. Na *Crítica da razão prática*, lemos: "A doutrina do cristianismo, ainda que não seja considerada como doutrina religiosa, fornece, sob esse aspecto, um conceito de sumo bem (de reino de Deus) que, unicamente, satisfaz à mais rigorosa exigência da razão prática" (AK, V, p.127).

puro. Eles acomodavam a virtude à fraqueza [*Schwäche*] do ser humano. Consequentemente, ele foi incompleto. Não obstante, no ideal cristão, tudo é completo e aí está a maior pureza e a maior felicidade. Os princípios da moralidade são retratados em sua santidade integral e agora a prescrição é: "deves ser santo". Mas, uma vez que o ser humano é imperfeito, esse ideal precisa de um complemento [*Adjument*], a saber, o auxílio divino.[35]

Do princípio da moralidade

Depois que consideramos o ideal da maior perfeição moral, precisamos ver no que consiste o princípio da moralidade [*Sittlichkeit*]. Nada foi dito disso, de antemão, além do fato de que ele se baseia na bondade do livre-arbítrio. No entanto, devemos investigar em que propriamente // se baseia o princípio da moralidade. Em geral, é bastante difícil estabelecer o primeiro princípio de qualquer ciência, em especial se a ciência já alcançou alguma magnitude. Então é difícil estabelecer, por exemplo, o primeiro princípio do direito, da mecânica. Mas visto que, afinal, todos devemos ter um princípio de judicação moral [*moralischen Diiudication*], segundo o qual somos capazes de julgar de maneira unânime sobre o que é moralmente bom ou não é, compreendemos que deve haver um único princípio que flui do fundamento de nossa vontade. Ora, isso depende de determinar esse princípio sobre o qual estabelecemos a moralidade e segundo o qual podemos distinguir o moral do imoral. Se um homem possui muitos talentos [*Fahigkeiten*] e habilidades

[14]

---

35 Abre-se espaço, nesse momento, para se pensar a doutrina da graça de um caminho similar ao apresentado tardiamente na *Religião nos limites da simples razão*. O tema será tratado em uma das seções à frente.

[*Geschicklichkeiten*], perguntamos sempre, ao fim de tudo, como é então seu caráter? Mesmo que ele possua todos os tipos de bondade, pergunta-se sempre, no fim das contas, sobre sua bondade moral. Ora, o que é então o princípio supremo da moralidade, segundo o qual julgamos tudo e de que modo distinguimos a bondade moral dos demais tipos de bondade? Antes de decidirmos essas questões, devemos citar primeiramente a classificação [*Einteilung*] dos diferentes pontos de vista a partir dos quais o princípio é determinado de maneiras diferentes.

A doutrina [*Lehrbegriff*] (que aqui não indica uma teoria[36] [*Lehrgebäude*], mas apenas um conceito a partir do qual se pode constituir uma teoria) da moralidade consiste no fato de que a moralidade se baseia em fundamentos empíricos ou intelectuais, derivados de princípios empíricos ou intelectuais. Fundamentos empíricos são aqueles derivados dos sentidos, contanto que encontrem satisfação nos mesmos. Fundamentos intelectuais são aqueles nos quais toda moralidade é derivada da concordância de nossas ações com a lei da razão.[37] Portan-

---

36 Na versão francesa, os termos são traduzidos mais literalmente como "concept doctrinal [*Lehrbegriff*]" e "système doctrinal [*Lehrgebäude*]". Na versão inglesa de Peter Heath, lemos, em relação ao primeiro termo, "theoretical conception".

37 A classificação dos sistemas morais apresentada aqui é encontrada quase exatamente no quadro sobre os "Fundamentos determinantes materiais práticos no princípio da moralidade" da *Crítica da razão prática* (AK, V, p.40). Essa classificação também é vista na segunda seção da *Fundamentação*: "Todos os princípios que se possam adotar partindo deste ponto de vista são ou *empíricos*, ou *racionais*. Os *primeiros*, derivados do princípio da *felicidade*, assentam no sentimento físico ou no moral; os *segundos*, derivados do princípio da *perfeição*, assentam ou no conceito racional dessa perfeição como efeito possível, ou no conceito de uma perfeição independente (a vontade de Deus) como causa determinante da nossa vontade" (AK, IV, p.441-2).

to *Systema morale est vel empiricum vel intelectuale*.³⁸ Se o sistema da moral se baseia em fundamentos empíricos, baseia-se // em fundamentos internos ou em externos conforme os objetos do sentido interno ou externo. Se a moralidade se baseia em fundamentos internos, esta é a primeira parte do sistema empírico. Aqueles que derivam a moralidade dos fundamentos internos dos princípios empíricos, assumem um sentimento, um sentimento físico e moral.

O sentimento físico consiste no amor de si [*Selbstliebe*], que é de dois tipos, a vaidade e o egoísmo. Ele visa à sua própria vantagem e é um princípio individualista através do qual nossos sentidos são satisfeitos. É um princípio de prudência. Entre os antigos, o autor do princípio do amor de si [*Selbstliebe*] é Epicuro, na medida em que este possuía também um princípio da sensibilidade em geral. Entre os modernos, Helvétius³⁹ Mandeville.⁴⁰

---

38 O sistema moral é empírico ou intelectual.
39 Claudie A. Helvétius (1715-1771), filósofo e literato francês. Como Werner Stark (2004, p.22) supõe, talvez a referência kantiana de Helvétius não seja apenas seu famoso trabalho de 1758, *De l'esprit*, traduzido na Alemanha nos anos 1760, do qual Kant possuía um exemplar, mas também o seu trabalho póstumo, traduzido em 1774, *De l'homme, de ses facultés intelectuelles et de son éducation*. O autor é citado duas vezes nas reflexões ao compêndio de Baumgarten: reflexões 6611 e 6637. Na última delas, o autor é citado junto a Mandeville em uma classificação geral: "Todos os sistemas da moral: 1. Os que se derivam de princípios contingentes e arbitrários; costume e leis sociais. 2. De fundamentos necessários e naturais, mas simplesmente de inclinações egoístas: Mandeville. Helvétius" (AK, XIX, p.122).
40 Bernard de Mandeville (1670-1733), pensador anglo-holandês. Escreveu a famosa *A fábula das abelhas ou Vícios privados, benefícios públicos*. É de fato surpreendente que Kant mencione Mandeville nas *Lições*

O segundo princípio do fundamento interno do sistema empírico se apresenta quando o fundamento é colocado no sentimento moral, aspecto por meio do qual se pode distinguir *o que é bom ou mau*. Os mais notáveis autores são Shaftesbury[41] e Hutcheson.[42]

---

e em outros lugares, como nas *Reflexões* e na *Crítica da razão prática*. De acordo com Fabian (apud Stark, 2004, p.23), Kant foi o único crítico na Alemanha do século XVIII que compreendeu a qualidade do pensamento de Mandeville. Parece que Kant conheceu a filosofia moral de Mandeville apenas de maneira indireta. No quadro comparativo da *Crítica da razão prática*, Kant concede a Mandeville o princípio externo subjetivo da constituição civil, concedido a Hobbes nas *Lições*.

41 Anthony Ashley Cooper (1671-1713), conhecido como conde de Shaftesbury, foi um dos moralistas ingleses que teve forte influência na gênese nas concepções éticas de Kant. Encontramos uma referência kantiana positiva ao autor já no *Anúncio do programa de suas lições do inverno de 1765-1766* (AK, II, p.311) e também na *Dissertação* de 1770 (II, p.396). É provável que Kant tenha conhecido Shaftesbury por meio de duas das traduções de Spalding lançadas em 1745 e 1747.

42 Francis Hutcheson (1694-1747), teólogo, filósofo e, sem dúvida, um dos moralistas que mais influenciaram a gestação da ética kantiana. Encontramos uma referência explícita e importante a Hutcheson já no primeiro escrito de Kant, no qual ele trata diretamente com o problema moral, a *Investigação sobre a evidência* (AK, II, p.300 e 311). Sabe-se que Kant possuía exemplares das traduções de 1760 e 1762 dos respectivos *Uma investigação sobre a beleza e a virtude* e *Um ensaio sobre as paixões com ilustrações no sentimento moral*. Para comentários sobre a extensão da influência de Hutcheson sobre Kant, consultar o célebre artigo de D. Henrich, *Kant und Hutcheson* (1959) e o grande comentário de Schmucker, *Die Ursprünge der Ethik Kants in Seinen Vorkritischen Schriften und Reflektionen* (1963). Em língua portuguesa, ver Cunha, *A gênese da Ética de Kant* (2017), e Suzuki, *A forma e o sentimento do mundo* (2014).

Estão incluídos no sistema empírico da doutrina da moralidade, em segundo lugar, os fundamentos externos. Aqueles que estabelecem a moralidade nisso dizem: "toda moralidade se baseia em dois aspectos: na educação e no governo". Toda moralidade seria apenas um costume e, com base nos costumes, julgamos todas as ações de acordo com a regra da educação ou da lei da autoridade soberana. Portanto o ajuizamento moral [*moralische Beurteilung*] surge do exemplo ou da prescrição da lei. Montaigne defende o primeiro caso.[43] Ele diz: "em diversas regiões, vemos que o ser humano também difere em relação à moralidade. Dessa forma, na África, o roubo é permitido. Na China, é permitido aos pais jogar seus filhos na estrada. Os esquimós os estrangulam e, no // Brasil, eles são enterrados vivos". Hobbes[44] defende o segundo caso. Ele afirma: "a autoridade pode permitir e igualmente proibir todas as ações". Portanto não se podem avaliar as ações moralmente com base na razão, mas agimos segundo o exemplo do costume e segundo o comando da autoridade. Consequentemente, não haveria nenhum princípio moral além daquele que é retirado tão somente da experiência.

Mas se o princípio da moralidade baseia-se no amor de si, apoia-se num fundamento contingente, porque a qualidade das

---

43 Michel Eyquem de Montaigne (1533-1592) foi um filósofo, jurista, político e cético francês. De modo diferente, na classificação da *Crítica da razão prática*, a Montaigne é concedido o princípio externo subjetivo da educação (AK, V, p.40).

44 Thomas Hobbes (1588-1679), matemático e filósofo britânico. Essa é decerto uma referência ao tema fundamental de seu *magnum opus*, o *Leviatã*, publicado primeiramente em inglês em 1651 e, posteriormente, em latim, em 1670. A Reflexão 6593 (AK, XIX, p.99) traz algumas considerações sobre Hobbes e o *Leviatã*.

ações, segundo a qual elas me trazem vantagens ou não, baseia-se em circunstâncias contingentes. Se o princípio baseia-se num sentimento moral, no qual se avaliam as ações segundo o prazer ou desprazer, segundo a repugnância ou, em geral, segundo o sentimento do gosto, então se baseia também num fundamento contingente. Pois, se alguém demonstra agrado [*Annehmlichkeit*] em algo, pode outra pessoa ter aversão em vista da mesma coisa. Por isso os selvagens cospem[45] o vinho que bebemos prazerosamente. E o mesmo acontece com os fundamentos externos da educação e do governo. Portanto o princípio da moralidade segundo os sistemas empíricos baseia-se em fundamentos contingentes.

    O segundo *systema morale* é o intelectual. De acordo com esse sistema, o filósofo julga que o princípio da moralidade tem um fundamento no entendimento e pode ser totalmente compreendido *a priori*, por exemplo, "não deves mentir". Se isso fosse baseado no princípio do amor de si, então clamaria: "não deves mentir apenas se isso lhe trouxer prejuízo". Se, porém, isso proporciona vantagens, seria então permitido. Se fosse baseado no sentimento moral, então a mentira seria permitida àquele que não tem um sentimento moral tão refinado, capaz de produzir nele uma repugnância contra o ato de mentir. Se pudesse se basear na educação e no governo, então aquele que [17] é educado dessa forma e que // se encontrasse sob um governo que dá aval a isso, poderia estar liberado para mentir. Mas se isso se baseia num princípio que se situa no entendimento, prescreve-se absolutamente: "não deves mentir, quaisquer que possam ser as circunstâncias". Se eu levo em consideração meu

---

45 Em Kaehler, lemos o verbo sinônimo *speien*.

livre-arbítrio, trata-se de uma concordância do livre-arbítrio consigo mesmo e com o de outros. Portanto é uma lei necessária do livre-arbítrio. Não obstante, aqueles princípios que devem ser válidos de forma universal, estável e necessária não podem ser derivados da experiência, mas da razão pura. Toda lei moral expressa uma necessidade categórica e não uma do tipo que é delineada a partir da experiência. Toda regra necessária deve se estabelecer *a priori*; consequentemente, os princípios são intelectuais. O ajuizamento da moralidade de modo algum acontece através de princípios sensíveis ou empíricos, pois a moralidade não é, em absoluto, objeto dos sentidos, mas ela é um objeto apenas do entendimento.

Esses princípios intelectuais podem ser de dois tipos:

I. na medida em que se baseia na natureza interna da ação, tanto quanto a apreendemos através do entendimento;

II. ou pode ser um princípio externo na medida em que nossas ações têm uma relação com outro ser distinto de nós.

Esse princípio é o princípio teológico da moral.[46] Dessa forma há uma moral teológica, assim como há também uma

---

46 Embora Kant não faça uma referência a um autor em específico nesse ponto, é muito provável que, ao falar de um princípio teológico, ele esteja se referindo, como a classificação da segunda *Crítica* nos permite supor, ao teólogo e filósofo alemão Christian August Crusius (1715-1775), que teve grande influência na formação das concepções kantianas sobre ética e metafísica. Crusius era considerado o verdadeiro adversário de Christian Wolff. Como Kant afirma na *Nova Dilucidatio* (1755), uma das acusações mais sérias feitas em direção ao princípio da razão suficiente de Leibniz-Wolff remonta a Crusius, que aponta, com uma notável força de argumentação, o

teologia moral. Esse princípio teológico é, porém, também equivocado, pois a diferença do bem e do mal moral não consiste na relação com um outro ser, mas o *principium morale est intellectuale internum*.[47] Ora, determinar no que consiste esse *principium intellectuale internum* deve ser nosso propósito na moral, embora isso só possa ser feito gradualmente.

[18] // Todos os imperativos são fórmulas de uma necessitação prática. A necessitação prática é um tornar necessário [*Notwendigmachung*] de uma ação livre. Todas as nossas ações livres, porém, podem ser necessitadas de duas maneiras: elas podem ser necessárias segundo a lei do livre-arbítrio e então são praticamente necessárias ou elas podem ser necessárias segundo as leis da inclinação sensível e, nesse caso, elas são patologicamente necessárias. Por conseguinte nossas ações são necessitadas praticamente, isto é, de acordo com as leis da liberdade, ou patologicamente, isto é, segundo leis da sensibilidade. A necessitação prática é uma necessitação objetiva das ações livres. A necessitação patológica é uma necessitação subjetiva. Portanto

---

fato de que tal princípio "traz de volta a imutável necessidade de todas as coisas e a fatalidade estoica" (AK, I, p.399). Contra Wolff, Crusius também defendeu o conceito de liberdade de indiferença, que é a noção segundo a qual a ação não é determinada por nenhuma causa anterior, estando submetida tão somente a sua própria existência. Mas talvez a grande contribuição de Crusius para o pensamento de Kant, pelo menos no que diz respeito à ética, tenha sido a tentativa de formalização do imperativo ético a partir da ideia da ação como um fim em si. Na *Investigação sobre a evidência*, no entanto, Kant prefere rejeitar o imperativo teológico formal de Crusius para aceitar a regra formal wolffiana da perfeição (AK, II, p.299). Para comentários, consultar Cunha, *A gênese da Ética de Kant* (2017).

47 O princípio moral é intelectual interno.

todas as leis subjetivas de nossas ações são praticamente e não patologicamente necessárias.

Todos os imperativos são meras fórmulas da necessitação prática. Eles expressam uma necessidade de nossas ações sob a condição da bondade. *A fórmula que expressa a necessidade prática é a causa impulsiva de uma ação livre* e, uma vez que ela necessita objetivamente, denomina-se um *motivum*.[48] A fórmula que expressa a necessitação patológica é *causa impulsiva per stimulus*,[49] porque ela necessita subjetivamente.[50] Portanto todas as necessitações subjetivas são *necessitationes per stimulus*.

Os imperativos enunciam a necessitação objetiva e, uma vez que existem três tipos de imperativos, existem também três tipos de bondade:

I. O *Imperativus problematicus* diz: algo é bom como um meio para um fim qualquer e isso é a *bonitas problematica*.[51]

II. O imperativo pragmático é um imperativo segundo o juízo de prudência e diz que a ação é necessária como um meio para nossa felicidade. Aqui // o fim já está determinado. Dessa forma, essa é uma necessitação da ação sob uma condição, embora, de fato, uma condição necessária e universalmente válida e isso é a *bonitas pragmatica*.[52]

---

48 Trecho adicional em Kaehler: "ou um motivo [*Bewegungsgrund*]. Então, em toda necessitação prática está incluído um motivo".
49 Causa motriz por meio de estímulos.
50 Trecho adicional em Kaehler: "Portanto, todas as necessitações objetivas são necessitações *per motiva* e [...]".
51 Baumgarten *Erläuterungen zu Methaphysica*, §903. Contraposição entre bondade pragmática e problemática.
52 Bondade pragmática.

III. O imperativo moral enuncia a bondade da ação em e por si mesma. Dessa forma, a necessitação moral é categórica e não hipotética. A necessidade moral consiste na bondade absoluta da ação livre e isso é a *bonitas moralis*.[53]

Desses três imperativos surge o que se segue: toda necessitação moral é uma obrigação [*Obligation*], enquanto a necessitação da ação com base em regras de prudência ou a necessitação pragmática não é. A obrigação [*Verbindlichkeit*] é, portanto, uma obrigação prática e, decerto, moral. Toda obrigação é por dever ou por coação, sobre a qual mais será dito na sequência.

Toda obrigação [*Obligation*] não é apenas uma necessidade [*Notwendigkeit*] da ação, mas também uma necessitação[54] [*Nötigung*], um tornar necessário [*Notwendigmachung*] da ação. Então é a *obligatio necessitatio* e não *necessitas*.[55] No que diz respeito à moralidade, a vontade divina é necessária, enquanto a vontade humana não é necessária, mas necessitada[56] [*genötigt*]. Portanto no que diz respeito ao Ser supremo, a necessidade prática não é nenhuma obrigação [*Obligation*]. O Ser supremo age moralmente de modo necessário sem ter nenhuma obrigação. Por que eu não posso dizer: "Deus é verdadeiramente obrigado a ser santo"? A necessidade moral é uma necessidade objetiva, mas na qual não há qualquer necessidade subjetiva, não há, do mesmo modo, nenhuma necessitação. A necessidade moral é, nesse caso, um tornar necessário [*Notwendigmachung*] e uma

---

53 Bondade moral. Baumgarten, *Erläuterung zu Initia*, §39, Refl. 6484.
54 O termo alemão *Nötigung* corresponde ao termo latino *Necessitatio*.
55 Portanto, a obrigação é necessitação e não necessidade.
56 Na tradução inglesa, lemos "constrained". Na espanhola, "imposta".

obrigação [*Obligation*] se a necessidade subjetiva é contingente. Todos os imperativos expressam um tornar necessário objetivo de ações que // são, contudo, subjetivamente contingentes. Por exemplo, "deves comer, se tens fome e tens comida". Essa é uma necessidade subjetiva e também objetiva e por isso não é nenhuma necessitação ou obrigação. Dessa forma, no que diz respeito a uma vontade perfeita, para a qual a necessidade moral não é apenas necessária objetivamente, mas subjetivamente, não ocorre nenhuma necessitação e obrigação. Não obstante, no que diz respeito a um ser imperfeito, no qual o bem moral é objetivamente necessário, tem lugar aí o tornar necessário e a necessitação [*Nötigung*] e, portanto, também a obrigação. Por conseguinte, as ações morais devem ser meramente contingentes se elas precisam sofrer uma necessitação e aqueles que possuem uma vontade moralmente imperfeita encontram-se sob a obrigação. Esses são os seres humanos.

Toda obrigação [*Obligation*] é, não obstante, uma *necessitatio practica* e não *pathologica*, uma necessitação objetiva e não subjetiva. Uma necessitação patológica é aquela na qual os móbeis [*Triedfeder*] são retirados dos sentidos e do sentimento do agradável e do desagradável. Aquele que faz algo porque é agradável, está patologicamente necessitado. Aquele que faz algo porque é bom em si e por si, age de acordo com motivos [*Motiven*] e é necessitado praticamente. Portanto as *causae impulsivae*, na medida em que são retiradas do bem, decorrem do entendimento, e uma pessoa que, de acordo com tais causas, é movido à ação, é necessitada *per motiva*. Mas, na medida em que as *causae impulsivae* são retiradas do agradável e dos sentidos e tal pessoa, que, levada por elas, é movida a uma ação, está necessitada *per stimulus*.

Por conseguinte, toda obrigação [*Obligation*] não é uma necessitação [*Necessitation*] patológica ou pragmática, mas uma necessitação moral. Os motivos são retirados de fundamentos pragmáticos ou de fundamentos morais da bondade interna.

Todos *motiva* pragmáticos são meramente condicionados na medida em que as ações são meios para a felicidade. Dessa forma, aqui não há qualquer fundamento para a ação em si, mas apenas para ela como um meio. // Portanto, todos os *imperativi pragmatici hypothetice necessitant et non absolute*.[57]

Mas os *imperativi morales necessitant absolute*[58] e enunciam uma *bonitas absoluta*, assim como os *imperativi pragmatici* enunciam uma *bonitas hipothetica*. De acordo com os fundamentos da prudência, a veracidade então pode ser boa de uma forma mediata.[59] No comércio, por exemplo, ela é tão boa quanto dinheiro vivo, mas, considerada de modo absoluto, ser veraz é bom em si mesmo e para qualquer propósito e a inveracidade é em si mesma prejudicial. Dessa forma, a necessitação moral é absoluta e o *motivum morale* enuncia uma *bonitatem absolutam*. A maneira como é possível que uma ação tenha uma *bonitatem absolutam* ainda não pode ser esclarecida. Por enquanto há de se observar: a subordinação de nossa vontade à regra do fim universalmente válido é a bondade interna e a perfeição absoluta do livre-arbítrio, pois ela se harmoniza com todos os fins. Isso pode ser demonstrado em um caso.[60] A veracidade, por exemplo, está de acordo com todas as minhas regras, pois uma verdade concorda com

---

57 Os imperativos pragmáticos necessitam hipoteticamente e não absolutamente.
58 Os imperativos morais necessitam absolutamente.
59 Lê-se em Collins "imediatamente".
60 A frase é tomada aqui em sentido positivo para fazer sentido.

a verdade do outro e se harmoniza também com todos os fins e igualmente com a vontade de todos de modo que cada qual possa se conduzir por meio disso. Mas mentiras se contradizem, não concordam com meus fins e com os de outros. A bondade moral é, portanto, o governo de nosso arbítrio através de regras por meio das quais todas as ações de meu arbítrio concordam de forma universalmente válida. E tal regra, que é o princípio da possibilidade da concordância de todo livre--arbítrio, é a regra moral.[61] Todas as ações livres não são de-

---

61 Eis a caracterização inicial do imperativo categórico como uma regra própria da vontade que conduz à concordância do livre-arbítrio consigo mesmo. Essa mesma ideia, não obstante, pelo menos em alguma medida, já pode ser observada anos antes, em meados de 1760, nas *Anotações nas Observações sobre o sentimento do belo e do sublime* e corroborada, em grande medida, em *Sonhos de um visionário*. Dentre outras evidências, lemos em uma das notas dessa época: "Uma vez que a maior perfeição interna e a perfeição que emerge a partir dela consiste na subordinação do conjunto das faculdades e da receptividade ao livre-arbítrio, então o sentimento pela *bondade* do arbítrio deve ser imediatamente diferente e também maior do que as boas consequências que podem ser *provocadas* a partir dele. Esse arbítrio contém agora tanto a vontade meramente particular como a vontade universal, ou ainda, o homem considera-se ao mesmo tempo em *consenso* com a vontade universal. Aquilo que é necessário através da vontade universal é uma obrigação, o que [...]" (AK, XX, p.145). Analogamente, em *Sonhos de um visionário*: "Um poder secreto nos necessita a orientar nossa intenção ao mesmo tempo para o bem de outros ou de acordo com o arbítrio de estranhos, mesmo que isso o mais das vezes se dê a contragosto e se oponha fortemente à inclinação egoísta, e o ponto em que convergem as linhas diretrizes de nossos impulsos não se encontram, portanto, apenas em nós, mas existem ainda forças que nos movem no querer de outros fora de nós. Através disso, vemo-nos, em nossos motivos mais secretos, dependentes da regra da vontade universal e nasce daí no mundo de

terminadas pela natureza e por nenhuma lei, sendo a liberdade então uma coisa terrível[62] se as ações não são de modo algum determinadas. Ora, em vista de nossas ações livres, é necessária uma regra através da qual todas as ações são harmonizadas e essa é a regra moral. Se minhas ações se harmonizam conforme regras // pragmáticas, elas, decerto, se harmonizam segundo meu arbítrio, mas não com o arbítrio dos outros e às vezes nem mesmo com meu próprio arbítrio, uma vez que são retiradas do bem-estar. Mas, visto que não somos capazes de discernir [*einsehen*] o bem-estar *a priori*,[63] disso se segue que nós não po-

---

todas as naturezas pensantes uma unidade moral e uma constituição sistemática segundo leis puramente espirituais" (AK, II, p.335).

62 Kant certamente se refere aqui à liberdade de indiferença contra a qual se posiciona na *Nova Dilucidatio*. Segundo Kant, essas ações, nascidas "ao acaso", uma vez privadas do encadeamento de razões, "nessas condições seriam pouco dignas de figurar entre as prerrogativas dos seres inteligentes" (AK, I, p.400). Anos à frente, de modo distinto à *Nova Dilucidatio*, mas ainda contra a liberdade de indiferença, Kant defende, em *O único argumento possível para uma demonstração da existência de Deus*, que devemos considerar que as ações livres "não estão emancipadas de todas as leis, mas sempre estão sujeitas, se não a fundamentos necessitantes, ainda assim aos fundamentos que, segundo as regras do arbítrio, tornam a execução certa, ainda que de forma diferente" (AK, II, p.111). De meados de 1760 em diante, Kant passa a reconhecer, como demonstra essa reflexão de 1773-1775, que "As leis essenciais são aquelas sem as quais a liberdade seria um monstro perigoso: ou seja, não devemos usar a liberdade de modo que seja contrária nem à liberdade em si mesma, nem à liberdade de outro" (AK, XIX, p.163).

63 A *Fundamentação* explica, em outras palavras, que: "infelizmente o conceito de felicidade é tão indeterminado que, se bem que todo o homem o deseje alcançar, ele nunca pode dizer ao certo e de acordo consigo mesmo o que é que propriamente deseja e quer. A causa disto é que todos os elementos que pertencem ao conceito de felicidade

demos dar nenhuma regra *a priori* da prudência, mas somente uma regra *a posteriori*. Por isso não pode haver aí nenhuma regra para todas as ações. Se fosse para ser assim, ela teria de ser *a priori*. Portanto as regras pragmáticas não estão em concordância nem com o arbítrio dos outros nem com o meu próprio. Por isso deve haver regras de acordo com as quais minhas ações são universalmente válidas e essas são retiradas dos fins universais do homem e, de acordo com as mesmas, nossas ações devem se harmonizar. Essas são as regras morais.

A moralidade da ação é algo bastante especial, que se diferencia de todas as ações pragmáticas e patológicas. Por esse motivo, a moralidade tem de ser exposta de forma bastante sutil, pura e especial. Mesmo que, para a bondade moral, sejam tomadas, quando os motivos morais não dão resultado, ainda as *causae impulsivae* pragmáticas e até mesmo as patológicas, se a questão é apenas a bondade da ação, então não se pergunta sobre o que nos move a essa bondade, mas em que consiste a bondade da ação em si e por si mesma.

O *motivum morale*, portanto, deve ser considerado bastante puro em si e por si mesmo e separado de outros *motivis* da prudência e dos sentidos. Em nosso ânimo, somos habilidosos o suficiente para distinguir a bondade moral muito exata e sutilmente da bondade problemática e pragmática. Dessa forma, a ação relacionada à primeira nos parece tão pura como se tivesse vinda do céu. E um fundamento moral puro tem maior móbil do que quando ele está mesclado com *motivis* patológi-

---

são na sua totalidade empíricos [...]. Ora, é impossível que um ser, mesmo o mais perspicaz e simultaneamente o mais poderoso, mas finito, possa fazer ideia exata daquilo que aqui quer propriamente" (AK, IV, p.418).

[23] cos e pragmáticos, pois esses últimos *motiva* têm mais // força movente na sensibilidade, enquanto o entendimento considera [*sieht auf*] a força movente válida universalmente. A moralidade, decerto, causa má impressão, pois não agrada nem satisfaz tanto, mas está em referência a um comprazimento [*Wohlgefallen*] de validade universal. Ela deve agradar até mesmo ao Ser supremo e este é o motivo [*Bewegsgrund*] mais poderoso.

Para a prudência, exige-se bom entendimento e, para a moralidade, exige-se boa vontade. Para possuir a bondade moral, nossa livre conduta deve basear-se tão somente na boa vontade. Dessa maneira, nossa vontade pode ser boa em si. A prudência não é uma questão ligada ao fim – pois todas as ações possuem o mesmo fim, a saber, a felicidade –, mas ao entendimento, na medida em que ele reconhece o fim e os meios para alcançá-lo e, nesse sentido, uma pessoa pode ser mais prudente do que a outra. Portanto, para a prudência, é exigido um bom entendimento e, para a moralidade, uma vontade absolutamente boa em si. A vontade de enriquecer, por exemplo, é boa em relação ao fim, mas não em si mesma. Ora, o que é a vontade absolutamente boa em si, da qual a bondade moral depende, é o que deve ser esclarecido mais precisamente.

O *motivum* moral[64] não deve apenas ser distinguido do pragmático, mas nem sequer pode ser contraposto a ele. Para compreender melhor esse ponto, observemos, de antemão, o seguinte:

Todos os motivos morais são tão somente *obligandi* ou *obligantia*. *Motiva obligandi*[65] são os fundamentos *ad obligandum* para

---

64 A. Baumgarten, *Metaphysica*, §723-4.
65 Motivos obrigatórios.

obrigar alguém. Se, porém, esses fundamentos são suficientes, são *obligantia* ou fundamentos obrigantes [*verbindende Gründe*]. Nem todos os fundamentos de obrigação são também fundamentos obrigantes. *Motiva moralia non sufficientia non obligant, sed motiva sufficientia obligant.*[66] Portanto existem regras morais da obrigação que, no entanto, não obrigam, tal como a regra de ajudar alguém na necessidade.[67] Mas existem regras morais que, em si mesmas, obrigam absolutamente. Assim, elas não são apenas obrigatórias, mas também *obrigantes*, tornando minha ação necessária; por exemplo, "não deves // mentir". Se os *motiva pragmatica* e *moralia* obrigam, isso significa que eles são *homogenia*? São tão pouco homogêneos como quando a falta de honestidade [*Redlichkeit*] em alguém não pode ser compensada pela posse do dinheiro e porque aquela pessoa que é feia não adquire beleza ao possuir muita riqueza [*Reichtumer*]. Tampouco podem os *motiva pragmatica* ser colocados na série dos *motivorum moralium* e lhes ser comparados.

[24]

Sua força necessitante, entretanto, pode ser comparada com a dos outros dois motivos. Pode parecer que, diante do juízo do entendimento, seja aconselhável preferir a vantagem à virtude. Mas a perfeição moral e a vantagem não podem de modo algum ser comparadas,[68] pois existe uma diferença aí. Não obstante, como se explica o fato de realmente as confundirmos? Por exemplo, diante de um desafortunado, alguém diz: "podes certamente ajudá-lo, mas sem levar prejuízo". Se o entendimento

---

66 Motivos morais não suficientes não obrigam, mas os suficientes obrigam.
67 Trecho adicional em Kaehler e Collins.
68 Trecho adicional intercalado em Kaehler e Collins: "seria como comparar uma milha com um ano".

emite seu juízo, aqui não existe nenhuma distinção[69] entre o motivo moral e o pragmático, mas entre a ação moral e a pragmática. Pois nesse caso não é apenas a prudência que me diz para considerar a minha vantagem, mas também a moralidade. Eu só estou autorizado a aplicar o excedente do meu recurso a favor do desafortunado, pois, se o benfeitor doar todos os seus meios, colocará a si mesmo em necessidade e precisará começar a implorar a caridade dos outros para si, colocando-se fora da condição de ser moral. Por isso, um motivo moral não pode ser objetivamente contraposto ao motivo pragmático, já que são desiguais.

[25]   // *De obligatione activa et passiva*[70]

Obligatio activa é uma *obligatio obligantis*[71] e *obligatio passiva* é uma *obligatio obligatio*,[72] embora a diferença não seja tão importante.

Toda obrigação em direção a ações generosas são *obligationes activae*. Eu sou obrigado à ação, o que afinal é um mérito. Deveres,[73] através dos quais podemos obrigar os outros caso os pratiquemos, são mérito. Somos obrigados às ações em relação a alguém sem estarmos obrigados em relação à pessoa em

---

69 Lê-se "conflito" em Kaehler.
70 Baumgarten, *Initia*, §15: "A obrigação tanto ativa quanto passiva pode se definir pela ligação a uma causa impulsiva passiva ou ativa prioritariamente com uma determinação livre [*obligatio tam activa*, §12, 13, *quam passiva*, §14, *potest definiri per connexionem vel activam vel passivam causarum impulsivarum potiorum cum libera determinatione*].
71 Obrigação do obrigante.
72 Obrigação do obrigado.
73 Em Collins, lê-se "fatos [*Thaten*]".

particular. *Obligati sumus ad actionem ita, ut illi non obligati simus.*[74] Somos obrigados à ação mas não à pessoa. Se sou obrigado a ajudar o desafortunado, portanto sou obrigado à ação, mas não o homem. Isto seria *obligatio activa*. Mas, se tenho um débito com alguém, estou obrigado não apenas ao ato do pagamento, mas também ao credor e isso é *obligatio passiva*. Parece, no entanto, que toda obrigação é passiva, pois, se sou obrigado, então sou coagido[75] [*genötiget*]. Numa obrigação ativa, contudo, há uma necessitação [*Nötigung*] da razão. Sou necessitado por meu próprio pensamento [*Überlegung*] e, por isso, não há nada de passivo, enquanto a *obligatio passiva* tem de ocorrer através de outro. Mas, se somos necessitados através da razão, governamo-nos a nós mesmos. Portanto tal distinção da *obligatio* se mostra correta.

Obligatio passiva est obligatio oblicati erga obligantem. Obligatio activa est obligatio erga non obligantem (ou *obligatio activa est obligatio obligantis erga obligantum*).[76] O autor diz: "obrigações podem ser maiores ou menores, mas não podem entrar em conflito umas com as outras, pois, em relação ao que é moralmente necessário, nenhuma outra obrigação pode necessariamente se converter em seu contrário". Pode se citar, por exemplo, a obrigação para com o credor de lhe pagar a dívida e, para com o pai, de lhe ser grato.

---

74 Somos obrigados assim em vista da ação; não somos obrigados em vista de uma tal pessoa.
75 Usando o termo técnico: "sou necessitado".
76 A obrigação passiva é a obrigação de um obrigado em vista de um obrigante. A obrigação ativa é a obrigação em vista de um não obrigante (ou melhor: obrigação ativa é a obrigação de um obrigante em vista de um obrigado). A frase entre parênteses está ausente em Kaehler e Collins.

[26] Se uma pode ser chamada de obrigação, a outra não. Em relação ao pai, // sou obrigado de modo condicional, mas, em relação ao credor, de modo categórico. Portanto o primeiro é uma obrigação e o outro não. No primeiro caso trata-se de uma necessitação, mas no outro caso não. Portanto encontramos um conflito de motivos, mas não de dever.

Muitas obrigações surgem, crescem e cessam. Quando crianças nascem, surge uma obrigação e, assim como elas crescem, crescem também as obrigações. Quando essa criança se torna um homem, cessam as obrigações que a ela eram devidas como criança. Decerto ela ainda é obrigada, embora não mais como uma criança, mas em vista de seus pais enquanto seus benfeitores. Quanto mais um operário trabalha, mais cresce a sua obrigação. Uma vez que ele é pago, a obrigação cessa. Algumas obrigações podem nunca cessar. Por exemplo, aquela para com o benfeitor que primeiro demonstrou um benefício. Mesmo que ele também já tenha sido restituído, ele ainda permanece como o primeiro a ter me concedido o benefício e eu estou permanentemente obrigado a ele. Contudo, em um caso, a obrigação chega ao fim, a saber, quando o meu benfeitor me submete a uma brincadeira de mau gosto[77] [*schelmischen Streik*], o que, porém, raramente acontece quando sou bastante agradecido a ele.

O ato pelo qual uma obrigação surge chama-se *actus obligatorius*. Todo contrato é um ato obrigatório. Por meio de um *actum obligatorium*, pode surgir uma obrigação para comigo mesmo. Mas, através dele, também pode nascer uma obrigação para com os outros. A procriação é um *actus obligatorius* por meio do qual os pais se autoimpõem uma obrigação diante dos filhos.

---

77 Na versão francesa, o tradutor opta por "enganar [*tromper*]".

Mas não acredito que, pela procriação, os filhos sejam obrigados em relação aos pais, pois o ato de existir não é nenhuma obrigação, uma vez que existir ainda não corresponde a nenhuma felicidade em si mesma e, por certo, para ser infeliz basta existir. Os filhos, contudo, são obrigados aos pais devido à conservação. Onde as ações não são livres em absoluto e não há nenhuma personalidade, // também não há nenhuma obrigação. Assim, por exemplo, o homem não tem qualquer obrigação de conter os seus soluços, pois isso não se encontra em seu poder. Portanto, para a obrigação, pressupõe-se o uso da liberdade.

A obrigação divide-se em *positivam* e *naturalis*.[78] A *obligatio positiva* origina-se por meio de uma determinação [*Festsetzung*] positiva e arbitrária; a *obligatio naturalis*, porém, da natureza da ação em si. Todas as leis são naturais ou arbitrárias. Se a obrigação originou-se da *lege naturali*[79] e tem como fundamento a ação em si, ela é *naturalis*. Porém, caso tenha se originado da *lege arbitraria* e tem o fundamento no arbítrio de outro, então é *obligatio positiva*.

Crusius acredita que toda obrigação se relaciona com o arbítrio de outro.[80] Segundo a sua perspectiva, portanto, toda

---

78 Baumgarten, *Initia*, §29.
79 Lei natural.
80 Trata-se da consideração voluntarista crusiana do arbítrio divino como um aspecto anterior a toda obrigação estritamente racional. Para comentário, ver Cunha, *A gênese da Ética de Kant*. Em sua dissertação de 1742, *De appetitibus insitis vohintatis humanae*, Crusius afirma no §49: "*Es igitur obligatio illa inter superiorem et inferiorem relatio, qua hic ad voluntati illius parendum ob suam ab illo dependentiam impellitur*" [Portanto é a *obligatio* aquela relação entre um superior e um inferior, que nesse caso faz com que obedeçamos a vontade do outro por causa de nossa dependência com relação a ela]. Podemos nos remeter, em um sentido similar, ao §162 da obra de Crusius de 1744, *Instrução*

obrigação seria uma necessitação *per arbitrium alterius*.[81] Certamente temos a impressão de que, em uma obrigação, somos necessitados *per arbitrium alterius*. Mas sou necessitado *per arbitrium internum* e não por um *arbitrium externum* e, portanto, pela condição necessária do arbítrio universal. Por conseguinte há também uma obrigação universal.[82] Toda *obligatio positiva* não se dirige imediatamente à ação, mas somos obrigados a uma ação que em si é indiferente. Dessa forma, toda *obligatio positiva* é *indirecta* e não direta. Por exemplo, se o dever de não mentir vigorasse porque Deus proibiu, uma vez que isso lhe agrada, isso significa que Ele poderia não tê-lo proibido se quisesse. A *obligatio naturalis*, no entanto, é *directa*. Não devo mentir não porque é proibido por Deus, mas porque é mal em si mesmo. Toda moralidade, não obstante, baseia-se no fato de que as ações são executadas por causa da qualidade interna [*innern Beschaffenheit*] da ação em si. Portanto a ação não constitui a moralidade, mas a

[28] disposição a partir da qual eu // a levo a cabo.[83] Se eu faço algo

---

    de uma vida racional [*Anweisung vernünftig zu leben*]: "A obrigação de virtude é aquela conduta de um fazer e deixar de fazer diante da lei divina que faz que, quando não nos comportamos assim, a lei seja transgredida". Ainda em outro lugar, lemos em uma nota: "Virtude [...] concordância do estado moral de um espírito com a lei divina" (1744, p.200).

81 Pelo arbítrio de outro.

82 Em Kaehler, lê-se "obrigação natural [*natürliche Verbindlichkeit*]".

83 No contexto das *Lições*, como se observa, o traço fundamental da filosofia moral de Kant como uma filosofia da disposição de ânimo ou da intenção já se encontra amplamente desenvolvido. Na *Fundamentação*, lemos: "a lealdade nas promessas, o bem-querer fundado em princípios (e não no instinto) têm um valor íntimo. A natureza, bem como a arte, nada contêm que à sua falta se possa pôr em seu lugar, pois que o seu valor não reside nos efeitos que delas derivam,

porque está prescrito ou me traz vantagem e deixo de fazer algo porque é proibido ou prejudicial, não há nenhuma disposição moral. Mas se faço algo devido ao fato de que é absolutamente bom em si mesmo, faço por disposição moral. Portanto uma ação precisa acontecer não porque Deus a quer, mas porque ela é correta [*rechtschaffen*] e boa em si mesma e, justamente por ela ser assim, Deus também a quer e a exige de nós.

Obligatio pode ser *affirmativa* e *negativa*.[84] Então a negativa não é oposta à positiva, mas à afirmativa, como também já é assumido no âmbito do direito. O homem tem *obligationem negativam ad omittendum*[85] e *obligationem affirmativam ad comittendum*.[86]

---

na vantagem e utilidade que criam, mas sim nas intenções, isto é, nas máximas da vontade sempre prestes a manifestar-se desta maneira por ações, ainda que o êxito as não favorecesse" (AK, IV, p.435). Na distinção entre santidade e virtude, a última é concebida, na *Crítica da razão prática*, como "disposição moral em luta" (AK, V, p.84). Antes, ainda no período pré-crítico, no entanto, já observamos no escrito *Uma tentativa de introduzir o conceito de grandezas negativas dentro da filosofia*, uma alusão à impossibilidade de os homens deduzirem "com certeza o grau de disposição moral de seus semelhantes a partir de suas ações" (AK, II, p.200). Nas *Anotações*, lemos que "o sentimento pela *bondade* do arbítrio deve ser imediatamente diferente e também maior do que as boas consequências que podem ser *provocadas* a partir dele" (AK, XX, p.145) e, em *Sonhos de um visionário*, Kant afirma que "As verdadeiras intenções, os motivos secretos de muitos esforços infrutíferos por causa da impotência, a vitória sobre si mesmo ou por vezes também a perfídia abscôndita em ações aparentemente boas são em grande parte perdidos para o resultado físico no estado corporal, mas teriam de ser considerados, segundo aquele pensamento, princípios frutíferos no mundo imaterial e em sua consideração exercer ou também receber reciprocamente um efeito adequado à constituição moral do livre-arbítrio" (AK, II, p.336).

84 Baumgarten, *Initia*, §31.
85 Por omissão.
86 Por realização.

As *consectaria*[87] das ações são boas ou más. Elas podem ser *naturalia* ou *arbitraria*, bem como *physica* ou *moralia*. Por exemplo, as consequências da natureza de uma ação são *consectarium physicum*. O autor considera as *consectaria* como *naturalia* e *arbitraria*.[88] As *naturalia* são aquelas que fluem da ação em si. As *arbitraria* são aquelas que fluem do arbítrio de outro ser, como os castigos. Ações são diretamente boas ou más em si ou são boas ou más indireta ou acidentalmente. A bondade da ação é, portanto, *vel interna vel externa*.

A perfeição moral é *vel subjectiva vel objectiva*.[89] A perfeição objetiva consiste na ação em si. A bondade subjetiva consiste na concordância da ação com o arbítrio alheio. Então a *moralitas objectiva*[90] situa-se na ação mesma. O arbítrio supremo, que contém o fundamento de toda moralidade, é o divino. Portanto podemos considerar todas as nossas ações moralidade objetiva ou subjetiva.

[29] Existem leis objetivas das ações e essas são // *praecepta*.[91] As leis subjetivas das ações são máximas. Raramente estas concordam com as leis objetivas da ação.[92]

---

87 Consequências.
88 Baumgarten, *Initia*, §31-3.
89 Ou subjetiva ou objetiva.
90 Moralidade objetiva.
91 Prescrições.
92 Na *Fundamentação*, Kant explica que "Máxima é o princípio subjetivo do querer; o princípio objetivo (isto é, o que serviria também subjetivamente de princípio prático a todos os seres racionais, se a razão fosse inteiramente senhora da faculdade de desejar) é a lei prática" (AK, IV, p.402). Em outras palavras, na *Crítica da razão prática*, lê-se que: "Essas proposições [as práticas] são subjetivas ou *máximas*, se a condição for considerada pelo sujeito como válida somente para

Podemos considerar toda moralidade objetiva como moralidade subjetiva da vontade divina [*göttlichen Willens*], mas não como moralidade subjetiva da vontade humana.[93] As disposições divinas são moralmente boas, mas não as do ser humano. A disposição divina ou a moralidade subjetiva divina, portanto, concorda com a moralidade objetiva, e, se agimos conforme a moralidade objetiva, agimos também conforme a vontade de Deus. Por conseguinte todas as leis morais são *praecepta*, porque são regras da vontade divina.

Em relação ao julgamento moral, todos os fundamentos são objetivos e nenhum deve ser subjetivo. Mas, em relação ao móbil moral, existem fundamentos subjetivos. Portanto

---

a vontade dele; mas elas são objetivas ou leis práticas, se a condição for conhecida como objetiva, isto é, como válida para a vontade de todo ser racional" (AK, V, p.19).

93 Em Deus, os fundamentos subjetivos da faculdade de apetição correspondem exatamente aos objetivos; por esse motivo, sua vontade não pode ser necessitada. Dessa forma, lemos no escrito sobre as *Grandezas negativas*: "[n]ela [na vontade de Deus], nenhuma coisa exterior é propriamente fundamento de prazer e desprazer, pois ela não depende absolutamente de outra coisa e esse prazer puro não habita aquele que por si mesmo é bem-aventurado porque o bem exista fora dele, ao contrário: esse bem existe porque a representação eterna de sua possibilidade e o prazer ligado a ela são um fundamento da satisfação do apetite" (AK, II, p.201). Do mesmo modo, nas *Lições* intituladas *Filosofia prática de Herder* de meados de 1760, encontramos: "as leis subjetivas são derivadas da constituição desse ou daquele sujeito; elas estão restritas a eles. [...] Na vontade de Deus, as leis subjetivas daquela vontade são idênticas às leis objetivas [...]" (AK, XXVII, p.264). Na *Fundamentação*, Kant escreve: "Por isso os imperativos não valem para a vontade *divina* nem, em geral, para uma vontade *santa*; o *dever* não está aqui no seu lugar, porque o *querer* coincide já por si necessariamente com a lei" (AK, IV, p.414). Ver também *Crítica da razão prática* (AK, V, p.32 e 72).

fundamentos de judicação são objetivos, mas fundamentos de execução podem também ser subjetivos. A distinção do que é moralmente bom ou mau deve ser julgada segundo o entendimento, portanto objetivamente, mas para executar uma ação pode também haver fundamentos subjetivos. A *quaestio* se algo é moral, é uma questão que diz respeito à ação em si. A bondade moral é, portanto, algo objetivo, pois ela não consiste na concordância com nossa inclinação, mas em si e por si mesma. Todas as leis subjetivas são retiradas da constituição [*Beschaffenheit*] desse ou daquele sujeito e são válidas também apenas em relação a esse ou aquele. As leis morais, porém, devem ser válidas em geral e universalmente a partir de ações livres desconsiderando a diversidade subjetiva. Na vontade divina, as leis subjetivas da vontade são idênticas às leis objetivas da boa vontade universal, mas a lei subjetiva de Deus não se constitui

[30] como qualquer fundamento // da moralidade.[94] Ele[95] é em si bom e santo, porque Sua vontade está de acordo com essa lei objetiva. Portanto a questão da moralidade de modo algum se refere aos fundamentos subjetivos, mas pode ser constituída tão somente conforme fundamentos objetivos.

---

94 O posicionamento kantiano contra o voluntarismo teológico é claro nessa passagem. Em diversos lugares de sua obra observamos a rejeição da ideia voluntarista de que a moralidade é estabelecida em Deus tão somente por Seu arbítrio: "Deus não é o autor da lei moral mediante a sua vontade, mas a vontade (divina) é a lei moral, a saber, o protótipo da vontade perfeitíssima" (AK, Refl. 7092, XIX, p.247). Para comentários, consultar Cunha, *Wolff e Kant sobre obrigação e lei natural* (2015), *A gênese da Ética de Kant* (2017) e Schneewind, *A invenção da autonomia* (2001).

95 Na tradução inglesa, em vez de Deus, o tradutor se refere à lei subjetiva. No entanto, o texto em alemão apresenta o pronome "Er" e não "Es" como seria no caso de uma referência à lei.

Se dividimos a moralidade em objetiva e subjetiva, isso é completamente absurdo, pois toda moralidade é objetiva, embora a condição da aplicação da moralidade possa ser subjetiva.

A primeira lei moral do autor[96] é: *Fac bonum et omitte malum.*[97]

O significado expresso da sentença: *Fac bonum.*

O bem precisa ser diferenciado do agradável. O agradável se relaciona com a sensibilidade, o bem com o entendimento.[98] O conceito do bem é um objeto que agrada a todos e, por isso, pode ser julgado pelo entendimento, enquanto o agradável agrada tão somente de acordo com o comprazimento [*Wohlgefallen*] privado. Portanto a sentença poderia significar: "faças aquilo que teu entendimento representa a ti como bom e não o que é agradável aos teus sentidos". Sabemos, no entanto, que todos os imperativos dizem que se deve fazer o que é bom e não aquilo que é agradável. O dever em questão faz referência aqui

---

96 Baumgarten, *Initia*, §39.
97 Faça o bem e deixe de fazer o mal.
98 A contraposição entre o agrado e o bem é, do mesmo modo, identificada em algumas reflexões ao compêndio de Baumgarten: "Algo é bom na medida em que concorda com a vontade; agradável na medida em que concorda com a sensibilidade" (Refl. 6589, XIX, p.97). "Aquilo que só agrada sob a condição de uma determinada inclinação ou sentimento é prazer. Aquilo que agrada sob condição da determinada natureza da capacidade do conhecimento, mediante a qual é possível conhecer todos os objetos do sentimento, é belo" (Refl. 6603, XIX, p.104). "Aquilo que concorda com a vontade privada é agradável; uma vontade universalmente válida é boa" (Refl. 6845, XIX, p.177).

a uma qualidade do bem e não do agradável e, dessa forma, ele permanece, no fim das contas, patológico. Nessa sentença, a distinção da bondade já poderia ter sido feita: "faças aquilo que é moralmente bom". Mas, para tanto, deveria haver uma outra regra que dissesse no que consiste a bondade moral. Portanto de modo algum este pode ser um princípio da moralidade.

Nem todos os *imperativi* são *obligationes*, como o autor pensa. Então os *imperativi problematici et pragmatici*[99] não são *obligationes, ut supra.*[100]

[31] // Mas, de acodo com o autor, a obrigação é a combinação dos fundamentos superiores de minha ação, pois ele diz que o bem possui em si mesmo os fundamentos moventes para o meu agir e que um bem superior possui fundamentos moventes superiores para a ação. Mas a sentença *fac bonum et omitte malum* não pode ser nenhum princípio moral para obrigação [*Verbindung*], pois o bem pode ser bom de diversas maneiras em relação a qualquer fim concebido, já que é um princípio [*Grundsatz*] de prudência e de habilidade. Apenas se fosse bom em relação às ações morais seria então um princípio moral. Portanto esse é um *principium vagum.*[101] Além disso, é também um *principium tautologicum.*[102] Uma regra tautológica é aquela que, quando precisa resolver uma questão, dá uma resposta vazia. Se a questão é: "o que devo fazer em vista de minha obrigação?". E a resposta é: "faças o bem e deixes de fazer o mal", essa é uma resposta vazia, pois *fac* não significa outra coisa do que é bom que algo seja feito. Dessa forma, a sentença diz que é bom que

---

99 Imperativos problemáticos e pragmáticos.
100 Como citado acima.
101 Princípio ambíguo.
102 Princípio tautológico.

faças o bem e é, com efeito, tautológica. Ela não nos permite reconhecer o que é bom, mas apenas diz que eu devo fazer o que eu devo fazer. Não existe nenhuma ciência tão repleta de sentenças tautológicas do que a moral. Ela traz como solução a própria questão. A questão, junto com a resolução do problema, mostra-se tautológica, pois aquilo que estava implícito no problema ou na questão é afirmado de maneira explícita na resolução e isso é tautológico. A moral é repleta de tais sentenças e todos pensam ter feito tudo ao explicar e demonstrar ao seu aprendiz as proposições da moral dessa maneira. Se, por exemplo, alguém estivesse sofrendo de constipação e o médico tivesse dito: "faças com que seus intestinos funcionem lubricamente, libere bem os gases e faça uma boa digestão", então o que foi dito pelo médico é aquilo que o paciente certamente já deveria saber. Essas são regras tautológicas de judicação.

Mas a questão é: quais são as condições sob as quais minhas ações são boas? O autor[103] diz: // "*bonorum sibi oppositorum fac melius*",[104] mas isso decorre da sentença tautológica precedente. A abnegação significa aqui o sacrifício e a autonegação em virtude da qual se faz a renúncia de um bem menor a fim de se obter um bem maior. Sacrifício significa admitir um mal de modo a evitar um mal maior. A abnegação pode ser pragmática e moral. Eu posso renunciar a uma vantagem para obter uma maior e isso é *abnegatio pragmatica*.[105] Mas se deixo de fazer uma ação, a partir de um fundamento moral, a fim de fazer uma melhor, então é *abnegatio moralis*.[106]

---

103 Baumgarten, *Initia*, §40.
104 De dois bens que se opõem entre si, faça o melhor.
105 Renúncia pragmática.
106 Renúncia moral.

A proposição do autor,[107] como o fundamento da obrigação, *quaere perfectionem, quantum potes*,[108] é, ao menos, contudo, expressa de maneira mais determinada. Aqui não está uma completa tautologia e, portanto, há nela um grau de utilidade. O que, então, é perfeito? A perfeição de uma coisa e a do ser humano é distinta. A perfeição de uma coisa é a suficiência de todos os seus *requisitorum*[109] para constituí-la. Então, de maneira geral, significa completude. A perfeição do ser humano, entretanto, não significa ainda moralidade. A perfeição e a bondade moral devem ser distinguidas. A perfeição é a completude do ser humano em relação às suas forças, capacidade e destreza para realizar todos os fins propostos. Ela pode ser maior ou menor. Uma pessoa pode ser mais perfeita do que a outra. A bondade, não obstante, é a qualidade [*Beschaffenheit*] de se servir bem e adequadamente de todas essas perfeições. Portanto a bondade moral consiste na perfeição da vontade[110] e não da capacidade.

---

107 Baumgarten, *Initia*, §43. "Logo, busque a perfeição tanto quanto podes, isto é, no nível de intensidade que é em si possível a você [*Ergo quaere perfectionem, quantum potes i. e. in eo intensionis gradu, qui tibi in se possibilis*]".

108 Busque a perfeição tanto quanto puder.

109 Requisitos.

110 Diante da escolástica alemã, pode-se dizer que a investigação em torno do conceito de perfeição foi o ponto de partida para o desenvolvimento da ética kantiana. Para Wolff e Baumgarten, respectivamente, "[a] concordância na variedade constitui a perfeição de uma coisa" (*Metafísica alemã*, §152) ou "a concordância em si é perfeição" (*Metafísica*, §94). No campo da ética, a aplicação do *consensu in variatate* segue, basicamente, os mesmos pressupostos de seu uso na metafísica, posto que "[a] conduta do homem existe a partir de muitas ações e se todas concordam umas com as outras, ou seja, se todas são baseadas finalmente em uma meta universal, então a conduta do homem é perfeita" (*Metafísica alemã*, §157). Uma primeira

Mas para uma boa vontade são necessárias a completude e a capacidade de todas as forças para realizar tudo que a vontade deseja. Dessa forma, podemos dizer que a perfeição é indiretamente necessária à moralidade e apenas nessa medida pertence a ela. Portanto a sentença é indiretamente moral.

[33] // Um outro princípio moral do autor[111] é: "*vive convenienter naturae*".[112] Trata-se de um *principium* estoico. Onde já existem muitos princípios na moral, certamente não existe nenhum,

---

insatisfação com o perfeccionismo wolffiano já pode ser constatado nas primeiras reflexões kantianas de metafísica no longínquo ano de 1753-1754 (Refl. 3703-3705), o que vai culminar, depois de um longo período de reflexão, na rejeição do conceito escolástico de perfeição e em uma nova definição. A reformulação profunda da perspectiva wolffiana vai acontecer a partir do momento em que a ideia de perfeição moral for desvinculada da sua tradicional acepção, de seu sentido teórico objetivo ligado às razões da natureza, para ser entendida como uma qualidade interna e *sui generis* da vontade. Esse rompimento acontece, inicialmente, em *O único argumento possível para uma demonstração da existência de Deus*: "[e]u despendi um longo tempo investigando cuidadosamente o conceito de perfeição, de forma geral e em particular". Esse conceito "sempre pressupõe a relação de um ser dotado de conhecimento e desejo [...] [c]onsequentemente, as possibilidades das coisas mesmas, que são dadas através da natureza divina, harmonizam com seu grande desejo. Nesta harmonia, todavia, existe o bem e a perfeição" (AK, II, p.90-1). Para comentários, consultar Cunha, *A gênese da Ética de Kant* (2017); Henrich, *Über Kants früheste Ethik* (1963), e Schneewimd, *A invenção da autonomia* (2001).

111 Baumgarten, *Initia*, §45. "Mas aquele que visa buscar os mesmos fins que são estabelecidos pela natureza, vive conforme a natureza. Portanto, o que procura a própria perfeição tanto quanto pode, vive conforme a natureza [*Qui autem eosdem fines intendit, qui naturae praefixi sunt, naturae convenienter vivit. Ergo perfectionem suam quaerens, quantum potest, naturae convenienter vivit*]".

112 Viva em conformidade com a natureza. Trata-se da unificação do princípio de perfeição com a lei natural.

pois pode haver apenas um verdadeiro princípio. Se a sentença também é dita deste modo: "vivas conforme a lei que a natureza dá a ti através da razão", então ela é igualmente tautológica, pois viver conforme a natureza significaria estabelecer suas ações segundo a ordem física das coisas naturais. Portanto seria uma regra de prudência, mas não um princípio moral. Não seria nem mesmo uma boa regra de prudência, pois se eu pronuncio: "conduz tuas ações de modo que elas concordem com a natureza", então eu não sei se é bom que as ações concordem com a natureza. Trata-se menos ainda de um princípio da moralidade.

O último princípio[113] é: *"ama optimum quantum potes"*.[114] Essa sentença serve ainda menos que a anterior. Amamos[115] tudo aquilo que pertence à nossa perfeição e contribui com algo para ela e nessa medida todos amam isso. Existem duas maneiras de amar alguma coisa: por inclinação e por princípios. Então, um trapaceiro ama também o bem por princípios, mas o mal por inclinação. Portanto todas essas sentenças não são nenhum princípio da moralidade.

Da coerção moral[116]

Primeiramente observamos, sobre a coerção em geral, que a necessitação é de dois tipos: necessitação objetiva e subjetiva. A necessitação objetiva é a representação da necessidade da ação por motivos da bondade.[117] A necessitação subjetiva é a

---

113 Baumgarten, *Initia*, §48.
114 Ame o melhor tanto quanto puder.
115 Em Menzer, lemos "temos", em vez de "amamos". Optamos nesse ponto pelas versões de Kaehler e Collins.
116 Baumgarten, *Initia*, §50.
117 Frase ausente em Menzer.

representação da necessidade da ação *per stimulus* ou por meio das *causas impulsivas* do sujeito. A coerção objetiva é a necessidade da ação por motivos [*Bewegunsgründen*] objetivos.[118] A coerção subjetiva é a necessitação [*Nötigung*] de uma pessoa // por meio daquilo que tem a maior força movente e coerciva em sua subjetividade. A coerção não é, portanto, uma necessidade, mas uma necessitação à ação. Não obstante, o ser que é necessitado precisa ser do tipo que não realizaria essa ação sem necessitação e que ainda possui motivos contrários a isso. Então, Deus não pode ser necessitado [*genötigt*]. A coerção é, por conseguinte, uma necessitação [*Nötigung*] de uma ação realizada a contragosto [*ungern*]. Essa necessitação pode ser objetiva e subjetiva. Então, por meio de uma inclinação, podemos renunciar a algo a contragosto, embora a façamos de acordo com outras inclinações. Por exemplo, um avarento pode renunciar a uma pequena vantagem se, dessa forma, obtiver uma maior, mas faz isso a contragosto, pois preferiria ter ambas. Toda coerção é patológica ou prática. A coerção patológica é o tornar necessário de uma ação *per stimulus*. A coerção prática é o tornar necessário de uma ação que acontece a contragosto, *per motiva*. Nenhum ser humano pode ser coagido patologicamente em decorrência da vontade livre. O arbítrio humano é um *arbitrium liberum*, posto que não é necessitado *per stimulus*. O arbítrio animal é um *arbitrium brutum*[119] e não *liberum*, porque pode ser necessitado [*necessitiert*] por *stimulos*. Por exemplo, se um homem é compelido a uma ação através de torturas numerosas e cruéis, pode ainda não ser coagido a realizar a ação, se não quiser. Ele pode, após tudo, suportar a tortura. Ele pode

---

118 Trecho ausente em Collins.
119 Arbítrio bruto, irracional.

ser coagido comparativamente, mas não de modo estrito. É ainda possível abster-se da ação, independente de todo impulso sensível. Essa é a natureza do *liberi arbitrii*. Os animais são necessitados *per stimulos*. Então, um cão tem de comer quando tem fome e a comida está na sua frente. Mas o ser humano pode se abster no mesmo caso. Por conseguinte um homem pode ser coagido patologicamente, mas apenas de modo comparativo, por exemplo, mediante tortura.

[35] Uma ação é necessária quando não se é possível resistir a ela. Fundamentos são necessitantes se // as forças humanas não são suficientes para resistir-lhes. O ser humano pode, no entanto, ser coagido praticamente *per motiva*. Ele não é coagido nesse caso, mas movido. A coerção então não é, porém, subjetiva, mas objetiva, pois caso contrário não seria prática e ela ocorre *per motiva* e não por *stimulos* posto que os *stimuli* são *motiva subjective moventia*.[120]

Em um ser livre, uma ação pode ser praticamente necessária, em um grau tão alto que de modo algum pode ser ultrapassado, sem contradizer a liberdade. Dessa forma, Deus precisa necessariamente recompensar os seres humanos que se comportam conforme a lei moral, agindo assim segundo a regra de Seu maior prazer [*besten Belieben*], pois o comportamento do homem concorda com a lei moral e, portanto, também com o arbítrio divino. Então, um homem honesto não pode mentir, mas ele se abstém disso por vontade própria. Dessa forma, as ações podem ser necessárias sem contradizer a liberdade.[121]

---

120 Motivos movidos subjetivamente.
121 Trecho adicional em Kaehler: "Pode acontecer uma necessidade prática sem contradizer a liberdade".

Essa necessitação prática pode ocorrer apenas no ser humano, mas não em Deus. Nenhum homem, por exemplo, descarta de bom grado seus pertences, mas, se não pode salvar seus filhos senão com a perda de suas posses, ele age e está necessitado praticamente. Com efeito, aquele que é necessitado [*genötigt*] por motivos da razão, é necessitado sem contradizer a liberdade. Praticamos as ações certamente a contragosto, mas as praticamos sobretudo porque elas são boas.

Da necessitação prática

Toda necessitação não é apenas patológica, mas também prática. A necessitação prática não é subjetiva, mas objetiva, pois, se fosse subjetiva, seria uma *necessitatio pathologica*. Nenhuma outra necessitação além da necessitação prática *per motiva* [36] concorda com a liberdade. Esses *motiva* // podem ser *pragmatica* e *moralia*. Os *pragmatica* são retirados da bondade mediata, enquanto os *moralia* o são da bondade absoluta do arbítrio livre.[122]

---

122 De acordo com a *Crítica da razão prática*: "a relação de uma tal vontade [a humana] com a lei é uma dependência sob o nome de obrigação, porque significa uma necessitação – ainda que pela simples razão e por sua lei objetiva – a uma ação que por isso se chama dever, porque um arbítrio afetado patologicamente [...] comporta um desejo que emerge de causas subjetivas e por isso também pode se contrapor frequentemente ao fundamento determinante objetivo puro" (AK, V, p.32). Cerca de vinte anos antes, em 1766, no entanto, Kant já afirma em *Sonhos de um visionário*: "Através disso [da efetividade da lei], vemo-nos, em nossos motivos mais secretos, dependentes da regra da vontade universal e nasce daí no mundo de todas as naturezas pensantes uma unidade moral e uma constituição sistemática segundo leis puramente espirituais. Se se quer chamar de sentimento moral essa necessitação sentida de nossa vontade para a concor-

Quanto mais um homem pode ser coagido moralmente, tanto mais livre ele é. Quanto mais ele é coagido patologicamente, embora isso aconteça apenas de modo comparativo, menos livre ele é. É estranho: quanto mais alguém pode ser obrigado, designadamente, em sentido moral, tanto mais livre é. Eu coajo alguém moralmente por meio de *motiva objective moventia*, por meio de motivos [*Bewegunsgründe*] da razão através dos quais essa pessoa é completamente livre, sem qualquer impulso. Por conseguinte, um alto grau de liberdade leva em conta ser coagido moralmente, pois, dessa forma, o *arbitrium liberum* é mais poderoso. Podemos ser coagidos por motivos e estar livres de *stimulus*. Portanto, quanto mais alguém é livre de *stimulis*, tanto mais pode ser moralmente necessitado. A liberdade cresce com o grau da moralidade. Em Deus, não ocorre nenhuma necessitação prática, pois nele as leis subjetivas são idênticas às objetivas. Mas uma necessitação prática ocorre no ser humano, pois ele age relutantemente e precisa ser coagido. Não obstante, quanto mais ele cede aos motivos morais, tanto mais livre ele é. Quanto menos obrigação alguém tem, mais livre é. Na medida em que alguém se encontra submetido a uma obrigação [*Verbindlichkeit*], não é livre. Mas, se a obrigação termina, ele torna-se livre. Nossa liberdade é, portanto, diminuída pela obrigação.

---

dância com a vontade universal, então se fala disso apenas como de uma manifestação daquilo que se passa efetivamente em nós, sem determinar as suas causas" (AK, II, p.335). Trata-se da redefinição de um conceito de Baumgarten. Na *Metaphysica*, Baumgarten define obrigação não apenas em termos de necessidade [*necessitas*] moral, mas como necessitação [*necessitatio*] (*Met.*, §701-2): "necessitação* (coação) é a alteração de algo a partir do contingente para o necessário [*necessitatio* (coactio) est mutatio alicuius ex contingenti in necessarium*]".

Em Deus, no entanto, a liberdade não é diminuída pela necessidade moral e Ele também não está obrigado em visto disso, pois Sua vontade quer o que é bom e, por isso, Deus não pode ser obrigado, embora o ser humano, por ter uma vontade má, possa sê-lo. Dessa forma, uma pessoa não é livre caso tenha aceitado favores. Mas, de modo comparativo, podemos ter mais liberdade em um caso do que em outro. Aquele que está sob *obligatione passiva* é menos livre do que aquele que está sob *obligatione ativa*. Não podemos ser coagidos a nenhuma ação de generosidade, embora estejamos obrigados a tais atos e, consequentemente, estamos sob *obligatione activa*. Podemos ser coagidos ao cumprimento de um dever[123] [*Schuldigkeit*] e, então, nos encontramos sob *obligatio passiva*. Ora, qualquer um que esteja sob *obligatio passiva* em relação a alguém é menos // livre do que a pessoa que é capaz de obrigá-lo. Temos *obligationes interna erga nosmet ipsos*,[124] em relação às quais somos externamente bastante livres. Cada um pode fazer o que quiser com seu corpo e isso não diz respeito a ninguém, mas tal pessoa não é livre internamente, pois está obrigada através dos fins necessários e essenciais da humanidade. Toda obrigação é um tipo de coerção. Se essa coerção é moral, somos coagidos internamente ou nos autocoagimos, tratando-se de uma *coactio interna*.[125] Mas é possível também a alguém ser coagido moralmente por outro de maneira externa quando a outra pessoa nos compele a uma ação que praticamos relutantemente, mas conforme motivos morais. Se eu, por exemplo, devo algo a uma pessoa e ela diz:

---

123 Em Peter Heath, lemos "para a quitação de débitos [*To the payment of debts*]". Na versão de Langlois, lemos "obrigação".
124 Obrigações internas para conosco.
125 Em Collins, encontramos *conditio*.

"se queres ser um homem honesto, então deves me pagar, mas não vou processá-lo, apenas não posso te dispensar da dívida porque eu preciso do pagamento", então essa é uma coerção moral externa através do arbítrio de outro.

Quanto mais alguém pode coagir a si mesmo, tanto mais livre é. Quanto menos pode ser coagido por outro, mais livre é interiormente. Precisamos ainda diferenciar aqui a capacidade de ser livre e a condição dessa liberdade. A capacidade de ser livre pode ser maior, embora a condição seja menor. Quanto maior é a capacidade de ser livre e maior é a liberdade em relação aos *stimulis*, mais livre é o ser humano. Se o homem não precisasse de autocoerção [*Selbstzwanges*], ele não seria completamente livre, pois sua vontade seria integralmente boa e ele desejaria, de bom grado, praticar todo o bem, uma vez que não precisaria coagir a si mesmo. Mas este não é o caso do ser humano. Uma pessoa, // contudo, pode se aproximar mais do que outra se, a saber, os impulsos sensíveis nela forem *stimuli* mais fortes do que no outro. Quanto mais alguém exercita a autocoerção, mais se torna livre. Muitos já são dispostos por natureza à generosidade, ao perdão, à retidão e, dessa forma, tal pessoa é capaz de melhor coagir a si mesma e ser mais livre. Mas nenhum homem é desprovido de autocoerção. Toda obrigação é externa ou interna. *Obligatio externa est necessitatio moralis per arbitrium alteris. Obligatio interna est necessitatio moralis per arbitrium proprium.*[126] Um arbítrio é um apetite [*Begierde*] que tenho em meu poder. Um desejo [*Wunsch*] é, porém, um apetite que eu não tenho em meu poder. A necessitação através do arbí-

---

126 Obrigação externa é necessitação moral pelo arbítrio de outro. Obrigação interna é necessitação moral através do próprio arbítrio.

trio de outro é a *necessitatio moralis externa*, pois o outro tem o poder de me coagir e a obrigação que surge disso é a *obligatio externa*. A *necessitatio moralis*, que ocorre não por meio do arbítrio do outro, mas do meu próprio arbítrio, é a *necessitatio moralis interna* e a obrigação [*Verbindlichkeit*] que surge disso é *obligatio interna*. Por exemplo, tenho a obrigação de ajudar o outro, mas isso é algo interno. A restituição da ofensa é moralmente necessária mediante o arbítrio do outro e isso é *obligatio externa*. As *obligationes* externas são maiores do que as internas, pois as *obligationes externas* são ao mesmo tempo internas, enquanto as internas não são simultaneamente externas. A *obligatio externa* já pressupõe que a ação em geral está submetida à moralidade e, por causa disso, é interna. A *obligatio externa* é, pois, dessa forma, uma *obligatio* porque a ação já é uma obrigação interna. Pois, na medida em que essas ações são um dever, trata-se de uma obrigação interna, mas, uma vez que eu ainda posso coagir o outro a esse dever por meio de meu arbítrio, então se trata também de uma *obligatio externa*. Na *obligatione externa*, eu tenho de concordar minha ação com o arbítrio de outro e, para tanto, [39] eu também posso ser coagido a isso por ele. A // *obligatio externa* também pode ser patologicamente coagida pelo outro. Quando eu não me permito ser coagido moralmente, ele está autorizado a me coagir patologicamente. Em geral, todo direito carrega uma autorização para compelir patologicamente. As *obligationes* internas são *obligationes* imperfeitas porque não podemos ser coagidos a elas. Mas as *obligationes externae* são *perfectae*, pois, além da obrigação interna, tem-se ainda a necessitação externa. O motivo [*Bewegunsgrund*] segundo o qual satisfazemos toda obrigação é interno e, então, chama-se dever, ou externo, e, assim, chama-se coerção. Se eu satisfaço minha obrigação

[*Verbindlichkeit*] por meio do arbítrio do outro, torno-me necessitado em vista disso, pois se trata de um motivo externo e realizo a ação por coerção. Portanto *stimulus pro arbitrium alterius necessitans est coactio*.[127] Mas se eu satisfaço minha obrigação por meio de meu próprio arbítrio, o motivo é interior e pratico a ação por dever. Aquele que satisfaz sua obrigação por dever e aquele que a satisfaz por coerção, ambos têm cumprido sua obrigação [*Verbindlichkeit*], mas o primeiro por motivos internos e o segundo por motivos externos. O soberano não está preocupado se o que é feito por obrigação para com ele acontece por dever ou por coerção. Para ele trata-se do mesmo. Mas os pais exigem dos filhos a obrigação por dever.

Quando o autor,[128] portanto, divide a obrigação em aquela que é realizada por dever ou aquela que é realizada por coerção, ele comete um equívoco. A obrigação não pode ser dividida dessa forma porque a coerção não constitui qualquer obrigação, mas as obrigações devem ser diferenciadas em si mesmas na medida em que surgem *ex arbitrio alterius* e, então, são *externe* ou surgem *ex arbitrio proprio* e, então, são *interne, ut supra*.[129]

[40] Apenas os // *motiva satisfacierendi*[130] de todas as obrigações, que são *externae* ou *internae*, podem ser distinguidos e isso como se segue: se os motivos são internos e fluem de meu próprio arbítrio, são deveres. Mas se são externos e fluem do arbítrio do outro, é coerção. Isso tudo independente de quais forem as *obligationes*. Motivos objetivos são tomados dos objetos mesmos

---

127 O estímulo necessitante à vontade alheia é coerção. Trecho ausente em Collins.
128 Baumgarten, *Initia*, §50.
129 Como acima.
130 Motivos que satisfazem.

e são fundamentos do que devemos fazer.[131] Motivos subjetivos[132] são fundamentos da disposição e da determinação da vontade para satisfazer a regra. Segundo os fundamentos objetivos, as obrigações são internas e externas. Segundo os fundamentos subjetivos, eles são dever ou coerção.

Todas *obligationes* cujos motivos são subjetivos ou internos são obrigações éticas. Todas *obligationes* cujos motivos são objetivos ou externos são, em sentido estrito, jurídicas.[133] As primeiras são obrigações de dever e as outras obrigações de coerção. A distinção do direito e da ética consiste não no tipo de obrigação, mas nos motivos que preenchem a obrigação. A ética trata com todas as obrigações, quer sejam obrigações de benevolência, generosidade e bondade, quer sejam obrigações de dívida [*Schuldigkeit*]. Desse modo, a ética considera todas elas conjuntamente somente na medida em que o motivo é interno. Ela as considera por dever e pela qualidade interna da coisa mesma e não por coerção. Mas o direito considera o preenchimento da obrigação não a partir do dever, mas por coerção,

---

131 Ausente em Collins.
132 Em Collins, está "objetivo".
133 Lemos na *Metafísica dos costumes*: "O *conceito de dever* [*Pflicht*] já é em si o conceito de uma *necessitação* (coerção) do livre-arbítrio por meio da lei; essa coerção pode ser ou uma *coerção externa* ou uma *autocoerção*. Por meio de sua sentença categórica (o dever [*Sollen*] incondicionado), o *imperativo* moral anuncia essa coerção, que, portanto, não concerne a seres racionais em geral (entre os quais poderia também haver algo como seres *santos*), mas a *seres humanos* como *seres naturais* racionais, que são suficientemente não santos para que o prazer possa bem induzi-los a transgredir a lei moral, ainda que eles próprios reconheçam sua autoridade e, mesmo quando lhe obedecem, a fazê-lo com *desgosto* (com a resistência de sua inclinação), sendo nisto que consiste propriamente a *coerção*" (VI, p.379-80).

dando atenção, no entanto, ao móbil da coerção. As obrigações são consideradas a partir do modo como se relacionam à coerção. Temos obrigações para com Deus, mas Deus não exige apenas que pratiquemos as obrigações, mas que o façamos de bom grado, por motivos internos. // Não se preenchem as *obligationes* para com Deus se elas são praticadas por coerção, e sim se são praticadas por dever. Se faço algo de bom grado por boa disposição, faço-o por dever e a ação é ética. Mas se faço alguma coisa por coerção, a ação é juridicamente correta.

[41]

Portanto há uma diferença verdadeira das obrigações quando elas são divididas em *internas et externas*, mas a diferença entre ética e direito não reside nisso, mas nos motivos para essas obrigações, pois podemos preencher as *obligationibus externis* por dever e por coerção. O arbítrio do outro pode me necessitar a *obligatione externa*, mas se ele ainda não me coage, dessa forma, eu a pratico por dever. Mas, se ele me coage de fato, eu a realizo por coerção. A *obligatio externa* não é, dessa forma, concebida como tal tão somente porque é capaz de me coagir. É da obrigação que decorre, como consequência, a autorização de coagir.

Das leis

Qualquer fórmula que expressa a necessidade de uma ação chama-se lei. Então podemos ter leis da natureza, nas quais as ações se submetem à regra universal, ou também leis práticas. Por conseguinte todas as leis são físicas ou práticas.[134] As prá-

---

134 Na *Crítica da razão pura*, distinguem-se os dois tipos de leis: "Por isso, esta [a razão] também dá leis, que são imperativos, isto é, leis objetivas da liberdade e que exprimem o que deve acontecer, em-

ticas expressam a necessidade das ações livres e são subjetivas, na medida em que os homens as realizam, ou objetivas, na medida em que devem acontecer. As objetivas são de dois tipos: pragmáticas ou morais. Vamos nos ocupar aqui com as últimas.

[42] O direito, na medida em que significa autoridade [*Befugniss*], é a concordância da ação com a regra do direito, desde que a ação da regra não contradiga o arbítrio, ou // é a possibilidade moral da ação se a ação não contradiz as leis morais. Mas o direito, considerado como ciência é o conjunto de todas as leis jurídicas. *Jus in sensu proprio est complexus legum obligationum externarum, quatenus simul sumuntur. Jus in sensu proprio est vel jus late dictum, vel jus stricte dictum.*[135] *Jus late dictum* é o direito de equidade. *Jus strict dictum* é o direito estrito na medida em que tem a autoridade para coagir o outro. Portanto há um direito estrito[136] e um direito coercitivo.[137] A ética coloca-se em contraste ao *jure*

---

bora nunca aconteça, e distinguem-se assim das leis naturais, que apenas tratam do que acontece; pelo que são também chamadas leis práticas" (A802/B830).

135 O direito em sentido próprio é o conjunto de leis obrigatórias externas na medida em que são tomadas juntas. O direito em sentido próprio é interpretado em sentido amplo ou restrito.

136 Em Kaehler, lemos "direito livre [*freyes Recht*]".

137 Na *Metafísica dos costumes* compreende-se que: "A todo direito em sentido *estrito* (*ius strictum*) está ligada a competência para coagir. Mas também se pode pensar um direito em sentido *amplo* (*ius latum*) em que a competência para coagir não pode ser determinada por nenhuma lei. Esses direitos, verdadeiros ou supostos, são dois: a *equidade* e o *direito de necessidade*, o primeiro deles admitindo um direito sem coerção; o segundo, uma coerção sem direito. E é fácil perceber que essa ambiguidade repousa realmente no fato de que há casos de um direito duvidoso cuja decisão nenhum juiz pode ter tomado" (AK, VI, p.233-4).

stricto e não ao *juri* em geral. Ela trata das leis das ações livres, na medida em que não podemos ser coagidos[138] a elas. O *jus stricte*, no entanto, trata das leis das ações livres desde que possamos ser coagidos a elas. O *jus stricte* é *positivum seu statutarium* ou *jus naturale*.[139] *Jus positivum* é aquele que surge do arbítrio do ser humano, enquanto o *jus naturale* emerge, na medida em que é discernido pela razão, a partir da natureza das ações. *Jus positivum ist vel divinum vel humanum*.[140] O *Jus positivum* contém mandamentos, mas o *jus naturale* leis em si. As leis divinas, porém, são, ao mesmo tempo, mandamentos ou o direito natural é, ao mesmo tempo, *jus positivum* da vontade divina, não porque essas leis residem apenas em Sua vontade, mas na natureza do ser humano e não ao contrário: todas as leis divinas são leis da natureza [*natürliche Gesetze*], pois Deus também pode dar uma lei positiva. O *jus positivum*, tanto quanto o *jus naturale*, pode ser um direito livre ou um direito coercitivo. Muitas leis são apenas leis da equidade. O *ius aequitas*[141] é, porém, menos cultivado do que se deseja, mas certamente não pelo fato de que os tribunais devem julgá-lo, pois lá eles são julgados apenas *valide*. O *jus aequitatis* não é, no entanto, um direito externo, mas é válido apenas *coram foro conscientiae*.[142] No *jure positivo et natural*, fala-se sempre de *jure estricto* e não de *jure aequitas*, pois isso [43] diz respeito tão somente à ética. Todos os deveres, // mesmo os deveres coercitivos [*Zwangspflichen*], pertencem ao mesmo tempo à ética, se o motivo para preenchê-los é retirado da

---

138 Trecho modificado em Collins.
139 Direito natural.
140 O direito positivo é divino ou humano.
141 Direito de equidade.
142 Diante do tribunal da consciência.

propriedade interna. Pois as leis, segundo o conteúdo, podem pertencer ao *jure* ou à ética, mas não podem se constituir dessa maneira tão somente com base no conteúdo, uma vez que elas podem pertencer ao direito ou à ética de acordo com os motivos. O soberano não exige que se paguem os impostos de bom grado, mas a ética exige isso. Ambos, tanto aquele que paga voluntariamente quanto aquele que paga por coerção, são igualmente súditos, pois ambos o pagaram. A disposição não pode ser exigida pelo soberano, já que não é reconhecida pelo fato de ser interna, mas a ética ordena realizar as ações por boa disposição. A observância das leis divinas é o único caso no qual direito e ética concordam e ambos, em relação a Deus, são leis coercitivas, pois Deus pode nos coagir a ações éticas e jurídicas, mas não as exige por coerção, mas por dever. Portanto uma ação pode ter *rectitudinem juridicam*,[143] na medida em que concorda com as leis coercitivas, mas a concordância da ação com as leis por disposição e dever é a moralidade, que consiste, dessa forma, na boa disposição [*gutwilligen Gesinnung*]. Por conseguinte a bondade moral da ação é distinguida da *rectitudene juridica*.[144] A *rectitudo* é o gênero, sendo apenas jurídica e

---

143 Retidão jurídica.
144 Encontramos aqui a distinção fundamental, professada na maturidade kantiana, entre ética e direito. "Essas leis da liberdade, à diferença das leis da natureza, chamam-se *morais*. Na medida em que se refiram apenas às ações meramente exteriores e à conformidade destas à lei, elas se chamam *jurídicas*; mas, quando exigem também que elas próprias sejam os fundamentos de determinação das ações, então são *éticas*. Diz-se, portanto: a concordância com as primeiras é a *legalidade*, com as segundas, a *moralidade* da ação. A liberdade a que se referem as primeiras leis só pode ser a liberdade no uso externo

não possuindo nenhuma bondade moral. Então a religião pode ter *rectitudinem juridicam* quando praticamos os mandamentos divinos por coerção e não por boa disposição. Deus não quer, no entanto, a ação, mas o coração. O coração é o princípio da disposição moral. Deus quer, dessa forma, a bondade moral e essa é digna de recompensa. Por conseguinte devemos cultivar a disposição para a realização dos deveres e isso é o que o mestre do Evangelho diz: que se deve fazer tudo por amor a Deus. Mas amar a Deus é cumprir de bom grado seus mandamentos.[145] *Leges //* podem também ser *praeceptivae*, pelas quais algo é ordenado; *prohibitivae*, pelas quais ações são proibidas; e *permissivae*, pelas quais ações são permitidas. *Complexus legum praeceptivarum*[146] é *jus mandati*.[147] *Complexus legum prohibitivarum*[148] é *jus vetiti*,[149] e podemos ainda pensar em *jus permissi*.[150]

---

do arbítrio, enquanto aquela a que se referem as últimas pode ser a liberdade em seu uso tanto externo como interno, desde que ela seja determinada pela lei da razão" (AK, MS, VI, p.214).

145 Nesse mesmo sentido, lemos na *Crítica da razão prática*: "dessa maneira, a lei moral conduz, mediante o conceito de sumo bem enquanto objeto e fim terminal da razão prática pura, à religião, quer dizer, ao conhecimento de todos os nossos deveres como mandamentos divinos, não enquanto sanções, isto é, decretos arbitrários, por si próprios contingentes, de uma vontade estranha, e sim enquanto leis essenciais de cada vontade livre por si mesmo, mas que, apesar disso, têm que ser consideradas mandamentos do Ser supremo" (AK, V, p.129).

146 O conjunto de leis preceptivas.
147 Direito de comissão.
148 O conjunto de leis proibitivas.
149 Direito de interdição.
150 Direito de permissão.

Do princípio supremo da moralidade[151]

Temos primeiramente de considerar dois aspectos aqui: o princípio de judicação da obrigação e o princípio da execução ou realização da obrigação. Devemos aqui distinguir diretriz [*Richtschnur*] e móbil. Diretriz é o princípio de judicação e móbil o princípio do exercício da obrigação, de modo que, se eles forem trocados, tudo na moralidade resulta errôneo. Se a questão é o que é ou não moralmente bom, então esse é o princípio de judicação segundo o qual julgo a bondade da ação. Mas se a questão é o que me move a viver conforme essa lei, então esse é o princípio do móbil. A equidade da ação é o fundamento objetivo, mas ainda não o fundamento subjetivo. Aquilo que me impele a fazer o que o entendimento diz que eu devo fazer são os *motiva subjective moventia*.[152]

O princípio supremo de todo o ajuizamento moral se encontra no entendimento e o princípio supremo do impulso [*Antriebes*] moral para realizar essa ação encontra-se no coração.

---

151 Segundo Schwaiger (1999, p.91 ss.), essa seção seria essencialmente diferente e traz uma nova característica de Kant que é resultado de reflexões que poderiam ter sido instituídas por uma virada platônica em seu pensamento. Küenburg (1925, p.42) também vê essa seção como mais atualizada do que a anterior sobre o princípio da moral. Para Manfred Kühn (2004, p.xxviii), há uma diferença fundamental entre o princípio supremo da moralidade, exposto nas *Lições*, e o imperativo categórico, porque aqui o princípio mostra-se apenas como um princípio objetivo da ação: "[d]o princípio de judicação não provêm o que nos motiva a essa ação. Não se chega ao móbil da ação". Para discussão sobre esse ponto, consultar Cunha, *A gênese da Ética de Kant*.

152 Motivos que movem subjetivamente.

Immanuel Kant

Esse móbil é o sentimento moral.[153] Esse princípio do móbil não pode ser confundido com o princípio de ajuizamento. O princípio de ajuizamento é a norma e o princípio do impul-
[45] so é o móbil.[154] O móbil // não substitui a posição da norma. Quando o móbil é omitido, temos um erro prático, e quando falta o ajuizamento, temos um erro teórico.

Queremos agora mostrar, brevemente, de maneira negativa, em que o princípio da moralidade não consiste.[155] O princípio da moralidade não é patológico. Ele seria patológico se fosse derivado de fundamentos subjetivos, de nossas inclinações,

---

153 Aqui observamos a distinção entre os princípios de judicação e execução da moralidade, para os quais Kant já define funções relativamente precisas nesse contexto. "Não se deve trazer o sentimento moral ao juízo, mas depois dele, apenas para evocar a inclinação: se o sentimento, por exemplo a compaixão, precede a máxima, então emerge um juízo falso" (AK, Refl. 6677, XIX, p.131). "A questão que se coloca é se os juízos morais acontecem devido ao fato de as ações serem consideradas boas ou agradáveis. Se o primeiro é o caso, então é a propriedade das ações – que para todo entendimento é a mesma – o que contém o fundamento do juízo e isto acontece através da razão. Se é o segundo, então se julga a partir do sentimento e ele não é necessariamente válido para todos" (AK, Refl. 6691, XIX, p.134). "O sentimento moral segue-se de um conceito moral, mas não o produz; ainda menos pode recolocá-lo, [em vez disso] ele o pressupõe" (XIX, p.131).

154 Trecho adicional em Kaehler e Collins: "a norma está no entendimento, mas o motivo no sentimento moral".

155 "I. O princípio da moral não é sensível, nem *directe* ou patologicamente, nem se baseia em um sentido físico (doutrina da habilidade), nem em um sentido moral (este é impossível, porque, em consideração ao intelectual, não há espaço para nenhum sentido), nem *indirecte* sensual ou pragmático (doutrina da sagacidade) [...]. II. O princípio da moral não é externo, fora da natureza da ação, situado na vontade de outro" (Refl. 6754, XIX, p.149).

de nosso sentimento. A moral não tem nenhum princípio patológico porque contém leis objetivas do que se deve fazer e não do que se deseja fazer. Ela não é uma análise da inclinação, mas uma prescrição[156] que é contra toda inclinação. O princípio patológico da moralidade consiste em satisfazer todas as suas inclinações. Isso seria o epicurismo bestial, embora não o verdadeiro epicurismo.

Podemos pensar dois *principia pathologica* da moralidade. O primeiro objetiva à satisfação de toda inclinação. Esse é o sentimento físico. O segundo visa à satisfação de uma inclinação que se relaciona à moralidade e se funda, portanto, em uma inclinação intelectual, embora, como logo mostraremos, uma inclinação intelectual seja uma contradição. Um sentimento em relação a objetos do entendimento é em si mesmo, pois, um absurdo e, por conseguinte, é o sentimento moral por inclinação intelectual um absurdo, não sendo, com efeito, possível. Eu não posso considerar um sentimento como algo ideal,[157] pois algo não pode ser intelectual e sensível. E se fosse igualmente possível que tivéssemos uma sensação para a moralidade, nenhuma regra poderia, no fim, ser estabelecida para esse princípio, pois uma lei[158] moral diz categoricamente o que deve acontecer independentemente se agrada ou não. Portanto não há nenhuma satisfação de nossa inclinação. Se assim fosse, não poderia haver nenhuma lei moral, mas cada um poderia agir segundo seu próprio sentimento. Supondo que o sentimento

[46] estivesse presente igualmente em todos os seres humanos // no

---

156 Em Collins, encontramos escrito "precaução [*Vorsicht*]".
157 Em Collins, "algo real".
158 Em Collins, lê-se "disposição [*Gesinnung*]".

mesmo grau, não seria, no fim de tudo, qualquer obrigação agir segundo o sentimento, pois nesse caso não significaria que nós devemos fazer o que nos agrada, mas que qualquer um pode fazer tudo por si mesmo porque lhe agrada. Mas a lei moral ordena categoricamente e, portanto, a moralidade não pode se fundar em um princípio patológico, nem no sentimento físico, nem no sentimento moral. Esse método de remeter-se a um sentimento em uma regra prática é também completamente contrário à filosofia. Qualquer sentimento tem apenas uma validade privada e não é acessível para o outro. Do mesmo modo, ele é em si mesmo tautológico.[159] Se alguém diz que sente algo em si mesmo, isso não pode, no fim das contas, ser válido para os demais que não sabem como ele se sente e ele recorre a um sentimento que renuncia a todos os fundamentos da razão. O princípio patológico, portanto, de modo algum é levado a cabo. Por isso deve haver um princípio intelectual da moralidade, na medida em que é tomado emprestado do entendimento. Isto consiste na regra do entendimento ou na medida em que este nos dá em mãos os meios para levar a cabo nossas ações de modo a concordarem com nossas inclinações ou na medida em que o fundamento da moralidade é reconhecido imediatamente pelo entendimento. O primeiro é, decerto, um princípio intelectual, pois o entendimento nos dá em mãos os meios, mas, no fim das contas, é claramente estabelecido nas inclinações. Esse princípio intelectual ilusório é o princípio pragmático. Ele baseia-se na aptidão da regra para satisfazer as inclinações. Esse princípio de prudência é o verdadeiro princípio epicurista. Então, quando se diz que "deves promover sua

---

159 Em Kaehler, lemos "patológico".

felicidade", isso significa dizer – "usa o teu entendimento para encontrar os meios para satisfazer seu prazer e suas inclinações". Tal princípio é intelectual na medida em que o entendimento deve projetar a regra do uso dos meios para promover nossa felicidade. Então, o princípio pragmático // é dependente das inclinações, posto que a felicidade consiste na satisfação de todas as inclinações.[160] Mas a moralidade não se baseia em nenhum princípio pragmático, porque é independente de toda inclinação. Se a moralidade consistisse nisso, os seres humanos não poderiam se harmonizar no âmbito moral, pois cada um buscaria a felicidade de acordo com suas próprias inclinações. Não obstante, a moralidade não pode se basear nas leis subjetivas das inclinações do ser humano. Portanto, o princípio da moralidade não é pragmático. Decerto ele precisa ser intelectual, mas não mediato como é o princípio pragmático. Em vez disso, deve ser um princípio imediato da moralidade, porque o fundamento da moralidade é conhecido imediatamente pelo entendimento. O princípio da moral é, portanto, um princípio intelectual puro da razão pura. Mas esse princípio intelectual

---

160 A definição de Kant aqui não difere, de modo geral, de sua definição madura: "A felicidade é a satisfação de todas as nossas inclinações (tanto *extensive*, quanto à sua multiplicidade, como *intensive*, quanto ao grau, e também *protensive*, quanto à duração)" (AK, KrV, A806/B834). "Ora, a consciência que um ente racional tem do agrado da vida e que acompanha de forma ininterrupta toda a sua existência é, porém, felicidade" (AK, KpV, V, p.22). Esta passagem das *Lições* contrapõe-se à interpretação sugerida por Klaus Dusing (1972) e apoiada por algumas reflexões de que Kant tratara, nesse contexto, com um tipo de conceito intelectual de felicidade. Uma discussão sobre isso é apresentada em Herceg, *La moral kantiana en la década del silencio* (2005) e Cunha, *A gênese da Ética de Kant*.

puro não pode ser, mais uma vez, tautológico e consistir em uma tautologia da razão pura como aquele exposta por Wolff – "*fac bonum et omitte malum*" – que, como dito anteriormente, é vazia e não filosófica.[161]

O segundo princípio tautológico é o de Cumberland,[162] que consiste na verdade. Ele diz que todos nós procuramos a perfeição, mas somos enganados pela ilusão [*Schein*]. A moral, não obstante, mostra-nos a verdade.

O terceiro princípio é o de Aristóteles[163] – o princípio da justa medida, que, com efeito, é tautológico.[164] Esse princípio intelectual puro não deve ser, não obstante, um princípio externo na medida em que nossas ações têm uma relação com um ser estranho e, portanto, ele não se baseia na vontade divina. Não se pode dizer – "tu não deves mentir, porque é proibido" – e, por conseguinte, o princípio da moralidade, uma

---

161 Apesar de a fórmula ter sido antes atribuída a Baumgarten, ela pode também ser remetida a Christian Wolff baseando-se no §205 de sua *Philosophia Practica Universalis*. Segundo Menzer (1924, p.332), "A seguinte formulação corresponde bem ao que Kant resume de forma breve: A lei natural prescreve fazer as coisas que são boas, honestas, lícitas, retas e decorosas; e, ao contrário, não fazer aquelas que são más, desonestas, ilícitas, destituídas de retidão e indecorosas [o texto de Wolff foi traduzido aqui a partir do latim]".

162 Richard Cumberland (1632-1718), bispo e filósofo britânico aliado aos platônicos de Cambridge. Escreveu em 1762 *De Legibus Naturae*, obra traduzida para o inglês em 1727 e para o francês em 1744, propondo uma ética utilitarista em oposição ao egoísmo de Hobbes.

163 Consultar o segundo livro da *Ética a Nicômaco*. Ver também Refl. 6625 e 6760 (AK, XIX, p.116 e 151).

164 Trecho intercalado em Kaehler: "*Tene medium*. Ora, o que é a justa medida?".

[48] vez que não pode ser também nenhum princípio externo, com efeito, não pode ser nenhum princípio *tautologicum*.[165] Aqueles que isso afirmam, dizem que "é preciso ter primeiramente Deus e depois a moralidade", o que é um princípio muito cômodo. Nem a moral nem a teologia // são princípios um do outro, embora a teologia não possa existir sem a moral e esta, do mesmo modo, não possa existir sem aquela. Mas a questão aqui não é se a teologia é um móbil da moral – e certamente é –, mas se o princípio de judicação da moral é um princípio teológico, e assim não pode ser. Se assim fosse, todos os povos teriam que conhecer primeiramente Deus antes que tivessem o conceito dos deveres. Dessa forma, deveria seguir-se disso que todos os povos que não tivessem nenhum conceito exato de Deus também não teriam nenhum dever, o que, no entanto, é falso. Os povos compreenderam corretamente seus deveres, reconheceram a feiura da mentira sem ter o conceito próprio de Deus. Outros povos, além disso, têm criado tão somente conceitos piedosos[166] e falsos de Deus e tiveram, contudo, conceitos corretos dos deveres. Consequentemente, os deveres devem ser retirados de outra fonte. A razão dessa derivação da moralidade a partir da vontade divina é a seguinte: uma vez que a lei moral diz que "tu deves fazer isso", pensa-se que "deve existir um terceiro ser que a proibiu". É verdade que a lei moral é uma ordem e as leis morais podem ser mandamentos da vontade divina, mas elas não fluem de tal mandamento. Deus a ordenou porque é uma lei moral e Sua vontade concorda com essa lei. Além disso, parece que toda obrigação encerra

---

165 Em Kaehler, lemos "teológico".
166 Em Kaehler, lê-se "profanos [*unheilige*]".

uma relação com um *obligantem*.[167] Não temos nenhuma obrigação além daquela mediada por um *universaliter obligantem*.[168] Portanto Deus parece ser aquele que obriga à lei moral. Para a execução, é preciso haver, de fato, um terceiro Ser que nos necessita [*nöthigt*] a fazer aquilo que é moralmente bom. Mas, para o ajuizamento da moralidade, não precisamos de tal Ser. Todas as leis morais podem ser corretas sem um terceiro Ser, mas, na execução [*Ausübung*], elas seriam vazias se nenhum terceiro Ser pudesse nos necessitar a elas. Portanto tem sido corretamente percebido que, sem um juiz superior, todas as leis

[49] morais seriam sem efeito // e, nesse caso, não haveria nenhum móbil,[169] nenhuma recompensa ou castigo. Por isso o conhe-

---

167 Com quem obriga, obrigante.
168 Obrigante de modo universal.
169 Uma vez que Kant mostra-se em dúvida, em consideração ao seu princípio moral, de como "o entendimento deveria ter uma força motriz" e como o princípio de judicação pode mover as ações e se estabelecer, de fato, como princípio de execução, ele supõe a existência de Deus como um terceiro Ser, um elemento fundamental não para o conhecimento da lei, mas para que a lei seja levada a efeito através do prospecto da recompensa e do castigo. É muito pouco claro, no entanto, como pode ser possível conciliar as duas exigências da moralidade em questão sem decair em heteronomia. De outro modo, enquanto móbil, o sentimento moral, em sua nova elaboração, apresenta-se como uma melhor alternativa ao problema kantiano. Para comentário, consultar Cunha, *A gênese da Ética de Kant*. Como já se observou na *Fundamentação*, a moral deve determinar a lei objetiva e, como móbil, subjetivamente, através do sentimento de respeito: "Ora, se uma ação realizada por dever deve eliminar totalmente a influência da inclinação e com ela todo o objeto da vontade, nada mais resta à vontade que a possa determinar do que a *lei* objetivamente, e, subjetivamente, o *puro respeito* por esta lei prática" (AK, IV, p.401). Também na segunda *Crítica*: "Aquilo cuja represen-

cimento de Deus é, em vista da execução da lei moral, necessário. Mas, para o ajuizamento das leis morais, não temos que pressupor nenhum terceiro Ser. Como reconhecemos então a vontade divina? Ninguém sente a vontade divina em seu coração e, do mesmo modo, não somos capazes de reconhecer a lei moral por nenhuma revelação, pois, caso contrário, seriam aqueles que não possuem nenhuma revelação completamente ignorantes em relação a ela, enquanto o próprio Paulo[170] disse que mesmo tais pessoas são dirigidas conforme a razão. Dessa forma, reconhecemos a vontade divina por meio de nossa razão. Representamo-nos Deus como aquele que tem a vontade mais santa e mais perfeita.[171] Ora devemos perguntar: o que é a vontade mais perfeita? Isso nos é demonstrado pela lei moral e, dessa forma, temos a moral integralmente. Ora dizemos que a vontade divina está de acordo com a lei moral e, por isso, Sua vontade é a mais santa e mais perfeita. Portanto reconhecemos a perfeição da vontade divina através da lei moral. Deus deseja tudo que é moralmente bom e apropriado e isso porque Sua

---

tação, enquanto *fundamento determinante de nossa vontade*, humilha-nos em nossa autoconsciência, enquanto é positivo e é fundamento determinante desperta por si respeito [...] Por isso esse sentimento pode também denominar-se sentimento de respeito pela lei moral, porém, a partir de ambos os fundamentos em conjunto, *sentimento moral*" (AK, V, p.74-5).

170 Carta aos Romanos 2, 14-5: "Os não judeus não têm a lei. Mas, quando fazem pela sua própria vontade o que a lei manda, eles são a sua própria lei, embora não tenham a lei. Eles mostram, pela sua maneira de agir, que têm a lei escrita no seu coração. A própria consciência deles mostra que isso é verdade, e os seus pensamentos, que às vezes os acusam e às vezes os defendem, também mostram isso".

171 Grande parte do texto que começa a partir desse ponto está ausente no manuscrito Collins.

vontade é a mais santa e perfeita.[172] Agora, o que é moralmente bom, mostra-nos a lei moral.

Todos os conceitos teológicos são mais corruptos quanto mais corruptos são os conceitos morais. Se, na teologia e na religião, os conceitos da moral fossem puros e santos, não seria preciso qualquer esforço para agradar a Deus de maneira humana e inconveniente. Cada um concebe Deus de acordo com a noção que lhe é mais familiar, por exemplo, como um grande, poderoso e imponente governante que se sobrepõe ao mais poderoso governante daqui da terra. Por isso forma-se também, em cada um, tal conceito da moralidade que está de acordo com o conceito que se tem feito de Deus. Assim, os homens esforçam-se para ser agradáveis a Deus, mediante louvores e [50] eulógias, enaltecendo-O // como um grande Senhor, alguém que não pode ser encontrado em parte alguma. Reconhecendo seus próprios defeitos, eles pensam que todos os seres humanos possuem tais falhas e que ninguém estaria em condição de fazer algo de bom. Daí eles juntam todos os seus pecados em uma pilha e os colocam diante dos pés de Deus. Suspiram e acreditam honrá-lo através disso sem compreender que o pequeno louvor de vermes como nós é um insulto para Deus. Eles não compreendem que não são capazes, em absoluto, de louvar a Deus. Honrar a Deus é, não obstante, cumprir seus co-

---

172 "Deus não é o autor da lei moral mediante a sua vontade, mas a vontade (divina) é a lei moral, a saber, o protótipo da vontade perfeitíssima" (AK, Refl. 7092, XIX, p.247). "A vontade de Deus é o ideal (o protótipo, o padrão, o guia) da vontade perfeitíssima. Com efeito, dizer que Ele é o originador de toda obrigação significa dizer que a maior perfeição contém o fundamento da moralidade" (AK, Refl. 6773, XIX, p.157).

mandos de bom grado e não elevá-Lo com louvores. Mas se um homem moral, partindo de um móbil interno ocasionado pela bondade interior da ação, esforça-se para executar a lei moral e cumpre o comando divino de bom grado, ele honra a Deus. No entanto, se devemos executar seu comando pelo fato de que Ele ordenou e é tão poderoso a ponto de poder nos conduzir a isso por meio de autoridade, então realizamos esses mandamentos por ordem, medo e pavor e não compreendemos, em absoluto, a equidade [*Billigkeit*] do preceito nem sabemos por que devemos fazer o que Deus ordenou e por que devemos ser obedientes a ele, uma vez que a *vis obliganti*[173] não pode consistir na força da autoridade. Aquele que, nessa situação, impõe uma ameaça, não obriga, mas extorque. Dessa forma, se devemos cumprir a lei moral por medo de castigo e do poder de Deus, não possuindo ademais nenhum outro fundamento do que a Sua ordem, nós a cumprimos não por dever e obrigação, mas por medo e pavor, de modo que, dessa forma, o coração não é aperfeiçoado. Mas se a ação emergiu de um princípio interno e se eu exerço a ação devido ao fato de que é absolutamente boa em si mesma e, portanto, cumpro-a de bom grado, então encontramos uma verdadeira complacência [*Wohlgefallen*] em Deus. Deus interessa-se por disposições e elas precisam vir de um princípio interno, pois, quando se faz algo de bom grado, faz-se por boa disposição. Mesmo que a revelação divina seja bem interpretada, isso precisa ocorrer segundo o princípio da moralidade. A boa disposição[174] [*Willigkeit*] não é, // portanto, nenhuma devoção, como aconteceria a partir do princípio teo-

---

173 Força obrigatória.
174 Em Kaehler e Collins, lemos "a moralidade".

lógico, mas a eticidade moral [*moralische Sittlichkeit*] é virtude, embora, caso ela ocorra segundo a beneficente vontade divina, transforme-se em devoção.

Ora, uma vez que se demonstrou em que não consiste o princípio da moralidade, devemos agora mostrar então no que ele consiste. O princípio da moralidade é, não obstante, *intellectuale internum* e deve ser buscado na ação em si através da razão pura. Em que ele consiste então? A moralidade é a concordância da ação com uma[175] lei do arbítrio válida universalmente.[176]

---

175 Em Menzer, lemos "minha lei". Optamos por Kaehler e Collins nesse ponto.

176 O princípio supremo da moralidade é, como se observa, uma regra de universalização e concordância das máximas. No entanto, segundo Stark (2004, p.64), nesse ponto, "essa formulação do princípio moral está visivelmente distante linguisticamente tanto do conteúdo da mensagem quanto da fórmula que Kant apresentou na publicada *Fundamentação* de 1785". O princípio vai ser mencionado outras vezes, de modo diferente, no decorrer das *Lições*. Para Clemens Schwaiger (1999, p.71), "embora não se possa negar que o princípio moral tardio é observado, por assim dizer, em *status nascendi* nas *Anotações*, por outro lado, não deveria ser negligenciado o fato de que tanto o conceito de imperativo categórico quanto também suas primeiras fórmulas [...] não são revelados antes dos anos setenta". Como ele defende, é apenas a partir da discussão kantiana com o compêndio de Baumgarten que se torna possível verificar as transformações de terminologia que provam que o conceito de imperativo categórico teria se desenvolvido, depois de um longo processo, na primeira metade dos anos 1770. Werkmeister (1979, p.24-5) demonstra, nas *Reflexões*, algumas dessas tentativas de estabelecer linguisticamente o princípio do imperativo categórico. Em uma das tentativas mais iniciais, Kant escreve: "[a] regra ética diz o seguinte: faça aquilo que lhe parece ser bom ao outro. A [regra] do direito diz: faça aquilo que coincide com a regra universal das ações, na medida em que cada um faz aquilo que a si mesmo parece

Toda moralidade é a relação da ação com a regra universal. Em todas as nossas ações, o que chamamos de moral é o que é regular. A parte essencial da moralidade é que nossa ação ocorra pelo motivo da regra universal. Se eu assumo o fundamento de que minhas ações devam concordar com a regra universal que é válida em todo momento para qualquer um, então a ação emerge do princípio moral. Por exemplo, não[177] cumprir uma promessa[178] para satisfazer a sensibilidade não é moral, pois, se

---

      bom" (Refl. 6670, XIX, p.129, 1769-1770). Pouco tempo mais tarde, Kant reformula a regra: "[v]iva de tal modo que suas ações pareçam boas também a partir do ponto de vista de outros" (Refl. 7069, XIX, p.246, 1769-1771). Ainda lemos: "Faz aquilo que te torna digno de respeito, honrável. Isto é, ações que esperariam a aprovação de todos caso elas fossem universalmente conhecidas" (Refl. 7071, XIX, p.241). Para ele, contudo, essas formulações ainda se encontram longe das que serão apresentadas na *Fundamentação*. A mesma tentativa é vista em várias outras reflexões.

177 Em Kaehler e Collins, lemos "cumprir uma promessa".

178 O exemplo correspondente na *Fundamentação* também serve para ilustrar o teste de consistência e contradição do imperativo categórico: "Quando, por exemplo, dizemos: 'Não deves fazer promessas enganadoras', — admitimos que a necessidade desta abstenção não é somente um conselho para evitar qualquer outro mal [...]; admitimos pelo contrário que uma ação deste gênero tem de ser considerada como má por si mesma, que o imperativo da proibição é, portanto, categórico" (AK, IV, p.419). Antes, não obstante, em meados de 1760, nas *Anotações nas Observações*, já encontramos escrito: "Tal como o falso testemunho [*Falsiloquium*] pode algumas vezes ser útil para outros, ele ainda é uma mentira se nenhuma obrigação estrita o necessita. É possível se observar, a partir disso, que a honestidade não é dependente de filantropia universal, mas do senso de justiça através do qual aprendemos a distinguir consideravelmente o que é permitido. Esse senso, no entanto, tem origem na natureza da mente humana através da qual se julga o que é em si categoricamente

todos quisessem cumprir sua promessa a partir de seu próprio critério, a promessa por fim não seria de nenhuma utilidade. Mas se eu avalio, de acordo com o entendimento, se se trata de uma regra geral e, por isso, mantenho minha promessa, posto que desejo que todos possam cumprir as suas promessas para comigo, minha ação concorda com a regra universal de todo arbítrio. Ou, por exemplo, pelo ato de generosidade: se alguém se encontra na mais extrema necessidade e estou em condições de ajudá-lo, mas sou indiferente em relação a isso, preferindo empregar meu dinheiro em diversão. Ora, se examino conforme meu entendimento se isso pode ser uma regra universal e se estaria também de acordo com minha vontade [*meinem Willen*] que o outro fosse tão indiferente a mim em caso de necessidade, descubro que isso não // concorda com o meu arbítrio e que, portanto, tal ação também não é moral.[179]

---

bom (não útil), não de acordo com o privado ou a utilidade alheia, mas através do fato de que supõe a mesma ação em outros; se uma contradição e um contraste então emergem, a ação desagrada; se harmonia e acordo emergem, elas agradam" (AK, XX, p.156-7).

179 Um exemplo correspondente é encontrado na *Fundamentação*: "Uma *quarta* pessoa ainda, que vive na prosperidade ao mesmo tempo que vê outros a lutar com grandes dificuldades (e aos quais ela poderia auxiliar), pensa: Que é que isso me importa? Que cada qual goze da felicidade que o céu lhe concede ou que ele mesmo pode arranjar; eu nada tirarei dela, nem sequer o invejarei; mas contribuir para o seu bem-estar ou para o seu socorro na desgraça, para isso é que eu não estou! Ora, supondo que tal maneira de pensar se transformava em lei universal da natureza, [...] embora seja possível que uma lei universal da natureza possa subsistir segundo aquela máxima, não é contudo possível querer que um tal princípio valha por toda a parte como lei natural" (AK, IV, p.422). Podemos observar, contudo, que, em uma nota de meados de 1760, Kant já tenta ex-

Todo homem que age contra a moralidade tem suas máximas. Um preceito [*Vorschrift*] é uma lei objetiva de acordo com a qual devemos agir. Mas máximas são leis subjetivas de acordo com as quais agimos realmente. Todos concebem a lei moral como algo que se pode reconhecer publicamente, mas todos concebem suas máximas como algo que tem de ser mantido em segredo, uma vez que elas podem ser contra a moralidade e podem não servir de regra universal. Por exemplo, alguém assume a máxima de se tornar rico, máxima que pessoa alguma pode ou irá declarar, pois, caso contrário, não alcançaria seu fim. Se essa máxima fosse transformada em lei universal, então todos desejariam enriquecer e, uma vez que todos saberiam e desejariam a mesma coisa, então não seria possível o enriquecimento. Uma vez que são bastante desconhecidos, os exemplos de deveres para consigo mesmo são algo mais difícil de compreender, parecendo-nos bem estranho que aqueles de-

---

plicar o motivo pelo qual a indiferença ao mal alheio não pode ser justificada unicamente a partir da experiência física do sentimento moral, podendo sê-lo tão somente pela regra moral da razão. Kant pergunta-se se o agrado e o desagrado são experiências imediatas ligadas ao bem-estar de outro (simpatia moral), ou se estão vinculados estritamente ao dever. Se o primeiro é o caso, deveríamos ser moralmente indiferentes ao mal alheio quando não o provocamos: "Então, pergunta-se se nós sentimos agrado imediatamente no bem-estar de outros ou se o prazer imediato realmente se situa na possível aplicação de nossas forças para promover esse bem-estar. Ambas as situações são possíveis, mas qual é a real? A experiência nos ensina que no estado simples um homem considera a felicidade alheia com indiferença, mas se ele a promove, ela o deleita infinitamente mais. O mal-estar de outros é normalmente tão indiferente, mas caso eu o tenha provocado, ele desagrada tanto quanto se ele fosse causado por outra pessoa" (AK, XX, p.144-5).

veres que mais proximamente dizem respeito a nós sejam para nós os menos conhecidos. Eles são, além disso, confundidos com as regras pragmáticas para promover o próprio bem-estar, que serão discutidas em mais detalhes a seguir. Por exemplo, se alguém pode causar prejuízo ao próprio corpo com o objetivo de lucrar, vender seu dente ou oferecer-se por dinheiro à melhor oferta, onde está a moralidade aí? De acordo com o entendimento, eu devo examinar se a intenção da ação é constituída de tal forma que poderia ser uma regra universal. Sendo a intenção nesse caso a de aumentar a própria vantagem, percebo agora que o homem se torna uma coisa e um instrumento de gratificação animal.[180] Enquanto seres humanos, no entanto, não somos coisas, mas pessoas. Aqui desonramos a humanidade em nossa própria pessoa. Da mesma forma acontece com o suicídio. Segundo a regra da prudência poderia haver casos nos quais é permitido se suicidar com o propósito de escapar de toda necessidade, mas isso é contra a moralidade, pois, uma vez que a intenção é suprimir de uma vez, com o sacrifício

[53] de sua condição, todas as dores e moléstias de // seu estado, nesse caso a humanidade é subordinada à animalidade e meu entendimento passa a ser regido pelos impulsos animais. Em tal situação, eu entro em contradição comigo mesmo se exijo ter os direitos da humanidade.[181]

---

180 Optou-se, nesse ponto, pelo termo no singular, tal como é apresentado em Kaehler.

181 Em paralelo à *Fundamentação*: "Segundo o conceito do dever necessário para consigo mesmo, o homem que anda pensando em suicidar--se perguntará a si mesmo se a sua ação pode estar de acordo com a ideia da humanidade *como fim em si mesma*. Se, para escapar a uma situação penosa, se destrói a si mesmo, serve-se ele de uma pessoa como de um *simples meio* para conservar até o fim da vida uma situa-

Em todos os juízos morais cabe o pensamento: como é constituída a ação ao ser adotada universalmente?[182] Se, ao ser constituída como lei universal, a intenção da ação concorda consigo mesma, é moralmente possível. Se a intenção da ação, quando assim constituída, não concorda consigo mesma, é moralmente impossível. Por exemplo, assumir universalmente a mentira com o propósito de obter uma grande fortuna, torna a ação impossível de ser alcançada, posto que todos já conhecem o meu objetivo. Essa é, portanto, uma ação imoral, cuja intenção suprime e destrói a si mesma se tornada regra universal. Mas, se a intenção da ação concordasse consigo mesma quando feita lei universal,[183] ela seria moral. Nosso entendimento é a faculdade das regras de nossas ações. Se as ações concordam com a regra universal, concordam com o entendimento e, então, possuem os motivos [*Bewegungsgründe*] deste. Se, portanto, a ação ocorreu por concordar com a regra geral do entendimento, ela decorreu do *principio moralitatis puro intellectuali interno*.[184] Ora, uma vez que o entendimento é a faculdade das regras e do juízo, a moralidade consiste na subordinação da ação em geral ao princípio do entendimento. Agora, como o entendimento pode conter um princípio de ação, é algo difícil

---

ção suportável. Mas o homem não é uma coisa; não é portanto um objeto que possa ser utilizado *simplesmente* como um meio, mas, pelo contrário, deve ser considerado sempre em todas as suas ações como fim em si mesmo. Portanto, não posso dispor do homem na minha pessoa para o mutilar, o degradar ou o matar" (AK, XX, p.429).

[182] Em Menzer, em vez de "universalmente", lemos "sozinha [*allein*]". Optamos aqui pela grafia de Collins e Kaehler.

[183] Trecho ausente em Collins. Mais uma explícita tentativa, dentre outras, de discernimento da fórmula do imperativo categórico.

[184] Princípio puro, intelectual e interno da moralidade.

de compreender. O entendimento de modo algum contém o fim da ação, mas a moralidade da ação consiste na forma universal do entendimento (que é puramente intelectual), a saber, se a ação tomada universalmente pode existir enquanto regra. Está posta aqui a diferença daquilo que já foi discutido antes, [54] // entre o princípio objetivo de judicação e o princípio subjetivo de execução da ação. Em relação ao princípio objetivo nós já discutimos. O princípio subjetivo, o móbil da ação, é o sentimento moral, que antes rejeitamos em outra conotação. O sentimento moral é uma capacidade de ser afetado através de um juízo moral. Quando eu julgo pelo entendimento que a ação é moralmente boa, ainda falta muito para que eu pratique a ação a respeito da qual julguei.

Porém se esse juízo me move a praticar a ação, estamos diante do sentimento moral. Ninguém pode compreender e mesmo compreenderá como o entendimento poderia ter uma força movente [*bewegende Kraft*] para julgar. O entendimento pode, certamente, julgar, mas conceder força a seu próprio juízo de modo que se torne um móbil para mover a vontade a executar a ação, essa é a pedra filosofal [*Stein der Weisen*].

O entendimento volta a sua atenção para tudo que suprime a possibilidade da regra. Ele aceita todos os objetos que concordam com o uso de sua regra e opõe-se, no entanto, a tudo aquilo que é contrário a ela. Ora, uma vez que as ações imorais são contrárias à regra, posto que não podem ser transformadas em lei universal, o entendimento impõe resistência a elas, já que elas incidem contra o uso de sua regra. Portanto, devido a sua natureza, ao fim de tudo, reside uma força movente no entendimento. Por conseguinte as ações devem ser constituídas de tal modo que concordem com a forma geral do entendimento e de modo que sempre possam se tornar uma regra. Dessa forma, a ação é moral. Ora, se a ação não é moral, onde está o problema? No entendimento ou na vontade? Se o entendimento está ausente, ou seja, se ele não é bem instruído no ajuizamento da ação, então a ação é moralmente imperfeita. Mas a corrupção ou malignidade [*Bosärtigkeit*] da ação não existe na judicação e não se encontra, portanto, no // entendimento, mas no móbil da vontade. Se o ser humano aprendeu a julgar todas as suas ações, ainda lhe falta o móbil para executá-las. Dessa forma, a imoralidade da ação não consiste na ausência de entendimento, mas na depravação da vontade ou do coração. A vontade é depravada se a sensibilidade predomina sobre a força movente do entendimento. O entendimento não tem nenhum *elateris animi*,[185] embora tenha força movente e *motiva*, que, no entanto, não são capazes de predominar sobre o *elateres* da sensibilidade. Aquele tipo de sensibilidade, que concorda com a força movente do entendimento, seria o sentimento moral. Certamente não podemos sentir a bondade da ação, mas o entendimento resiste a uma má ação na medida em que ela incide contra a regra. Essa resistência do entendimento é um motivo [*Bewegunsgrund*]. Se esse motivo do entendimento pode mover a sensibilidade à concordância e para ser um móbil, ele seria o sentimento moral.[186] Ora, mas qual é a condição para que o ser humano

---

185 Móbeis.
186 Toda essa explicação acerca do sentimento moral, completamente ausente em Collins, é fundamental para se compreender o problema do móbil nas *Lições de Ética* e para nos orientar a uma interpretação mais plausível sobre a questão. Nas *Lições*, o sentimento é rejeitado como fundamento para depois ser concebido como "uma capacidade para ser afetado através de um juízo moral". Certamente, Kant

tenha um sentimento moral desse tipo? Qualquer um é capaz de compreender que uma ação é abominável, mas aquele que sente esse repúdio tem um sentimento moral. O entendimento não é capaz de repudiar, mas ele compreende o que é abominável, opondo-se a isso. Não obstante, apenas a sensibilidade é capaz de repudiar. Ora, se a sensibilidade repudia aquilo que o

> está ciente das dificuldades em se compreender adequadamente o modo como um juízo do entendimento pode adquirir força motriz, transformando-se em um móvel que impulsiona a vontade a realizar ações. Esse mistério é, em suas palavras, a "pedra filosofal". Mas, ao pressupor que o entendimento está atento a tudo o que suprime a possibilidade da regra, admitindo os objetos que concordam com o uso desta e contrapondo-se a tudo que a contradiz, Kant já interpreta o sentimento como um "motivo [*Beweisgrund*]" que traz ao acordo a sensibilidade e os móveis. Em outras palavras, segundo as *Reflexões*, "[a] força motriz do entendimento baseia-se no fato de que ele [o entendimento], em si mesmo, contrapõe-se a todos os *principiis* das ações que tornam o uso da regra impossível" (AK, Refl. 6765, XIX, p.154). Posto que o entendimento por si mesmo não tem a capacidade de repudiar, ele nos orienta em relação àquilo que deve ser repudiado, permitindo que experimentemos a repulsa em relação a determinados tipos de ação diretamente na sensibilidade. Pois é, como o próprio Kant diz, impossível conduzir o homem à desaprovação do vício a não ser por esse caminho, através dessa irritabilidade dos sentidos, pois o homem não possui uma constituição particular que lhe permita ser movido através de fundamentos objetivos unicamente racionais. Para comentários, consultar Cunha, *A gênese da Ética de Kant*. De qualquer forma, esse ponto tem suscitado polêmica dentro da literatura. Em Kräus (1926, p.71) e, mais tarde, em Henrich (1960, p.99 e 1963, p.368) defende-se que Kant ainda está à procura de uma pedra filosofal. Mas, certamente, há motivos para supor que aqui Kant já está diante de uma formulação inicial do sentimento de respeito. Ver a tese kantiana madura na *Fundamentação* (AK, IV, p.400-2), *Crítica da razão prática* (AK, V, p.74-5) e *Metafísica dos costumes* (AK, VI, p.221).

entendimento compreende como abominável, estamos diante do sentimento moral. É absolutamente impossível fazer que o homem sinta essa abominação pelo vício, pois posso apenas comunicar-lhe o que o meu entendimento compreende e apenas o conduzo ao ponto em que também possa compreender. Mas não é possível que ele sinta tal repúdio caso não possua tal irritabilidade dos sentidos. Se ele apenas compreende que uma ação é abominável e deseja que todos possam compreender o mesmo, pode agir de modo que apenas ele, entre todos os demais, possa se beneficiar disso. E ele se sente ainda melhor caso envolva algo de seu bolso. // Portanto não é possível, de maneira geral, produzir algo assim, uma vez que o homem não possui uma constituição [*Organization*] refinada[187] de tal espécie para tornar-se movido por fundamentos objetivos.[188] Por natureza, não há nenhuma mola [*Feder*] que poderia ser cultivada para engendrar algo assim. Todavia, podemos criar, no fim das contas, tão somente um *habitum*, que não é natural, mas é sustentado pela natureza, que se torna habitual por meio da imitação e do exercício frequente. Porém todos os métodos para tornar o vício abominável para nós são falsos. Devemos, antes de tudo, instigar um repúdio imediato a tais ações desde a juventude, mas não um repúdio mediato que tem tão somente um uso pragmático. Devemos representar uma ação, não como proibida ou prejudicial, mas como internamente abominável em si mesma. Por exemplo, a criança que mente, não tem de ser castigada, mas envergonhada. Devemos cultivar um nojo, uma aversão, um desprezo por tal ato como se ele estivesse

---

187 Em Collins e Kaehler, lê-se "secreta".
188 Termina aqui o trecho ausente em Collins anunciado na nota 171.

cercado de estrume. Mediante essa repetição frequente, poderíamos despertar na criança uma aversão contra o vício que pode ser transformada em *habitu*[189] dentro dela. Porém, se ela é castigada por esse motivo na escola, pensa: "quando estiveres fora da escola, também estarás absolvido do castigo e de tal ação". Ela vai tentar, mais uma vez, escapar do castigo por meio de trapaças jesuítas. Dessa maneira também pensam os idosos, agarrando-se à intenção de se converter brevemente antes de sua morte e tornar tudo certo mais uma vez, o que é, consequentemente, tão bom como se tivessem vivido moralmente durante toda a sua vida. Por isso eles consideram, nesse sentido, a morte repentina um infortúnio. Portanto a educação e a religião devem superar isso para incutir uma repulsa imediata em relação às más ações e um prazer imediato em relação à moralidade da ação.

[57] // O autor[190] discute aqui: *de littera legis*

O vínculo da lei com as causas e os fundamentos sobre os quais ela se baseia é *littera legis*.[191] Podemos compreender melhor o sentido da lei quando compreendemos o princípio a partir do qual ela é derivada, embora também possamos determinar

---

189 Somos remetidos, nessa passagem, aos ensinamentos pedagógicos de Kant em suas *Lições sobre Pedagogia*: "Quando uma criança mente, por exemplo, não se deve punir, mas tratá-la com desprezo, dizer que no futuro não mais acreditaremos nela e semelhantes. Mas se a castigamos, quando procede mal, e recompensamos, quando procede bem, então ela fará o certo para ser bem tratada" (AK, IX, p.480).
190 Baumgarten, *Initia*, §75.
191 A letra da lei.

seu sentido sem discernir esse princípio. O sentido que as palavras possuem em uma lei é *anima legis*.[192] As palavras têm, decerto, um sentido determinado, mas elas podem também adquirir um outro sentido que se afasta do seu uso comum e isso é *anima legis*. Por exemplo, na lei positiva divina do Sabbath, o significado não é apenas o descanso em geral, mas o descanso solene. Mas *anima legis*, caso signifique realmente o espírito da lei, não diz respeito ao sentido, mas à motivação. Em toda lei, a ação em si, que ocorre em conformidade a ela, está de acordo com a *littera legis*, mas a disposição pela qual essa ação ocorre é o espírito da lei. A ação em si é *littera legis pragmaticae*, mas a disposição é *anima legis moralis*.[193] As leis pragmáticas não possuem qualquer espírito, pois não exigem nenhuma disposição, mas tão somente ações. As leis morais, contudo, possuem um espírito, uma vez que exigem disposições, e as ações precisam apenas evidenciar essa disposição. Portanto aquele que realiza a ação sem boa disposição cumpre a lei apenas segundo *quoad litteram*,[194] mas não segundo o espírito. Pode-se cumprir pragmaticamente as leis divinas e todas as leis morais tão somente *quoad litteram*. Por exemplo, alguém que se aproxima do fim, pensa que, se existe um Deus, ele deve recompensar todas as boas ações. Ora, se tal pessoa tem dinheiro, ela não pode empregá-lo com melhor interesse do que o de executar boas ações apenas pela intenção de ser recompensada por Deus. A Bíblia chama isso de o injusto Mammon,[195] e diz que as crianças da

---

192 O espírito da lei.
193 O espírito da lei moral.
194 Quanto à letra.
195 No Evangelho, o termo tem o mesmo significado que dinheiro ou bens materiais. "Um escravo não pode servir a dois donos ao mes-

[58] escuridão são mais prudentes do que os filhos da luz. Ora, uma vez que uma delas praticou o que a lei moral // exige, embora sem disposição, ela a cumpriu *quoad litteram*. No entanto, a *anima legis moralis* não foi cumprida, uma vez que isto requer disposição moral. O motivo pelo qual a ação acontece não é indiferente ou idêntico. A lei moral é, portanto, apenas aquilo que possui espírito. De modo geral, um objeto da razão tem espírito. Ora, minha vantagem não é nenhum objeto da razão e, dessa forma, a ação que ocorre a partir de tal intenção também não possui qualquer espírito.[196]

No esclarecimento do *juris*, o autor[197] é tão prolífico [*weitlaufig*] que apenas ilustra terminologias e assume o ético junto com o jurídico. A obrigação é ética se o fundamento da obrigação está na propriedade da ação em si. É jurídica, no entanto, se o fundamento da obrigação está no arbítrio do outro. A distinção da ética, portanto, consiste no fato de que:

Primeiramente, ela diferencia-se do *Jure* em consideração às leis, que de modo algum se relacionam com outros seres humanos, mas apenas com Deus e consigo mesmas.

Em segundo lugar, se ela se relaciona com outras leis, a obrigação para a ação tem seu fundamento não no *arbítrio* do outro, mas na ação em si mesma.

E, finalmente, o motivo para preencher sua obrigação não é a coerção, mas a disposição livre ou dever. Se o motivo externo é

---

mo tempo, pois vai rejeitar um e preferir o outro; ou será fiel a um e desprezará o outro. Vocês não podem servir a Deus e também servir ao dinheiro [Mamom]" (Lucas, 16,13).

196 Em paralelo à segunda *Crítica*: "A letra da lei (legalidade) seria encontrável em nossas ações, mas o espírito das mesmas de modo algum em nossas disposições (moralidade)" (AK, V, p.152).

197 Baumgarten, *Initia*, §87 ss.

coerção, a ação é jurídica. Se o motivo interno é o dever, a ação é ética. Na obrigação jurídica não se pergunta pela disposição, independentemente de qual seja, desde que a ação aconteça. Na obrigação ética, o motivo deve ser interno. A ação deve acontecer porque é adequada. Tenho de pagar minha dívida, não porque o outro pode me coagir, mas porque é certo. O autor fala ainda aqui da // transgressão ou violação das leis, da observância das leis e das pessoas contra quem agimos ou do dano. A lei não é lesada, mas infringida, embora uma pessoa possa ser lesada. A lesão não acontece na ética, pois não provoco a lesão de um homem quando não pratico os deveres éticos para com ele. Portanto *oppositio juris alteris*[198] é uma lesão.

A antinomia ou o conflito pode acontecer entre as leis se elas não fazem mais do que enunciar o fundamento da obrigação. Mas se as leis obrigam em si mesmas, não podem entrar em conflito. O autor[199] expõe três princípios [*Grundsätze*], que são aceitos como axiomas da moral: *honeste vive, neminem laede, suum cuique tribue*.[200] Queremos mostrar o que eles significam na medida em que devem ser válidos como axiomas da moral.

---

198 Oposição ao direito do outro.
199 Baumgarten, *Initia*, §92.
200 Viva honestamente; não prejudique ninguém; retribua o que é devido. Na divisão da *Doutrina do Direito*, Kant se remete aos mesmos axiomas (AK, VI, p.236-7). Nas *Reflexões*, ele também cita os mesmos axiomas, os quais foram, na verdade, tomados emprestados por Baumgarten do *Corpus Juris Civilis* de Ulpiano: "O princípio '*honeste vive*' é o princípio ético e exige *rectitudo actionum interna*, a honradez (da disposição de ânimo). O princípio '*neminem laede*' exige a *rectitudo externa* e *justitia negativa*. O princípio '*suum cuique tribue*' exige a *justitia positiva*, ou seja: 'dar a cada um a segurança de seu direito'" (AK, Refl. 7078, XIX, p.243).

A primeira sentença — *"honeste vive"* — pode ser considerada um princípio comum da ética, pois o motivo para cumprir sua obrigação é assumido não por coerção, mas por motivos internos. *Honestas*[201] significa aquela conduta e característica do ser humano quando ele faz aquilo que é honrável [*Ehrenwert*]. A sentença, portanto, poderia dizer: "faz aquilo que te torna objeto de respeito e estima". Todos os nossos deveres em relação a nós mesmos fazem referência ao respeito diante de nossos próprios olhos e à aprovação diante dos olhos dos outros. Quanto mais uma pessoa é carente de estima, menor é o valor interno que tem em si. A nocividade [*Schädlichkeit*] do outro provoca ódio, a falta de dignidade [*Nichtwürdigkeit*] suscita o desprezo. Portanto devemos nos conduzir, segundo essa sentença, de modo a sermos dignos de honra [*Ehrenwert*] e de modo, caso fôssemos conhecidos por todos, a merecer o respeito e a estima deles. Por exemplo, os pecados não naturais são do tipo que desonram a humanidade em nossa própria pessoa. Quando somos conhecidos por todos, mas não somos honráveis, somos desprezados. Aquele homem, cujas ações

[60] // são meritórias e contêm mais do que o simples devido, é digno de uma honra positiva. Mas aquele que simplesmente não é indigno dessa honra, que apenas deixou de fazer tudo que é prejudicial e limita-se a ser honesto (embora isso não seja nenhum mérito, mas, uma vez que ainda lhe falta algo, é o mínimo de moralidade), já é quase um trapaceiro. Por isso a condição daquele país que sobrevaloriza a honradez é bastante precária, pois é pelo fato de ela ser muito incomum e rara por lá que é sobrevalorizada. Mas aquelas ações que contêm mais

---

201 Honestidade.

do que se exige pelo devido são meramente éticas. Se eu ajo de modo a não fazer nada mais do que me é devido, tenho apenas vivido honestamente, mas não mereço nenhuma honra por isso. Mas se faço mais do que me é devido, essa é uma ação digna de honra e tais ações pertencem à *honestate*. Portanto ainda é possível esse princípio da ética dessa forma.

As duas outras sentenças — *neminem laede, suum cuique tribue* — podem ser consideradas como princípios da obrigação jurídica, uma vez que se relacionam com deveres coercitivos. Pois dar a cada um o que é seu significa o mesmo que: "tens de dar a cada um aquilo que cada um pode te exigir com coerção". Ambas as sentenças podem ser combinadas uma com a outra, pois, se tomo de alguém o que é seu, eu o prejudico. Posso prejudicar alguém, quer mediante omissão, se não lhe dou o que é seu, quer mediante comissão, se pego o que é seu. Portanto posso tomar de alguém o que é seu de forma negativa e positiva. A forma negativa é mais importante, pois é mais importante não tomar do outro o que é seu do que não lhe dar sua posse. Dessa forma, a lesão consiste na ação que é contrária à lei de um outro, pois se prejudico uma pessoa, ela tem um direito de exigir de mim o que é necessário segundo leis universais do arbítrio.

Na moral, as leis possuem uma relação com a felicidade[202] do outro. De acordo com a obrigação jurídica, as leis possuem uma relação com a vontade do outro. // *Ethice obligans respectu aliorum est felicitas aliorum, juridice obligans respectu est arbitrium aliorum.*[203] A primeira condição de todos os deveres

---

202 Em Collins, lemos" vontade".
203 Eticamente, a obrigação em vista do outro diz respeito à felicidade dele, e, juridicamente, a obrigação em vista do outro diz respeito à vontade dele.

éticos é, porém, que a obrigação jurídica seja preenchida primeiro. Aquela obrigação que surge do direito de outro precisa primeiro ser satisfeita, pois não sou livre se ainda me encontro sob obrigação jurídica, uma vez que me encontro sob o arbítrio de outro. Ora, mas se desejo realizar um dever ético, quero realizar um dever livre. Se ainda não sou livre da obrigação jurídica, tenho primeiro que me libertar dessa obrigação, cumprindo-a, e somente depois posso realizar os deveres éticos. Então, muitos deixam de fazer seus deveres obrigatórios [*schuldige Pflichten*] e querem realizar apenas os meritórios. Dessa forma, aquele que cometeu muita injustiça no mundo e privou muitas pessoas de suas posses, termina por deixar sua herança para o hospital. Mas uma voz penetrante e inflexível clama aí de modo que, se alguém ainda não pagou sua dívida por obrigação, não pode suprimir esta por meio de ações meritórias, sendo tais ações ainda grandes transgressões, uma vez que são dadas como subornos e presentes ao Ser supremo com o propósito de lavar a culpa. Portanto a felicidade não é o motivo principal de todos os deveres. Por essa razão, alguém não pode me fazer feliz contra minha vontade, pois, caso contrário, me comete uma injustiça. Assim, a prática de obrigar o outro a ser feliz à sua maneira é violência [*Gewalt*], por exemplo, o pretexto utilizado pela nobreza contra seus subordinados.

Do legislador

É preciso distinguir leis morais e pragmáticas. O sentido da lei moral encontra-se na disposição, enquanto o das leis pragmáticas na ação. Por isso // as autoridades obrigam apenas a

[62]

ações e não a disposições.²⁰⁴ Leis pragmáticas podem nos ser dadas, como é fácil de compreender, mas devemos investigar se alguém pode nos dar leis morais e pode comandar as nossas disposições, as quais não se encontram em seu poder.

Aquele que proclama que uma lei, que está em conformidade com sua vontade, obriga o outro a ela, está dando uma lei. O legislador não é, ao mesmo tempo, o autor da lei. Ele o é apenas se as leis são contingentes. Mas estamos falando de um legislador se as leis são praticamente necessárias e ele apenas as proclama de modo a estarem de acordo com sua vontade. Portanto nenhum ser, nem mesmo a divindade, é o autor das leis, pois elas não emergem de sua vontade, mas são praticamente necessárias. Se elas não fossem necessárias, poderia ser que, do mesmo modo, uma mentira fosse uma virtude. As leis morais, no entanto, podem, no fim das contas, estar submetidas a um legislador. Pode haver um ser que detém o poder e a força para executar e proclamar essas leis de modo que a lei moral seja, ao mesmo tempo, uma lei de sua vontade, obrigando todos a agir em conformidade a ela. Nesse caso, esse ser é um legislador, mas não autor, assim como Deus não é o autor do fato de um triângulo possuir três ângulos.

O espírito da lei moral se encontra na disposição e as leis morais podem ser, ao mesmo tempo, consideradas mandamentos divinos porque estão de acordo com a vontade de Deus. Não obstante, as leis morais podem ser também consideradas como leis pragmáticas de Deus na medida em que levamos em consideração tão somente as ações que são ordenadas por lei. Por exemplo, a lei moral exige promover a felicidade de todos

---

204 Em Kaehler, lemos "disposição", no singular.

os seres humanos, e Deus também quer isso. Ora, se eu ajo apenas de acordo com a vontade divina e pratico atos beneficentes [*Wohltaten*] com o propósito de receber posteriormente recompensas de Deus, não pratiquei a ação por disposição moral, mas a pratiquei em referência à vontade divina com o propósito [63] // de depois ser recompensado. Se uma pessoa preencheu as leis divinas pragmaticamente, ela não obstante cumpriu a lei e pode, nessa medida, esperar boas consequências, posto que, ao fim de tudo, fez o que Deus queria, embora a partir de uma disposição impura. Mas Deus quer a disposição. A moralidade é o que está de acordo com Sua vontade e, enquanto leis desse tipo, elas obrigam completamente. Ora, se uma ação acontece de acordo com a moralidade, essa é a maior concordância com a vontade divina. Temos de considerar, portanto, Deus não como um legislador pragmático, mas como um legislador moral.

Das recompensas e dos castigos[205]

Um *praemium*[206] deve ser distinguido do *mercede*.[207] Os *praemia* são *auctorantia*[208] ou *remunerantia*.[209] *Auctorantia* são recompensas nas quais as ações são motivos e em que se pratica a ação apenas por causa da recompensa prometida. *Remunerantia* são recompensas nas quais ações não são os motivos, mas ocorrem apenas pela boa disposição, pela moralidade pura. As primeiras são incentivos e as outras retribuições. Por conseguinte os

---

205 Baumgarten, *Initia*, §112.
206 Recompensa.
207 Salário, pagamento.
208 Recompensa como incentivo.
209 Recompensa como prêmio.

praemia auctorantia não podem ser *moralia*, enquanto os *praemia remunerantia* podem. Os *auctorantia* são *pragmatica* e os *remunerantia* são *moralia*.[210] Aquele que pratica uma ação por motivo do bem-estar físico, apenas por causa da recompensa prometida, não tem em sua ação nenhuma moralidade e, por conseguinte, não tem de esperar nenhuma *praemia remunerantia*, mas apenas *praemia auctorantia*. Não obstante, ações que acontecem meramente por boa disposição e moralidade pura são elegíveis às *praemiorum remuneratium*. As *praemia auctorantia* são apenas consequências naturais diversas e // promessas. Por exemplo, a saúde é uma *praemium auctorans* da moderação. Mas eu posso também ser moderado a partir de fundamentos morais. A honestidade, de igual modo, quando ocorre por causa da vantagem e da aprovação, possui uma *praemium auctorans*. Aquele que age de acordo com o motivo moral se torna elegível a *praemii remunerantis*. Essas *praemia* são maiores do que as *auctorantia*, pois aqui existe a concordância da ação com a moralidade e isso é a maior dignidade da felicidade.[211] Por conseguinte as *praemia moralia*

[64]

---

210 Essas duas noções são importantes para se compreender a questão moral teológica da justiça distributiva e, com efeito, o problema prático da teodiceia. Consultar Cunha, *A gênese da Ética de Kant*.

211 O problema da recompensa moral, quando corretamente compreendido a partir da distinção entre *auctorantia* e *remunerantia*, abre perspectiva a uma resposta prática para a reclamada disparidade entre mérito e recompensa, demérito e punição, que, nas palavras de Kant, se define como "um estado inadequado que nasce da harmonia incompleta entre a moralidade e suas consequências nesse mundo" (AK, II, p.337). Como se observa, essa resposta é apresentada pela primeira vez, através do conceito de crença moral, em *Sonhos de um visionário*: "Seria, pois, bom ser virtuoso apenas porque existe um outro mundo, ou antes não serão as ações recompensadas algum dia

devem ser também maiores do que as *pragmatica*. As *praemia moralia* têm uma bondade infinita, enquanto as *pragmatica* apenas uma bondade determinada.²¹² O agente disposto moralmente é, por isso, elegível a uma recompensa infinita e felicidade, porque ele sempre está preparado para praticar ações por boa disposição. Não é bom quando as *praemia* são representadas na religião como *auctorantia* e que, por essa razão, devamos ser morais porque seremos recompensados futuramente por isso, pois nenhum homem pode exigir de Deus que Ele o recompense e o faça feliz. Isso, no entanto, não deve movê-lo, mas apenas consolá-lo. Ele pode esperar a recompensa do Ser supremo, que o indeniza [*schadlos hält*], devido às suas boas ações praticadas. Mas a recompensa não deve ser o motivo da ação. O homem pode esperar ser feliz. Aquele que vive moralmente pode esperar ser recompensado por isso de modo que apareça dentro dele a coragem alegre, embora não pelo motivo da recompensa, pois os seres humanos não têm, afinal, nenhuma representação adequada da felicidade futura. Ninguém sabe, afinal de contas, em que ela consiste, uma vez que a providência a ocultou com diligência dentro de nós. Se o homem conhecesse a felicidade, desejaria alcançá-la sem demora. Mas ninguém procede assim.

---

porque eram boas e virtuosas em si mesmas? [...] Por isso, parece mais adequado à natureza humana e à pureza dos costumes fundar a espera do mundo futuro sobre os sentimentos de uma alma bem constituída do que, inversamente, fundar seu bom comportamento sobre a esperança do outro mundo. Assim também é constituída a *crença moral*" (AK, II, p.372-3). Essa questão está diretamente relacionada ao problema da teodiceia. Para comentário, consultar Cunha, *A gênese da Ética de Kant*.

212 Parte final da frase ausente em Collins.

[65] Ele sempre deseja permanecer por aqui por mais tempo e se ele ainda louva essa felicidade futura ante essa vida miserável, deseja, no fim das contas, não chegar tão depressa a ela, já que pensa que em breve // vai alcançá-la e é bem natural que tal pessoa queira desfrutar mais da vida presente, uma vez que esta pode ser conhecida e sentida mais claramente. Por isso é vão representar as *praemia* como *auctorantia*, embora estas possam ser bem representadas como *remunerantia* e é o que todo ser humano espera. A lei moral natural, então, já traz tais promessas consigo em um sujeito que possui boas disposições morais, mesmo que ninguém tenha exaltado [*gepriesen*] e lhe recomendado essas *praemia remunerantia*. Todo aquele que é honesto tem essa crença. É impossível para tal homem ser honesto sem, ao mesmo tempo, esperar, segundo a analogia do mundo físico, que tal honestidade deva igualmente ser recompensada. A partir do mesmo fundamento pelo qual ele acredita na virtude, ele acredita também na recompensa.

Merces é um pagamento [*Lohn*] que se pode exigir, com justiça, de alguém. Deve-se distinguir, dessa forma, pagamento de recompensa. Se esperamos nosso pagamento, o exigimos do outro em virtude de sua dívida [*Schuldigkeit*]. De Deus, não podemos exigir nenhum pagamento em virtude de nossas ações, porque, no fim das contas, não fizemos nada de bom a ele, mas fizemos tão somente tudo o que deveríamos fazer para o nosso melhor. Se, decerto, não temos que esperar de Deus nenhum pagamento como mérito, podemos de fato esperar *praemia gratuita*,[213] que podem ser, não obstante, consideradas como pagamento, particularmente em relação aos outros seres humanos

---

213 Recompensas gratuitas.

diante dos quais praticamos boas ações. Ora, podemos considerar Deus como aquele que paga todas as dívidas humanas, posto que Ele retribui aquelas ações meritórias que executamos em vista de outros e não éramos obrigados a praticar. Portanto temos realmente ações meritórias, certamente não em relação a Deus, mas em relação a outros seres humanos. Nesse caso, tal pessoa está, ao fim, em uma dívida comigo [*Schuld*], que de modo algum pode ser quitada, mas que Deus paga completamente, como é dito também no Evangelho: "quando vocês fizeram isso ao mais humilde dos meus irmãos, foi a mim que fizeram".[214] O // homem recebe, portanto, um pagamento de outro homem que, no entanto, é restituído a ele por Deus. Não se deve adotar aqui uma pureza imaginária da moral e suprimir [*wegstreichen*] todas as ações meritórias, pois Deus deseja a felicidade de todos os seres humanos e, decerto, através da ação humana, e se todos os homens quisessem simplesmente promover a sua felicidade juntos por unanimidade, poder-se-ia fazer um paraíso em Novaya Zemlya.[215] Deus coloca-nos em um cenário no qual podemos nos fazer mutuamente felizes. Isso só depende de nós. Se os homens são miseráveis, é sua própria culpa. Então, na maioria das vezes, um homem encontra-se em necessidade, mas não porque Deus quis. Mas Deus permite essa

---

214 Aí o rei responderá: "Eu afirmo a vocês que isto é verdade: quando vocês fizeram isso ao mais humilde dos meus irmãos, foi a mim que fizeram" (Mateus, 25,40).

215 As *Lições de Geografia Física* de 1758 trazem uma referência ao deserto gelado de Nowaja Semlja, um lugar inóspito para a vida, embora não seja completamente desabitado: "Na ilha Nova Zembla, montanhas altas e outros lugares não são habitados, mas não se deve acreditar que a ilha seja totalmente desabitada" (IX, p.435).

situação como demonstração para aqueles homens que permitiram que ele sofresse, mas que poderiam juntos ajudá-lo. Deus não deseja que algum de nós seja miserável. Ele destinou todos nós a ajudar-nos uns aos outros. Por isso a sentença do autor – "faz aquilo que te prometes a maior recompensa" – é claramente contra a moralidade. Nesse caso, o motivo [*Bewegungsgrund*] é a maior recompensa oferecida. Não obstante, "faz o que é digno da maior recompensa" seria correto.

Castigo em geral é o mal físico que é atribuído a alguém devido ao mal moral.[216] Todos os castigos[217] são dissuasivos [*warnende*] ou reparativos [*rächende*]. Dissuasivos são aqueles castigos pronunciados meramente com o propósito de que o mal não aconteça. Os reparativos, contudo, são aqueles pronunciados porque o mal aconteceu. Portanto os castigos são

---

216 Para a compreensão leibniziana na *Teodiceia*, o mal físico é sempre uma consequência natural do mal moral. Transmutado no sofrimento humano, ele é compreendido como uma punição do pecado, podendo, aliás, ser concebido como um meio para os fins da providência. Em seu opúsculo tardio, *O fracasso de todas as tentativas filosóficas na Teodiceia*, Kant compreende que no segundo gênero de coisas que levantam objeção ao conceito moral de Deus está o mal natural [*Übel*] ou a dor, "o relativamente inadequado a todo fim, que se concilia – certamente não como fim, mas por acaso como meio – com a sabedoria de uma vontade" (VIII, p.256). Na *Crítica da razão prática*, Kant vincula a punição, concebida enquanto mal físico, ao problema moral, embora em um caminho diferente do de Leibniz: "Portanto a punição é um mal físico, o qual, mesmo que enquanto consequência natural não se vinculasse ao moralmente mau, todavia, enquanto consequência segundo princípios de uma legislação moral teria de estar vinculado a ele" (AK, V, p.37).
217 "Toda punição enquanto tal tem que conter, em primeiro lugar, justiça, e esta constitui o essencial deste conceito" (AK, KpV, V, p.37).

um meio de impedir ou punir o mal. Todos os castigos por autoridade são dissuasivos, quer seja para advertir a próprio transgressor, quer seja para advertir os outros pelo exemplo. Mas os castigos de um ser que pune as ações de acordo com a moralidade são castigos reparativos. Todos os castigos pertencem à justiça penal ou à prudência do legislador. Os primeiros são castigos morais, os outros castigos pragmáticos. Os castigos morais são // impostos porque um pecado foi cometido. Eles são *consectaria* da transgressão moral. Os pragmáticos são impostos a fim de que o pecado não seja cometido. Eles são meios de evitar o crime.[218] O autor[219] chama os castigos pragmáticos de *poenas medicinales*.[220] Estas são *correctivae*[221] ou *exemplares*.[222] As *correctivae* são impostas com o propósito de melhorar quem cometeu a transgressão e são *animadversiones*.[223] As *exemplares* são impostas como um exemplo para os outros. Todos os castigos dos príncipes e da autoridade são pragmáticos com o

[67]

---

218 Essa tese será rejeitada nos *Princípios metafísicos da doutrina do Direito*: "A *pena judicial* (*poena forensis*), que se diferencia da *natural* (*poena naturalis*) porque nesta última o vício castiga a si mesmo e o legislador de modo algum a leva em consideração, nunca pode servir meramente como meio para fomentar outro bem, seja para o próprio *delinquente* seja para a sociedade civil, mas sim tem de ser infligida contra ele apenas *porque ele cometeu o crime*. Pois o homem nunca pode ser manipulado como mero meio para os propósitos de um outro, nem ser contado entre os objetos do direito real, sendo protegido contra isso por sua personalidade inata mesmo quando possa ser condenado a perder a civil" (AK, MS, VI, p.331).
219 Baumgarten, *Initia*, §116.
220 Punições medicinais.
221 Corretivas.
222 Exemplares.
223 Advertências.

propósito de corrigir ou ser exemplo aos demais. A autoridade não castiga porque se cometeu um crime, mas a fim de que, dessa forma, ele não seja cometido. Mas todo crime, para além de sua punição, carrega uma culpabilidade [*Strafwürdigkeit*] pelo que aconteceu. As punições que devem, portanto, seguir necessariamente a ação são as morais e são *poenae vindicativae*,[224] assim como uma recompensa segue uma boa ação não de modo que, ademais, se façam outras boas ações, mas porque se agiu bem. Se comparamos os castigos e as recompensas, observamos que nem um nem outro devem ser considerados como motivos da ação. As recompensas não devem ser nenhum motivo para praticar as boas ações e os castigos não devem ser motivo para deixar de fazer as más ações, posto que ambas fundam um estado de ânimo[225] [*Gemütsart*] infame, uma *indoles abjectam*.[226] Naquele que é movido a praticar boas ações por meio da recompensa isto se chama *indoles mercenaria*,[227] e naquele que é dissuadido das más ações pelos castigos chama-se *indoles servilis*.[228] Ambas, porém, constituem a *indolem abjectam*. O motivo deve ser moral. O fundamento para praticar uma boa ação não deve ser posto na recompensa, mas a ação deve ser recompensada porque é boa, assim como o fundamento para deixar de fazer uma má ação não deve ser estabelecido no castigo, mas devemos deixar de fazê-la porque é má. As recompensas e // [os] castigos são tão

[68]

---

224 Punições retributivas.
225 Antes, Kant já interpõe os tipos de caráter ou temperamento em suas *Anotações nas Observações* (AK, XX, p.112) e também na *Filosofia prática de Herder* (AK, XXVII, p.41 ss.).
226 Caráter vil.
227 Caráter mercenário.
228 Caráter submissivo.

somente motivos subjetivos. Se os fundamentos objetivos não mais dão resultado, eles servem apenas para compensar a falta de moralidade. Primeiramente o sujeito precisa ser acostumado à moralidade. Em primeiro lugar, antes de ser penetrada por castigos e recompensas, a *indoles erecta*[229] deve ser exercitada. Antes de tudo, o sentimento moral deve ser tornado ativo, de modo que o sujeito possa ser movido por *motiva* morais. Se eles não forem de ajuda, devemos passar aos motivos subjetivos da recompensa e do castigo. Aquele que é recompensado por uma boa ação vai praticar a boa ação novamente, não porque ela é boa, mas porque é recompensada, enquanto aquele que é castigado por uma má ação não odeia a má ação, mas os castigos. No fim das contas, ele vai praticar as más ações procurando escapar dos castigos por meio de astúcia [*Schlauigkeit*] jesuíta. Portanto, na religião, não é bom exaltar o abster-se [*unterlassen*] de más ações por motivo do castigo eterno, pois, dessa forma, cada um vai praticar más ações pensando em escapar, ao fim de tudo, de todos os castigos através de uma conversão rápida. Mas, afinal, as recompensas e [os] castigos podem servir indiretamente como meio em vista da instrução moral. Aquele que pratica boas ações por causa de recompensas e acostuma depois o seu ânimo a elas, pratica as mesmas ações também em outras ocasiões sem recompensa, apenas pelo fato de serem boas. Alguém que deixa de fazer más ações por causa do castigo acostuma-se a isso e depois julga que é melhor se abster de tais ações. Se um alcoólatra se abstém de beber porque isso lhe causa dano, acostuma-se a isso de modo que depois também deixa de beber mesmo sem qualquer dano, apenas porque percebe que é melhor ser uma pessoa sóbria do que um beber-

---

229 Caráter honesto.

[69] rão. As recompensas conformam-se ainda melhor enquanto meios para a prática de boas ações do que os castigos para a abstenção de más // ações. As recompensas concordam mais com a moralidade, pois eu pratico a ação devido ao fato de as consequências das mesmas serem agradáveis e eu serei capaz de amar a lei que me promete recompensa pela minha boa ação, enquanto a lei que ameaça com castigo não pode ser amada. O amor é, porém, um grande motivo para praticar ações. Por isso, na religião, é melhor começar com as recompensas do que com os castigos. Os castigos, no entanto, têm de concordar com a *indole erecta*,[230] com o modo de pensar [*Denkungsart*] nobre. Eles não devem ser abjetos e ignóbeis, pois assim produzem um estado de ânimo destituído de nobreza.

De imputatione[231]

Toda imputação[232] é o juízo de uma ação, na medida em que é resultado da liberdade de uma pessoa, em relação a certas

---

230 Em Collins, lemos *directa*.
231 Da imputação. Baumgarten, *Initia*, §125. "Imputabilidade é a determinação de alguma disposição que pode ser 1) atribuída a alguma autoridade, 2) pode ser subsumida por determinada lei. Primeiramente é ação (física), se dependente de determinações a partir da liberdade. Posteriormente é lei (moral), se depende de determinações livres a partir da lei, aplicável a um dado fato [*Imputabilitas (imputativitas) est ea determinationis alicuius affecti, quae 1) alicui auctori tribui, 2) sub certa lege subsumi potest. Prior est facti (physica) s. dependentia determinationis a libertate, posterior est legis (moralis) s. dependentia liberae determinationis a lege, applicabilitas legis ad factum datum*]".
232 Por definição, na *Doutrina do Direito*: "*Imputação* (*imputatio*) em sentido moral é o *juízo* por meio do qual alguém é considerado como autor (*causa libera*) de uma ação que, pois, chama-se *feito* (*factum*) e está sob

leis práticas. Portanto, na imputação, é preciso haver uma ação livre e uma lei. Podemos atribuir algo a uma pessoa, mas não imputar. Por exemplo, as ações de um louco ou de um bêbado podem ser-lhes atribuídas, mas não imputadas. Na imputação, a ação precisa surgir da liberdade. Não podemos imputar ao bêbado suas ações, mas, quando sóbrio, podemos imputar-lhe a própria embriaguez. Na imputação, dessa forma, devem ser combinadas a ação livre e a lei. Um ato é uma ação livre que se encontra sob a lei. Ora, se eu me atento ao ato, trata-se da *imputatio facti*.[233] Se me atento à lei, trata-se da *imputatio legis*.[234] Na *imputatio facti* encontram-se os *momenta in facto*, isto é, a diversidade no ato que é o fundamento da imputação. *Momenta* são elementos do fundamento, partes da razão suficiente, portanto, *in facto*, são *momenta* da imputação. Os *momenta* são *essentialia* ou *extra essentialia*.[235] Os *momenta essentialia* precisam

[70] // ser previamente reunidos. Se todos os *momenta essentialia in facta*[236] são declarados, trata-se de *species facti*,[237] o que pertence expressamente ao fato.

---

leis. Se esse juízo traz consigo, ao mesmo tempo, as consequências jurídicas deste feito, é uma imputação judicial (*imputatio iudiciaria, s. valida*), caso contrário seria somente uma imputação *ajuizadora* (*imputatio diiudicatoria*)" (AK, MS, V, p.227). Nas *Reflexões*: "uma ação é imputável (junto com o efeito) na medida em que pode ser concebida como surgindo do livre-arbítrio" (AK, Refl. 7131, XIX, p.254).

233 Imputação do fato ou da ação.
234 Imputação da lei.
235 Fundamentais ou não fundamentais.
236 Momentos fundamentais em um fato.
237 Tipo de ação ou fato.

Os *extra essentialia facti* não são *momenta facti* e, portanto, não pertencem aos *species facti*. Na *imputatione facti* não se encontra simultaneamente a *imputatio legis*. Por exemplo, uma pessoa pode de fato ter matado alguém, mas ainda assim não ter cometido assassinato. Em primeiro lugar, a questão é se a ação foi praticada por ele. Se o fato deve ser imputado sob a lei, são simultaneamente duas *imputationes*. A *imputatio legis* é a questão de se a ação se encontra sob essa ou aquela lei prática. É a questão de se pode ser imputado a uma pessoa o que ela tem de fazer em virtude da lei, por exemplo, se pode ser imputada a um general a morte de muitos inimigos caídos no campo de batalha. Certamente, nesse caso, pode lhe ser imputada a morte, mas não o assassinato. Mas, nesse caso, é preciso considerar que, na medida em que sua ação não era livre por ser coagida pela lei, não pode, por conseguinte, lhe ser imputada. Enquanto uma ação livre, ela poderia lhe ser imputada, mas não enquanto uma ação legal, pois nesse caso deveria ser imputada àquele que lhe instituiu a lei. Toda imputação em geral ocorre *in meritum* (mérito) ou *in demeritum* (culpa). As consequências e os efeitos da ação podem ser imputadas ou não a alguém.

Da imputação das consequências das ações

Observemos o seguinte aqui: o que faço, de maneira mais ou menos apropriada, em relação ao que me é exigido, pode ser-me imputado em vista das consequências. Se eu não faço, no entanto, nem mais nem menos em relação ao que me é devido, nada pode me ser imputado em vista dessas consequências. Se não faço nada mais do que devo, as consequências não podem me ser imputadas como mérito. // Se, por exemplo, quito uma

[71]

dívida, graças à qual o credor foi agraciado com uma grande jogada de sorte, as boas consequências dessa ação não podem me ser imputadas como mérito, porque a ação deve acontecer obrigatoriamente como pagamento de uma dívida. Não existe, portanto, qualquer *superavit* [*Überschuss*] a ser tomado como mérito. Mas se não faço nada menos do que aquilo que me é devido, as consequências não podem me ser imputadas como *demerito* ou *culpa*. Por outro lado, não obstante, todas as consequências da ação podem me ser imputadas na medida em que faço algo mais ou menos em relação àquilo que devo. Se eu faço mais do que devo a consequência me é imputada como mérito. Por exemplo, um pagamento adiantado que fiz a partir do qual resultou ao outro uma grande jogada de sorte, pode me ser imputado com todas as suas consequências, porque fiz mais do que me era devido. Então, da mesma maneira, se faço menos do que aquilo que devo, a consequência de minhas ações me é imputada como *demerito*. Se, por exemplo, não quitei minha dívida no momento certo e, por isso, meu credor foi à bancarrota, então as consequências podem me ser imputadas, porque não fiz o que me era devido. Se, portanto, faço apenas o que é devido [*Schuldigkeit*],[238] nada pode me ser imputado, quer como

---

238 Nesse contexto, o termo *Schuldigkeit*, traduzido aqui como obrigatoriedade, é compreendido no sentido de uma quitação de dívida. Segundo Langlois, a ideia é considerar o termo como oposto ao mérito, como um débito que tenho obrigação de quitar. Um sentido análogo ao aqui aludido pode ser exemplificado na seguinte passagem da *Metafísica dos costumes*: "O que alguém, conforme ao dever, faz *além* do que aquilo a que possa ser coagido segundo a lei é *meritório* (*meritum*); o que ele faz apenas de maneira exatamente *conforme* à última é o *devido* (*debitum*); o que ele faz a *menos* do que a última exige, por fim, é uma *falta* moral (*demeritum*)" (AK, VI, p.227).

merito, quer como *demerito*. Se, por exemplo, alguém diz: "se naquele momento tivesses me concedido meu adiantamento, meu infortúnio não teria ocorrido", nesse caso, o infortúnio não pode me ser imputado, porque não me era devido realizar a ação. Na medida, pois, em que o homem pagou a sua dívida [*Schuldigkeit*] e praticou a ação estando necessitado pela lei, ele não é livre. Mas, se ele age contra a sua obrigação [*Schuldigkeit*] e faz menos do que deve, a ação lhe é imputada, pois nesse caso ele age livremente e, inclusive, contra a lei que o necessita à ação. Então ele faz um mau uso da liberdade e, nessa situação, todas as consequências podem lhe ser imputadas legalmente, pois agir contra a obrigação ainda assim é agir livremente. *Juridice*,[239] as consequências da ação para a qual uma pessoa foi necessitada não são imputadas // in *demerito*, pois, nesse caso, ele não era livre. Certamente, o fato em si é imputável, mas não a ilicitude do *facti*. O homem é livre em vista da realização da ação moral. Com efeito, todas as consequências podem lhe ser imputadas. Mas as consequências que surgem da omissão da ação ética não podem ser imputadas, porque não podem ser consideradas como uma ação, posto que deixo de fazer aquilo que não me é devido. Por exemplo, se não concedi nenhum adiantamento a uma pessoa, o infortúnio que resulta disso não pode me ser imputado, uma vez que não me era devido fazer. Mas se deixo de praticar uma ação que me era devida, então isso já é um ato e pode me ser imputado.[240] Se, por exemplo, devo pagar uma dívida e deixo de fazê-lo, isto já é uma ação que me é imputada. Portanto omissões éticas não são de modo

---

239 Juridicamente.
240 Frase ausente em Collins.

algum ações.²⁴¹ Mas omissões jurídicas são ações e podem ser imputadas, pois são omissões daquilo para o qual posso ser necessitado através da lei. No entanto, não posso ser necessitado a ações éticas. Ninguém pode me coagir a praticar atos de benevolência [*Wohltaten*]. Portanto as omissões éticas com as suas consequências nunca podem me ser imputadas, mas bem o podem as omissões jurídicas. E por sua vez, ao contrário, as realizações das ações éticas podem me ser imputadas junto com as suas consequências, enquanto as realizações das ações jurídicas não podem me ser imputadas, pois são ações que constituem uma dívida [*Schuldigkeit*]. Assim, a chave de toda imputação em relação às consequências é a liberdade.

[73] // Fundamentos da *imputatio moralis*

Imputatio moralis pode ocorrer por leis jurídicas e éticas. Consiste no *merito* e no *demerito*.²⁴² A observância das leis jurídicas e a violação de leis éticas não podem ser imputadas nem como *merito* nem como *demerito* e,²⁴³ decerto, a observância das primeiras não como *merito* e a violação das últimas como *deme-*

---

241 Em Menzer, lemos "suficientes" [*hinlänglich*]. Optamos, nesse ponto, por Kaehler e Collins.
242 Baumgarten, *Initia*, §106. Refl. 6784: "As consequências de um fato que é moralmente indiferente não se imputam legalmente. Dessa forma toda imputação legal encerra uma relação com as leis morais e uma ação que está sob uma lei moral (mandamento ou proibição) denomina-se fato. Todo *factum* é *meritum* ou *demeritum*, nenhum é *adiaphoron*" (AK, XIX, p.159). Ver também Refl. 6786.
243 O trecho que começa aqui e termina na nota seguinte está reduzido à seguinte frase em Collins: "a violação da lei jurídica e a violação da lei devem sempre ser imputadas como *meritum* e *demeritum*".

rito. Pois se, por exemplo, pago minha dívida, o que consiste em uma lei jurídica, isso era minha obrigação [*Schuldigkeit*]. Eu poderia ser coagido a isso pela lei e, ao fazê-lo, não fiz nada mais do que o que me era devido fazer. Em consequência, a observância da lei jurídica com todas as *consectariis* não pode me ser imputada como *merito*. Se violo leis éticas, deixo de fazer aquilo para o qual eu não poderia ser coagido. Ora, se deixo de fazer aquilo para o que as leis não me coagem, não cometo qualquer omissão. Portanto não é nenhuma falta [*Schuld*]. Com efeito, a violação de leis éticas não pode me ser imputada como *demerito* e muito menos como *merito*. Por exemplo, se a não concessão de um adiantamento estimulou uma pessoa ao trabalho árduo, as boas consequências de minha omissão não me podem ser imputadas como mérito. Por outro lado, observamos o contrário:[244] a violação de leis jurídicas e a observância de leis éticas devem ser imputadas sempre como *demerito* e como *merito* e, decerto, a violação das jurídicas imputadas como *demerito*, enquanto a observância das éticas como *merito*. Ao violar uma lei jurídica, deixo de fazer aquilo para o que posso ser coagido e, portanto, faço menos do que me era devido. Por conseguinte me é imputado como demérito.[245] Dessa forma, em relação às leis jurídicas, nenhuma ação é um *meritum*, seja de recompensa ou menos ainda de castigo. Mas, em relação // às leis éticas, toda ação é um *meritum*, porque as leis éticas não são leis coercitivas. A violação de leis éticas não é, portanto, nenhum *demeritum* enquanto a sua observância é sempre um *meritum*.[246] Um

---

244 Fim do trecho ausente em Collins.
245 Em Menzer, lemos "implicado". Optamos por Kaehler nesse ponto.
246 É notável que a violação ou a omissão em relação a uma lei jurídica é sempre passível de um castigo, embora seu cumprimento não faça

meritum tem sempre consequências positivas, tanto em relação à recompensa quanto ao castigo. Toda observância de leis jurídicas e violação de leis éticas não tem nenhuma consequência positiva. As primeiras não possuem nenhuma consequência de recompensa, as outras, nenhuma consequência de castigo, pois a primeira não é nenhum *meritum* e a segunda não é nenhum *demeritum*.[247] A observância de leis jurídicas tem apenas uma consequência negativa. Por exemplo, se pago minha dívida, não serei processado. Mas a violação de leis jurídicas e a observância de leis éticas tem sempre consequências positivas. As primeiras são uma consequência positiva do castigo e as segundas da recompensa. Portanto a observância de leis jurídicas não leva consigo nenhuma consequência positiva da recompensa e a violação de leis éticas nenhuma consequência positiva do castigo. Tudo o que foi dito a respeito da imputação é válido apenas em relação aos outros seres humanos, mas não em relação a Deus.

---

beneficiar de consequências legais, por exemplo, da aquisição de um *prêmio*. Ao contrário, a imputação moral é *meritória*, isto é, faz que a obediência a uma norma *se torne digna* de uma recompensa, muito embora, por lei, não possa *desfavorecer-se* de uma *punição* correspondente à sua *não observância*. Por isso, "[a]lgo pode ser imputado juridicamente [*iuridice*] só em *demeritum* (culpa), eticamente somente como *meritum*". Como lemos em uma reflexão ao compêndio: "[u]ma ação eticamente má não tem consequências legais, a saber, castigos. Tampouco uma juridicamente boa possui, a saber, alguma recompensa. Aquilo que não tem nenhuma consequência determinada pelas leis não pode ser imputado, portanto, nem as ações eticamente más, nem as juridicamente boas. Seu valor é = 0" (Refl. 7161, XIX, p.260-1).

247 Fim do trecho ausente em Collins.

Imputatio facti

Facta juridice necessaria[248] não podem ser imputados, pois a ação não é livre. *Facta* que são contrários a lei jurídica podem ser imputados, pois a ação era livre. Antes, trata-se de um mau uso da liberdade agir contra lei. Nas ações éticas é o contrário:[249] *facta* que não estão de acordo com a lei ética não podem ser igualmente imputados, porque a omissão para a qual não sou obrigado, não é nenhuma ação.[250] Portanto, no plano jurídico, toda ação que é imputada é uma má ação, enquanto, no plano ético, // toda ação que é imputada é uma ação boa, pois as leis éticas, bem diferente das jurídicas, não são coercitivas.

Graus de imputação

Os graus da imputação dependem dos graus da liberdade. As condições subjetivas da liberdade são a capacidade de agir e, além disso, o conhecimento do que é próprio da ação e a consciência do seu motivo e objeto. Por ausência dessas condições subjetivas não ocorre nenhuma imputação. Por isso, quando crianças destroem algo que é útil, a elas nada pode ser imputado, porque não conhecem o objeto. Entretanto, é possível imputar ações em certo grau. Tudo o que pertence à liberdade é imputável, mesmo que não surja diretamente da liberdade, mas indiretamente. Por exemplo, o que alguém fez no estado de embriaguez pode muito bem não lhe ser imputado, mas

---

248 Fatos juridicamente necessários.
249 Adição em Kaehler: "*Facta* que estão de acordo com a lei ética são imputados porque são livres".
250 Frase ausente em Collins.

a embriaguez pode lhe ser imputada. As mesmas causas que fazem que algo não possa ser imputado a alguém, podem lhe ser imputadas em grau menor. Temos obstáculos e condições de imputação. Quanto mais obstáculos tem uma ação, mais ela pode ser imputada. Quanto menos ela surge por liberdade, menos é imputável. O grau da moralidade da ação não deve ser confundido com o grau da imputabilidade do *facti*. Se uma pessoa matou a outra por cólera e ciúme, não carrega tanta maldade quanto aquele que, com sangue-frio e maquinação, desfere uma punhalada mortal em alguém, embora o *factum* do primeiro seja maior. Aquela ação para a qual devo me autocoagir e tenho que superar muitos obstáculos é tanto mais

[76] imputável // quanto mais voluntariamente ela é executada, sendo menos imputável a sua omissão. Se, por exemplo, uma pessoa faminta furta alguma coisa da dispensa, isso não lhe é tão imputável, uma vez que ela deveria estar muito necessitada em uma situação dessas. Os apetites exigem autocoerção. Mas se eles diminuem o grau de imputação, o que poderia resultar daí? Por isso devemos distinguir o apetite da natureza e o apetite da concupiscência. O primeiro não é tão difícil de imputar quanto o outro. A concupiscência pode ser erradicada e não deve nunca criar raízes. Então não pode ser tão imputável a uma pessoa se ela faz algo para o qual a fome a impele do que se impelida pela voluptuosidade [*Wollust*]. Mas a respeito da inclinação natural, devemos observar: quanto mais um ser humano luta com suas inclinações naturais, mais ele é imputável. Por isso a virtude nos é mais imputável do que aos anjos, que não encontram tantos obstáculos. Quanto mais uma pessoa é coagida a uma ação a partir de fora, menos a ação lhe é imputável. Mas se ele supera a coerção e, no fim das contas, deixa

de praticar a ação, então mais ela lhe é imputável. Há *merita* e *demerita conatus*[251] e pode se contar aí também *merita* e *demerita propositi*.[252] Muitos homens contam por mérito ter o propósito [*Vorsatz*] de uma ação. A partir do *proposito* nenhuma ação pode me ser imputada, pois ainda não se trata de uma ação, mas, onde há *conatus*, pode haver imputação, porque isso já é uma ação. Nesse caso, tudo é suficiente no sujeito e as suas forças são aplicadas, mas, posto que tais forças não foram suficientes, o efeito não acontece. Ora, uma vez que só podemos concluir a suficiência das forças a partir da saída e, portanto, não podemos saber se o *conatus* já estava aí e faltavam apenas as forças, então os tribunais jurídicos não imputam o *conatus* tanto quanto as leis éticas. Por exemplo, aquele que, tendo em mente matar alguém em um quarto, // é apanhado com a espada desembainhada, não é considerado um assassino pelas leis jurídicas, embora o *conatus*[253] estivesse lá. A razão disso é que, na maioria das vezes, o *conatus* não pode ser considerado como *actus*. Alguém pode possuir o *conatus* e pressupor a maldade em seu coração para executar as ações, mas, se ele se aproxima da ação, pode se espantar diante de sua repugnância [*Abscheulichkeit*] e voltar atrás, mudando então seu propósito. Portanto os juízes escolhem o meio mais seguro para salvaguardar o inocente, posto que, no fim as contas, não há qualquer prova. Mas, moralmente falando, um *propositum* integral é tão bom quanto o ato em si e o *propositum* deve existir de modo a ser também conservado na realização, pois o propósito frequentemente se

---

251 Mérito e demérito de esforço.
252 Mérito e demérito de intenção.
253 Esforço ou tentativa.

altera antes de se realizar. Por exemplo, quando alguém se enfurece e é grosseiro com um amigo mas abandona seu propósito quando o próprio está presente.[254]

Consuetudinarius[255] é aquele que torna a ação necessária por hábito. O hábito produz facilidade na ação,[256] mas, por fim, também necessidade. Essa necessidade por hábito diminui a imputação, uma vez que restringiu nosso arbítrio, mas o ato, por meio do qual o hábito é contraído, é imputável. O hábito involuntário, portanto, diminui a imputação. Por exemplo, se uma pessoa é criada entre ciganos, onde o hábito para más ações se torna uma necessidade, a imputação, nesse caso, deve ser diminuída. Mas o hábito é uma prova da repetição constante da ação e, portanto, é tanto mais imputável. Se alguém praticou frequentemente uma boa ação e ela se torna um hábito para ele através de repetição constante, é tanto mais imputável. Isso é válido também em relação às más ações. Dessa forma, paixões inatas não são tão imputáveis quanto aquelas adquiridas, que se tornam uma necessidade por meio de estimulação

[78] repetitiva, // como nos provam os delitos que, portanto, são tanto mais imputáveis.

Por fim chegamos a dois aspectos que poderiam ser considerados como fundamentos da diminuição da imputabilidade,

---

254 O exemplo está ausente em Collins.
255 Dependente do hábito.
256 Lemos, em paralelo, na *Metafísica dos costumes*: "Hábito (*habitus*) é uma facilidade para agir e uma perfeição subjetiva do *arbítrio*. Nem toda *facilidade*, contudo, é um hábito *livre* (*habitus libertatis*); pois, quando ele é *praxe* (*assuetudo*), isto é, uma uniformidade que se tornou *necessidade* por meio de ações frequentemente repetidas, não é um hábito proveniente da liberdade, por conseguinte, tampouco um hábito moral" (AK, VI, p.407).

Lições de ética

a saber, a fraqueza [*Schwäche*] e a fragilidade [*Gebrechlichkeit*] da natureza humana.²⁵⁷ A fraqueza da natureza humana consiste

---

257 Estamos diante dos rudimentos das noções que, mais tarde, vão estar na base da doutrina do mal radical. Na *Religião nos limites da simples razão*, a propensão para o mal é o fundamento subjetivo da possibilidade de inversão das máximas que subjaz antecedente a todo uso da liberdade. Acompanhando em alguma medida a distinção já apresentada nas *Lições*, essa propensão para o mal pode ser descrita em três estágios. No primeiro grau está aquilo que Kant denomina de fragilidade [*Gebrechlichkeit/fragilitas*] do coração humano. Trata-se da incapacidade do arbítrio em observar os motivos morais na constituição das máximas. Não acontece de maneira planejada. Embora o bem-querer exista, ele é, nesse caso, incapaz de se impor aos móbeis do amor de si. Nesse estágio, há tão somente incapacidade. O segundo estágio do radicalmente mal é o da impureza [*Unlauterkeit*], que se caracteriza como uma confusão entre móbeis morais e sensíveis. Apesar de, nessa situação, a ação ser engendrada com o propósito de ser moral, ela não ascende a essa condição por não ser moralmente pura (AK, VI, p.30), o que direciona o homem apenas a ações conforme o dever. Podemos observar que o anterior estágio de fraqueza [*Schwäche/infirmitas*] da natureza humana das *Lições* é substituído aqui por dois estágios nos quais Kant respectivamente aponta separadamente os dois graus de carência da disposição. Não obstante, apesar da nítida transformação conceitual, não é difícil perceber que todos esses casos, de maneira comum, se caracterizam não como um estado de culpa premeditada [*dolus*], mas de culpa não premeditada [*culpa*] (AK, VI, p.38), o que faz que não ascendam ainda a uma condição de propensão integralmente positiva. Apenas no terceiro estágio do coração mau é encontrada uma propensão desse tipo concebida como uma inversão totalmente deliberada dos móbeis. O que nas *Lições* fora antes definido como fragilidade [*Gebrechlichkeit*], certamente um estado de *dolus*, na *Religião* vai se definir como malignidade [*Bosärtikeit Vitiositas/ pravitas*]. O mais alto grau de maldade, também denominado corrupção [*corruptio*] e perversidade [*perversitas*], é, portanto, uma inversão consciente e deliberada dos motivos nas máximas.

em sua falta do grau da bondade moral que é necessária para tornar as ações adequadas à lei moral. A fragilidade da natureza humana consiste não apenas em uma falta de bondade moral, mas até mesmo em grandes princípios e móbeis para as más ações. A moralidade consiste no fato de que uma ação surge pelo motivo de sua bondade interior e isso pertence à pureza moral (*rectitudo moralis*). O motivo supremo da ação é, portanto, a *rectitudo moralis*. Embora o entendimento tenha bom discernimento disso, esse motivo, no fim das contas, não tem qualquer força movente. A perfeição moral encontra, certamente, uma aprovação em nosso juízo, uma vez que esse motivo da perfeição moral é criado pelo entendimento, mas esse motivo não tem uma força movente tão vigorosa quanto a sensível. Essa é a fraqueza da natureza humana, a falta de bondade moral e de *rectitudo*. Mas não nos deixemos ruminar em cima da fraqueza humana. Deixe-nos examinar se ela é incapaz de pureza moral, pois esse esforço de considerar todas as suas ações impuras faz que o homem perca a confiança em si para praticar ações moralmente puras e boas, acreditando por si mesmo que sua natureza é fraca demais e incapaz daquilo. Temos de acreditar muito mais que a *rectitudo moralis* pode ser um grande motivo de nossas ações. A alma humana não é completamente vazia de todos os motivos da moralidade pura. Se, por exemplo, um miserável nos suplica // por algo, ficamos comovidos diante dele por compaixão e o auxiliamos, algo que não faríamos se ele não nos pedisse pessoalmente, mas apenas tivesse feito isso por escrito. Ou se, em uma viagem, encontramos um miserável na estrada e lhe fazemos algo de bom, não encontramos aí qualquer outro motivo, seja de honra ou de utilidade, posto que, no fim das contas, temos que seguir viagem, mas fazemos pela bondade

[79]

interna da ação. Portanto há algo moralmente puro em nosso coração, que apenas não tem força movente suficiente e integral devido aos nossos impulsos sensíveis. Mas o juízo sobre a pureza da moralidade extrai muitos motivos da pureza, por meio da associação com ele, impelindo mais nossas ações, e nos habituamos a isso. Portanto não temos que buscar falhas e fraquezas, por exemplo, na vida de um Sócrates e de outros, uma vez que, no fim de tudo, isso não nos é útil e, na realidade, nos é prejudicial. Nesse caso, pois, podemos nos lisonjear de nossa imperfeição moral, posto que temos exemplos de imperfeição moral diante de nós. Esse desejo de buscar[258] erros revela algo maligno e invejoso quando vemos brilhar a moralidade que os outros têm, mas nós não possuímos. O princípio que extraímos da fraqueza da natureza humana é: as leis morais nunca devem ser estabelecidas conforme a fraqueza humana, mas a lei tem de ser apresentada como perfeitamente santa, pura e moral. O ser humano pode ser constituído como for. É muito importante observar isso. Todos os filósofos antigos exigiram do ser humano nada mais do que sua natureza poderia realizar. Por isso sua lei não tinha pureza alguma. Portanto suas leis eram acomodadas à capacidade da natureza humana e, ao elevar-se além dessa capacidade, o impulso para isso estava não no juízo moral puro, mas, por exemplo, no orgulho, na honra, na coragem extraordinária, // na generosidade. Ora, desde o tempo do Evangelho, a pureza integral e santidade da lei moral tem sido compreendida, embora tal se encontre igualmente em nossa razão. A lei não tem de ser indulgente, mas deve demonstrar grande pureza e santidade e nós temos que esperar, por causa

---

258 Falta o início da frase em Kaehler.

da nossa fraqueza, a assistência divina [*göttlichen Beistand*] com o propósito de nos tornar capazes de satisfazer a lei santa e compensar a pureza que falta em nossas ações. Mas a lei deve ser em si pura e santa. O motivo é: a lei moral é o modelo, a norma, o padrão de nossas ações. O padrão, no entanto, tem de ser exato e preciso. Se não fosse assim, conforme o que deveríamos então julgar todas as coisas? O dever supremo é, portanto, apresentar a lei moral em toda a pureza e santidade, assim como é o maior dos crimes subtrair algo dessa pureza. Em relação à fragilidade da natureza humana observamos que é certo que nossa natureza é débil e que ela não só não possui nenhum bem positivo, mas tem até mesmo um mal positivo. Mas todo mal moral surge, no fim das contas, da liberdade, pois, caso contrário, não seria um mal moral. E por mais que tenhamos, por natureza, uma propensão a ele, as más ações ainda nascem da liberdade e, dessa forma, nos são também atribuídas como vícios. O princípio em relação à fragilidade da natureza humana é: no julgamento da ação não devo levar essa fragilidade em consideração. A lei deve ser santa em nós e o tribunal dentro de nós, conforme essa lei, deve ser justo, isto é, a pena da lei tem de ser aplicada com toda a precisão às ações dos seres humanos. A *fragilitas humana*, portanto, nunca pode ser um fundamento *coram foro humano interno*[259] para diminuir a imputabilidade. O juiz interno será justo e considerará a ação em e por si mesma, sem levar em conta a fragilidade // do ser humano, se estivermos tão somente dispostos a ouvir e sentir a sua voz, sem a reprimir. Se, por exemplo, ofendemos precipitadamente alguém com palavras e nos arrependemos ao

---

259 Diante de um tribunal interno.

chegar em casa, desejamos ter a oportunidade de reparar a situação, fazendo o bem. De modo algum podemos nos livrar das reprovações internas, mesmo que tenhamos ainda muitas desculpas plausíveis que certamente seriam válidas para qualquer juiz terreno. Somos, afinal, seres humanos e como é fácil que uma palavra nos escape involuntariamente. Mas isso de nada vale para um juiz interno. Ele de modo algum considera a *fragilität* da natureza, mas a ação em si como ela é. A partir disso se esclarece também que há na natureza humana motivos da moralidade pura e que, portanto, não temos necessariamente que censurar [*loszuziehen*] tanto a fraqueza da natureza humana. A *fragilitas* e *infirmitas*[260] humanas podem ser levadas em consideração meramente para julgar as ações de outros seres humanos. Mas, em vista de minha própria ação, eu mesmo não posso levar em conta a *fragilitas* e *infirmitas* e, dessa forma, perdoar o meu ato. O homem, enquanto um legislador pragmático e juiz, deve levar em consideração, em relação aos outros, a *infirmitatem* e *fragilitatem*, pensando que, afinal de contas, são seres humanos. Mas aquele que praticou a ação em si não pode levar em consideração sua própria *fragilitatem* e *infirmitatem*.

Imputatio valida[261] é uma imputabilidade legalmente efetiva [*rechtskräftige*] através da qual o *effectus a lege determinata*[262] é posto em prática através da *judicium imputans*.[263] Podemos julgar todos os homens e qualquer um pode fazê-lo, mas não sentenciar, uma vez que nossa *imputatio* não é válida. Isto é, meu juízo não tem a autorização de pôr em prática as consequências *a lege*

---

260 Fragilidade – fraqueza.
261 Imputação válida.
262 O efeito determinado pela lei.
263 Autoridade de imputação.

determinata. O juízo que é autorizado a acarretar a *consectarium* que a lei determinou é uma imputabilidade legalmente efetiva. Mas para que o juízo possa acarretar as consequências // que são determinadas pela lei, ele precisa ter poder [*Gewalt*]. Portanto não existe qualquer juízo legalmente efetivo sem poder. Aquele que tem a autorização de julgar com efeito legal e também o poder para levar isso adiante é um juiz. O ofício judicial [*reichterliche Amt*], portanto, contém em si duas partes: a autorização legalmente efetiva de julgar conforme a lei e o poder [*Macht*] de executá-la. Um juiz tem, dessa forma, autorização de julgar se um *factum certum* é um *casus datae legis*.[264] Mas ele deve também poder aplicar de maneira válida uma lei aos *factum* e, portanto, ter poder [*Macht*] de fazer cumprir [*Gnüge zu leisten*] a lei.

Forum é aquela pessoa (essa é *vel physica*, se é apenas uma pessoa, *vel moralis*, quando há diversas pessoas, embora apenas uma seja levada em conta) que tem a autorização e poder de julgar as ações com efeito legal.

Forum competens[265] é a relação da autorização e do poder do tribunal com certas pessoas e certo tipo de *factis* tendo em consideração a sua força legal [*Rechskraftig*] para julgar. Distintas pessoas pertencem a *fora* distintos e também as suas diferentes ações pertencem a diferentes *fora*. *Judex non competens*[266] é aquele que não tem, em absoluto, entendimento para julgar ou não tem autoridade para isso, posto que esta lhe foi retirada por destituição, ou é aquele que é um juiz autêntico, mas o *factum*

---

264 Um fato determinado é caso de uma lei dada.
265 Tribunal competente.
266 Juiz inapropriado.

não se encontra sob a lei a partir da qual ele julga, ou, finalmente, ele é *non competens* se é incapaz de propiciar justiça a alguém.

O *forum* é de duas espécies: *forum externum*, que é o *forum humanum*, e o *forum internum*, que é o *forum conscientiae*.[267] A esse foro interno vinculamos, ao mesmo tempo, o *forum divinum*, [83] pois nossos *facta* não podem // nos ser imputados nesta vida diante do *foro divina* a não ser *per conscientiam*. Por conseguinte, o *forum internum* nesta vida é um *forum divinum*. Um *forum* deve exercer coerção, seu juízo deve ser legalmente efetivo e ele deve ser capaz de coagir a executar as *consectaria* da lei. Temos uma faculdade de julgar se algo é justo ou injusto, e isso se dirige tanto às nossas ações quanto às dos outros. Essa capacidade encontra-se no entendimento. Temos também uma faculdade de prazer e desprazer para julgar, o que agrada ou desagrada em uma situação, tanto em relação a nós mesmos quanto em relação aos outros e isso é o sentimento moral.[268] Ora, se pres-

---

267 Tribunal da consciência. Nas reflexões ao compêndio: "a consciência [moral] é o estar consciente de ser sincero na imputação dos próprios atos. Sincero é aquele que sempre assume o reconhecimento de seu juízo de acordo com a consciência do mesmo. A consciência é, portanto, um tribunal no qual o entendimento é o legislador; a faculdade de julgar [é] o acusador e o procurador; no entanto [nesse tribunal] a razão é o juiz" (AK, Refl. 6815, XIX, p.170). Na definição madura: "Estar obrigado à consciência moral equivaleria a dizer: ter o dever de reconhecer deveres. Pois a consciência moral é a razão prática que, em todo caso de uma lei, coloca diante do ser humano seu dever, para sua absolvição ou condenação. Portanto, sua referência não é a um objeto, mas antes meramente ao sujeito (afetando o sentimento moral por meio de seu ato)" (AK, MS, VI, p.399).
268 Relacionando-se com a consciência moral, o sentimento moral, como uma instância ligada diretamente à consciência do dever, é definido, na *Metafísica dos costumes*, como "a receptividade para prazer ou desprazer proveniente apenas da consciência da conformidade ou do conflito

supomos o juízo moral e o sentimento moral,[269] então encontramos ainda, em terceiro lugar, um instinto,[270] um impulso involuntário e irresistível em nossa natureza, que nos coage a julgar com força legal a ponto de nos conceder uma dor interna em vista das ações más e uma alegria interna em vista das ações boas de acordo com a relação que a ação tem com a lei. A consciência moral é o instinto de julgar e sentenciar nossas ações. Não é nenhuma faculdade, mas um instinto. Se fosse uma capacidade voluntária, não seria nenhum tribunal, posto que nesse caso não poderia nos coagir. Já que deve ser um tribunal interno, tem de ter poder de nos coagir a julgar involuntariamente e sentenciar, condenando-nos ou nos absolvendo internamente. Todos temos uma faculdade especulativa de julgar, cujo exercício é deixado sob nosso arbítrio. Mas há algo dentro de nós que nos coage a julgar nossas ações, algo que nos coloca diante da lei e nos obriga a comparecer diante do juiz, algo que nos dirige a contragosto e é, portanto, um juiz autêntico. Esse *forum internum*[271] é um *forum divinum*, posto que nos julga conforme nossas disposições mesmas e não podemos, no fim

---

de nossa ação com a lei do dever. Toda determinação do arbítrio, porém, vai da representação da possível ação, por meio do sentimento de prazer ou desprazer que faz tomar interesse nela ou em seu efeito" (AK, MS, VI, p.399).

269 Em Menzer lemos "lei moral". Optamos por Kaehler: "sentimento moral [*moralisches Gefühl*]".
270 Como Aramayo (1988) sugere, esta pode ser uma possível referência ao impulso da consciência [*Gewissenstrieb*] de Crusius. Mas, se for o caso, certamente trata-se de uma versão naturalizada.
271 Nas anotações ao compêndio, Kant assevera, não obstante, que "[o] homem não é um bom juiz de suas ações, porque um juiz deve ter o poder de coerção e este deve estar em outro" (AK, Refl. 7181, XIX, p.266).

das contas, constituir nenhum outro conceito do *foro divino* além do fato de que nós mesmos // temos de sentenciar de acordo com nossas disposições.²⁷² Portanto todas as disposições e ações que não podem ser conhecidas externamente pertencem ao *forum internum*, pois o *forum externum humanum* não pode julgar segundo disposições. Então a consciência moral é o representante do *fori divini*. Nenhuma ação ética pertence ao *coram foro externo humano*, pois elas não têm nenhuma autorização para a coerção externa, o que apenas um juiz externo tem. Mas ao *coram foro externo* pertence tudo o que seja válido exteriormente e, portanto, todos os deveres compulsórios externos. A autorização e a prova do *facti* devem ser externamente válidas. Não obstante, fundamentos externos de imputação são aqueles válidos de acordo com as leis universais externas gerais. As *imputationes*, que em absoluto não possuem fundamentos válidos externos, não pertencem ao *forum externum*, mas ao *internum*. Ora, *in foro externo*, naquelas matérias nas quais não há quaisquer fundamentos válidos externamente, comprova-se se o *forum internum* não pode ser empregado *in foro externo*. Uma pessoa é coagida a apresentar-se diante do *forum divinum* (embora isso já tenha acontecido de fato dentro dele) e é obrigada a declarar-se punível diante dele se for injusta. Ela é coagida a declarar publicamente isso e trata-se de um juramento. Esse *forum internum* já está em vigor aí. A pessoa já se encontrará punível mesmo que não tenha declarado. A declaração causa apenas uma grande impressão sobre ela. O homem pensa que, se ele não declara, também não é punido no *foro divino*. Mas se ele declara que deseja se submeter à punição ou não no caso de

---

272 Parte desse trecho está ausente em Collins.

ser injusto, ainda assim é punido. Por isso é bastante absurdo jurar e dizer: "quero que tal coisa aconteça caso isso não seja verdade", uma vez que isso não depende de nós. Por exemplo, "quero me tornar torto e aleijado se as coisas não são desse jeito", mas, nesse caso, se tornar torto e aleijado não depende de modo algum de nossa vontade.[273] Assim, o Evangelho dis-

[85] corre muito distintamente sobre isso // quando diz: "não deves jurar pelo céu, pois este não é seu, ou por sua cabeça, onde não é capaz de dispor nem mesmo de um fio de cabelo".[274] Ora, seja como for, isto é adequado à natureza humana. O ser humano retrata para si mesmo a periculosidade do julgamento divino.

O autor[275] ainda discute aqui sobre diferentes matérias que apenas precisam ser investigadas, por exemplo, processo, sentença etc.

Processo é uma *imputatio legis* metódica, na qual procuro estabelecer *per actionen civilem* meu direito no *foro externo*. A soma de todas as *imputationes* são os atos. A sentença é o juízo.

Finis philosophiae praticae universalis

---

273 O exemplo está ausente em Collins.
274 "Mas eu lhes digo: não jurem de jeito nenhum. Não jurem pelo céu, pois é o trono de Deus; nem pela terra, pois é o estrado onde ele descansa os seus pés; nem por Jerusalém, pois é a cidade do grande Rei. Não jurem nem mesmo pela sua cabeça, pois vocês não podem fazer com que um só fio dos seus cabelos fique branco ou preto" (Mateus 5,34-6).
275 Baumgarten, *Initia*, §191.

Ethica

[89]   // Observações preliminares

Todas as ações, decerto, são necessárias de acordo com a *diiudicatio*. Mas isso inclui ainda um motivo para executar essa ação. Se o motivo é retirado da coerção, a necessidade da ação é jurídica, mas se o motivo é retirado da bondade interna da ação, a necessidade da ação é ética.[276]

A ética trata, portanto, da bondade interna das ações. A jurisprudência fala do que é legalmente correto. Ela não trata da disposição, mas apenas daquilo para o que alguém está autorizado e pode ser coagido. Mas a ética trata meramente da

---

276 Em paralelo à seção intitulada "Da divisão de uma metafísica dos costumes" da obra de 1797: "Em vista dos móbeis, portanto, toda legislação pode ser distinguida (mesmo que concorde com outra legislação em vista da ação que ela torna dever, como, por exemplo, no caso das ações que podem ser exteriores em todos os casos): aquela legislação que faz de uma ação dever, e desse dever, simultaneamente, um móbil, é *ética*. Mas aquela que não inclui o último na lei e, portanto, também admite um outro móbil que não a ideia mesma do dever, é *jurídica*" (AK, VI, p.218-9).

disposição. Certamente ela estende-se, dessa forma, às leis jurídicas, mas exige também que as ações para as quais alguém pode ser coagido se realize pela bondade interna da disposição e não pela coerção. Portanto as ações jurídicas, na medida em que o motivo também é ético, estão compreendidas na ética. Assim, é completamente diferente considerar a necessidade da ação em termos jurídicos ou éticos. Dessa forma, a ética não é uma ciência que não comporta nenhuma lei e ação coercitiva em si. Ela estende-se certamente às ações coercitivas, embora o motivo não seja a coerção, mas a qualidade interior. A ética é, portanto, uma filosofia da disposição e justamente por isso uma filosofia prática, pois as disposições são princípios de nossas ações. As disposições são a ligação [*Verknüpfung*] de nossas ações com os motivos. É difícil explicar o que se entende por disposição. Aquele que paga suas dívidas, por exemplo, ainda não é por isso um homem honesto se pratica a ação por medo do castigo. É decerto um bom cidadão e sua ação tem *rectitudinem juridicam*, mas não *ethicam*. Se ele a pratica, porém, por causa da bondade interna da ação, sua disposição é moral e

[90] tem *rectitudinem ethicam*. // É muito importante distinguir isso, por exemplo, na religião. Se os seres humanos consideram Deus como um legislador supremo e um regente que exige o cumprimento de sua lei e não consideram o motivo pelo qual a ação ocorre, nessa extensão não existe qualquer diferença aqui entre Deus e o juiz mundano, a não ser o fato de que Deus discerne melhor as ações exteriores e não é possível enganá-lo tanto quanto a um juiz do mundo. Ora, se alguém cumpre a sua lei, sua ação é certamente boa, mas tem apenas *rectitudinem juridicam*, posto que ação foi praticada apenas por medo do castigo. Mas aquele que não pratica uma má ação não por medo

do castigo, mas por causa de seu caráter interno abominável e deixa de praticá-la porque sabe que Deus, como um Ser santo, exige do ser humano boas disposições, e se abstém dela mesmo que tal ação não seja castigada, então sua ação é ética. Isto é o que, em particular, o mestre do Evangelho nos ensina a fazer. Ele exige ações éticas, dizendo: "deverias fazer tudo por amor a Deus". Mas amar a Deus significa cumprir de bom grado, por boa disposição, seu mandamento, algo que será discutido melhor depois. A ética é, portanto, uma filosofia da boa disposição e não apenas da boa ação.

A ética é também chamada de doutrina da virtude,[277] pois a virtude consiste na *rectitudine actionum ex principiis internis*.[278] Aquele que cumpre as leis coercitivas ainda não é virtuoso. Decerto a virtude exige e pressupõe respeito e observância pontual aos direitos[279] [*Rechte*] do homem, mas ela diz respeito ao motivo, à disposição da qual a ação que tem *rectitudinem juridica* se origina. A virtude não consiste, portanto, na *rectitudinem juridicam*, mas na disposição. É possível ser um bom cidadão, que tem *rectitudinem juridicam* em suas ações, mas ainda não ser um homem

---

277 Na Introdução à *Doutrina da virtude*: "Nos tempos antigos, *ética* significava a *doutrina dos costumes* (*philosophia moralis*) em geral, a qual era também denominada a *doutrina dos deveres*. Em seguida, achou-se aconselhável atribuir esse nome a apenas uma parte da doutrina dos costumes, a saber, à doutrina dos deveres que não estão sob leis externas (em alemão, achou-se adequado utilizar o nome *"Tugendlehre"* [*doutrina da virtude*]), de modo que, agora, o sistema da doutrina universal dos deveres é dividido em sistema da *doutrina do direito* (*ius*), à qual convêm leis externas, e da *doutrina da virtude* (*ethica*), à qual aquelas não convêm; basta, pois, o que aqui foi dito" (AK, MS, VI, p.379).
278 Retidão das ações de acordo com um princípio interno.
279 Em Collins, vemos escrito "leis".

virtuoso.[280] Por isso não devemos inferir as disposições a partir das ações exteriores, que têm *rectitudinem juridica*. // Por exemplo, considerando que todos tenham confiado valores a alguém e que sua palavra valha tanto quanto dinheiro vivo, se o confidente mantém sua palavra por medo do castigo, do prejuízo ou por causa de sua utilidade, ele manteve decerto a sua palavra e a ação em si é aqui boa – apesar de ser de duas espécies distintas –, pois ele a praticou conforme a lei, mas não eticamente. Se eu sou capaz de discernir a necessidade moral da ação que é jurídica, posso praticá-la em sentido jurídico e ético. No primeiro caso, a ação está em conformidade à lei, mas não à disposição, e por essa razão também se diz das leis jurídicas que falta-lhe a moralidade. Mas a moralidade é empregada tão somente pelas leis éticas, pois mesmo que as leis jurídicas tenham necessidade moral, o seu motivo ainda é a coerção e não a disposição.

A virtude, no entanto, não expressa de modo completamente exato a bondade moral. Virtude significa força no autodomínio e autocontrole em relação à disposição moral. Mas aqui eu levo em consideração a fonte original da disposição. Há algo de imperceptível nesse caso que apenas na sequência se esclarece, pois a ética tem unicamente a disposição como sua alegação. As palavras *Sitten* e *Sittlichkeit* têm sido adotadas para expressar a moralidade [*Moralität*], embora costume [*Sitten*] esteja relacionado ao conceito de decoro [*Anständigkeit*]. Mas na virtude está incluído um certo grau da bondade moral, uma certa autocoerção e domínio sobre si mesmo. Povos podem ter costumes [*Sitten*], embora nenhuma virtude, como os franceses.[281]

---

280 Trecho ausente em Collins.
281 Ausente em Collins.

E outros podem ter virtudes, mas nenhum costume [*Sitten*] (*conduite* é a propriedade dos costumes). A ciência dos costumes não é ainda nenhuma doutrina da virtude. Mas, uma vez que não temos nenhuma outra palavra para moralidade [*Moralität*], assumimos a *Sittlichkeit* para expressá-la, uma vez que não podemos, em vez disso, usar a virtude nesse caso.

[92]   // O espírito da lei moral ordena pela disposição, a letra ordena pela ação. Portanto nós veremos, na ética, como a lei moral é praticada de acordo com o espírito, sem levar em conta, em absoluto, a ação. A ética pode expor leis da moralidade [*Sittlichkeit*] que são indulgentes e estabelecidas na fraqueza da natureza humana. Ela pode se acomodar ao ser humano de modo a exigir tão somente o que o homem pode realizar. Mas, por outro lado, a ética pode também ser rigorosa e exigir a suprema perfeição moral. A lei moral tem de ser igualmente estrita e enunciar a sua condição de legitimidade.[282] Independentemente de o ser humano levá-la adiante ou não, a lei não deve ser indulgente e se acomodar à fraqueza humana, pois ela contém a norma da perfeição ética e a norma precisa ser exata e estrita. Por exemplo, a geometria concede regras que são estritas e não se preocupa se o ser humano pode colocá-las ou não em prática: o ponto de um círculo é grande demais para ser um ponto matemático. Ora, uma vez que a ética também expõe regras que devem ser o fio condutor [*Richtschnur*] de nossas ações, ela não deve se dirigir pela capacidade do ser humano, mas mostrar o que é moralmente necessário. A ética indulgente é a ruína da perfeição moral do ser humano. A lei moral deve ser pura. Exis-

---

282 Em Menzer, lemos "condição e legitimidade". Optamos por Kaehler e Collins nesse ponto.

te, não obstante, um purismo [*Purismus*] teológico e moral que é tão somente uma quimera, purismo segundo o qual o homem pondera sobre coisas indiferentes e busca expressar nelas, por meio de sutilezas, algo moral. A ética não possui tal purismo. A pureza em relação aos princípios, no entanto, é algo diferente. A lei moral precisa ter pureza. O Evangelho tem em sua

[93] lei moral a pureza que nenhum dos filósofos antigos tinha. // Mesmo no tempo do mestre do Evangelho, eles eram apenas brilhantes fariseus mantendo-se estritamente em um *cultum externum*, sobre o qual o Evangelho disse, com frequência, nunca ser algo importante se não estiver ligado à pureza moral. O Evangelho não admite a menor imperfeição. Ele é bastante rigoroso e puro e adere, sem qualquer indulgência, ao exercício da lei. Tal lei é santa e não exige também que seu exercício esteja satisfeito, em demasiado, com metade de observância, mas que todos considerem que o seu fundamento se encontra no entendimento e que a sua prova seja retirada do entendimento de cada um. Essa pontualidade, sutileza, severidade e pureza da lei moral, que se chama *rectitudo*, é evidenciada em nós em todos os casos. Por exemplo, se ofendemos alguém involuntariamente em uma sociedade distante, mesmo que não tenhamos nada a temer com relação a isso devido à continuação de nossa viagem, reprovamo-nos, independentemente de tudo, e, em nenhum caminho, podemos evitar não deformar a lei em si. Aquele que concebe a lei moral de modo que possa perpassá-la com suas ações frágeis e que dissimula leis indulgentes é um *latitudinarius*.[283] A ética deve ser precisa e santa. Essa santidade é atribuída à lei moral não porque nos é revelada, mas pode ser

---

283 Moralista relaxado.

atribuída a ela através da razão porque a lei é a origem segundo a qual nós mesmos julgamos a revelação, pois a santidade é o mais alto e perfeito bem ético que retiramos, no fim das contas, de nosso entendimento e de nós mesmos.

O autor[284] divide a ética em lisonjeira e melancólica [*mürrische*]. Os motivos da moralidade devem ser adequados a ela mesma e os seus móbeis precisam ser bem relacionados, a ponto de se adequar a ela, // isto é, eles devem ser conformes à sua dignidade. Não é uma questão de as ações se realizarem, mas de qual origem elas acontecem. A ética é lisonjeira para aquele que considera a conduta virtuosa como um refinado modo de bem viver. É verdade que a virtude também é uma regra de prudência e que nos sentimos bem com ela. Por isso muitos concedem ações beneficentes aos pobres, porque encontram prazer no fato de os pobres ficarem contentes com isso. Mas o motivo não é moral se praticamos boas ações[285] por causa da vantagem ou do prazer. Muitos gabam-se de ter feito muito bem, muito embora derivando-o de fundamentos incorretos. Uma boa coisa, no entanto, não deve ser apoiada sobre fundamentos falsos. A virtude é uma boa coisa e não deve ser apoiada em falsos fundamentos, por exemplo, quando se diz que já nesta vida a virtude carrega consigo muitas agradabilidades, o que é falso, pois a disposição virtuosa aumenta ainda mais a dor desta vida, posto que um homem pode pensar ser virtuoso e contudo as coisas irem mal para ele. Se ele não fosse virtuoso, poderia até suportar melhor, pois seria merecedor. Mas se ele é virtuoso e padece de fome, a virtude

---

284 Baumgarten, *Ethica Philosophica*, §5-6.
285 Pequeno trecho ausente em Collins.

de modo algum pode silenciar a sua necessidade. Portanto a ética não deve ser exaltada por meio de adulações desse tipo. Se ela é exposta em sua pureza, carrega consigo o respeito e é um objeto da mais alta aprovação e do desejo supremo. Essas adulações [*Einschmeichelungen*] ainda reduzem o móbil quando deveria aumentá-lo. A moralidade não deve se degradar. Devemos recomendá-la por si mesma. Todo o resto, mesmo a recompensa celeste, nada é em relação a ela, pois apenas por meio dela eu sou digno de toda a felicidade. Os motivos morais precisam ser expostos de uma maneira completamente distinta e em separado de todo o restante, mesmo dos móbeis da benevolência. A razão para a menor eficácia da moralidade

[95] é que ela nunca foi exposta de modo puro. // Até hoje, todos os moralistas e eclesiásticos têm fracassado em recomendar a moralidade pura. Ela ganha mais se for recomendada por seu próprio valor interior do que se for acompanhada por estímulos sensíveis e seduções. A ética galante [*Buhlerische*] mais se desonra do que se faz recomendada, da mesma forma que acontece também com todo tipo de galanteio. A beleza modesta é infitamente mais atraente do que todos os artifícios da coqueteria e seus estímulos. Então a virtude também movimenta e envolve muito mais se ela for apresentada em si e por si mesma, sem nenhum estímulo, seja a recompensa, seja o castigo, mas de forma completamente pura. Todos os estímulos e impulsos sensíveis não devem ser incluídos no ensinamento moral em si, mas depois de as lições da moralidade terem sido absorvidas de maneira completamente pura e depois de se aprender a estimar e a respeitar, tais móbeis poderiam ser colocados em jogo não para que, com isso, ações sejam realizadas, pois, caso contrário, elas já não seriam morais, mas para

servir apenas como *subsidiaria motiva*,[286] porque nossa natureza possui, em relação a tais conceitos intelectuais pertencentes ao entendimento, *inertiam* em vista dos móbeis. Mas, uma vez que esses impulsos sensíveis têm sido efetivos, os motivos morais autênticos e genuínos podem novamente tomar seu lugar. Eles servem, portanto, tão somente para remover grandes obstáculos sensíveis de modo que o entendimento possa novamente prevalecer. Mas misturar tudo é uma grande corrupção, para qual muitos ainda estão propensos. Esse conceito puramente moral produz um efeito incomum sobre aquele que o possui, atraindo-o mais do que todos os impulsos sensíveis. Encontramos nisso um melhor recurso para recomendar a moralidade ao ser humano, algo que precisa ser observado já na educação. Dessa forma, os seres humanos são capazes de um juízo e de gosto puro na moralidade. Assim como // alguém não pode saborear um vinho puro se este estiver misturado com muitas outras bebidas, o que nos impede a plena degustação, também na moralidade todos os obstáculos devem ser tirados do caminho caso se queira discerni-la em sua pureza. A ética galante [*buhlerischen*] é contrária à melancólica [*mürrische*], sendo a última também chamada misantrópica. Essa ética misantrópica contrapõe a moralidade a todos os prazeres, da mesma forma que a galante confunde ambos os aspectos. A ética melancólica se opõe a toda diversão da vida, contrapondo todo agrado [*Annehmlichkeit*] dos sentidos à moralidade. Embora pareça que essa ética melancólica [*mürrische*] apresenta um erro maior do que a ética galante, nada pode ser menos verdadeiro, pois ela pode, já que se refere ao orgulho do ser humano, produ-

---

286 Motivos subsidiários.

zir ações sublimes. O homem é solicitado por ela a sacrificar todas as agradabilidades [*Annehmlichkeiten*] da vida por uma única ação sublime. A ética lisonjeira [*schmeichlerische*] vincula todas as agradabilidades da vida com a moralidade, enquanto a ética galante opõe aquelas à moralidade, o que é certamente um erro, embora, ao opor a agradabilidade à moralidade, ela ao menos faça, com isso, uma diferenciação entre a moralidade e as agradabilidades da vida e isso é um grande mérito. Portanto, se devêssemos admitir qualquer erro na ética, seria melhor admiti-lo na ética melancólica [*mürrische*]. É verdade que muitas agradabilidades e estímulos são sacrificados por meio dela, mas, para um gosto mais refinado, essas agradabilidades não podem convir bem e desaparecem por si mesmas. Essa ética misantrópica, contudo, possui algo digno de alta consideração. Ela considera o rigor [*Strenge*] e a precisão da moralidade, embora cometa um erro ao se contrapor aos prazeres. A fim de corrigir a ética melancólica, é preciso observar que a moralidade e a felicidade são dois elementos de tipos diferentes que

[97] compõem o sumo bem // e, portanto, devem ser diferenciadas, mas elas estão em uma relação necessária uma com a outra. A moralidade tem uma relação necessária com a felicidade, pois a lei moral carrega consigo uma promessa natural. Se eu me comportei de modo a ser digno de felicidade, posso também ter a esperança de usufruí-la e esses são os móbeis da moralidade.[287] A felicidade também tem uma relação necessária com

---

287 Kant faz mais uma vez referência ao sumo bem como um móbil da moral. No entanto, é pouco claro em que sentido o sumo bem pode ser assumido como um móbil nesse contexto. Para comentários, consultar Cunha (2017), *O problema do sumo bem nas* Lições de ética *de Kant*.

a moralidade. Eu não posso prometer a ninguém alcançar a felicidade sem a moralidade. A felicidade não é nenhum fundamento, nenhum princípio da moralidade, mas um corolário necessário da mesma. Nesse ponto, a ética lisonjeira tem uma vantagem ao vincular a felicidade com a moralidade, embora a primeira seja apenas uma consequência natural da última. A ética melancólica, não obstante, tem algo de orgulhoso nesse ponto, na medida em que empreende uma renúncia a toda felicidade. Mas, embora a renúncia de toda felicidade diferencie moralidade de felicidade, isso é feito de modo não natural, em um caminho transcendente[288] [*transzendent*].

O autor[289] discute aqui também a respeito da *ethica decepthix* ou da ética enganosa [*betrugerisch*]. Isto consiste em tornar real um ideal. Tudo que contém uma ilusão que é contrária à verdade é enganador. Mas a ética enganosa [*tauschende*] deve ser constituída de tal modo que o engano seja em si mesmo moral, embora o que é enganador não seja de modo algum apropriado à natureza humana. Ela decerto é perfeita, mas inalcançável para nós. Por exemplo, a consciência de si mesmo, como o princípio do bem-estar de toda a humanidade, causa uma grande alegria que, porém, ninguém pode alcançar. O grau[290] supremo de perfeição ética não ocorre de modo natural no ser humano. Colocamos a perfeição suprema no Ser supremo. A comunidade com o Ser supremo seria, portanto, a suprema perfeição ética. Se estivéssemos imediatamente // ligados a tal Ser, esta seria a suprema perfeição ética que nós poderíamos alcançar.

---

288 A versão inglesa e a espanhola traduzem por "transcendental".
289 Baumgarten, *Ethica*, §7.
290 Em Collins, lemos "princípio".

Mas esse é um ideal que não pode ser alcançado. Platão realizou esse ideal. Sua ética pode chamar-se de ética fantasiosa e fanática.[291]

Da religião natural[292]

A religião natural deveria fornecer estritamente a conclusão para a moral. Deveria ser o selo na moralidade. A ideia de perfeição moral deveria ser executada e trazida à realidade na religião natural. A completude de toda nossa moralidade deveria, na religião, ser alcançada em relação ao seu objeto. Mas nosso autor tem preferido tratá-la antes e, uma vez que não dependemos muito disso, devemos segui-lo, posto que o conceito de ética, na medida em que aqui ele é necessário à religião natural, é precedente. A religião natural não é uma regra da moralidade. A religião é a moralidade aplicada a Deus, enquanto a moral aplicada à teologia é a religião. Qual conhecimento de Deus e,

---

291 Em referência ao ideal fanático platônico apresentando em uma das seções anteriores como um dos modelos do sumo bem.

292 Por definição, na *Religião nos limites da simples razão*: "Aquela em que eu devo previamente saber que algo é um mandamento divino para o reconhecer como dever meu é a religião *revelada* (ou necessitada de uma revelação); pelo contrário, aquela em que de antemão devo saber que algo é dever, antes de o poder conhecer como mandamento divino, é a *religião natural*" (AK, VI, p.153-4). É importante observar, contudo, a estrita relação que Kant estabelece entre a religião natural e a religião cristã (AK, Rel., VI, p.157) e, nesse sentido, desde suas *Anotações*, ele se afasta do ponto de vista de Rousseau, que embora assuma, como Kant, a ideia de que a moral é o apoio da religião, não acredita que a revelação religiosa e a religião histórica, condicionada pelo clima, pelas formas de governo e tipos de povos, possa acrescentar algo à religião natural.

portanto, qual teologia deve ser tomada como fundamento da religião natural? A religião natural é prática e contém conhecimentos naturais de nossos deveres em relação ao Ser superior. Dessa forma, moralidade e teologia combinadas constituem religião. Portanto nenhuma religião é possível sem moralidade,[293] muito embora existam religiões sem moralidade e os seres humanos acreditem ter religião sem moralidade. Ora, tal religião consiste, afinal, no *Cultu* externo e na observância. Nesse caso não existe nenhuma moralidade, mas atenção e zelo de uma conduta prudente em relação a // Deus, a quem se procura ser agradável através de tais observâncias. Porém não há mais religião nisso do que na observância de leis civis e na observância em relação ao rei. Então, uma vez que religião pressupõe teologia e a religião deve ter moralidade, se pergunta: que tipo de teologia é necessária para fundamentar a religião? Se Deus é um espírito, por ser onipresente, preenchendo todo o espaço, Ele não é parte da teologia quando esta deve fundamentar a religião natural, mas diz respeito tão somente à especulação. Dessa forma, um padre egípcio construiu para si mesmo uma imagem corporal[294] de Deus e, quando isso foi proibido, ele disse que, ao retirar-lhe o seu Deus, se antes ele era capaz de representar para si mesmo Deus em alguma medida, agora não pode mais fazer isso em absoluto. Na observação e no exercício de deveres, tudo isso não importa nem um pouco, sejam as representações de Deus quais forem, se elas forem simplesmente um fundamento suficiente à moralidade pura. Nessa teologia,

---

293 De acordo com as *Lições sobre Pedagogia*, "se a religião não vem acompanhada pela consciência moral, permanece ineficaz. A religião sem consciência moral é um culto supersticioso" (AK, IX, p.495).
294 Em Collins, lê-se "majestosa".

que é um fundamento da religião natural, deve estar incluída a condição da perfeição moral. Portanto temos de representar para nós mesmos um Ser supremo, que é santo em relação às suas leis, benevolente em relação ao seu governo e justo em relação aos seus castigos e recompensas.[295] Portanto na religião natural não é necessária nenhuma outra religião (teologia) além da concepção de um legislador santo, governante benevolente e juiz justo.[296] Ora, esses atributos pensados em um ser são o conceito de Deus, que é necessário à teologia como fundamento da religião natural. Estas são as características morais de Deus. As características naturais de Deus são necessárias apenas na medida em que podem dar às características morais uma grande perfeição e produzir um grande efeito na religião. Portanto as características morais do Ser supremo aparecem

---

[295] No opúsculo kantiano sobre a teodiceia, a contrariedade a fins no mundo, ou seja, "aquilo que poderia contradizer a sabedoria do seu Criador", se interpõe justamente às características morais do conceito de Deus: "As propriedades da suprema sabedoria do Criador do mundo, contra as quais se objetam aquelas contrariedades a fins, são também de três espécies: Primeira, a santidade da suprema sabedoria do Criador do mundo enquanto legislador (criador) em oposição ao mal moral no mundo. Segunda, a bondade da suprema sabedoria do Criador do mundo enquanto regente (mantenedor) em contraste com os incontáveis mal-estares e sofrimentos dos seres racionais mundanos. Terceira, a equidade da suprema sabedoria do Criador do mundo enquanto juiz em comparação com a situação dos mal-estares, o que parece ser indicado pela desproporção entre a falta de punição dos corruptos e suas transgressões no mundo" (AK, VIII, p.257-8). Outras referências aos atributos morais de Deus são encontradas na *Crítica da razão pura* (A15, B843), na *Crítica da razão prática* (AK, V, p.140), na *Crítica da faculdade de julgar* (AK, V, p.444) e em *Religião nos limites da simples razão* (AK, VI, p.139).

[296] Frase ausente em Collins.

sob as condições da onisciência, da onipotência,[297] da onipresença[298] e da unidade. Essas // características relacionam-se apenas com as características morais. O ser mais santo e mais bondoso tem de ser onisciente de modo que possa perceber minha moralidade interior que se baseia na disposição. Deve ser, por isso, também onipresente. No entanto, a vontade mais sábia pode ser apenas única. Portanto deve haver um único ser, uma vez que, sem essa condição, o *principium* da moralidade não poderia ser pensado. E isto constitui a essência da teologia na religião natural. As origens não podem ser criadas com base na especulação, mas com base na razão saudável. O conhecimento especulativo é necessário apenas para satisfazer nossa curiosidade. Mas se o assunto é religião e o que é necessário em nosso fazer e deixar de fazer, não é necessário mais do que aquilo que pode ser considerado e discernido por meio da razão saudável.

Como essa teologia surge? Se a moralidade é apresentada de maneira pura, o seu conceito conduz a partir de si mesmo à crença em Deus. Por crença, entende-se aqui, a partir do ponto de vista filosófico, não a confiança em uma revelação, mas a

---

297 Em sua *Metaphysica*, Baumgarten apresenta uma seção dedicada especialmente à teologia natural. Ao versar sobre o conceito de Deus e de sua essência, ele compreende o conceito de onipotência como "a força suficiente para realizar qualquer coisa" (§832) e onisciência como "a ciência de todas as coisas" (§889g).

298 Baumgarten, §955-6 de sua *Metaphysica*: "Ora, Deus é mais proximamente presente a todas as partes substanciais dos corpos neste universo [...]. Deus é mais próximo a cada mônada deste mundo, intimamente presente a cada corpo em qualquer momento dado e de tal forma em relação a todas as ações das criaturas. Portanto, Deus é mais onipresente".

crença que surge do uso da razão.²⁹⁹ Essa crença em um Deus, que surge do *principium* da moralidade, se é prática, é tão poderosa que nenhum fundamento especulativo é necessário para extraí-la do sentimento moral. A razão disso é: a moralidade depende principalmente das disposições mais puras. Mas tais seriam perdidas caso não houvesse um Ser que pudesse percebê-las. É impossível que um ser humano possa possuir e sentir tal valor moral sem acreditar, ao mesmo tempo, que esse valor poderia ser percebido por esse Ser. Mas por que deveríamos nutrir, nesse caso, disposições morais puras que, afinal, ninguém mais pode perceber exceto Deus? Poder-se-ia, depois de tudo, praticar as mesmas ações, mas não por intenção pura, [101] mas impura. // Poderíamos praticar atos beneficentes por honra, por prazer. A ação seria sempre a mesma e os análogos da moralidade produzem o mesmo efeito. Portanto é impos-

---

299 Em sua correspondência com Lavater, de 1775, Kant deixa essa perspectiva bastante clara. Quando perguntado sobre sua opinião em relação à fé e à oração, Kant chama a atenção para a importância de se distinguir "entre os ensinamentos de Cristo e os relatos que temos desses ensinamentos" (AK, X, p.176). Com o objetivo de preservar a pureza da religião, Kant vê, então, a necessidade de "separar entre os ensinamentos morais e os dogmas", uma vez que tais ensinamentos são "a doutrina fundamental do Evangelho". Todo o restante deve ser concebido "apenas como um auxiliar" (AK, X, p.176). Os dogmas "nos dizem apenas o que Deus fez para nos ajudar a ver nossa fragilidade", a lei moral, por sua vez, "nos diz o que devemos fazer para nos tornarmos dignos de justificação". Nossa fé em Deus deve ser, portanto, "incondicional", isto é, não deve ser conduzida pelo "desejo inquisitivo" de conhecer os propósitos divinos ou de alcançar "a salvação da alma". Trata-se, na verdade, de uma "fé moral", "uma confiança incondicional na ajuda divina" a partir "de nossos mais sinceros esforços" (AK, X, p.178).

sível nutrir disposições moralmente puras sem que ao mesmo tempo se conceba que essas disposições se relacionam com o Ser supremo, alguém que pode percebê-las. Também não é possível se voltar para a moralidade quando não se acredita em Deus. Todas as prescrições éticas seriam vãs se não houvesse um Ser que as supervisionasse. Então, isto é a representação de Deus por conceitos morais. Portanto é possível acreditar que um Deus existe sem um conhecimento certo de que Ele existe. Dessa forma, a religião natural tem como qualidade principal a simplicidade, ou seja, o homem mais comum, tanto na teologia quanto na religião natural, é tão versado quanto a mente especulativa. Todo o resto que encontramos na teologia não serve para nada além do que satisfazer nossa sede de saber. A moralidade deve ser vinculada à religião, algo que os filósofos antigos não apreciaram. A religião não é a origem da moral, mas consiste no fato de que as leis éticas sejam aplicadas ao conhecimento de Deus. Se imaginarmos a religião como algo anterior à moralidade, deveríamos ter, no fim das contas, uma relação com Deus, e então esta consistiria na minha pressuposição de Deus como um Senhor poderoso ao qual eu devo bajular. Toda religião pressupõe a moral. Por conseguinte a moral não pode ser derivada da religião. Toda religião que não pressupõe a moral consiste *in cultu externo*,[300] em prestação de serviço e adoração [*Hochpreisung*]. Dessa forma eram todas as religiões pagãs. Elas representavam para si a divindade como temível e por isso rancorosa, diante da qual queimar incenso não seria o suficiente. Por conseguinte todas as religiões pressupõem a moralidade como fundamento. A religião dá

---

300 Culto exterior.

[102] expressão [*Nachdruck*], beleza e realidade à moralidade,[301] pois a moralidade em si é algo ideal. // Se imagino quão belo seria se todos os seres humanos fossem honestos e morais, isso poderia me estimular à condição de ser moral. Mas a moral diz: "tu deves em e por si mesmo ser moral independentemente de como os outros forem". Por esse caminho, a lei moral começa a se tornar em mim um ideal. Seguir a ideia de moralidade sem qualquer esperança de ser feliz é algo impossível. Portanto a moral seria um ideal se não existisse nenhum Ser que levasse a ideia à execução. Por isso deve existir um Ser que dê expressão [*Nachdruck*] e realidade à lei moral. Mas, nesse caso, esse Ser tem de ser santo, benevolente e justo. Sem tal representação, a moral é uma ideia. A religião é aquilo que dá peso à moralidade. Ela deve ser o móbil da moral. Aqui reconhecemos que aquele que se comportou de modo a ser digno da felicidade, também pode esperar alcançá-la, porque existe um Ser que é capaz de fazê-lo feliz. E esta é a primeira origem da religião que é possível também sem qualquer teologia. É uma progressão natural da moral na religião. Na religião, não há a necessidade de ne-

---

301 Um caminho para se interpretar a ambivalência das afirmações kantianas em relação a esse ponto é conceber, como Kant talvez nos permita fazer, que tanto o sumo bem quanto a religião são móbeis da moral não porque determinam diretamente as nossas ações, mas apenas na medida em que ambos, em ligação, nos permitem esperar que a dignidade de ser feliz, que é um mérito conquistado pelas disposições puras da virtude, podem se converter fatualmente em felicidade. A religião seria um móbil da moralidade apenas no sentido de que ela fornece ao sujeito uma convicção racional de que o sumo bem, como objeto integral da razão prática, é realmente possível. Para comentário, consultar Cunha, *O problema do sumo bem nas* Lições de ética *de Kant.*

nhum conhecimento especulativo de Deus. Portanto a moral carrega consigo promessas naturais, pois, caso contrário, não seria capaz de me obrigar. Àquele que não pode me proteger, eu também não devo nenhuma obediência. Mas a moral não pode nos proteger sem a religião. A sentença "somos obrigados à bem-aventurança" é idêntica, portanto, a "todas as nossas ações morais recebem mediante a religião *completudinem*".[302] Sem religião, toda obrigação [*Verbindlichkeit*] é sem móbil. A religião é a condição para se pensar a força obrigante [*verbindende*] da lei. Mas existem homens que praticam o bem sem a religião. Como isso acontece? É muito *commode* dizer a verdade e ser honesto, pois não é necessário refletir antes de fazer, mas apenas falar a coisa como ela é. Portanto seres humanos [103] // desse tipo não agem segundo princípios, mas por intenções sensíveis em direção ao bem de tal modo que, se tais pessoas caem em necessidade e o vício se mostra do lado refinado da moral, ao não ter religião, o vício predomina sob a moral, o que é muito pior. O melhor é o conhecimento de Deus por meio das necessidades morais.

O autor[303] fala da religião interna. A distinção da religião em interna e externa é muito inconveniente. Ações externas podem ser meio da religião interna ou efeitos dela, embora a religião externa seja um absurdo. A religião é algo interno e consiste apenas na disposição. Portanto poderiam existir dois tipos de religião: religião da disposição e religião da observância. Mas a religião verdadeira é a religião da disposição. Ações externas não são ações religiosas, mas são meios ou efeitos da religião.

---

302 Realização.
303 Baumgarten, *Ethica*, §11. Seção 1. Religião interna.

As ações religiosas encontram-se dentro de mim. Os seres humanos podem ser religiosos em todas as suas ações se, a saber, todas as suas ações acompanharem a religião interna. Dessa forma, a religião interna constitui toda a religião. *A piedade é* o bom comportamento por motivos da vontade divina. *Ações* piedosas são aquelas que ocorrem por esses motivos. Mas se o motivo se originou da bondade interna da ação, trata-se da moralidade [*Sittlichkeit*] ou virtude. Portanto a piedade e a virtude são distinguidas não nas ações, mas nos motivos. A piedade não exclui os motivos virtuosos, mas na realidade os exige. O motivo próprio da ação deve ser a virtude em si, pois Deus nos obriga a isso porque é internamente bom em si mesmo. Portanto o motivo é a moralidade e não a vontade divina, pois a vontade divina diz respeito exatamente à bondade interna e à disposição. O fato de a ação ocorrer a despeito do motivo

[104] e do propósito // não é assunto da religião, mas diz respeito à religião o fato de que ela ocorra por disposição. A vontade divina é, no entanto, o móbil, embora não seja nenhum motivo. Um homem piedoso seria aquele que considera bem as observâncias e os meios da religião. Mas um homem que teme a Deus já significa algo mais, a saber, é aquele que demonstra certa pontualidade na observação dos meios da religião. Um homem escrupuloso é aquele que representa para si mesmo um juiz divino. São ações piedosas aquelas que são virtuosas a partir da religião. Porém, ações que são viciosas em relação à religião, são ações ímpias [*gottlose*]. A religião sobrenatural pode ser diferenciada da teologia sobrenatural. A teologia pode ser sobrenatural ou revelada, mas a religião pode ser natural, a saber, se contiver apenas os deveres que compreendo mediante a razão em relação ao Ser supremo. Portanto é possível uma

religião natural em uma teologia sobrenatural. Mas, olhando mais a fundo, se descobrirá que os seres humanos possuem, mesmo em uma teologia sobrenatural, uma religião natural. Se tivessem uma religião sobrenatural, teria também de ser encontrado entre eles um auxílio sobrenatural. Vemos, no entanto, que os seres humanos apenas praticam os deveres que podem reconhecer naturalmente mediante a razão. A religião natural deve ser diferenciada da sobrenatural, não de modo que ambas se oponham,[304] mas de modo que a natural seja concebida como o uso do conhecimento de Deus (na medida em que é possível através da razão do ser humano) e como estando vinculada à moralidade. A religião sobrenatural é o complemento da religião natural por meio de um auxílio divino superior. Se, na religião sobrenatural, há muito que pode suprir a fraqueza do ser humano, a questão que se levanta é: o que então pode ser imputado ao ser humano? Tudo o que foi produzido natural-

---

304 Desde meados de 1760, Kant insiste no fato de que não há oposição entre religião natural e teologia sobrenatural. Essa posição é a base sobre a qual Kant busca estabelecer, já nesse contexto e em consonância com sua posição madura, uma doutrina da graça baseada nos pressupostos racionais da crença moral. Como lemos nas *Anotações* de 1764-1765: "Uma teologia sobrenatural pode, todavia, estar ligada a uma religião natural. Aqueles que acreditam na teologia cristã, todavia, possuem somente uma religião natural na medida em que a moralidade é natural. A religião cristã é sobrenatural em relação à doutrina e também às forças para exercê-la. Quão pouco os cristãos normais têm um motivo para romper com as causas naturais. O conhecimento de Deus é especulativo – e este é incerto e passível de erros perigosos – ou moral através da fé e esta não supõe nenhuma outra propriedade em Deus além daquelas que têm como objetivo a moralidade. Esta fé é natural ou sobrenatural; aquela é..." (AK, XX, p.57).

[105] mente mediante // suas forças lhe pode ser imputado. Através de tal comportamento e do bom uso de suas forças naturais, ele torna-se agora digno de todo complemento de sua fragilidade.[305] Dessa forma, a religião natural não é oposta à sobrenatural, mas a sobrenatural é um complemento dela. A religião natural é uma verdadeira religião, só que incompleta. Por meio dela, devemos reconhecer o quanto podemos fazer a partir de nossa própria força e o quanto nos pode ser imputado. Se simplesmente nos comportarmos dessa maneira, tornamo-nos dignos do complemento. O que nos torna capazes de receber a completude e o complemento das nossas imperfeições através do meio sobrenatural da religião? Nada além do que o bom uso da religião natural. Portanto a religião sobrenatural pressupõe a natural. O ser humano que não se comporta como deve naturalmente não pode esperar nenhum auxílio sobrenatural.

---

305 Nas *Anotações* nas *Observações*, Kant já demonstra lucidez em relação ao único caminho possível para que a teologia sobrenatural possa ser adequada à religião natural como um complemento: "Começar pelo aperfeiçoamento da moralidade de acordo com a ordem natural e, depois de despender nisso a maior quantidade de esforço possível, esperar a ajuda sobrenatural de acordo com a ordem dos decretos divinos expressos na revelação. Pois, quando se começa com a revelação, não é possível esperar, pela ordem da natureza, um aperfeiçoamento moral a partir desse ensinamento como seu resultado" (AK, XX, p.190). Do mesmo modo, na *Religião nos limites da simples razão*, é notável o esforço de Kant em dissociar-se da doutrina da graça compreendida como aquela que reduz o homem a um estado de passividade moral (AK, VI, p.94). A doutrina da graça só se justifica enquanto uma doutrina interna à moral e o complemento dado pela ajuda divina, isto é, o auxílio em vista da debilidade humana é sustentado por uma crença racional moral. Ver a discussão entre Wood e Silber em Wood, *Kants Moral Religion*.

Dessa forma, não podemos adotar a religião natural de última hora e ser imediatadamente apoiados por um auxílio superior, negligenciando a religião natural. Poderíamos menos ainda dispensar a teologia natural e imediatamente recorrer à teologia sobrenatural e à revelada. Não obstante, a religião natural é a condição necessária sob a qual poderíamos nos tornar dignos do complemento, uma vez que a religião sobrenatural é um suplemento da natural. Somente nossa boa conduta nos torna dignos do auxílio superior, pois a religião natural é o conjunto de todas as ações morais e a sobrenatural é o complemento para a incompletude dessas ações morais. Se abandonássemos a religião natural, a sobrenatural seria algo passivo, pois o homem teria que deixar Deus fazer o que bem entendesse com ele. Ele não teria, dessa forma, nada a fazer, uma vez que tudo teria de acontecer de modo sobrenatural. Mas, se a moralidade tem de estar nas nossas ações, a religião natural deve vir antes. Portanto tem de haver uma religião natural em todo ser humano que lhe possa ser imputada e mediante a qual ele se torne digno do complemento.

// Dos erros da religião

Os erros da religião devem ser diferenciados dos erros teológicos. Erros teológicos são aqueles que se relacionam com o conhecimento de Deus. Mas os erros da religião se relacionam com a corruptibilidade da moralidade. Os erros que afetam a moralidade são *heresias* (*Haeresis*). Os erros que afetam a teoria ou a teologia são meras *heterodoxias* (*Heterodoxie*). Portanto devemos dividir esses erros naqueles que afetam a teologia, a moral ou a religião. Pode haver erros teológicos que não afetam a religião e a religião pode ser muito boa, embora seu conhecimento de Deus seja bastante antropomórfico. Uma religião natural pode sempre ser boa, mesmo que seja incompleta. A religião natural pode ser boa em todos os casos. Mas eximir-se das forças naturais e se abandonar às sobrenaturais é a religião do indolente.

    A ignorância diz respeito parcialmente à teologia, parcialmente à religião. Na teologia somos todos muito ignorantes. A causa disso é que o conceito de Deus é uma ideia considerada o conceito-limite da razão e a totalidade de todos os conceitos derivados. Nesse conceito, busco empregar todas as propriedades, caso elas se adéquem. Somos muito deficientes ao determinar esse conceito. A ignorância na teologia pode ser grande, mas, em relação à religião e à moralidade, ela não é levada em consideração. No que se refere aos erros em relação à teologia, os seres humanos sempre cometeram erros quando especularam, embora tais erros de modo algum tenham afetado a religião, sendo separados completamente dela. Mas em tais conhecimentos de Deus, nos quais a influência em nossa conduta é grande, devemos ver se nenhum erro afeta a religião. Por isso, em vista dos erros teológicos, somos bastante sutis, // porque eles poderiam afetar a religião. Assim, devemos evitar tanto quanto possível tais erros. O remédio caseiro [*Hausmittel*] nesse caso é não julgar em absoluto de forma dogmática. Dessa forma não incorremos em nenhum erro. Por exemplo, não se envolver de modo algum em investigações sobre se Deus é onipresente. É suficiente que eu apenas saiba que ele é o modelo de perfeição moral e que, uma vez que Ele é benevolente e justo, também compartilhará o destino conforme a conduta. Desse modo, não decaímos em nenhum erro e não é necessário recorrer ao julgamento dogmático.

Entre os erros da teologia contamos primeiramente o ateísmo,[306] que é de dois tipos: a ausência de referência e a negação de Deus. O primeiro é aquele no qual não se sabe nada de Deus. Mas a negação de Deus é aquele erro no qual se declara dogmaticamente que Ele não existe. Porém ainda não se pode dizer, daquele que é destituído do conhecimento de Deus, que é destituído também das ações morais. Ele apenas não sabe que existe um Deus. Se ele soubesse, ainda poderia ter religião. A falta de referência ainda pode ser remediada. Mas, por outro lado, existe, por sua vez, um tipo de homem tão mau que, mesmo sabendo que existe um Deus, vive como se Ele não existisse e então seria melhor se ele não soubesse de Sua existência, pois assim seria desculpável. Suas ações são contrárias [*Religionswiedrig*] à religião e não destituídas de religião. O ateísmo pode residir na pura especulação, mas na prática tal pessoa pode ser um teísta ou adorador de Deus. Seu erro estende-se à teologia, mas não à religião. Aquelas pessoas que decaíram no ateísmo a partir da especulação não são tidas como tão más como de costume. Seu entendimento apenas foi corrompido, mas não sua vontade. Spinoza, por exemplo, fez aquilo que um homem religioso deveria fazer. Seu coração era bom e seria corrigido facilmente. Ele apenas se excedia em demasia // nos fundamentos especulativos. O ateísmo é um tipo de erro da teologia que tem influência na moralidade e na religião, pois, nesse caso, as regras da boa conduta não têm nenhuma força movente. Existem ainda outros tipos de erros na teologia que, porém, omitiremos, posto que eles pertencem mais à *Teologia rationalis* do que à ética. Não obstante, em vista

---

306 Baumgarten, *Ethica*, §105.

do teórico — e, na verdade, em relação ao conhecimento —, citamos dois tipos de excentricidades errôneas: a sofisticação [*Vernünftlerei*] e a superstição. E em relação ao coração, o escárnio religioso [*Religionsspöterei*] e o fanatismo. Esses são os limites da excentricidade.

No que diz respeito à sofisticação, ela consiste no desejo de derivar, pela razão, necessariamente o conhecimento de Deus que subjaz à religião e de discerni-lo e prová-lo como necessário. Mas não há qualquer necessidade disso. Na religião, o conhecimento de Deus pode ser fundado tão somente na crença. Desde que consideremos Deus meramente como o princípio da moralidade e O reconheçamos como um legislador santo, um governante benevolente do mundo e um juiz justo, isso é suficiente para uma crença em Deus, na medida em que ela deve fundamentar a religião, sem poder prová-la logicamente. Portanto a sofisticação é o erro no qual alguém não aceita nenhuma outra religião além daquela que é baseada em uma teologia que pode ser discernida através da razão. Mas o ser humano, que requer a teologia para a religião, não tem de discernir e provar necessariamente isto, pois, assim como o ateísmo, também o espinozismo, o deísmo e o teísmo dificilmente podem ser provados. Portanto há necessidade apenas de uma hipótese racional pela qual eu possa determinar tudo de maneira suficiente segundo regras da razão. Esta é uma hipótese necessária. Se ela for deixada de lado, não é possível produzir qualquer conceito, nem da ordem da natureza, nem da conformidade a fins, nem mesmo discernir a razão pela qual deveríamos ser [109] obedientes à lei moral. Se // pressuponho essa hipótese necessária, aceito um legislador santo etc. e então não me envolverei em nenhuma controvérsia especulativa nem vou ler tais livros que buscam afirmar o contrário, posto que, no fim das contas, isso não é de nenhuma ajuda e não pode me dissuadir dessa crença. Nesse caso, pois, eu não possuiria nenhum fundamento firme se isso fosse tornado controverso para mim. O que então se deve fazer? Isso é exatamente a mesma coisa que eu tomar a decisão de deixar de lado todos os fundamentos [*Grundsätze*] da lei moral e ser um malfeitor. Mas, no fim das contas, a lei moral ordena e reconheço igualmente que é bom lhe ser obediente, embora, sem um governante supremo, ela não tenha nenhum valor e validade. Portanto não questionarei isso a partir de nenhum fundamento especulativo, mas a partir da minha necessidade e não posso me satisfazer de nenhum outro modo do que a aceitando. Por conseguinte, a sofisticação em questões de religião é perigosa. Se nossa religião tivesse de se basear em fundamentos especulativos – quando se deseja exigir prova de tudo –, seria assegurada de maneira muito deficiente, pois a razão pode cometer muitos erros. Portanto, para que a religião seja assegurada, toda sofisticação deve ser suprimida. Por outro lado, a superstição[307] é algo contrário à razão. Ela consiste não em princípios, mas em um método. Se assumimos como princípio do juízo na religião algo que se funda no medo, nas lendas antigas ou na reputação das pessoas, trata-se de uma fonte de superstição na qual a religião é fundada de maneira muito

---

307 Conforme a definição do *Escrito da religião*: "A ilusão de mediante ações religiosas do culto obter algo em vista da justificação perante Deus é a *superstição* religiosa; assim como a ilusão de tal querer levar a cabo por meio do esforço em vista de um suposto trato com Deus é o *fanatismo* religioso. – É ilusão supersticiosa pretender tornar-se agradável a Deus por ações que todo o homem consegue fazer sem que tenha justamente de ser um homem bom" (AK, Rel., VI, p.174).

incerta e não confiável. A superstição sempre se introduz na religião, uma vez que os seres humanos não são inclinados a seguir as máximas da razão, quando eles derivam da sensibilidade o que deve ser derivado de um princípio intelectual. Se, por exemplo, as observâncias, que são apenas os meios para a religião, são assumidas como princípios, a religião é supersti-

[110] ciosa. Porém a religião é algo que se funda na // razão, mas não na sofisticação. Se, portanto, me afasto das máximas da razão e me deixo conduzir pela sensibilidade, trata-se de superstição, enquanto o direcionamento do conhecimento na religião por meio da simples especulação é a sofisticação. Ambos são prejudiciais à religião. A religião se funda apenas na crença, que não necessita de nenhuma prova lógica, já sendo, em vez disso, suficiente pressupô-la como uma hipótese necessária.

Por outro lado, há dois extremos da excentricidade que, a partir da disposição, opõem-se à religião. São eles, decerto, o escárnio e o fanatismo [*Schwärmerei*]. O escárnio é quando alguém não apenas não leva a religião a sério, mas também considera a religião até mesmo como algo absurdo, tratando-a como merecedora de ser subestimada. Uma vez que a religião é algo importante, não é nenhum objeto de escárnio. Se, por exemplo, um juiz está diante de um malfeitor, ele não zombará dele, uma vez que se trata de algo importante que pode custar a própria vida do homem. Portanto, ainda que possa conter tantos absurdos, uma religião não é de modo algum objeto de escárnio, pois os homens que a possuem estão interessados nela, já que seu bem-estar futuro depende disso e, dessa forma, eles são mais dignos de pena do que de escárnio. Em geral, zombar da religião é uma transgressão horrível, pois ela é uma coisa importante. Não devemos considerar, não obstante, aquele que fala de modo bem-humorado da religião imediatamente como um escarnecedor. Internamente, tais pessoas possuem religião, mas dão vazão ao seu bom humor e à sua graça, algo que não se estende tanto à religião quanto a certas pessoas. Isso não é para ser aprovado, mas, no fim das contas, não deve ser considerado zombaria. Muitas vezes isso acontece a partir da falta de reflexão, da vivacidade e da carência de comprovação suficiente. O fanatismo é uma condição segundo a qual alguém excede sobre e além da máxima da razão. A superstição estende-se para dentro dessa máxima, mas o fanatismo vai além dela. A superstição funda-se em princípios // sensíveis, mas o fanatismo em princípios místicos e hiperfísicos.[308] O escárnio é parcialmente dirigido à superstição e parcialmente ao fanatismo. Ele não é apropriado, mas mesmo assim é um meio de tirar tais pessoas da ilusão e do equívoco engendrado por suas intuições celestes e supersticiosas. A sofisticação [*Vernünftelei*] ou racionalismo é contrária à superstição. Mas se quisermos contrastar duas coisas na prática da religião, então seriam: a piedade [*Frömmigkeit*] e a beatice [*Andachtelei*]. Fervor religioso ou beatice significa, assim como a sofisticação, um jogo e, portanto, deve ser distinguido da devoção [*Andacht*]. A piedade é algo prático e consiste na observância das leis divinas a partir do motivo da vontade divina. A beatice consiste no zelo de reverenciar a Deus de modo a

---

308 "Mas diz-se fanática uma ilusão em que o meio imaginado, enquanto suprassensível, não está sequer na capacidade do homem, ainda sem olhar para a inatingibilidade do fim suprassensível assim intentado; pois o sentimento da presença imediata do ser supremo e a distinção deste sentimento em relação a outro, inclusive o sentimento moral, seria a suscetibilidade de uma intuição para a qual não há sentido algum na natureza humana" (AK, Rel., VI, p.174).

apresentar palavras e expressões de submissão e dedicação com o propósito de obter graça para si por meio de testemunhos de honra e louvores. Adotar dessa maneira o modo de venerar a Deus é algo horrível e abominável, pois acreditamos, nesse caso, ganhar a Deus sem qualquer moralidade, mediante lisonja, e O imaginamos como um Senhor mundano, a quem procuramos agradar mediante atitudes servis de submissão, louvores e adulações. Devoção [*Andacht*] é a relação mediata do coração a Deus visando sua prática efetiva, tornando eficiente o conhecimento de Deus em nossa vontade. Portanto a devoção não é nenhuma ação, mas um método para se tornar preparado para ações. A verdadeira religião, no entanto, consiste nas ações, no exercício da lei moral e no fazer aquilo que Deus deseja. Mas, para estarmos prontos para isso, é necessária prática e isso é a devoção. Buscamos adquirir, dessa forma, um conhecimento de Deus que nos causa uma impressão de modo a sermos impelidos dessa maneira à prática e a realizar a lei moral. // Portanto não é reprovável que alguém seja devoto (*andachtig*), ou seja, que uma pessoa busque dessa forma se preparar para o exercício e para executar ações bem-intencionadas. Mas se alguém exercita seu conhecimento de Deus com o propósito de torná-lo frutífero e se depara com um desafortunado miserável lhe implorando ajuda, mas não quer ser perturbado por isso em sua atividade de devoção, então esse fato é bastante absurdo, pois a devoção é um exercício para boas ações. Ora, aqui se encontra um caso no qual a boa ação, para a qual ele tem se exercitado por meio da devoção, deve ser realizada. Ora, ele deve praticar aquilo para o que procurou se habituar, como um meio, através da devoção. A devoção como uma mera ocupação e como uma atividade à parte é em si mesma bastante desnecessária,

[112]

pois se chegamos, por meio do exercício de boas ações, ao fato de podermos acreditar que o conhecimento de Deus em nós é suficientemente forte para causar uma impressão a ponto de praticarmos ainda mais ações boas, não se precisa de nenhuma devoção, uma vez que aqui se encontra o verdadeiro temor a Deus, no qual o efeito se mostra sempre nas ações. Portanto o temor a Deus pode ser praticado através de simples ações e não por meio da devoção.

Da descrença

O autor[309] discute agora a descrença, embora ainda não tenha discutido a crença. Gostaríamos de esclarecer esse conceito, pois ele é aqui necessário na ética. A crença pode ser compreendida de duas maneiras. Em primeiro lugar significa a habilidade de dar confirmação a um testemunho e esta é então a crença histórica. Muitos podem não possuir a crença histórica por incapacidade de seu entendimento ao não serem capazes de compreender os testemunhos. O juízo histórico é diferente entre os homens, mesmo quando os dados são os [113] mesmos e não é possível convencer alguém // de algo em que não acredita, por exemplo, nas notícias de jornal. Na crença histórica, no entanto, há discrepâncias para as quais não podemos indicar mais razões do que na discrepância do gosto. Assim, Bulenger[310] acredita que os sete reis em Roma representam os sete planetas. Portanto mesmo em relação à crença histórica há

---

309 Baumgarten, *Ethica*, §65.
310 Provavelmente uma referência ao padre jesuíta J. C. Bulenger (1558-1628), autor do *Opusculorum Systemata* (1621).

uma propensão para a descrença. O homem é mais inclinado a duvidar e a investigar do que a aprovar. Ele considera mais seguro suspender o juízo. Mas isto se baseia no entendimento e também no fato de que, além do mais, somos frequentemente enganados com relatos, embora não por má intenção, mas para nos resguardar do erro, apesar de que, quando cortamos todo o acesso a essas informações, entramos no caminho da ignorância. Mas aqui não estamos preocupados com a crença histórica, posto que ela tem seu lugar no entendimento e não na vontade, mas estamos preocupados apenas com o que diz respeito à moralidade. Em outra conotação, a crença é quando se acredita na realidade da virtude. A descrença moral existe quando não se acredita em sua realidade. Esse é um estado misantrópico que crê que a virtude é apenas uma ideia. Trata-se de uma máscara de vaidade para satisfazer nossa inclinação. Pode-se ir longe nisso, a ponto de não admitir para o ser humano nem mesmo um análogo da virtude. Para tais homens não é possível nem mesmo se considerar um homem honesto e, dessa forma, ele não vai se esforçar nunca para se tornar um. Não é bom suspeitar da virtude e do germe do bem, algo que muitos eruditos fizeram com o propósito de mostrar melhor ao homem seu estado corrompido e para retirar-lhe a ideia de que poderia ser virtuoso. Mas isso é bastante odioso [*Verhasst*], pois a imperfeição do homem já é demonstrada posteriormente a partir da pureza da lei moral. Aquele que procura o germe do mal [*des Bösen*] no ser humano é quase um advogado do diabo. Assim,

[114] um certo Hofstede // tentou, diante de Bélisaire,[311] minar a

---

311 Trata-se de uma referência à novela filosófica *Bélisaire*, do escritor e historiador francês Jean-François Marmontel. Especificamente,

virtude. Qual utilidade isso tem para a religião? É muito mais útil, por exemplo, quando ouço falar, a despeito de ser verdadeiro ou inventado, do caráter de Sócrates como perfeitamente virtuoso, procurando tornar essa figura ainda mais perfeita em vez de tentar expor suas falhas. Isso, no fim das contas, eleva minha alma à emulação da virtude, sendo um móbil para mim. Mas aquele que prega essas descrenças contra a virtude e o germe do bem no ser humano, quer com isso dizer que todos nós somos patifes por natureza e que não deveríamos confiar em nenhum homem que não fosse iluminado pela graça e pelo auxílio de Deus. Mas essas pessoas não pensam que tal sociedade de seres humanos radicalmente maus de nenhum modo seria digna do auxílio de Deus. Pois a ideia do mal diabólico, na qual não existe em absoluto qualquer germe do bem e nem mesmo uma boa vontade, é algo completamente puro em relação à sua espécie, assim como a bondade angelical e celeste, por sua vez, é totalmente pura em relação ao mal. Mas, nesse caso, não é de modo algum possível que tais seres humanos possam ter auxílio, pois, se assim fosse, Deus deveria recriá-los e não os ajudar. Portanto o ser humano possui virtude e qualquer presunção de sua virtude já é suprimida pela pureza da lei moral. Por conseguinte devemos acreditar na virtude. Se não fosse assim, o bandido mais terrível seria tão bom quanto qualquer outra pessoa, posto que, afinal, tal pessoa tem em si um germe para roubar e apenas as circunstâncias se dispuseram

---

Kant refere-se, nas palavras de sua *Antropologia*, ao predicador da reforma anglicana em Amsterdã, "*Hofstede* em seu ataque ao *Belisário* de Marmontel", que entende que "caluniar também a um Sócrates, para impedir que alguém acredite na virtude, é cometer alta traição contra a humanidade" (AK, VII, p.153).

de tal modo que um é bandido e o outro não. Muitos declararam que não se encontra nenhum germe do bem no homem, mas só o germe do mal, e apenas Rousseau afirmou o contrário. Esta é a descrença moral.

O segundo tipo de descrença é a descrença religiosa. É quando não se acredita que existe um Ser que recompensa tanto as boas disposições de acordo com Seu comprazimento quanto // compartilha as boas consequências de acordo com nossa boa conduta. Por meio de uma lei moral, vemo-nos instruídos às boas disposições, como princípios de nossas ações, e, através da equidade[312] [*Billigkeit*] dessa lei, somos adstringidos a cumpri-la com precisão de modo a termos uma lei santa. Não podemos, entretanto, cumprir essa lei tão puramente. Nossas ações são muito imperfeitas em relação à lei, de modo que, quando não defraudamos nosso juiz interior, que julga segundo essa lei e damos a ele férias, elas são repreensíveis a nossos próprios olhos. Aquele que percebe isso, deveria por fim desistir de observar tal lei, uma vez que ele não poderia subsistir perante um juiz santo e justo. Portanto o homem mostra-se muito defeituoso de acordo com a lei moral, mas a crença num complemento de nossa incompletude na moralidade compensa nossa carência. Se tão somente nutrimos boas disposições e nos empenhamos com todas as nossas forças para cumprir a lei moral, podemos esperar que os céus nos concederão meios de remediar tal incompletude. Se, portanto, nos empenhamos com toda a força para cumprir a lei moral, somos posteriormente também dignos do auxílio divino. Ora, se alguém sustenta essa crença, trata-se da crença religiosa em relação à nossa

---

312 Em Collins, lê-se "santidade".

conduta e a primeira parte da crença. A outra parte é considerada apenas como uma consequência, a saber, se precisamos nos comportar assim, podemos esperar uma recompensa. Portanto existe uma descrença na religião natural e ela é a causa de todas as cerimônias[313] na religião, pois os homens acreditam compensar a moralidade ganhando Deus através de ações não morais. Então, quando falta a verdadeira crença religiosa, o resultado disso é que, uma vez que o homem encontra incompletude em si mesmo e por isso deve acreditar no auxílio divino, ele se dirige a cerimônias, peregrinações, mortificações, // jejuns, aspectos por meio dos quais quer suplementar sua incompletude e isso omite o que poderia torná-lo digno de um auxílio divino.

Edificação [*Erbauung*] significa o cumprimento de uma disposição prática e ativa, na medida em que esta se origina da devoção. Seres humanos podem ser devotos (*andachtig*) sem edificarem a si mesmos. Edificar significa o mesmo que construir alguma coisa. Portanto devemos erigir um edifício especial da disposição moral. Este tem como fundamento um conhecimento de Deus que dá expressão, vida e força movente às leis morais. A edificação é, portanto, um efeito da devoção, a perfeição de uma disposição realmente ativa do coração para agir conforme à vontade de Deus. Portanto, quando é dito que o pregador fez seu sermão de maneira edificante, não significa que ele tenha construído alguma coisa por meio disso, mas que é possível dessa forma erigir um edifício, um sistema de disposições práticas ativas, que nesse caso ainda não foi edi-

---

313 Em Collins, encontramos "prática religiosa". Mas em Kaehler, "cerimônia".

ficado, já que ainda não existe nada a esse respeito. O homem pode inferir a verdade de sua edificação apenas a partir de sua vida ulterior e o pregador, contudo, a partir das consequências que foram produzidas por sua edificação. Dessa forma, a força edificante do pregador consiste não em palavras, expressões exteriores, vozes, mas no fato de que seu discurso tem força para erigir um edifício de temor a Deus nos ouvintes. Portanto muitos dizem querer edificar, mas edificar é construir um edifício de piedade [*Gottseligkeit*] dentro de alguém.

O autor[314] discute ainda o conhecimento teórico e prático de Deus, o qual já rememoramos anteriormente. A especulação em relação a Deus diz respeito a muita coisa, mas não à religião, cujo conhecimento tem de ser prático. A teologia pode decerto conter conhecimento especulativo, que no entanto, nesse sentido, não pertence à religião. Portanto um doutrinador justo irá omitir conhecimento especulativo da religião de modo que o homem torne-se mais atento // ao prático. A cisma religiosa [*Religionsgrübelei*] e a sutileza podem ser consideradas como obstáculos à religião, posto que elas nos desviam do prático. Ora, para saber o que diz respeito à religião e à especulação, devemos empregar os seguintes testes: aquilo que não faz nenhuma diferença para minhas ações e que pode ser respondido dessa ou daquela maneira, não diz respeito à religião, mas à especulação. Então, se é indiferente para a a regra de conduta, trata-se de especulação e não de religião.

[117]

O autor[315] discute o contentamento com a vontade divina. Podemos ser pacientes por necessidade, porque é algo que não

---

314 Baumgarten, *Ethica*, §70.
315 Baumgarten, *Ethica*, §75.

podemos mudar e a queixa é inútil. Esse contentamento aparente não é condizente com a bondade moral e com a vontade divina. O contentamento com a vontade divina consiste, não obstante, no comprazimento [*Wohlgefallen*] e no prazer em relação ao governo divino. Uma vez que esse contentamento é universal, deve ser encontrado em todas as circunstâncias nas quais podemos sempre chegar, independentemente de quais forem, sejam boas ou más. Tal contentamento é igualmentemente possível? Não devemos fazer do ser humano alguém hipócrita. É contra a natureza do homem estar em aflição e necessidade e ainda agradecer a Deus por isso. Pois, se agradeço a Deus por isso, significa que estou contente e que não há nenhuma aflição. Mas como agradecer a Deus por aquilo que desejamos que não houvesse acontecido? É possível, no entanto, mesmo em toda necessidade e tormento, ainda estar em posse de uma tranquilidade e de um contentamento. Podemos estar entristecidos e ainda satisfeitos, sem ter que agradecer a Deus por esse fato, embora isso não possa acontecer através dos sentidos. Somos capazes de discernir por meio da razão, que nos concede também um fundamento para acreditar que o governante do mundo não faz nada que não deveria ter um fim. Por conseguinte, encontramos consolo nos males da vida, mas não além deles. Trata-se de uma bravura e de um contentamento com o curso de toda vida. Podemos ser gratos a Deus // de duas maneiras. Podemos ser gratos por Sua intervenção extraordinária ou por Sua providência universal. O primeiro caso relaciona-se à impertinência [*Vorwitz*] de nosso juízo sobre Seu governo e Seus fins. O outro caso relaciona-se ao juízo segundo o qual atribuímos algo à providência universal de Deus apropriadamente à modéstia, de acordo com o dever, que temos de observar na apreciação de Seus caminhos. Os caminhos de Deus são intenções divinas que determinam o governo do mundo. Não devemos tentar determinar essas intenções de maneira particular, mas julgá-las de maneira geral, de modo que nisso impere santidade e justiça. É presunção desejar reconhecer e determinar os caminhos particulares de Deus e as Suas intenções, assim como é presunçoso tentar determinar o bem que nos ocorre em particular tal como quando alguém ganha na loteria e deseja atribuir isso a Deus como uma destinação particular Dele. Certamente isso faz parte da providência divina universal, mas querer reconhecer que eu fui escolhido como um filho afortunado de Deus é presunção. Deus tem intenções e fins universais e algo pode ser uma consequência de uma intenção maior, mas não de uma intenção particular de Deus. Trata-se da realização de uma intenção maior de Deus. Por conseguinte, as pessoas que atribuem todos os incidentes particulares à providência divina e dizem que Deus as cobriu com favores e com fortuna, acreditam prestar reverência a Deus por causa disso. Elas também supõem que isso está ligado à religião e que deveriam ter respeito por Deus por tê-las favorecido, atribuindo tudo imediatamente à Sua intervenção particular. Tudo faz parte da providência universal. Por isso é melhor nos abstermos do discurso de querer determinar as intenções de Deus em particular. No curso do mundo, assumido em sua totalidade, tudo se funda no provedor [*Vorsorger*] benevolente e podemos esperar que tudo aconteça no geral segundo a providência de Deus. A universalidade da natureza

[119] deveria incitar nossa gratidão e não // circunstâncias particulares, que certamente nos dizem mais respeito, embora isso não seja assim tão nobre. A renúncia e a resignação em vista da

vontade divina é nosso dever. Renunciamos à nossa vontade e entregamos as coisas a outro quando compreendemos que Ele as entende melhor e tem um julgamento melhor em relação a nós. Portanto temos, certamente, razões para entregar tudo a Deus e permitir que a vontade divina assuma o controle. Isso não quer dizer, entretanto, que não deveríamos fazer nada e permitir que apenas Deus faça tudo, mas que devemos entregar a Deus aquilo que não se encontra em nosso poder, fazendo aquilo que devemos fazer e que se encontra em nosso poder. E isso é a resignação à vontade divina.

Da confiança em Deus sob o conceito de crença

Tomamos aqui crença no sentido de que devemos fazer o melhor que se encontra em nosso poder e, decerto, na esperança de que Deus vai compensar a fraqueza de nossa conduta de acordo com sua bondade e sabedoria. Portanto a crença significa a confiança de que Deus compensará aquilo que não está em nosso poder, se tivermos feito tudo o que está em nosso poder. Essa é a crença da humildade e da modéstia, que está vinculada com a resignação [*Ergebenheit*]. Essa crença não prescreve nada mais do que fazer o que está de acordo com nossa capacidade de cumprir nosso dever e esperar, sem uma determinação, um complemento. De tal pessoa se pode dizer que tem uma crença incondicional. Esta é a crença prática. Portanto a crença prática não consiste no fato de que Deus realizará nossas intenções apenas se confiamos firmemente Nele, mas no fato de que de modo algum prescrevemos qualquer coisa a Deus por meio de nossa vontade, mas deixamos tudo à Sua vontade. Se apenas tivermos feito aquilo que é possível segundo nossas faculdades naturais, Ele

[120] vai compensar nossa fraqueza e incapacidade através dos meios que conhece melhor. // A confiança carnal consiste em uma firme convicção [*Zutrauen*], através da qual se busca impressionar a Deus com o propósito de satisfazer nossas inclinações carnais. Intenções carnais dizem respeito à satisfação de nossas inclinações que são dirigidas à sensibilidade. Confiança carnal é quando determinamos os fins mundanos de nossas próprias inclinações. Não podemos acreditar que nossa confiança, em vista da satisfação de nossas inclinações, possa ser um motivo para que Deus também realize nossos desejos. Os fins da divindade têm de ser determinados por Deus. Não podemos determinar qualquer fim do mundo. O único objeto de confiança espiritual é o da moralidade pura – a santidade do ser humano – e, então, sua bem-aventurança [*ewige Glückseligkeit*] sob a condição da moralidade. Podemos confiar nisso com toda a certeza e ter uma confiança incondicional em relação a isso. O autor chama de *tentatio Dei*[316] ter uma confiança carnal em Deus. Isto é, pretender que nossa confiança em Deus seja um motivo para que Deus realize nossas intenções carnais. É uma tentativa de ver se não podemos determinar, por meio da confiança em Deus, os decretos divinos conforme nossa vontade. Não posso ter certeza, com razão, de que Deus vai fazer qualquer coisa além daquilo que está incluído no plano universal de sua sabedoria. Ora, uma vez que não posso saber nada sobre isso, é presunção determinar os fins divinos que governam o mundo e acreditar que meu desejo tolo se encontra no plano da sabedoria divina. Portanto aquele que tenta, através de desejos temporais, mover Deus a se desviar do plano supremo de Sua sabedoria para satisfazer

---

316 Baumgarten, *Ethica*, §83-4. Tentação de Deus.

Lições de ética

[121] seu desejo, está tentando Deus. Trata-se de uma ofensa a Ele. Ora, o que se deve dizer dos que acreditam que aí se encontra a verdadeira crença? Dessa forma, a fim de que nossa confiança se harmonize com o plano da // sabedoria de Deus, nossa confiança deve ser uma confiança sábia, a saber, quando confiamos que Deus faz aquilo que se harmoniza com sua sabedoria, pois, visto que não conhecemos nem podemos determinar isso, nossa confiança tem de ser incondicional de modo a acreditarmos, de maneira geral, que Deus nos prestará seu auxílio, segundo sua benevolência e santidade, tanto em relação à moralidade quanto para nos deixar participar da bem-aventurança. Nossa conduta em relação a Deus é de três tipos: podemos honrar a Deus, amar a Deus e temer a Deus. Honramos a Deus como um legislador santo. Amamos a Deus como um governante benevolente. E tememos a Deus como um juiz justo. Honrar a Deus é considerar sua lei como santa e justa, venerando e tentando cumpri-la em sua disposição. Podemos honrar externamente alguém, mas a veneração surge da disposição do coração. A lei moral é a nossos olhos respeitável, estimável e honrável. Ora, se consideramos Deus como o seu autor, temos de honrá-Lo de acordo com a dignidade moral suprema. Há ainda outros casos para honrar Deus de modo prático?[317] Certamente, podemos nos maravilhar com Deus, admirar sua grandeza e imensidão e também reconhecer nossa insignificância em relação a Ele, mas somos capazes de honrar a Deus tão somente de acordo com a moralidade. Igualmente, não podemos honrar um ser humano a não ser segundo a sua moralidade. Podemos admirar sua habilidade

---

317 Em Collins, não encontramos uma frase interrogativa. Kaehler segue a versão de Menzer.

e diligência, mas não honrar. Só podemos amar a Deus como um governante benevolente, mas não devido às suas perfeições, pois elas são para Ele dignas de admiração e não dignas de amor. Podemos amar apenas aquele que está em posição de nos conceder algo que é bom e, portanto, amamos em Deus apenas a Sua vontade benevolente. O temor a Deus dirige-se não à santidade ou à benevolência, mas à justiça de seu tribunal. Como um juiz justo, Deus tem de ser temido.[318] // O temor de Deus deve ser distinguido do temor diante de Deus. O último ocorre quando se é considerado culpado de uma transgressão. Porém o temor de Deus é a disposição de ter de se conduzir de modo a sermos capazes de nos justificar diante dele. Portanto o temor de Deus é uma maneira de evitar o temor diante de Deus. Se o temor de Deus liga-se com o amor a Deus, chama-se de temor infantil, uma vez que cumprimos seu mandamento de bom grado e por boa disposição. Contudo o temor diante de Deus é um tipo de temor escravo e nasce quando nossa obediência em relação a Deus segue, a contragosto, seu mandamento. Há temor diante de Deus, ainda, quando violamos seu mandamento ou também quando temos prazer em violá-lo. Já temermos de antemão quando temos consciência de violar, a partir de nossa inclinação mais íntima, o Seu mandamento. A imitação de Deus não é uma boa escolha. Quando Deus diz: "sejas santo", não quer dizer que deveríamos imitá-lo, mas perseguir o ideal de santidade que não podemos alcançar. Um Ser que é distinto quanto à espécie é impossível de ser imitado, mas podemos segui-Lo e lhe ser obedientes. Esse arquétipo não deve ser imitado, mas temos de tentar nos conformar a ele.

---

318 Há uma variação em Collins.

Da oração

De modo geral, parece se supor que, em relação ao Ser supremo, a oração é desnecessária, uma vez que nossas necessidades são conhecidas por Ele melhor do que por nós. O desejo das criaturas, que pode ser expresso através de palavras ou não, é conhecido por Deus. Toda explicação em relação às nossas carências parece ser inútil, já que Deus reconhece abertamente a carência e a natureza de nossa disposição. // A declaração de nossa disposição através de palavras é, do mesmo modo, bastante inútil, visto que Deus vê nosso âmago e não precisamos, por isso, declarar-nos a Ele através de palavras. Portanto, do ponto de vista objetivo, as orações são totalmente desnecessárias. Uma declaração é necessária apenas em relação àquelas pessoas que não sabem o que se exige delas. Porém as orações são subjetivamente necessárias, não de modo que Deus, que é o objeto ao qual se dirigem, conheça algo e seja movido por isso, mas para que nossa subjetividade queira engajar-se com isso. Nós, os seres humanos, não podemos tornar nossos conceitos compreensíveis de outra forma do que revestindo-os com palavras. Portanto revestimos nossos desejos piedosos e nossa fé em palavras de tal modo que possamos representá-los para nós mesmos mais vividamente. Contudo há objetos de oração que não têm o propósito de, mediante a oração, fazer-nos alcançar as disposições morais, mas que estão voltados às necessidades e, nesse caso, a oração nunca é necessária. Por exemplo, se alguém está em estado de necessidade, a oração não é objetivamente necessária, visto que Deus sabe que estou nesse estado, e também não é subjetivamente necessária, posto que não tenho necessidade de imaginar vividamente a ideia. Por conseguinte orações são necessárias para propósitos morais se são capazes de erigir uma disposição moral em nós, mas nunca por propósitos pragmáticos como meio de suprir nossas necessidades. Elas servem para estimular a moralidade no âmago do coração. São meios de devoção. Porém a devoção consiste em nos exercitarmos de modo que o conhecimento de Deus adquira uma impressão em relação a nosso fazer e deixar de fazer. As orações são apenas exercício de devoção. Querer falar com Deus é em geral um contrassenso. Podemos falar apenas com aquele que podemos ver. Não obstante, uma vez que não podemos intuir [*anschauen*] Deus, é um total contrassenso falar com alguém que não podemos intuir, mas no qual podemos apenas acreditar. Portanto a oração tem apenas uma utilidade subjetiva. É uma fraqueza do ser humano o fato de que tenha que expressar seus pensamentos através de palavras. Nesse caso, quando reza, ele fala consigo mesmo e expressa seus pensamentos

[124] através de palavras com o propósito // de não cometer erros e, por isso, trata-se também de um contrassenso, mas ainda é um meio subjetivamente necessário de dar vigor à sua alma e força às suas disposições a boas ações. Pessoas comuns, na maioria das vezes, não podem rezar a não ser em voz alta, posto que não estão preparadas para refletir em silêncio e a oração em voz alta causa-lhes grande impressão. No entanto, aquele que está treinando para revelar suas disposições em silêncio, não deveria rezar em voz alta. Ora, se a disposição moral devotada a Deus tem força suficiente em alguém, tais pessoas não estão empregando, em absoluto, a letra da oração, mas o seu espírito. Aquele que já possui a prática de ter ideias e disposições não tem necessidade do artifício das palavras e da declaração. Se excluo isso da oração, permanece o seu espírito, isto é, a

disposição devotada a Deus, a direção do coração a Deus, na medida em que depositamos Nele, por meio da fé, a confiança de que Ele vai complementar nossa fraqueza moral e nos compartilhar a bem-aventurança. O espírito da oração existe sem qualquer letra. A letra não tem nenhum propósito em vista de Deus, posto que Deus vê imediatamente a disposição. Não obstante, no fim das contas, a letra da oração não é repreensível por isso, pois se ela ocorre de forma solene – por exemplo, na igreja e assim por diante –, causa um grande efeito em todos. Mas, em si e por si mesma, a letra é morta. De onde vem que, ao rezar, os homens mudam a postura que antes tinham na vida comum e, ao serem pegos fazendo isso, eles se envergonham? Porque é um contrassenso declarar a Deus seus desejos, já que Ele já os conhece, e porque é uma fraqueza do ser humano travestir, em voz e palavras, suas disposições. Mas esse uso do meio é apropriado à fraqueza do ser humano. Tudo depende do espírito na oração. O Evangelho é contra a oração em voz alta e pública na rua. A oração, que é expressa numa fórmula,

[125] // a saber, o Pai-Nosso,[319] contém apenas as mais necessárias de nossas súplicas e nos ensina que não devemos nos ocupar com quaisquer orações ricas em palavras. Nenhuma oração deve ser específica a não ser aquela que diz respeito à disposição moral, e, quanto a isso, eu posso rezar de forma categórica e incondicional, mas para todo o resto apenas de modo condicional. Mas por que é necessário propor uma condição por meio da qual confesso, no fim das contas, que minha súplica pode ser estúpida e desvantajosa a mim mesmo? Dessa forma, a razão nos diz que nossas orações de modo algum deveriam conter

---

319 Texto modificado em Collins.

algo de específico, mas, em relação às nossas necessidades em geral, devemos deixá-la à sabedoria de Deus e aceitar o que Ele nos proporciona. Mas, uma vez que os seres humanos são fracos, o Evangelho dá permissão para rezar de maneira condicionada em questões mundanas. As orações específicas são consideradas como impertinentes, visto que a sua presunção é perversa. Eu ficaria assustado se Deus quisesse atender aos meus pedidos específicos, pois não poderia saber se não teria desejado para mim mesmo um grande infortúnio. As orações específicas são incrédulas, visto que peço sob uma condição e não acredito com total certeza que serei ouvido, pois, caso contrário, não rezaria dessa forma. Mas orações desempenhadas a partir da crença não são de modo algum específicas, mas gerais. Porém, aquele que prescreve algo a Deus[320] e que deseja que as coisas devam ir com ele segundo suas maneiras, não tem nenhuma confiança em Deus. O espírito da oração,[321] que nos faz hábeis a boas ações, é a perfeição que procuramos. A letra é, porém, apenas um meio de chegar ao espírito. Por conse-

---

320 Pequeno trecho ausente em Collins.
321 Em relação a este ponto, encontramos, em paralelo, a seguinte passagem no *Escrito da religião*: "Um desejo cordial de ser agradável a Deus em todo o nosso fazer e deixar, i.e., a disposição de ânimo, que acompanha todas as nossas ações, de as praticar como se ocorressem no serviço de Deus, é o *espírito da oração*, que 'sem cessar' pode e deve em nós ter lugar. Revestir esse desejo (ainda que seja só interiormente) de palavras e fórmulas pode, quando muito, comportar apenas o valor de um meio em ordem à estimulação reiterada de tal disposição de ânimo em nós; não pode, porém, ter imediatamente relação alguma com a complacência divina e, por isso mesmo, também não pode constituir um dever para todos; porque um meio só pode prescrever-se a quem dele *necessita* para certos fins" (AK, VI, p.194-5).

guinte, as orações não têm de ser consideradas como um modo particular de servir a Deus, mas como um meio de despertar disposições devotadas a Deus. Não servimos a Deus com palavras, cerimônias, caretas, e sim quando manifestamos em nossas ações as disposições devotadas a Deus. Portanto aquele que fez uma oração ainda não praticou nada de bom por meio [126] dela, // mas apenas se educou para expressar o bem em suas ações. Temos que remover dela tudo aquilo que é bom de modo prático e procurar o conceito mais puro.[322] O resultado é, portanto, que a oração tem a bondade de um meio. Ora, quando as orações, que têm apenas o valor de meio, são consideradas como um meio especial de servir a Deus, em vista de um bem imediato, trata-se de uma falsa ilusão da religião.[323] Um erro na religião é mais perdoável do que uma ilusão, uma vez que a religião que comete um erro pode ser aperfeiçoada. A ilusão, no entanto, carrega não apenas o nada, mas ainda contraria a realidade da religião.

A oração parece despertar uma ousadia [*Vermessenheit*] e uma desconfiança em relação a Deus, como se não confiássemos em

---

322 "Pelo contrário, por uma contínua purificação e elevação da disposição de ânimo moral, deve trabalhar-se para que só o espírito da oração seja em nós suficientemente estimulado e a letra dela possa (pelo menos no que nos diz respeito), por último, desaparecer" (AK, Rel., VI, p.195).

323 "O *orar*, concebido como um serviço de Deus *formal* e *interior* e, por isso, como meio de graça, é uma ilusão supersticiosa (um feiticismo); é um *desejo* meramente *declarado* perante um ser que não precisa de declaração alguma da intenção interna de quem deseja; por ele nada se faz e, portanto, não se executa nenhum dos deveres que nos incumbem como mandamentos de Deus; por conseguinte, Deus não é efetivamente servido" (AK, Rel., VI, p.195).

Deus porque ele não sabe o que nos é útil. Por outro lado, a oração persistente ou o pedido persistente e ininterrupto parece ser uma tentação a Deus, por meio da qual queremos, por conseguinte, levá-Lo a satisfazer nossos desejos. Pergunta-se, então, se esse tipo de oração persistente tem efeito. Se a oração sucedeu no âmbito da crença e carregamos o espírito e não a letra de tal oração, então a confiança em Deus é um motivo para a concessão do pedido. Mas a especificação do objeto da oração não é nenhum motivo. O objeto da oração tem de ser geral e não específico, de modo que a sabedoria de Deus possa sobressair-se em seu grau máximo de adequação. A oração é, no entanto, geral quando pedimos para ser dignos de todos os benefícios que Deus está disposto a nos conceder e apenas esse tipo de oração pode ser concebido, visto que é moral e, portanto, conforme a sabedoria de Deus. Temporalmente, no entanto, um pedido específico é desnecessário, pois nesse caso se tem de sempre acrescentar: na medida em que tal pedido é apropriado para Deus. Porém essa condição já suprime a especificação. Embora os pedidos específicos sejam desnecessários, o ser humano, no entanto, é uma criatura impotente e incapaz,

[127] que está envolta pela incerteza de seu destino futuro. // Então ele não é culpado quando suplica de forma específica, como num naufrágio. Trata-se uma declaração das necessidades de uma criatura desamparada em estado de grande indigência. Esse pedido é ouvido nessa extensão, posto que sua confiança deve ser um motivo para Deus, quer seja para conceder-lhe a realização desse pedido ou para ajudá-lo de outra maneira, muito embora ele não possa acreditar firmemente que Deus irá conferir-lhe de fato o que pede.

Orar com fé significa pedir a Deus aquilo que se pode esperar, de uma maneira racional, que Deus irá lhe conferir. Portanto devo pedir apenas aquilo que posso esperar firmemente e estou convencido de que se trata de um objeto que Deus me concederá. Mas apenas objetos espirituais são desse tipo. Se peço, por isso, apenas por disposição pura, minha oração é por fé e então sou digno também do complemento de minha fraqueza moral. Porém, se suplico por bens temporais, não posso esperar, de maneira racional, que Deus me conceda isso. Portanto não posso, nesse caso, orar com fé. Dizemos, aliás, que toda oração realizada por fé é ouvida. Isso é verdade, mas é uma sentença idêntica e significa o mesmo que: não se deve pedir nada diferente do que aquilo que se pode esperar que Deus ouvirá. Dessa forma, não podemos rezar com fé pelo prolongamento de nossa vida, por exemplo, pois não podemos esperar racionalmente que Deus nos conceda tal coisa. Por conseguinte essas orações, nas quais os seres humanos rezam com confiança fervorosa em Deus por bens temporais e buscam, dessa forma, ter seus pedidos realizados, não são nenhuma oração feita com fé. A partir da fé, posso rezar apenas pela dignidade dos bens de Deus. Nesse caso posso acreditar, com certeza, que Deus me ouvirá.[324] Portanto o espírito da oração deve ser distinguido da letra. O espírito da oração é a disposição devotada a Deus. A letra é necessária apenas, em relação a nós, para despertar dentro de nós o espírito da oração. Dessa forma, rezar é // um ato de devoção. Se o exercício da oração é conduzido com o propósito de despertar em nós disposições ativas e práticas que se expressam em ações, então a oração é devota.

---

324 Trecho ausente em Collins.

O autor[325] fala da pureza da religião. O puro é contrastado ao misturado ou também ao manchado. A religião pura, que é oposta à mista, significa uma religião da disposição pura que se dirige a Deus e contém moralidade. A religião mista, que é misturada com a sensibilidade, é aquela que serve apenas como meio à moralidade. Ora, podemos dizer que, no ser humano, não é possível nenhuma religião pura, pois ele é sensível. Por isso os meios sensíveis na religião não são censuráveis. Mas a ideia pura de religião tem de ser um protótipo e serve como fundamento, visto que esse é o objetivo e isso é vigorosamente considerado na moralidade. Além disso, o autor fala aqui de zelo religioso. O zelo é uma vontade imutável e resoluta com disposição inalterada de alcançar o seu fim. Tal zelo é valioso em todas as situações. Mas se na religião ele significa um afeto para conduzir tudo com o propósito de promover a religião, então é cego, e, se há um lugar no mundo em que se deve ter os olhos abertos, é na religião. Por conseguinte, não deve haver qualquer zelo na religião, mas no lugar disso uma seriedade inflexível e definida.

A simplicidade piedosa, na medida em que é oposta à do tipo artificial, significa precisão no uso do meio apropriado pelo qual a ação é, em magnitude, conforme ao fim. Na religião deve-se apenas considerar o que se refere ao fim. A teologia necessita de erudição, mas a religião de simplicidade. Um ateísta prático é aquele que vive de tal maneira que deveríamos acreditar que para ele não há nenhum Deus. Denominam-se também ateístas práticos aqueles que vivem de tal maneira que não pensam em Deus. Mas isso é exagerado. O ateísta prático // é

---

325 Baumgarten, *Ethica*, §100.

aquela pessoa que dizemos que é ímpia [*gottlos*], pois a impiedade [*Gottlosigkeit*] é um tipo de maldade insolente que instiga um desafiar diante do temor do castigo que a representação de Deus inspira em nós. A sofisticação, o entusiasmo [*Andächtelei*] e a superstição são três desvios da religião, dos quais algo, no entanto, já foi dito. O entusiasmo é quando a letra da religião é confundida com seu espírito. A superstição consiste na ideia segundo a qual aceitamos como fundamento de nossa razão aquilo que é essencialmente contra a máxima da razão. A superstição religiosa é, na maior parte das vezes, uma ilusão religiosa. O fanatismo religioso é o engano do sentido interno, pelo qual se acredita encontrar-se em comunidade com Deus e outros espíritos.

Do *cultu externo*[326]

Assim como temos de distinguir, um do outro, o temor de Deus e o serviço de Deus, distinguimos as ações religiosas em ações de temor a Deus e em ações em serviço de Deus. O antropomorfismo[327] é a razão pela qual representamos os deveres para com Deus de acordo com a analogia[328] com os deve-

---

326 Do culto exterior. Baumgarten, *Ethica*, §110.
327 Segundo o §848 de sua *Metaphysica*, Baumgarten compreende que "o antropomorfismo mais grosseiro é o erro que atribui uma figura para Deus, isto é, uma figura humana. O antropomorfismo mais sutil é o erro que atribui a Deus as imperfeições das coisas finitas, ou seja, as dos seres humanos".
328 Na *Religião nos limites da simples razão*, lemos: "com efeito, a fim de para nós tornarmos apreensíveis qualidades sobrenaturais, precisamos sempre de uma certa analogia com seres naturais. [...] A este modo de representação acomoda-se igualmente a Escritura, para nos

res do ser humano. Acreditamos praticar ações em serviço de Deus quando externamos a Deus nossa submissão e humildade por meio da veneração, do louvor e da declaração. Decerto podemos demonstrar um serviço a qualquer homem, por mais importante que possa ser. Por isso cada súdito pode prestar um serviço a seu senhor. Entre esses serviços, há alguns que consistem tão somente na garantia de uma prontidão voluntária para qualquer serviço que o outro exija. Está incluída nisso a atitude cortês que prestamos ao outro, em que apresentamos meramente a nossa pessoa como estando pronta a prestar quaisquer serviços a seu bel-prazer. Um príncipe está ávido por honra e, dessa forma, isto lhe proporciona também um serviço. Ora, mas os seres humanos estão inclinados a aplicar tais ações [130] servis a Deus, // demonstrando-Lhe serviços, cortejando-o ou declarando que estão voluntariamente dispostos a manifestar-lhe todos os serviços que lhe são agradáveis com submissão e humildade e através de tais testemunhos de reverência acreditam já ter Lhe prestado um serviço. Por isso surgiu a impressão de que, com o propósito de manter os seres humanos em prática, a divindade concedeu mandamentos, que em si mesmos são

---

tornar apreensível, quanto ao seu grau, o amor de Deus ao gênero humano, ao atribuir-lhe o sacrifício supremo que só um ser amante pode fazer para tornar ditosos até os indignos ('Deus amou tanto o mundo' etc.); embora pela razão não consigamos fazer para nós conceito algum de como um ser que se basta por completo possa sacrificar algo do que pertence à sua beatitude e privar-se de uma posse. Tal é o *esquematismo da analogia* (para a explicação) de que não podemos prescindir. Mas transformá-lo num *esquematismo da determinação do objeto* (para a ampliação do nosso conhecimento) é *antropomorfismo*, que num propósito moral (na religião) tem as mais prejudiciais consequências" (AK, Rel., VI, p.64).

vazios, através dos quais os homens apenas eram acostumados a atender aos Seus comandos, mantendo-se, dessa forma, sempre subservientes. Por isso algumas religiões têm jejuns, peregrinações e mortificações, através das quais elas provam que estão prontas a seguir os mandamentos. Estas são simples observâncias, que de modo algum possuem bondade e que não são de nenhuma ajuda a ninguém. Todas as religiões estão cheias disso. O conjunto de ações que não têm nenhuma outra intenção além de apenas cumprir com diligência os mandamentos de Deus denomina-se serviço de Deus. Mas o verdadeiro serviço de Deus não consiste em observâncias e práticas externas, mas nas disposições santificadas em vista Dele, que são ativas na vida por meio das ações. O homem que teme a Deus é aquele que venera a Sua lei santíssima e cujo temor acompanha todas as suas ações. Esta é uma maneira de servir a Deus. Portanto as ações que servem a Deus não são nenhuma ação de tipo especial, pois posso servir a Deus em todas as minhas ações, sendo este um serviço incessante, que se prolonga pela vida inteira, mas que não consiste em ações em particular que têm de ser observadas apenas em certos momentos. O temor e o serviço a Deus não são nenhuma ação em especial, mas a forma de todas as ações. Na religião, no entanto, também temos ações através das quais acreditamos servir imediatamente a Deus. Mas não somos capazes de praticar nenhuma outra ação diferente daquela cujo efeito é extensível a este mundo. Não podemos de modo algum exercer influência sobre Deus a não ser dedicando a Ele disposições devotadas. Por conseguinte não há em absoluto nenhuma ação religiosa em direção a Deus por meio da qual possamos Lhe prestar // um serviço e todo exercício de devoção de modo algum tem o propósito de agradar a Deus dessa forma, mostrando-lhe um serviço, mas apenas de reforçar em nós as disposições da alma de modo que estas, por meio de ações em nossa vida, sejam agradáveis a Ele. Nisso se inclui, por exemplo, a oração e todos os meios sensíveis, que são apenas preparações e exercícios para tornar nossas disposições práticas. O verdadeiro serviço a Deus consiste em uma maneira de viver que é purificada por meio do verdadeiro temor a Deus. Dessa forma, não estamos indo servir a Deus quando vamos à igreja, mas estamos indo nos exercitar para podermos servir a Deus posteriormente em nossa vida. Ora, ao sair da igreja, temos de praticar aquilo para o qual nos exercitamos e então servir a Deus apenas em nossas vidas.

No culto estão incluídos dois momentos: aquele que diz respeito à prática moral e aquele que diz respeito à simples observância. Na prática moral, por exemplo, encontram-se a oração, o discurso no sermão e também alguns atos corporais que devem servir para aumentar a crença em nós e dar mais ênfase a nossas ações morais. Mas, quanto mais o culto é sobrecarregado com observância, mais é destituído de prática moral. O culto tem valor tão somente como meio. Deus não é de modo algum servido de forma imediata por intermédio dele. O culto serve apenas para exercitar as disposições no ânimo do homem para se comportar em todas as situações de acordo com a vontade suprema. Os seres humanos são inclinados a considerar aquilo que tem valor de meio como as coisas mesmas. Este é o grande erro e o mal que todas as religiões têm em si, não por causa de sua natureza, mas por causa da inclinação que todos os seres humanos carregam em si. Essa é a ilusão religiosa ou aquela ilusão que concede valor ao meio, dando ênfase ao próprio serviço a Deus. Acontece quando considerarmos aquilo

[132] que é um meio do temor a Deus e do serviço a Deus como os próprios serviço e temor a Deus. Mas servir a Deus e assumir // disposições devotadas a Ele é de fato muito difícil, pois os homens precisam conter suas inclinações por meio dessas mesmas disposições e nutri-las continuamente. Não obstante um certo número de preces, jejuns e peregrinações serem coisas que não nos obrigam de maneira permanente, durante apenas um tempo e, quando terminam, o homem está novamente livre para poder fazer o que quiser, até mesmo enganar um bocado e então novamente voltar a praticar muito bem, como antes, as suas observâncias, declarando de forma submissiva o seu remorso. Os homens podem, de bom grado, realizar um culto em vez de observar as disposições morais porque estas últimas são muito difíceis e pesadas de adotar e precisam ser observadas a todo momento. Por isso o ser humano prefere criar um sistema de culto. Daí resultou que os homens sustentaram a religião como um tipo de reboco [*Pflaster*] da consciência moral, pela qual aqueles que pecam em relação a Deus acreditam tornarem-se bons. Portanto o culto é uma invenção do homem. Uma vez que há dois modos de agradar a Deus, por meio da moralidade e do culto, eles decaem no segundo caminho com o propósito de, dessa forma, substituir o primeiro, pois quando os homens não são pontuais em vista da moralidade, são tanto mais em relação ao culto e à observância, procurando substituir a moralidade por esse caminho. Por isso é necessário que o professor das pessoas comuns tente eliminar e extirpar tais coisas. Por conseguinte, o culto e toda observância não carrega consigo mesmo nenhum valor em relação a Deus, mas apenas em relação a nós mesmos, como meio para fortalecer e despertar as disposições que devem ser expressas em ações por

amor a Deus. Mas quando o homem sabe que utiliza o culto tão somente como um meio? Quando, em sua vida, ele presta atenção se em suas ações são encontrados disposições morais ou o temor a Deus.

A religião externa é uma contradição. Toda religião é interna. Pode muito bem haver ações externas que, porém, de [133] modo algum // constituem a religião e por meio das quais não podemos em absoluto servir a Deus. Mas todas essas ações, que são dirigidas a Deus, são apenas meios para fortalecer nossa disposição devotada a Ele, de modo que seríamos prudentes em seguir sua lei santa e Lhe ser agradável na vida e nas ações morais. No *cultu externus* estão incluídos meios externos para estimular [*beleben*] a alma a boas disposições que devem se mostrar nesta vida através de ações. Portanto existem realmente meios externos que fortalecem as disposições internas, as representações e os conhecimentos, dando expressão à própria vida, como acontece, por exemplo, quando, em uma comunidade, uma congregação inteira devota de maneira unânime suas disposições santas a Deus. Mas aquele que pensa já ter prestado um serviço a Deus através disso tem uma ilusão religiosa abominável. Uma situação de incompreensão nesse sentido tem produzido um grande prejuízo na religião. Uma vez que, na moralidade, os seres humanos demonstram grande fraqueza em todas as suas ações e visto que não apenas aquela ação que eles praticam como uma boa ação é muito deficiente e defeituosa e que também violam a lei divina com consciência e vontade, não devem esperar de modo algum subsistir diante de um juiz santo e justo que não pode simplesmente perdoar o vício. Levanta-se a pergunta se podemos esperar, a partir da bondade de Deus, por meio de nossos pedidos intensos e súplicas, o perdão de todos os vícios? Não! Não se pode imaginar um juiz benevolente. Isto é uma contradição. Um juiz tem de ser justo, embora como governante ele possa muito bem ser benevolente. Pois se Deus pudesse perdoar todos os vícios, ele poderia também torná-los permissíveis e, então, poderia declará-los como não puníveis. Se se baseasse também em sua vontade torná-los permissíveis, nesse caso, no entanto, as leis morais seriam algo arbitrário. Ora, mas elas não têm nada de arbitrário, e, assim como Deus, são algo necessário e eterno. A justiça de Deus é a precisa repartição dos castigos e das recom-

[134] pensas de acordo // com a boa ou a má conduta. A vontade divina é imutável. Por conseguinte, não podemos esperar que Deus deva perdoar tudo por causa de nossos pedidos e súplicas, pois nesse caso isso não dependeria da boa conduta, mas desses outros elementos. Portanto não podemos conceber nenhum juiz benevolente. Isso é absurdo. Exigir isso é o mesmo que desejar ter um juiz que deve sempre fechar os olhos, permitindo-se ser subornado por adulação e pedidos. Mas, nesse caso, isso pode ser dirigido a apenas alguns escolhidos e, dessa forma, tem de ser mantido em silêncio, pois, se fosse de conhecimento geral, todos desejariam a mesma coisa e então isso impulsionaria um escárnio à lei. Os pedidos, portanto, não podem acarretar uma dispensa [*Erlassung*] do castigo. A lei santa carrega necessariamente consigo o fato de que os castigos devem ser apropriados às ações. Mas, considerando a sua fragilidade, o homem não deve receber nenhuma ajuda em vista da moralidade? Sim! Ele pode esperar isso de um governante benevolente, mas não a dispensa do castigo decorrente de seus vícios, pois, se assim fosse, a vontade divina não seria santa, e ela é santa na medida em que é adequada à lei moral santa. Podemos esperar isso,

não obstante, de um governante benevolente, não apenas em relação ao físico, onde as ações boas já trazem em si boas consequências – o que também já é bondade –, mas também uma bondade em relação à moral. O homem não pode, entretanto, ser dispensado da moralidade e das consequências de sua transgressão. A bondade consiste, em vez disso, nos meios auxiliares, através dos quais Deus pode complementar os defeitos da fragilidade de nossa natureza. Dessa forma Deus pode provar sua bondade. Se, de nossa parte, fazemos tudo o que está ao nosso alcance, podemos esperar um complemento de modo a subsistirmos à justiça de Deus e sermos adequados à lei santa. Não sabemos como Deus produz esse complemento e o que ele utiliza como meio auxiliar para isso, mas não é necessário

[135] // saber, embora possamos esperá-lo. Nesse caso temos, em vez de uma justiça indulgente, um complemento de justiça. Mas uma vez que os homens acreditaram que, apesar de serem também capazes de realizar o bem, seriam por conseguinte ainda deficientes diante de seus próprios olhos muito mais do que diante dos olhos de Deus, então supuseram que Deus deveria fazer tudo por eles ou perdoar todos os seus pecados. Por isso eles se serviram de meios externos para implorar isso a Deus e obter a sua graça. Sua religião, portanto, era uma religião de solicitação de favores. Por conseguinte, existe uma religião que suplica por favores e uma religião da boa conduta da vida, que consiste em tentar observar pontualmente a lei santa a partir da nossa disposição e esperar que seja concedido um complemento para nossa fragilidade. Nesse caso, temos não uma religião que suplica por favores, mas uma religião da boa condução da vida. A primeira é perniciosa e completamente contrária ao

conceito de Deus e é um sistema de religião de maquiagem e dissimulação, no qual, sob a aparência de religião e do serviço externo a Deus, por meio do qual o homem pensa praticar todo o bem como antes, ele volta depois a pecar mais uma vez na esperança de se tornar bom novamente através desses meios externos. De que serve, por exemplo, a um comerciante suas devoções matinais e noturnas se, logo depois de terminar a oração matutina, engana algum comprador inocente no comércio de suas mercadorias? E depois agradece a Deus por isso com um par de orações piedosas ao passar pela porta da igreja. Isto é certamente tentar enganar a Deus por meio de astúcias jesuítas. A razão concorda aqui completamente com o Evangelho, que apresenta o exemplo dos dois irmãos, dos quais um era alguém que suplicava por favores [*Gunstbewerber*] (*Complimentarius*) e ao mesmo tempo prometia seguir imediatamente a vontade de seu pai, embora não o fizesse, enquanto

[136] o outro, mesmo enfrentando dificuldades, // observava no fim das contas seus deveres em relação ao pai. Essa religião de súplicas aos favores [*gunstbewerbende Religion*] é mais perniciosa do que qualquer tipo de falta de religião, uma vez que já não há mais qualquer remédio para ela. Um ateu pode muitas vezes ser colocado no bom caminho através de uma palavra, mas não o hipócrita. Toda essa consideração serve para que vejamos que o elemento externo da religião, o culto, tem apenas um valor externo de meio em vista de nós mesmos, embora não seja de modo algum válido de maneira imediata em relação a Deus. E que não devemos acreditar que nossa imperfeição ética seja remediada pelo *cultum externum*, mas que ela é tornada adequada à lei santa através de meios conhecidos por Deus.

Immanuel Kant

Do exemplo e padrão na religião

Um exemplo é quando uma proposição universal [*allgemeiner Satz*] da razão é apresentada *in concreto* em um dado caso. Devemos comprovar que essas proposições *a priori* também ocorrem *in concreto* e não residem apenas no entendimento, pois, caso contrário, elas são consideradas como *fictiones*. Por exemplo, um plano de governo concebido por meio da razão deve poder ser demonstrado como possível também *in concreto* através de um exemplo. Ora, levanta-se a pergunta: devem ser igualmente permitidos exemplos na moral e religião? O que é apoditicamente *a priori* não precisa de qualquer exemplo, pois aí tenho *a priori* discernimento da necessidade. Por exemplo, proposições matemáticas não precisam de nenhum exemplo, pois o exemplo serve não como prova, mas como ilustração. Contudo, de conceitos que são tomados da experiência, não podemos saber se são possíveis até que um exemplo *in concreto* seja apresentado em dado caso. Todo conhecimento da moralidade e da religião é demonstrado apoditicamente *a priori* através da razão. A necessidade de se comportar // de um modo e não de outro, nós discernimos *a priori*. Por isso, exemplos não são necessários em questões de religião e moral. Não existe, portanto, nenhum padrão na religião, porque o fundamento, o princípio da conduta, deve encontrar-se na razão e não pode ser derivado *a posteriori*, porque a experiência não me dá nenhum exemplo de honestidade, de retidão [*Rechtschaffenheit*] e de virtude. Mas a razão me diz, por outro lado, que eu devo ser dessa maneira. Na religião, os exemplos em si precisam ser julgados, se são bons ou não, por princípios universais, embora moralidade e religião não possam ser julgadas pelos exemplos. O modelo se encontra no entendimento. Portanto se, na religião, pessoas

[137]

santas nos são representadas como padrão, não devo, contudo, imitá-las por mais santas que sejam, mas devo julgá-las conforme a regra universal da moral. Há decerto exemplos de retidão e de virtude, até mesmo de santidade, tal como o Evangelho nos apresenta, mas eu não tomo por base tal exemplo de santidade,[329] mas o julgo segundo a lei santa. Se ele concorda com a lei, eu percebo que se trata de um exemplo de santidade. Os exemplos servem-nos para o encorajamento e a emulação [*Nachfolge*], mas não devem ser utilizados como padrão. Quanto mais considero algo *in concreto*, mais o reconheço com clareza. A causa pela qual os seres humanos, em questões de religião, gostam de imitar, é que eles imaginam que, caso se comportem do mesmo modo que a maioria das pessoas entre as quais estão, podem dessa forma obrigar a Deus, posto que Ele não deve, no fim das contas, castigar a todos e se Ele perdoa todo mundo, também os perdoa. Além disso, os seres humanos podem de bom grado sustentar aquilo que os ancestrais acreditavam, pois nesse caso eles supõem que não carregam qualquer culpa ao serem injustos, uma vez que os seus ancestrais os impeliram a isso, e se o homem pode empurrar a culpa para os outros, ele permanece tranquilo, pensando dessa forma se isentar da responsabilidade. Por isso, aquele que altera a religião // de seus pais e de seus ancestrais e adota outra, é considerado audacioso. Ele empreende algo que é muito perigoso, porque nesse caso assume sobre si toda a culpa. Se aceitamos o universal da religião, aquilo que tem de ocorrer em toda religião, a saber, agradar a Deus por meio de uma disposição interna, praticar

---

329 Em Menzer lemos "temporalidade [*Zeitlichkeit*]". Nesse ponto, optamos pelas versões de Kaehler e Collins.

Sua lei santa e esperar de sua bondade um complemento para nossa fragilidade, então qualquer um pode seguir sempre a religião de seus pais. Então não há nada de prejudicial ao simplesmente não sustentarmos a convicção de que por meio do culto de nossa religião agradamos mais a Deus do que pelo culto de uma outra religião diferente. As observâncias podem ser quais forem, se apenas a consideramos como meio através do qual disposições devotas a Deus são despertadas. Mas se elas são consideradas como um serviço imediato a Deus, trata-se de uma grande falha em uma religião e nesse caso uma religião é tão prejudicial quanto qualquer outra.

Do escândalo

Um exemplo não é para imitação, embora possa muito bem ser para emulação. O fundamento da ação não tem de ser derivado do exemplo de outro, mas da regra. Mas se o outro mostrou que um ato assim é possível, devemos seguir seu exemplo e também nos esforçar para executar ações éticas daquele tipo, não permitindo que os outros nos superem nisso. Em geral, os seres humanos gostam de possuir exemplos e, quando não há nenhum, eles encontram ocasião para se desculpar, dizendo: "Todos vivem assim". Mas se há um exemplo em que se pode basear, se diz: "Veja como vive esse homem!", e então isso encoraja a emulação. Um exemplo ruim é, no entanto, um escândalo [*Anstoss*] e dá oportunidade a dois males: à imitação como um padrão e à desculpa. Assim homens de posição distinta ou espiritual // dão oportunidade, por meio de seu exemplo, à imitação, embora na religião de modo algum deva haver imitação, apesar de muitas vezes ocorrer. Se, no entanto, um exemplo dá ocasião à desculpa, trata-se de um *scandalum*. Nenhum homem

[139]

consente em ser mau, de bom grado, isoladamente, assim como também não cumpre, de bom grado, um dever dessa maneira e, por isso, ele sempre considera as outras pessoas. E quanto mais exemplos do tipo há, mais ele está satisfeito de poder se basear em um grande número deles.

Todos *Scandala* são *data* ou *accepta*. *Scandalum datum* é aquele que, de maneira inevitável, é um fundamento necessário do qual se deriva más consequências à moralidade dos outros.[330] *Scandalum acceptum* é aquele que é apenas um fundamento contingente de más consequências à moralidade de outros. Não pode me ser imputada a culpa quando outra pessoa faz um mal uso de minhas ações, algo que pode decerto ter más consequências em relação à sua moralidade, mas não em relação à minha, pois posso ter considerado a coisa de outra maneira de modo que isso concordasse bem com minha moralidade. Embora eu não possa fazer nada a respeito do mau uso de minha ação pelo outro, sou coagido a não dar opotunidade a tal *scandalo*. Mas se, para evitar dar oportunidade ao *scandalo accepto,* for necessário afetar as minhas próprias ações e agir contra a minha própria consciência, então eu não preciso evitá-lo em situações em que isso parece impossível. Pois todas as minhas ações devem ser justas e não podem ser afetadas e se estou convicto, a partir minha própria consciência, de não dirigir uma ofensa ao outro, eu estaria obrigado, ao tentar não dirigir nenhuma ofensa a ele, a agir contra minha própria consciência. Por exemplo, se estou convicto, em minha consciência, que a prostração diante de imagens é idolatria e estou em um lugar onde isso acontece,

---

330 Intercalado em Kaehler e Collins: "*Scandalum acceptum* é aquele que é apenas um fundamento contingente de más consequências à moralidade de outros".

onde faço isso para não ofender o outro, ajo contra a minha consciência. Ao não fazê-lo, posso lamentar // por alguém ter se ofendido, mas a culpa não é minha. É preciso ser cuidadoso e reservado para não ofender aos fracos, pois eles gostam de imitar. Também não devemos zombar de proposições religiosas, que são apenas indiretamente contra a moralidade, mas devemos manter o respeito. Independentemente de como sejam, enquanto algo da religião, uma proposição desse tipo é digna de respeito, posto que a religião é uma disciplina do ser humano. Nossa conduta deve ser mais para unificar a religião do que para segregá-la.[331]

Na religião estão incluídas duas partes: honrar a Deus e amar a Deus. Posso honrar a alguém de duas maneiras, de modo prático, quando faço aquilo que está em sua vontade, e de maneira aduladora, por meio de características externas de estima [*Hochachtung*], testemunhos de honra e eulógias. Não posso honrar a Deus de maneira aduladora por meio de promessas de estima etc., mas apenas, de modo prático, através de ações. Se, portanto, executo a lei divina e santa por reconhecida obrigação e estima diante Dele como o legislador, cumprindo voluntariamente seus mandamentos dignos de honra, então honro a Deus.[332] Amar a Deus de modo prático significa executar, de bom grado, seus mandamentos, porque são dignos de amor. Amo a Deus quando tenho amor à sua lei e a cumpro por amor. O falso significado do conceito de honra a Deus produziu a superstição e o falso significado do conceito de amor a Deus produziu o fanatismo. O que significa louvar a Deus? Repre-

---

331 Trecho ausente em Collins.
332 Intercalado em Kaehler: "Eu honro a Deus quando tenho respeito por seus mandamentos".

sentar para si mesmo a grandeza de Deus vividamente com o propósito de viver conforme a vontade santa divina. O esforço para discernir as perfeições de Deus de maneira necessária pertence a religião e deve conceder às nossas disposições força e expressão para viver de acordo com a vontade santa de Deus. Mas, por outro lado, há a questão: em que o louvor a Deus contribui para isso? O louvor a Deus reveste-se em palavras e cânticos, que são o meio para nossos conceitos, e servem tão somente para aumentar em nós a reverência [*Ehrfurcht*] prática em relação a Deus. Portanto, em relação ao que nos diz respeito, isso possui uma // utilidade negativa, embora nenhuma utilidade objetiva, pois, por meio do louvor, não acontece nenhum comprazimento imediato em Deus. Então louvamos a Deus apenas quando empregamos Suas perfeições e a glorificação de tais perfeições como um motivo para despertar em nós disposições práticas. Não podemos dar ocasião para qualquer inclinação em Deus ao ser louvado por nós. Nosso conhecimento de Deus também é muito inadequado à Sua grandeza e aqueles conceitos, por meio dos quais acreditamos louvar a Deus, são muito errôneos. Portanto as eulógias de modo algum são adequadas à perfeição de Deus. A utilidade é, dessa forma, apenas subjetiva e indiretamente objetiva através disso. Seria melhor se o ser humano fosse habituado a sentir a verdadeira veneração a Deus em sua alma, do que permitir expressar-se em algumas eulógias verbais e fórmulas, que contudo ele não é capaz de sentir. Como é possível, porém, obter tal conceito de Deus, que consegue produzir tal veneração na alma? Isto não acontece por meio de expressões e fórmulas repetidas em eulógias à perfeição divina. Aqueles que consideram as fórmulas de elevação da bondade e da onipotência de Deus como um louvor a Ele, estão bastante equivocados. Mas, para sentirmos em nós a grandeza de Deus, devemos ser capazes de intuí-la. Por isso seria bem melhor se, na religião, a comunidade fosse instruída não por meio de conceitos gerais exaltando a onipotência de Deus, mas que fosse conduzida a reconhecer as obras de Deus – o que todo ser humano é capaz – como, por exemplo, a infinita estrutura do universo [*Weltbau*] na qual estão muitos corpos celestes habitados por criaturas racionais.[333] Tipos assim de representações da grandeza de Deus atuam mais em nossa alma do que todos os cânticos. Os seres humanos acreditam, porém, que tais louvores agradam imediatamente a Deus.[334] Mas todos os tipos de observância, na medida em que acontecem como uma solicitação, são repreensíveis. Decerto, estes são métodos que podem enganar aos seres humanos //, mas não a Deus. Todas as observâncias devem ter como meta preencher e animar a alma com boas disposições.[335] Observâncias não são parte da religião, mas apenas seus meios. A verdadeira religião é a religião do temor a Deus e da boa mudança de conduta. Se nada disso é visto em suas ações, o homem não têm nenhuma religião, independentemente do que fale.

Símbolos da religião são de dois tipos: essenciais e ambíguos. Incluem-se nos essenciais, por exemplo, a consciência [*Gewissenhaftigkeit*] da mudança de conduta. Aos símbolos ambíguos dizem respeito, por exemplo, a observância do *cultus*. Mas apesar do *cultus* ser um símbolo ambíguo, não pode ser completamente rejeitado por causa disso. Ele é um símbolo

---

333 Uma alusão à perspectiva físico-teleológica do período pré-crítico e, em especial, à concepção apresentada na *História natural universal e teoria do céu*. Para comentário, consultar Cunha, *A gênese da Ética de Kant*.
334 Início de um trecho ausente em Collins.
335 Fim do trecho ausente em Collins.

a partir do qual os seres humanos se esforçam para adquirir disposições devotas. Na avaliação de outros ele é um símbolo ambíguo, mas não em relação à avaliação que o ser humano faz de si mesmo. O ser humano pode saber por si mesmo se emprega o culto como um meio para a verdadeira religião ou se o considera como um serviço imediato a Deus.[336] Para ele não se trata, então, de um símbolo ambíguo, embora os outros não possa ver isso nele. O ser humano pode sentir em si se prestou observância ao *cultum* para adquirir disposições devotas a Deus, mas ele só pode demonstrar isso na vida por meio de ações.

Da vergonha com relação à devoção

Nenhum ser humano se envergonha da devoção e do temor a Deus, a menos que ele esteja em uma sociedade que é completamente malévola e que desafia tudo, para então ele se envergonhar de ter uma consciência moral, envergonhando-se, entre patifes, de ser um homem honrado. Entre homens civilizados //, no entanto, ninguém se envergonha do verdadeiro temor a Deus. Mas envergonham-se da devoção. Consideramos a devoção tão somente como uma observância e não como algo pertencente à religião. Quanto mais justo é o ser humano, mais facilmente ele se envergonha se é surpreendido em um ato de devoção, enquanto um hipócrita não se envergonha, mas, ao contrário, quer ser visto assim. Se o Evangelho diz, "quando rezais, ides ao seu aposento [*Kammerlei*]", é para não parecer um hipócrita, uma vez que o ser humano se envergonha se alguém pensa dele algo que não é. Se, por exemplo, algo desaparece, em um grupo, e permanece perdido, e alguém faz uma

---

336 Ausente em Collins.

pergunta sobre isso olhando para uma pessoa em particular, essa pessoa enrubesce. O primeiro motivo para a vergonha é, portanto, o fato de não querermos ser considerados hipócritas. O segundo motivo é o fato de que conhecemos Deus, não pela intuição, mas através da crença. Por conseguinte, temos de falar de Deus como o objeto de crença. Então, poderíamos falar, por exemplo, "se, em sua bondade, fosse do desejo de Deus conduzir a educação das crianças e assim por diante", então ninguém se envergonharia, em absoluto, de tais desejos e poderíamos também falar sobre isso em público. Mas supondo que alguém, na sociedade, decide levantar as mãos e rezar, ainda se nada dissesse, isso nos chocaria bastante. Por que isso acontece? O objeto de crença é feito um objeto de intuição e então eu falo com Deus como se Ele tivesse diante dos meus olhos. A crença é, decerto, tão forte quanto a intuição, embora, ao fim de tudo, Deus, por sua vez, não seja nenhum objeto de intuição, mas de crença. Por isso tenho de dirigir a palavra a Deus como um objeto de crença. Mas, quando Lhe dirijo a palavra em forma de oração, trato-Lhe como um objeto de intuição e, então, isso é uma intuição fanática. Mas, se Lhe dirijo apenas o desejo, então trato-Lhe como um objeto de crença.

[144] Mas por que rezamos então? Pois quando // rezo, posso imitar uma intuição e recompor minha alma. Mas, na igreja, a oração carrega algo patético em si mesmo, posto que o objeto da crença é transformado em objeto de intuição. Um pregador pode, no entanto, orar a Deus como objeto de crença, já que o *pathema*[337] pode comover bastante em uma assembleia, mas em outro tipo de sociedade isso seria demasiadamente fanático.[338]

---

337 Sentimento religioso.
338 Lemos em Menzer e em Collins "fantástico". Optamos por Kaehler.

Da confissão da religião e a medida em que uma coisa é um *status confessionis* e as condições sob as quais o *status confessionis* acontece

Isso pode ser entendido melhor através de exemplos. Em países estrangeiros nos quais uma religião é supersticiosa, não se tem a necessidade de declarar sua religião. Se eu julgo que as cerimônias e a prostração diante dos santos são um obstáculo à religião e se ocorre um caso no qual todos prostram-se diante de um santo, eu posso todavia prostrar-me do mesmo modo sem prejuízo, uma vez que não há a necessidade de declarar minha religião, pois Deus considera a prostração do coração, não do corpo. Mas se, devido ao risco de vida, sou forçado a participar de uma religião e dos costumes (como Niebuhr[339] conta dos viajantes que vão à Meca ver as cerimônias maometanas, que eles deviam perder a vida ou permitir que lhes circuncidassem, algo que aconteceu realmente com um francês), não se trata, então, de nenhum *status confessionis*. Em outras circunstâncias, posso permitir que me cortem, se contudo isso em nada me prejudica e, em especial, se eu posso salvar a minha vida dessa forma. No entanto, na religião isso não é nenhuma prova de que ela seja verdadeira, uma vez que, em um caso desses, um homem foi coagido a aceitá-la.[340] Mas se alguém é coagido a declarar as suas disposições e aceitar, sob juramento, aquilo que ele // considera como falso, abjurando aquilo que

---

[339] Carsten Niebuhr (1733-1815) foi um explorador e geógrafo alemão conhecido por seus estudos sobre a Arábia. Esteve em uma expedição na Arábia entre os anos de 1761 e 1767. Kant faz uma referência direta a ele em suas *Lições de Geografia Física* (AK, IX, p.232).
[340] Ausente em Collins.

está obrigado em mais autoestima, então se trata de *status confessionis*. Então posso dizer: "amigos, posso até adotar vossos costumes, mas isso não pode ser feito de modo a constituir, de uma só vez, novas disposições em mim". Já que não posso mudar de convicção tão rapidamente, não posso declarar nada em relação às minhas disposições. Aquele que nega sua religião é um renegado ou apóstata. Pode-se também ser um apóstata, sem ser um renegado. Isto é, pode-se renunciar a certas partes de uma religião, como, por exemplo, Spinoza fez em relação ao judaísmo, mas ainda sem, dessa forma, renegá-la. O nome de Deus pode ser mal utilizado pela hipocrisia e pela impiedade. Mas não se deve considerar os homens sempre impiedosos, por exemplo, quando os escutamos blasfemar, pois muitas vezes eles são homens gentis e isso é apenas algo relacionado ao hábito deles, tal como, por exemplo, faz um oficial comandante para dar ênfase a seu comando, muito embora se saiba bem que ele não é capaz de comandar a ira dos céus que deveria afligir os seus soldados. Aqui termina a parte da religião natural e agora chegamos à própria moralidade.

Dos deveres para consigo mesmo

Depois de termos, até aqui, tratado com o que diz respeito à religião natural, agora vamos à própria moralidade e aos próprios deveres para com tudo o que existe no mundo. O primeiro objeto são, não obstante, os deveres para consigo mesmo.[341]

---

341 Como Kant observa anos depois, "*O conceito de um dever para consigo mesmo contém (à primeira vista) uma contradição*. Se o eu *obrigante* é tomado no mesmo sentido que o eu *obrigado*, então o dever para consigo mesmo é um conceito contraditório. Com efeito, no conceito de dever está contido o conceito de uma necessitação passiva (eu sou

Lições de ética

Isto não é considerado do ponto de jurídico, pois o direito diz respeito apenas a uma relação para com outros seres humanos.
[146] // Eu não posso observar o direito para comigo mesmo, pois, o que faço em relação a mim mesmo, faço com meu consentimento, ou não ajo contra a justiça quando ajo contra mim mesmo. Estamos falando aqui do uso da liberdade em relação a si mesmo. A título de introdução, é bom observar: na moral não há nenhuma parte em particular tratada de forma tão deficiente quanto essa dos deveres para consigo mesmo. Ninguém formou um conceito correto desses deveres.[342] Estes foram considerados algo trivial e, no fim de tudo, apenas como

---

obrigado). Por se tratar, contudo, de um dever para comigo mesmo eu me represento como *obrigante*, por conseguinte, como exercendo uma necessitação ativa (eu, exatamente o mesmo sujeito, sou o que obriga); e a proposição que exprime um dever para consigo mesmo (eu *devo* obrigar a mim mesmo) conteria uma obrigação a ser obrigado (obrigação passiva que seria ao mesmo tempo, no mesmo sentido da relação, uma obrigação ativa) e, assim, conteria uma contradição" (AK, MS, VI, p.417).

342 Na *Metafísica dos costumes*, como solução para o caráter contraditório dos deveres para consigo mesmo, Kant apresenta o seguinte argumento: "Na consciência de um dever para consigo mesmo, o homem se considera, enquanto sujeito deste dever, de dupla maneira: primeiramente como *ser sensível*, isto é, como homem (pertencente a uma das espécies animais); mas em seguida também como *ser racional* [...]. Ora, o homem enquanto *ser natural* dotado de razão (*homo phaenomenon*) é determinável pela sua razão, enquanto causa, para ações no mundo sensível e aqui não entra ainda em consideração o conceito de uma obrigação. Este mesmo homem, porém, segundo sua personalidade, isto é, pensado como ser dotado de liberdade interna (*homo noumenon*), é considerado um ser capaz de obrigação e, certamente, para consigo mesmo (a humanidade em sua pessoa); de modo que o homem (considerado em duplo significado) pode reconhecer um dever para consigo mesmo, sem cair em contradi-

um suplemento da moral. Acreditou-se que, quando o homem cumpria todos esses deveres, estaria enfim autorizado a pensar sobre si mesmo. Nesse sentido, todos as filosofias morais estão erradas. Gellert[343] pouco merece ser citado aqui, uma vez que nunca chegou a discutir os deveres para consigo mesmo. Ele fala sempre tão somente de benevolência [*Gütigkeit*] e beneficência [*Wohltaten*], o cavalo de batalha dos poetas, embora no fim, sem esquecer de si totalmente, pense também em si mesmo assim como um dono de restaurante [*Gastwirt*] que já alimentou todos os convidados também pensa em si no final. Nisso se inclui igualmente Hutcheson, que pelo menos refletiu com espírito mais filosófico. Isso tudo provém do fato de que ninguém formou um conceito puro sobre o qual fundar um dever para consigo mesmo. Pensava-se que os deveres para consigo mesmo consistiam em promover a própria felicidade, assim como Wolff também definiu. Ora, isso depende de como cada um determina sua felicidade e então o dever para consigo mesmo consistiria em uma regra universal de satisfazer todas as nossas inclinações com o propósito de promover nossa felicidade. Mas isso é, doravante, um grande obstáculo aos deveres para com os outros. De modo algum isso é o princípio dos deveres para consigo mesmo, que não se relaciona em absoluto ao nosso bem-estar e à nossa felicidade temporal. Longe

[147] de os deveres // para consigo mesmo serem os mais inferiores, eles ocupam, ao contrário, uma posição superior e são os mais

---

ção (porque o conceito de homem não é pensado em um único e mesmo sentido)" (AK, VI, p.417).

343 Christian F. Gellert (1715-1769), poeta e escritor alemão. Suas *Moralischen Vorlesungen*, composta de 26 lições e um anexo, foram publicadas apenas postumamente em 1770 e, em seus dois volumes, não deixa qualquer espaço para "os deveres para consigo mesmo".

importantes de todos.³⁴⁴ Mesmo, pois, sem ainda ter esclarecido o que são os deveres para consigo mesmo, podemos perguntar: como algo pode ser exigido de um homem que desonra sua própria pessoa? Aquele que viola os deveres para consigo mesmo descarta a sua humanidade e não está mais na posição de cumprir deveres para com os outros. Então o homem que descumpriu os deveres para com os outros, não tendo sido generoso, bondoso e passivo, mas que observou os deveres para consigo mesmo, vivendo de maneira apropriada, ainda possui, no fim das contas, um certo valor interno, enquanto aquele que violou os deveres para consigo mesmo não detém em absoluto nenhum valor interno. Portanto a violação de deveres para consigo mesmo retira do ser humano todo valor e a violação dos deveres para com outros lhe retira só um valor relativo. Por conseguinte os deveres para consigo mesmo são as condições sob as quais os deveres para com os outros podem ser observados. Primeiramente, queremos mostrar um exemplo de violação dos deveres para consigo mesmo. Um bêbado³⁴⁵

---

344 Em um sentido próximo, lemos na obra de 1797: "Se admitíssemos que não existem tais deveres, então não existiria em geral nenhum dever, nem mesmo deveres externos. Com efeito, eu posso me reconhecer como obrigado para com outro somente na medida em que, ao mesmo tempo, eu mesmo me obrigo, porque a lei em virtude da qual eu me considero como obrigado provém em todos os casos da minha própria razão prática, pela qual sou necessitado, sendo ao mesmo tempo aquele que necessita em relação a mim mesmo" (AK, MS, VI, p.417-8).

345 Na divisão *subjetiva* dos deveres do homem para consigo mesmo, ao considerar o homem como ser *animal* (físico), entende-se que a embriaguez e "o *desfrute imoderado dos alimentos* enfraquece a faculdade de fazer uso conveniente de suas forças". Eles contrapõem-se ao impulso da natureza em que se "pretende a conservação de sua fa-

não causa qualquer dano a outra pessoa e quando ele é resistente por natureza, também não causa nenhum dano a si mesmo. Mas mesmo assim ele é objeto de desprezo. Um servilismo ultrajante [*kriechende Unterwürfigkeit*] também não nos é indiferente. Um ser humano desse tipo desonra sua pessoa. O homem não deve ser subserviente, porque assim desonra a sua pessoa e entrega a sua humanidade. Se uma pessoa, no entanto, com o propósito de ganhar algo de alguém, permite ser usada em todas as ocasiões, tal como uma bola, ela descarta o valor do ser humano. A mentira é mais uma violação do dever para consigo mesmo do que para com os outros. Mesmo quando um mentiroso não acarreta nenhum dano a outro por meio de sua mentira, ele contudo ainda é um objeto de desprezo. Ao

[148] descartar a sua pessoa, ele viola os deveres para // consigo mesmo.[346] Se quisermos pensar além, podemos dizer que o ato de aceitar favores também já é contra um dever para consigo mesmo, pois aquele que aceita favores contrai dívidas que nunca poderá pagar. Ele nunca será capaz de ressarcir seu benfeitor, porque este foi o primeiro a lhe conceder voluntariamente o benefício. Mesmo que ele restitua o favor, só o faz em certa medida, porque o outro o precedeu nisso e, portanto,

---

culdade para desfrutar a vida agradavelmente, mas ainda apenas de maneira animal" (AK, MS, VI, p.420).

346 A mentira viola os deveres do homem para consigo mesmo como um ser unicamente moral. Em palavras tardias: "Os vícios que se contrapõem a esse dever são: a *mentira*, a *avareza* e a *falsa humildade* (servilismo). Estes vícios adotam princípios que contradizem diretamente (já segundo a forma) o caráter do homem enquanto ser moral, isto é, a liberdade interna e a dignidade inata do homem; o que equivale a dizer que eles tomam como princípio não ter nenhum princípio e também nenhum caráter, isto é, aviltar-se e tornar-se objeto de desprezo" (AK, MS, VI, p.420).

permanece sempre em dívida de gratidão para com ele. Mas quem vai querer contrair tais dívidas? Pois aquele que deve está sempre sob a coação de ter de tratar posteriormente a pessoa a quem deve de forma cortês e aduladora e se ele não o faz, o benfeitor logo o deixa perceber e, muitas vezes, ele precisa se desviar muito de seu caminho e se autocoagir em demasiado pelo benfeitor. Mas aquele que paga tudo de imediato não pode ser obrigado em absoluto. Ele pode agir livremente e ninguém o impedirá disso. Então, da mesma maneira, a pessoa tímida [*zaghafte*], que se queixa de seu destino ou infortúnio, gemendo e chorando, é a nossos olhos um objeto de depreciação. Procuramos nos afastar de tal pessoa, embora devêssemos, em vez disso, ter compaixão. Mas para aquele que demonstra coragem resoluta em seu infortúnio, decerto sentindo dor em relação a isso, apesar de não reclamar ultrajantemente, mas sabe se portar diante disso, expressamos antes nossa compaixão. Além disso, aquele que descarta a própria liberdade e a troca por dinheiro age contra a humanidade. A vida não é para ser sobrevalorizada mais do que o fato de que, enquanto se vive, deve se viver como um homem, isto é, não em uma condição de bem--estar [*Wohlleben*], mas de modo a não desonrar a humanidade e também a viver dignamente como um homem. Tudo o que nos priva disso torna-nos incapazes de qualquer coisa e nos anula como ser humano. Ademais, aquele que submete seu corpo à devassidão [*Mutwillen*] de outros com o propósito de ganhar algo, por exemplo resistindo a uma série de agressões em troca de algumas cervejas – e mesmo aquele que paga por isso –, age de maneira infame, descartando // sua pessoa. Então uma pessoa não pode de modo algum se precificar com o propósito de satisfazer as inclinações dos demais, mesmo que pudesse salvar dessa forma seus pais e amigos da morte, pois, assim sendo, ela descarta sua própria pessoa. Isso pode acontecer menos ainda por dinheiro. Se uma pessoa faz isso para satisfazer a própria inclinação, é no fim das contas mais natural, embora sua conduta seja também completamente destituída de virtude e contrária à moralidade. Mas ao fazê-lo por dinheiro ou por outra intenção, ela descarta o valor da humanidade, posto que, mesmo sendo uma pessoa, ela permite que a usem como uma coisa. Assim também são os vícios contra si mesmo chamados *crimina carnis*, que também são, por causa disso, inomináveis. Ninguém é lesado por eles, embora, por meio deles, o ser humano desonre a sua própria pessoa. Trata-se da violação da dignidade da humanidade[347] em sua própria

---

347 Na maioria de suas referências à lei moral e aos deveres nas *Lições*, a insistência kantiana sobre o valor intrínseco dos seres humanos, a saber, a dignidade (o único conteúdo possível para o imperativo categórico e aspecto que compõe a segunda formulação da lei moral na *Fundamentação da metafísica dos costumes*), destaca como as fórmulas do imperativo categórico devem ser interpretadas como interdependentes e indissociáveis. Isso evidencia o motivo pelo qual o enfoque na fórmula da lei universal ou da universalização das máximas, ainda nem desenvolvida adequadamente aqui, pode levar a uma interpretação equivocada da doutrina ética de Kant. Esse é, certamente, o maior equívoco por detrás das diversas objeções que buscaram caricaturar a ética kantiana, acusando-a de ser expressão de um formalismo vazio e destituído de consequências práticas. Na segunda formulação da lei moral em que o princípio da humanidade é explicitado, lemos: "*Age de tal maneira que uses a humanidade, tanto na tua pessoa como na pessoa de qualquer outro, sempre e simultaneamente como fim e nunca simplesmente como meio*" (AK, Grund, VI, p.421). Ao apresentar suas formulações, não obstante, Kant assevera: "as três maneiras indicadas de apresentar o princípio da moralidade são no fundo apenas outras tantas fórmulas dessa mesma lei, cada uma das quais reúne em si, por si mesma, as outras duas" (AK, VI, p.436).

pessoa. O suicídio[348] é a maior violação do dever para consigo mesmo. Ora, em que consiste então o caráter abominável dessa ação? Em todos os deveres desse tipo, não se deve buscar o fundamento na proibição de Deus, pois o suicídio não é abominável porque Deus o proibiu, mas é pelo fato de ele ser tão abominável que Deus o proibiu. Se fosse de outra maneira e o suicídio fosse abominável porque Deus o proibiu, eu não saberia por que Deus me proibiu, uma vez que ele não seria abominável em si mesmo. Portanto a razão para sustentar o suicídio e outras violações do dever como abomináveis e considerá-los puníveis não deve ser derivada da vontade divina, mas de seu caráter abominável interno e isto consiste no fato de que, nesse caso, o homem usa sua liberdade para destruir a si mesmo. Mas ele deve usar sua liberdade apenas de modo a viver como um homem. Ele pode dispor de tudo que diz respeito à sua pessoa, mas não de sua própria pessoa nem usar a liberdade contra si mesmo. Nesse caso é muito difícil reconhecer os deveres para consigo mesmo, // pois o homem certamente possui um repúdio natural ao suicídio, embora se ele começa a pensar a partir da prudência, pode acreditar que é possível colocar as mãos sobre si mesmo com o propósito de deixar o mundo para, dessa forma, livrar-se de todo o seu infortúnio. Isso provoca uma grande impressão e de acordo com a regra da prudência[349] é muitas vezes o melhor e mais seguro meio, embora o suicídio em si mesmo seja abominável. Aqui há a regra da moralidade,

---

348 De acordo com a *Metafísica dos costumes*, o suicídio é o vício que contradiz aquele impulso "por meio do qual a natureza pretende a conservação do próprio homem" (AK, VI, p.220).
349 Em Collins, lê-se "liberdade".

que ultrapassa todas as regras da prudência e da reflexão, ordenando apodítica e categoricamente para que se observem os deveres para consigo mesmo. Pois o homem serve-se aqui de suas forças e de sua liberdade contra si mesmo, fazendo de si próprio uma carcaça. O homem pode decerto dispor de sua condição, mas não de sua pessoa, pois ele é em si mesmo um fim e não um meio. Tudo no mundo tem um valor de meio, mas o homem é uma pessoa e não uma coisa e, portanto, não é nenhum meio. É completamente absurdo que um ser racional, que é um fim para o qual todos os meios existem, faça uso de si mesmo como um meio. Certamente uma pessoa pode servir com um meio para outras, por exemplo através de seu trabalho, mas de tal modo que ela não se anule como uma pessoa e como um fim. Aquele que faz algo pelo qual não pode ser um fim, serve-se como meio e faz de sua pessoa uma coisa. Dispor de sua pessoa como meio não é um ato livre, algo sobre o que falaremos mais na sequência.

Os deveres para consigo mesmo baseiam-se não na relação da ação com os fins da felicidade, pois se assim fosse se baseariam nas inclinações e então seriam uma regra de prudência. Tais regras, que mostram apenas as necessidades dos meios na satisfação das inclinações, não são morais e então não poderiam também nos obrigar. Não obstante, os deveres para consigo mesmo são independentes de todas as vantagens e dizem respeito tão somente à dignidade da humanidade. Eles se ba-

[151] seiam no fato de que nós não temos // uma liberdade irrestrita em vista de nossa pessoa de modo que a humanidade em nossa própria pessoa precisa ser altamente valorizada, uma vez que sem ela o ser humano é um objeto de desprezo, o que é passível de censura absoluta, posto que ele é digno de valor não apenas

em relação a outros, mas também em si mesmo. Os deveres para consigo mesmo são a condição suprema e o princípio de toda a moralidade, pois o valor da pessoa constitui o valor moral. O valor da habilidade diz respeito tão somente a sua circunstância. Sócrates estava num estado miserável destituído completamente de valor, embora sua pessoa detivesse, nesse estado, grande valor. Mesmo que todas as agradabilidades [*Annehmlichkeiten*] da vida sejam sacrificadas, a conservação da dignidade da humanidade compensa a perda disso tudo e obtém aprovação, uma vez que mesmo quando tudo foi perdido, ainda detemos esse valor interno. É apenas sob essa dignidade da humanidade que podemos praticar os deveres. Essa é a base de todos os demais deveres. Aquele que não tem nenhum valor interno e descartou a sua pessoa, não pode mais cumprir qualquer dever.

Em que se baseia então o princípio de todos os deveres para consigo mesmo? A liberdade é, por um lado, aquela capacidade que concede ilimitada utilidade a todas as demais capacidades.[350] Ela é o grau supremo da vida e aquela qualidade que é uma condição necessária subjacente a todas as perfeições. Todos os animais possuem capacidades para usar sua força de acordo com o arbítrio [*Willkür*]. Esse arbítrio, no entanto, não é livre, mas necessitado por excitações e *estimulis*. Em suas ações há *bruta necessitas*.[351] Se todos os seres tivessem tal arbítrio vinculado a impulsos sensíveis, o mundo não possuiria nenhum valor. Mas o valor interno do mundo, o sumo bem, é a liberdade para agir de acordo com o arbítrio que não é necessitado. A liberdade é, portanto, o valor interno do // mundo. No entan-

---

350 Modificação em Collins.
351 Necessidade bruta.

to, por outro lado, na medida em que ela não é restringida por certas regras de uso condicionado, é a mais terrível coisa que pode haver. Todas as ações animais são regulares, pois ocorrem segundo regras que são necessitadas subjetivamente. No todo da natureza que não é livre, encontramos um princípio de necessitação interno e subjetivo segundo o qual todas as ações no todo dessa natureza ocorrem regularmente. Ora, mas se levo em consideração a liberdade no ser humano, não há aqui nenhum princípio subjetivamente necessitante da regularidade das ações. Se assim fosse, não haveria qualquer liberdade. Ora, o que resulta disso? Se a liberdade não é restringida de acordo com regras objetivas, resulta uma desordem bastante selvagem, pois é incerto se o ser humano não usará suas forças para destruir a si mesmo, os outros e o todo da natureza. Na liberdade, quando ela não é necessitada objetivamente, posso imaginar todo tipo de ausência de regras. Esses fundamentos que necessitam objetivamente e restringem a liberdade devem se encontrar no entendimento. A regra suprema é, portanto, o bom uso da liberdade. Qual é a condição sob a qual a liberdade é restringida? Aí está a lei. A lei universal é, portanto, a seguinte: proceda de tal modo que em todas as suas ações predomine a regularidade.[352] O que então será aquilo que, em relação a mim mesmo, deve restringir a liberdade? Isto é: não seguir as inclinações. A regra originária segundo a qual devo restringir a liberdade é a concordância da conduta livre com os fins essenciais da humanidade. Portanto não seguirei as inclinações, mas as colocarei sob uma regra. Aquele que submete sua pessoa às inclinações, age contra o fim essencial da humanidade,

---

[352] Mais uma tentativa de derivação da fórmula do imperativo categórico.

[153] pois, enquanto ser livre, ele não tem de estar submetidos às inclinações, mas deve determiná-las através da liberdade. Se ele, pois, é livre, deve ter uma // regra. Mas essa regra é o fim essencial da humanidade. Nos animais, as inclinações já são determinadas por fundamentos que necessitam subjetivamente. Por isso, entre eles, não pode haver qualquer ausência de regras [*Regellosigkeit*]. Ora, se o homem segue livremente suas inclinações, ele está até mesmo abaixo dos animais, pois nesse caso emerge nele uma ausência de regras que não existe nem mesmo nos animais. Nesse caso, o homem entra em conflito com os fins essenciais da humanidade em sua própria pessoa e age contra si mesmo. Todos os males no mundo originam-se da liberdade. Os animais agem segundo regras porque eles não são livres. Mas os seres livres podem agir de maneira regular apenas na medida em que restringem sua liberdade mediante regras. Permita-nos considerar aquelas ações dos homens que se relacionam consigo mesmos e contemplar aí a sua liberdade. As ações que se referem ao próprio homem emergem a partir de impulsos e inclinações ou a partir de máximas e princípios. Portanto é necessário que o homem se sirva de máximas e restrinja suas ações livres por meio de regras que se relacionam consigo mesmo e estas são regras e deveres que lhe são dirigidas, pois se consideramos os homens em relação às suas inclinações e estímulos, ele não está obrigado [*ungebunden*] e nem necessitado por ambos. No todo da natureza não existe nada que seja prejudicial ao ser humano na satisfação de suas inclinações. Tudo se torna prejudicial por meio de sua invenção e do uso de sua liberdade, assim como, por exemplo, todas as bebidas fortes e os diversos tipos de comidas para seu paladar. Ora, se ele segue, sem regra, a inclinação que ele mesmo inven-

tou, torna-se o mais abominável dos objetos, posto que, com o propósito de satisfazer suas inclinações, ele pode, através de sua liberdade, remodelar [*umformen*] o todo da natureza. Isso pode muito bem lhe ser concedido de modo a descobrir muita coisa para satisfazer sua inclinação. Ele precisa apenas ter uma regra para se servir dela. Se ele não a possui, sua liberdade é um grande infortúnio. Ela, portanto, deve ser restringida, // mas não por meio de outras propriedades e capacidades, mas através de si mesma. Sua regra superior é a seguinte: proceder, em todas as ações em vista de si mesmo, de tal maneira que todo o uso de suas forças seja compatível com o maior uso dela. Por exemplo, se eu bebi muito hoje, estou impotente para me servir de minhas forças de acordo com a liberdade. Ou, se eu acabar comigo mesmo, privo-me igualmente de usar minha capacidade, minha liberdade e minhas forças. Portanto isso entra em conflito com o maior uso da liberdade, de modo que a liberdade, enquanto o princípio supremo da vida, suprime a si mesma e todo o seu uso. Sob certas condições, a liberdade pode estar em concordância consigo. Caso contrário, ela entra em colisão consigo mesma. Caso não houvesse nenhuma ordem na natureza, tudo chegaria ao seu término e é exatamente assim com a liberdade destituída de regra. Os males [*Übel*], sem dúvida, estão na natureza. Mas o verdadeiro mal [*währe Böse*], os vícios, está na liberdade. Sentimos pena de um desafortunado, mas odiamos um vicioso e nos regozijamos com sua punição. As condições, sob as quais o uso da liberdade é tão somente possível e sob as quais ela pode concordar consigo mesma, são os fins essenciais da humanidade. A liberdade deve concordar com tais fins. O princípio de todos os deveres é, portanto, a concordância do uso da liberdade com os fins essenciais da humanidade.³⁵³ Queremos mostrar isso com exemplos. Por exemplo, o ser humano não está autorizado a vender seus membros, ainda que recebesse por um dedo dez mil táleres,³⁵⁴ pois se assim fosse poderíamos comprar todos os membros de um homem. Podemos dispor de coisas que não têm nenhuma liberdade, mas não de um ser que tem em si o livre-arbítrio. Ora, se o ser humano procede assim, faz de si mesmo uma coisa e então qualquer um pode agir com ele como quiser, porque ele descartou a sua pessoa.³⁵⁵ É assim, por exemplo, com a incli-

[155] nação sexual // na qual um ser humano se torna um objeto de gozo e, portanto, uma coisa. Há, então, uma degradação da humanidade nisso e, por esse motivo, também nos envergonhamos dessa situação.³⁵⁶ Dessa forma, a liberdade torna-se a base dos mais horríveis vícios, posto que, assim como é a base da virtude que honra a humanidade, ela pode engendrar muitas coisas com o propósito de satisfazer suas inclinações, por exemplo, o *crimina carnis contra naturam*.³⁵⁷ Algumas transgressões e vícios que nascem da liberdade produzem horror, como o suicídio, outros produzem asco, mesmo quando são apenas mencionados. Envergonhamo-nos deles, já que nos colocamos

---

353 Nova tentativa de elaboração da fórmula do imperativo categórico.
354 Adição em Kaehler: "ou deixar extrair um dente para o benefício de outro".
355 Trecho adicional em Kaehler: "e fez de si mesmo uma coisa".
356 Adição em Kaehler: "Uma pessoa que se precipita para o gozo do outro descartou a sua humanidade, posto que ela fez de si mesma uma coisa. É assim também com aquele que se entrega ao outro por dinheiro de modo que o outro possa fazer consigo o que quiser. Isso faz tudo entrar em conflito com os fins essenciais da humanidade".
357 Crime da carne contra a natureza.

dessa forma abaixo dos animais. Eles são ainda mais graves do que o suicídio, pois embora o último não possa ser mencionado sem horror, o primeiro não pode sê-lo sem asco. O suicídio é o mais abominável dos vícios que evocam horror e ódio, mas a condição de asco e de desprezo é ainda mais abominável.

O princípio dos deveres para consigo mesmo não consiste no favorecimento de si próprio [*Selbstgunst*], mas em autoestima. Isto é, nossas ações devem concordar com a dignidade da humanidade. Assim como fala o direito — *neminem laede* — poderíamos dizer aqui — *noli naturam humanam in te ipso laedere*.[358] Temos dentro de nós dois fundamentos para nossas ações: as inclinações, que são animais, e a humanidade, à qual as inclinações devem ser submetidas. Os deveres em relação a nós mesmos são negativos e restringem a nossa liberdade em relação às inclinações que são dirigidas ao nosso bem-estar. Assim como a doutrina do direito restringe a nossa liberdade em relação à conduta em vista de outros, os deveres em relação a nós mesmos restringem nossa liberdade em vista de nós mesmos. Todos os deveres em relação a nós mesmos têm como base um certo amor de honra [*Ehrliebe*], que consiste no fato de que o ser humano estima a si mesmo e, a seus próprios olhos, não se mostra indigno e suas ações // concordam com a humanidade em si mesma. Para ser digno, a seus olhos, de uma honra interna, a estima para essa aprovação é o aspecto essencial dos deveres para consigo mesmo. Para compreender melhor os deveres para consigo mesmo, imaginamos as consequências ruins de sua transgressão. Então encontramos quão desvantajoso é para o ser humano violá-los. Decerto não são as consequên-

---

358 Não prejudique a natureza humana em si.

cias o princípio desses deveres, mas a sua nocividade interna [*innere Schädlichkeit*], embora as consequências sirvam, no fim das contas, para compreender melhor o princípio. Uma vez que possuímos liberdade e capacidade para satisfazer nossas inclinações por meio de vários tipos de artifícios, os seres humanos, na ausência de restrições, seriam dirigidos à própria queda. Certamente poderíamos sustentar isso como uma regra de prudência, mas nossa prudência pode somente ser retirada das consequências. Por isso deve haver um princípio que restrinja a liberdade do homem de modo que ele não contradiga a si mesmo e esse princípio é moral. Agora queremos tratar dos deveres particulares em relação a nós mesmos e, decerto, em relação à nossa condição na medida em que somos considerados seres pensantes.

O ser humano tem um dever universal para consigo[359] de se dispor de maneira a ser capaz de observar todos os deveres morais e a estabelecer, portanto, a pureza moral e princípios dentro de si e de se esforçar para agir segundo eles. Esse é, dessa forma, o primeiro dever para consigo mesmo. Ora, isso inclui o autoexame e a autoanálise para ver se as disposições possuem pureza moral? Devem ser investigadas as origens das disposições para ver se emergem da honra ou do delírio, da superstição ou da moralidade pura. Ao negligenciar isso tudo, há um grande prejuízo à moralidade. Se muitos examinassem o que está na base de sua religião e de suas ações, descobririam que há mais honra, compaixão, prudência ou costume do que moralidade. Esse autoexame // deve ser constante. Ele decerto é uma ação especial que nem sempre pode ser levada adiante,

---

359 Baumgarten, *Ethica*, §150-1.

mas uma ação à qual devemos prestar constante atenção em nós mesmos.³⁶⁰ Nisso se inclui, em vista de nossas ações, um certo tipo de atenção [*Achtsamkeit*] e isso é a *vigilantia moralis*. Essa vigilância [*Wachsamkeit*] deve ser dirigida à pureza de nossa disposição e à pontualidade de nossas ações.

Fantasias morais [*Moralische Träume*] podem estar relacionadas à lei moral em si ou às nossas ações morais. A primeira desilusão é a fantasia de que a lei moral é indulgente em relação a nós. Mas a outra é uma fantasia de que nossas perfeições morais são congruentes com a lei moral. A primeira é mais prejudicial do que a segunda, pois se imaginamos que nossas perfeições estão de acordo com a lei moral, é mais fácil nos dissuadirmos disso ao nos ser demonstrada a pureza dessa lei. Mas, ao conceber a lei moral indulgentemente, temos uma falsa lei a partir da qual formamos também tais máximas de princípios e nesse caso as ações também não podem ter qualquer bondade moral.

Da autoestima bem ordenada

À estima própria pertencem, por um lado, a humildade, mas, por outro, o orgulho autêntico e nobre. O lado oposto disto é a infâmia. Temos motivos para nutrir uma opinião baixa sobre nossa pessoa. Mas, em relação à nossa humanidade, devemos ter uma opinião mais elevada. Pois, se nos comparamos com a lei moral santa, descobrimos quão longe // nos encontramos de estar em congruência com ela. Essa opinião baixa de nossa pessoa surge, portanto, da comparação com a lei moral e, nesse caso, temos motivos suficientes para nos humilhar. Mas não

---

360 Nesse trecho há várias adições em Kaehler.

temos nenhum motivo para nutrir uma baixa opinião de nós em comparação com as outras pessoas,[361] pois eu sou tão capaz quanto o outro de deter um valor. Ora, essa autoestima em comparação com outros é o orgulho nobre. A opinião baixa de sua pessoa em relação aos outros não é nenhuma humildade, mas denuncia uma alma pequena e é uma índole servil [*kriechende Gemütsart*]. Tal virtude imaginária, que é apenas um análogo da verdadeira virtude, é uma virtude monástica,[362] e esta é completamente não natural, pois o ser humano que se posta tão humildemente em relação aos outros é, precisamente por isso, orgulhoso. Nossa autoestima é razoável [*billig*] se dessa forma não infligimos qualquer dano ao outro quando, em comparação com ele, nos estimamos com o mesmo valor.[363] Mas se desejamos emitir um juízo de nós mesmos, temos de nos comparar com a lei moral pura e aí encontramos motivos para a humildade. Não devemos nos comparar com outros homens justos, pois eles são apenas cópias da lei moral. O Evangelho ensina-nos não a humildade, mas torna-nos humildes. Podemos ter autoestima em vista do amor de si [*Selbstliebe*], que seria uma forma de parcialidade e favorecimento em vista de si mesmo. A autoestima pragmática de acordo com as regras da prudência é razoável e possível na medida em que procura proporcionar segurança.[364] Ninguém pode exigir que eu deva

---

361 Trecho adicional em Kaehler: "aí não precisamos nos humilhar".
362 Trecho adicional em Kaehler: "Essa humilhação é uma virtude monástica na qual temos uma baixa opinião de nós mesmo em vista de outros".
363 Trecho adicional intercalado em Kaehler: "Nós devemos nos comparar com a lei moral pura".
364 Em Kaehler, lemos "igualdade [*Gleichheit*]".

me rebaixar e me considerar inferior aos outros. Todos têm, no entanto, o direito de exigir que o outro não exalte a si mesmo. Mas a autoestima moral que se baseia na dignidade da humanidade não deve se fundar na comparação com outros, mas na comparação com a lei moral em si mesma. Os seres humanos são muito inclinados a tomar os outros como critério de seu valor moral e se eles então acreditam // ser superiores a alguns, cremos que isso seria a presunção moral. Mas isto acontece muito mais quando acreditamos ser perfeitos em comparação com a lei moral. Posso sempre acreditar que sou melhor do que os outros, embora se sou precisamente melhor do que o pior, de modo algum isso significa que sou muito melhor. Portanto isso não é, propriamente, presunção moral. Ora, se a humildade moral é a limitação da presunção em relação à lei moral, ela nunca diz respeito à comparação com outros, mas com essa lei. A humildade é, portanto, a limitação da elevada opinião de nosso valor moral por meio da comparação de nossas ações com a lei moral. A comparação das ações com a lei moral torna-nos humildes. O ser humano tem motivos para ter uma baixa opinião de si, porque suas ações não só se colocam em oposição à lei moral como também carecem de pureza. Por fragilidade, o ser humano viola a lei e age contra ela e, por fraqueza, suas boas ações não alcançam a pureza da lei. Aquele que representa para si a lei moral indulgentemente pode ter de si grande opinião e estar em posse de presunção, porque o critério com o qual ele compara sua ação é inadequado. Todos os conceitos dos antigos relativos à humildade e todas as suas virtudes morais não eram puras e não eram congruentes com a lei moral. O Evangelho, no entanto, foi o primeiro que nos expôs a moralidade em toda a pureza e, como a história nos prova,

[159]

nada mais alcançou esse feito.³⁶⁵ Mas essa humildade pode ter consequências desvantajosas se for mal compreendida. Ela traz, a saber, o desânimo e não produz nenhuma coragem quando o homem acredita, a partir da incompletude da ação, nunca ser congruente com a lei moral. A partir disso surge, doravante, a inação [*Untätigkeit*], posto que o homem não ousa // fazer mais nada. Presunção e desânimo são os dois obstáculos [*Abwege*] com os quais o homem se depara quando ele se afasta, de um lado ou de outro, da lei moral. Por um lado, o homem não deve fraquejar, mas acreditar que tem forças para seguir a lei moral, mesmo quando não se conforma a ela. Por outro, no entanto, é possível que ele decaia em presunção, confiando demasiado em suas forças. Mas essa presunção pode ser evitada através da pureza da lei, pois se a lei é exposta em sua pureza integral, ninguém vai ser tolo em acreditar poder cumpri-la completamente mediante suas forças. Por isso, deste lado, não há tanto a temer quanto quando o homem, a partir da fé, não se aventura a nada. A última é a religião dos incrédulos que não querem fazer nada em absoluto, mas deixar tudo para Deus. Para remediar esse desânimo, observamos o seguinte: que podemos esperar que nossa fraqueza e fragilidade receberá um complemento através do auxílio de Deus, se apenas fizermos, de acordo com a consciência de nossa capacidade e de nossas forças, tudo o que nos era possível fazer. Mas tão somente sob essa condição,³⁶⁶ podemos esperá-lo, pois apenas dessa forma somos dignos do

---

365 Trecho modificado em Kaehler: "tanto quanto a história pode nos conceder uma prova, nada expôs a lei moral tão puramente quanto o Evangelho".

366 Trecho levemente modificado em Kaehler.

auxílio divino.³⁶⁷ Não é bom que certos autores tentem privar o homem das boas disposições, acreditando, dessa forma, convencer o ser humano de sua fraqueza, aspecto através do qual ele deveria ser impelido à humildade e à súplica do auxílio divino. É, decerto, bom e conveniente ao ser humano reconhecer a sua fraqueza,³⁶⁸ mas não a trazendo à sua boa disposição, pois se Deus lhe deve dar um auxílio, ele ao menos deve ser, por fim, digno dele. A diminuição do valor das virtudes humanas deve necessariamente produzir consequências danosas quando o homem considera, doravante, que tanto o benfeitor quanto [161] o malfeitor são a mesma coisa, // pois nesse caso o benfeitor é igualmente destituído de qualquer boa disposição. Por isso todo homem sentirá em si que, ao menos uma vez, praticou uma boa ação por boa disposição e que ainda é capaz de praticar mais da mesma. Embora elas ainda sejam sempre bastante impuras e nunca sejam completamente equivalentes à lei moral, aproximam-se, contudo, sempre mais e mais dessa lei.

Da consciência moral

A consciência moral³⁶⁹ [*Gewissen*] é um instinto de se dirigir de acordo com as leis morais. Não se trata de uma mera faculdade, mas de um instinto, não para julgar a si mesmo, mas

---

367 Trecho adicional em Kaehler: "se nós fazemos tudo o que era possível segundo nossas forças".
368 Em Kaehler, lemos: "fraqueza e incompletude".
369 "Da mesma maneira, a consciência moral não é algo que possa ser adquirido e não há dever algum de adquirir uma para si; pelo contrário, todo ser humano, como ser moral, *tem* tal consciência moral originariamente em si" (AK, MS, VI, p.400).

para se dirigir. Temos uma faculdade para nos julgar de acordo com as leis morais. Mas podemos fazer uso dessa faculdade como quisermos. A consciência moral, não obstante, tem uma força movente [*treibende Gewalt*] para nos convocar, contra a nossa vontade, diante do assento de julgamento [*Richterstuhl*] em vista da legalidade e da ilegalidade de nossas ações. Portanto trata-se de um instinto e não meramente de uma faculdade de ajuizamento [*Vermögen der Beurteilung*]. Mas é um instinto para dirigir e não para julgar. A diferença do juiz [*Richter*] daquele que tão somente julga[370] consiste no fato de que o juiz pode julgar *valide* e pode trazer o juízo realmente à execução segundo a lei. Seu juízo é legalmente efetivo e é uma sentença. Um juiz não deve apenas julgar, mas também condenar ou absolver. Se a consciência moral fosse um impulso para julgar, seria uma faculdade de conhecimento como outras, por exemplo o impulso de se comparar com os outros para se lisonjear. Esses impulsos não são para julgar.[371] Todos têm um impulso para louvar a si mesmo // por suas boas ações de acordo com as regras de prudência e, de modo contrário, todos também se repreendem por terem agido de maneira imprudente. Portanto todos têm um impulso de se lisonjear e de se censurar de acordo com as regras de prudência. Mas isso ainda não é a consciência moral, e sim apenas um análogo dela, segundo o qual o homem confere a si mesmo louvor e censura. As pessoas frequentemente estão suscetíveis a confundir esses análogos com a consciência moral. Um criminoso, que se encontra diante da

---

370 Em Kaehler: "aquele que é julgado".
371 Trecho adicional em Kaehler: "Mas a consciência é um impulso para dirigir".

morte, demonstra irritação, levanta as mais duras reprovações a si mesmo e se mostra bastante inquieto, mas mais porque foi tão imprudente[372] em suas ações a ponto de, por isso, ser apanhado. Ele confunde essas reprovações que faz a si mesmo com reprovações da consciência moral contra a moralidade. Mas se nessa situação ele tivesse simplesmente escapado sem prejuízos, não teria levantado sobre si quaisquer reprovações, o que, no entanto, deveria também acontecer se ele tivesse afinal uma consciência moral. Portanto o juízo segundo regras da prudência precisa ser diferenciado do juízo da consciência moral. Muitos homens têm tão somente um análogo da consciência moral que eles consideram como a própria consciência, e o arrependimento que muitas vezes é encontrado no leito dos enfermos não é o arrependimento sobre sua conduta em consideração[373] à moralidade, mas por eles terem agido tão imprudentemente de modo que, agora que precisam comparecer diante do juiz, não são capazes de se manter de pé. Aquele que abomina o vício que cometeu, cujas consequências são sempre punições, sendo que tais punições levam a reconhecer afinal a sua culpabilidade, não sabe se abomina seu vício por causa do castigo ou devido à culpabilidade [*Straffälligkeit*]. Aquele que não tem nenhum sentimento moral, isto é, nenhuma aversão imediata contra o mal moral e nenhum prazer no bem moral, não tem nenhuma consciência moral.[374] Aquele que tem medo

---

372 Em Kaehler, adiciona-se "negligente [*unvorsichtig*]".
373 Em Kaehler, lemos "contra a moralidade".
374 O sentimento moral liga-se estritamente à consciência moral, pois ambos são "Conceitos estéticos preliminares da receptividade do ânimo para conceitos de dever em geral" (AK, MS, VI, p.399).

de ser processado devido a uma má ação[375] não se reprova por causa do caráter abominável [*Abscheulichkeit*] dessa ação, mas por causa das más consequências que ela trouxe a si por meio disso. Tal pessoa não tem nenhuma consciência moral, mas apenas um análogo dela. Não obstante, aquele que sente esse caráter abominável [*Abscheulichkeit*] do ato em si, independentemente de quais forem // as consequências, possui uma consciência moral. Esses dois aspectos de modo algum devem ser confundidos. As reprovações por causa das consequências da imprudência não devem ser consideradas como reprovações por causa da transgressão da moralidade. Devemos considerar aqui, por exemplo na vida de um professor,[376] se ele se arrepende de sua ação por causa de um verdadeiro sentimento de horror ou se ele se impõe tais reprovações porque precisa comparecer agora perante a um juiz diante do qual não pode se justificar por suas ações. Se o arrependimento encontra-se apenas no leito de morte, não há certamente qualquer moralidade, pois a causa é tão somente a proximidade da morte. Se não fosse por temê-la, o homem dificilmente se arrependeria de suas ações.[377] Nesse caso somos iguais a um jogador desafortunado que se enfurece consigo mesmo e se aborrece, batendo na própria cabeça, por

---

375 Trecho modificado em Kaehler.
376 Em Kaehler, lemos: "na vida de um pregador [*Prediger*]".
377 Podemos ler em Kaehler: "esse arrependimento vem apenas devido ao fato de que se vai morrer. Se isso não se seguisse, não se poderia impor quaisquer reprovações devido ao caráter abominável das ações. Mas, nesse caso, se as horas da morte se aproximam, reprovamo-nos em vista de nossas ações imprudentes já que não agimos da forma como agora poderíamos fazer. Assim como um jogador que perdeu, este é mais furioso diante de si mesmo".

ter agido de forma tão imprudente. Então aqui abominamos igualmente não o vício, mas as consequências que surgem dele. Devemos nos resguardar de conceder aos seres humanos conforto em virtude desse análogo da consciência. A prudência tão somente nos conduz à autorreprovação, enquanto a consciência moral nos impõe uma acusação. Se um homem agiu alguma vez contra a prudência e não mais se atormenta com a sua censura, embora mantenha-se nisso o tempo suficiente para se instruir melhor, observa uma regra de prudência, o que lhe concede honra, posto que revela força de caráter [*starke Seele*]. Mas a acusação da consciência moral não pode ser rejeitada e não deve, inclusive, sê-lo, pois isso não está baseado em nosso querer. Tampouco se pode buscar a força do caráter na rejeição da acusação e no remorso da consciência [*Bisse des Gewissens*], pois isso é, na realidade, infâmia e cegueira [*Verstockung*] teológica. Aquele que pode recusar a bel-prazer as acusações de sua consciência moral é um rebelde, assim como aquele que é capaz de recusar as acusações de seu juiz quando este já não tem mais nenhuma autoridade sobre ele. A consciência moral é

[164] um instinto de julgar // com força legal de acordo com as leis morais. Ela pronuncia uma pretensão judicial e, assim como um juiz simplesmente pune e absolve, mas não pode recompensar, a consciência moral também absolve ou declara o homem merecedor de castigo. O juízo da consciência moral é legalmente efetivo se é sentido e executado. Disso seguem-se duas consequências: o arrependimento moral é o primeiro resultado do veredito judicial legalmente efetivo. O segundo resultado, sem o qual a sentença não teria nenhum efeito, é que a ação aconteça conforme o veredito judicial. A consciência moral é ociosa quando não produz nenhum esforço para executar o

que é exigido para satisfazer a lei moral e, mesmo que alguém demonstre muito arrependimento, ele não é de nenhuma utilidade quando não se leva a cabo o que é devido[378] segundo a lei moral. Pois, mesmo *in foro humano*,[379] a dívida é quitada não pelo arrependimento, mas por meio do pagamento. Por isso os pregadores [*Prediger*], no leito de morte, têm de prestar atenção ao fato de se as pessoas de fato se arrependem da transgressão dos deveres para consigo mesmo, uma vez que estes não são mais remediáveis, mas mais ainda se elas buscam, de verdade, reparar o que fizeram de injusto ao outro,[380] pois toda a lamúria e pranto não são de nenhuma utilidade tanto *in foro divino* quanto *in humano*.[381] Ainda não se tem, no entanto, um exemplo de um tal arrependimento efetivo no leito de morte e isso é, ao mesmo tempo, também uma prova de negligência desse aspecto essencial.

Podemos comparar o tribunal interno da consciência moral apropriadamente com o tribunal externo. Portanto encontramos em nós um acusador, que não poderia existir se não

---

378 "O que se deve realizar" em Kaehler.
379 Tribunal humano.
380 Trecho modificado em Kaehler: "se eles prejudicaram alguém e se lhes retiraram ou relegaram algo, violaram ou fizeram algo em demasiado, mesmo que dessa forma gemam, entrem em pranto e se arrependam, no fim das contas isso não é de nenhuma utilidade e assim como isso não é levado em conta *in foro humano* é menos ainda *in foro divino*".
381 Alteração em Kaehler: "Ninguém, todavia, nunca experimentou e vivenciou que seres humanos tenham feito isso no leito de morte de modo a perdoar seu inimigo, pagar suas dívidas e ter restituído e reparado as injustiças que não puderam ser julgadas. Vemos, a partir disso, que aqui ainda é negligenciado um aspecto importante".

houvesse lei, mas que não está ligado ao sentimento,³⁸² encontrando-se na razão e nós não podemos de modo algum corromper essa lei nem negar-lhe sua exatidão e pureza. Ora, essa lei moral subjaz ao ser humano como uma lei inviolável e santa. // Além disso, há também, do mesmo modo, um advogado no homem, a saber, o amor-próprio [*Eigenliebe*], que lhe perdoa e faz muitas objeções contrárias à acusação, diante do qual o acusador procura, por sua vez, refutar as objeções.³⁸³ Por fim encontramos em nós um juiz que nos absolve ou condena. Ora, esse juiz de modo algum se engana. Antes é possível que o homem não realize qualquer exame de consciência. Mas, se ele procede dessa maneira, o juiz sentencia de maneira imparcial e sua sentença coincide adequadamente com o lado da verdade, a menos que possua falsos princípios da moralidade. Os homens, decerto, dão mais ouvidos ao advogado, embora, quando estão no leito de morte, ao acusador. Faz parte de uma boa consciência moral: a pureza da lei, pois o acusador deve estar atento a todas as nossas ações. No ato de julgar nossas ações, é preciso haver exatidão [*Richtigkeit*] e, finalmente, moralidade³⁸⁴ e força da consciência em relação ao cumprimento do juízo de acordo com a lei. A consciência moral deve ter o princípio da atividade e não ser simplesmente especulativa. Com efeito, tem também de ter uma legitimidade [*Ansehen*] e força para executar seu juízo. Que juiz se contentaria, de bom grado, em apenas

[165]

---

382 Lemos em Kaehler: "Que não pertence à consciência". Em Collins, por sua vez, lemos: "embora a lei não pertença à lei civil positiva".
383 Em Kaehler: "diante do qual o acusador contra-argumenta e busca refutar suas objeções".
384 Em Kaehler, lê-se "autoridade [*Autoritaet*]".

conceder admoestação e de pronunciar seu veredito judicial? O veredito judicial precisa ser cumprido.

A diferença da consciência moral correta e da errônea deve levar em conta os dois tipos de erros da consciência moral: *error facti* e *legis*.[385] Aquele que age de acordo com a consciência moral errônea, age de acordo com sua consciência, mas faz isso de modo que sua ação seja, decerto, defeituosa. Não obstante, tal ação não pode lhe ser imputada como crime. Existem *errores culpabiles* e *inculpabiles*.[386] Em relação a sua obrigação natural, não pode haver nenhum erro, pois as leis morais naturais não podem ser desconhecidas às pessoas, posto que subjaz na razão de todos. Consequentemente, ninguém, nesse caso, é inocente em relação a tal erro.[387] Mas, em relação a uma lei positiva, // são *errores inculpabiles*, uma vez que se pode agir de modo inocente em virtude de uma *conscientiae erroneae*.[388] Em relação à lei natural, todavia, não existe *errores inculpabiles*. Ora, mas se uma lei positiva exige uma ação contra a lei natural, como quando, em algumas religiões, alguém se enfurece e perde a cabeça

---

385 Erro do ato e da lei.
386 Erros culpáveis e inculpáveis.
387 Em seu tratado prático de 1797, Kant compreende que um genuíno erro da consciência não é possível: "Passo aqui por cima das várias divisões da consciência moral e observo apenas o que se segue do acima mencionado, a saber, que uma consciência moral *que erra* é um absurdo. Pois, no juízo objetivo sobre se algo é ou não dever, bem podemos por vezes errar; contudo, não posso errar no juízo subjetivo sobre se eu o comparei com minha razão prática (aqui, que julga) para formular esse juízo, pois dessa maneira não teria em absoluto julgado praticamente; em tal caso, não tem lugar nem erro nem verdade" (AK, MS, VI, p.401).
388 Consciência errônea.

diante de adeptos de outras religiões. Segundo qual lei devemos agir? Supondo que alguém fosse ensinado pelos jesuítas, por exemplo, que se poderia praticar uma boa ação por meio da malandragem, então quem age assim não age de acordo com sua consciência moral, pois a lei natural lhe é conhecida de modo que não deve praticar nenhuma injustiça por qualquer intenção. Ora, uma vez que aqui a sentença da consciência moral natural é oposta à sentença da consciência informada, ele tem de dar ouvidos à primeira. A lei positiva não pode conter nada que seja contrário à natural, pois a natural é a condição de todas as leis positivas.[389] É uma coisa ruim dar desculpas por meio da consciência errônea. Muita coisa pode ser camuflada dessa forma, mas ainda assim é preciso prestar contas desses erros. O autor[390] chama a consciência moral de consciência natural.

---

389 Kant segue, nesse ponto, a premissa fundamental da doutrina tradicional do direito natural segundo a qual a lei positiva funda-se na natural e, em caso de conflito, a última é preferida à primeira. No entanto, embora a doutrina de Kant possa ser identificada, em alguma medida, com a doutrina jusnaturalista, a ética e a filosofia jurídica de Kant vão se relacionar ao direito natural no sentido de uma doutrina transcendental crítica. Além de uma separação mais rigorosa entre ética e direito, a condição normativa da obrigação não se funda no conhecimento racional da natureza, mas em conceitos éticos jurídicos *a priori* baseados em uma ideia prática de liberdade. O direito natural é aquele que "se apoia somente em princípios *a priori*", diferentemente do direito positivo, que "provém da vontade de um legislador" (AK, MS, VI, p.237).

390 Baumgarten, *Ethica*, §180. "Uma vez que as leis morais são naturais ou positivas, ou ambas, a consciência subsume nossas ações pela lei natural, positiva ou por ambas. Quando as leis naturais subsumem nossas ações, é consciência natural. Busque a consciência natural tanto quanto podes [*Quoniam leges morales vel sunt naturales vel positivae,*

Talvez ele queira diferenciá-la da revelada. Toda consciência moral é natural, embora ela possa ser baseada na lei natural[391] ou na revelada. A consciência moral representa o tribunal divino em nós; primeiramente, porque nossas disposições e ações julgam segundo a pureza e santidade[392] da lei. Em segundo lugar, porque nós não podemos enganá-la e, finalmente em terceiro lugar, porque nós não podemos escapar dela, posto que, assim como a onipresença divina, ela nos está presente. Portanto a consciência moral é a representante do tribunal divino em nós. Por conseguinte, de modo algum deve ser lesada. Às *conscientiae naturali*[393] poderiam se opor as *artificialem*.[394] Muitos afirmaram que a consciência moral é um produto da arte e da educação e que ela julga // e absolve de acordo com o hábito. Mas, se assim fosse, aquele que não possuísse tal educação e prática da consciência moral escaparia das investidas da consciência, o que não é, entretanto, o caso. Arte e instrução devem, certamente, conduzir-nos à destreza para a qual já possuímos, por natureza, uma disposição. Portanto, se a consciência moral deve julgar, devemos ter, de antemão, também o conhecimento do bem e do mal. Mas embora nosso entendimento tenha de ser cultivado, a consciência não pode sê-lo. A consciência moral é, portanto, unicamente e tão somente uma consciência natural. É possível distingui-la em consciência antes do ato, durante o

---

    vel vtrumque; conscientia subsumet facta nostra vel legibus naturalibus, vel positivis, vel vtrisque. Quae naturalibus legibus subsumit facta nostra, conscientia naturalis est. Quaere conscientiam naturalem, quantum potes]".
391 Em Menzer e Kaehler, lemos "sobrenatural [*übernatürliches*]".
392 O termo "santidade" está ausente em Collins.
393 Consciência natural.
394 Artificial.

ato e depois do ato. Antes do ato, a consciência é, decerto, forte o suficiente para desviar o homem de uma ação. Durante o ato, ela é ainda mais forte e, depois dele, mais forte ainda. Antes do ato, a consciência ainda não pode ser tão forte porque o ato ainda não ocorreu e o homem ainda não se sente tão capaz,[395] uma vez que a inclinação ainda não está satisfeita e isto ainda é forte o suficiente para impor resistência à consciência. Durante a ação, a consciência já é mais forte e a inclinação, uma vez já satisfeita, é mais fraca para resistir à consciência[396] e, com efeito, a consciência é então mais forte. Depois da satisfação da mais forte inclinação provinda da paixão, o homem experimenta até mesmo uma repulsa, uma vez que quando um afeto mais forte é satisfeito, torna-se completamente indolente e não oferece qualquer resistência e, então, nesse ponto, a consciência moral é mais forte. Nessa situação vem o remorso. Mas a consciência ainda está incompleta se se limita a isso, pois ainda é preciso cumprir a lei.

A *conscientiae concomitans*[397] ou a consciência acompanhante é, por fim, enfraquecida por meio do hábito e, no fim das contas, torna-se acostumada ao vício tal como o ato de fumar tabaco. Por último, a consciência perde toda a idoneidade e, então, a acusação também cessa, porque se torna supérflua, visto que nada mais é decidido e realizado no tribunal. Se // alguém ocupa a consciência com inúmeras acusações pequenas

---

395 Em Kaehler, lemos "culpável [*Sträflig*]".
396 Trecho modificado em Kaehler: "Durante a ação, a consciência atua aí de forma mais forte, mas depois do ato o homem se encontra propriamente culpável e uma vez que a inclinação é satisfeita, ela já está fraca e indolente para resistir à consciência".
397 Consciência acompanhante. Baumgarten, *Ethica*, §181.

em relação a coisas indiferentes (*adiaphoris*), trata-se de uma consciência moral micrológica e as questões postas diante dela são assuntos da casuística. Por exemplo, se devemos, com o objetivo de pregar uma peça em alguém no dia da mentira,[398] proferir-lhe algo mentiroso ou se devemos, em certas situações triviais, praticar essa ou aquela ação. Quanto mais micrológica e sutil é a consciência em tais trivialidades tanto pior ela é no âmbito das coisas práticas. Tais pessoas costumam, principalmente, especular em vista da lei positiva e, com efeito, a porta permanece aberta em vista de todo o resto. Uma consciência viva existe quando o ser humano é capaz de reprovar os seus defeitos. Mas existe também uma consciência melancólica na qual se tenta reprovar, sem nenhum fundamento real, o mal em suas ações. Porém isso é desnecessário. A consciência não deve ser nenhum tirano dentro de nós. Podemos sempre estar contentes com nossas ações sem prejuízo da consciência. Aquelas pessoas que têm uma consciência tortuosa se cansam completamente depois de tudo e, por fim, dão férias a sua consciência.[399]

---

[398] Estamos diante de uma referência ao 1º de abril, o dia da mentira. É pouco clara a sua origem exata, mas se supõe que a gênese do dia da mentira esteja relacionada diretamente com a reforma do calendário francês do século XVI. Com a reforma do calendário em 1564, que alterou o início do ano do final de março para o dia 1º de janeiro, algumas pessoas não aceitaram imediatamente a alteração e permaneceram em referência ao antigo calendário. Com efeito, elas passaram a ser motivo de piadas e chacotas. Na Alemanha, a data é chamada *Aprilschertz*, sendo seu primeiro registro encontrado na Baviera em 1618.

[399] Em Kaehler, lê-se: "Aquelas pessoas que possuem uma consciência pensativa [*glüberisches*] e se atormentam, cansam-se eventualmente em todos os aspectos e dão férias à sua consciência".

Do amor-próprio

O amor de complacência [*Liebe des Wohlgefallens*] para com outros é o juízo de complacência sobre sua perfeição. O amor de complacência para consigo mesmo, no entanto, é o amor-próprio [*Eigenliebe*] ou uma inclinação a estar bastante satisfeito consigo mesmo ao julgar a própria perfeição. A *philautia* ou o amor-próprio moral contrapõe-se à arrogância ou à presunção moral. A diferença entre *philautia* e arrogância é que a primeira é apenas uma inclinação para estar satisfeito com as suas próprias perfeições, enquanto a última uma presunção barata que se faz meritória. A *arrogantia* atribui-se mais perfeições morais do que lhe condiz. A outra, no entanto, não faz nenhuma exigência, mas está tão somente satisfeita consigo mesma, não fazendo a si qualquer repreensão. A primeira // orgulha-se de sua perfeição moral, enquanto a outra não, embora acredite ser irrepreensível e, então, inocente. A arrogância é, portanto, um defeito mais prejudicial. A *philautia* testa-se diante da lei moral, tomando como referência não a lei como um princípio de orientação [*Richtschnur*], mas os exemplos, e dessa forma se adquirem boas razões de estar satisfeito consigo mesmo. Os exemplos de homens morais são critérios retirados da experiência. Mas a lei moral é um critério da razão. Ora, ao empregar o primeiro desses critérios, disso surge a *philautia* e a arrogância.[400] A arrogância emerge se a lei moral é pensada de maneira estreita e indulgente ou se o juiz moral dentro de

[169]

---

400 A distinção entre *philautia* e *arrogantia* é ilustrada da seguinte forma na *Metafísica dos costumes*: "Chama-se *modéstia* à *moderação* nas pretensões em geral, isto é, a limitação voluntária do amor de si mesmo de um homem em vista do amor por si mesmo de um outro; a falta *dessa*

nós é parcial. Quanto menos se toma a lei moral estritamente e quanto menos estritamente o juiz interior nos julga, mais arrogantes tendemos a ser.

Devemos distinguir o amor-próprio da estima. A última diz respeito ao valor interno, enquanto o amor diz respeito à relação de meu valor com respeito ao bem-estar [*Wohlergeben*]. Estimamos aquilo que tem um valor interno e amamos aquilo que tem um valor relativo. O entendimento, por exemplo, tem um valor interno sem considerar ao que ele se aplica. Aquele que observa seus deveres[401] e não desonra sua pessoa é digno de estima. Aquele que é sociável é digno de amor. Nosso próprio juízo pode nos representar como dignos de amor ou dignos de respeito. Aquele que acredita ter um bom coração e que gostaria de ajudar todos de bom grado se fosse rico (e mesmo sendo realmente rico, pensa que deveria ser ainda mais rico do que os demais para estar em condições de ajudar, já que precisa suprir suas necessidades, algo em que todos os avarentos acreditam), considera-se digno de amor. Mas aquele que acredita, em vista de si mesmo, preencher exatamente os fins essenciais da humanidade, acredita ser digno de respeito. Se um homem acredita ser bondoso e promove o bem de todos os seres humanos por meio de desejos vazios, // decai na *philautia*. Que um homem permita a si mesmo todo bem é bastante natural, mas nutrir uma boa opinião de si mesmo não é. Os seres humanos caem na *philautia* ou arrogância de acordo com a diversidade

[170]

---

moderação (imodéstia) em relação ao merecimento de ser amado por outros chama-se *amor-próprio* (*philautia*). A imodéstia da exigência de ser *respeitado* por outros é *arrogância* (*arrogantia*)" (AK, VI, p.462).
401 Em Kaehler: "Os deveres para consigo mesmo".

de seu temperamento. A moral de Gellert é repleta de amor e bondade e fala muito de amizade, que é o cavalo de batalha de todos os moralistas, e tal moral dá oportunidade ao amor-próprio. Mas o ser humano não deve ser tão digno de amor quanto digno de estima e de respeito. Um homem consciente e justo, que não é parcial e não aceita nenhum presente, não é um objeto de amor e, uma vez que é escrupuloso em relação ao que aceita, ele pode praticar também poucas ações de generosidade e de amor. Consequentemente, ele não será digno de amor aos olhos dos outros. Mas seu bem-estar[402] [*Wohl*] consiste no fato de que é considerado digno de respeito pelos outros. A virtude é seu verdadeiro valor interno. Portanto alguém pode ser um objeto de respeito e não de amor, uma vez que não cativa a simpatia. Podemos também amar um homem mau, mas sem expressar-lhe qualquer estima. Tudo o que na moral intensifica o amor-próprio deve ser recusado e tem de ser recomendado apenas aquilo que torna alguém digno de estima. Por exemplo, a observância dos deveres para consigo mesmo com o propósito de ser escrupuloso e honesto. E se não somos então nenhum objeto de amor, podemos, no fim das contas, olhar nos olhos de cada um com o ânimo tranquilo [*getrostem Mut*], embora não com orgulho, pois nesse caso detemos um valor. Mas isso não é arrogância, pois aqui a referência da lei não é falha. Se eu me comparo com a lei moral, sou humilde em consideração a ela, mas em relação aos outros posso me considerar digno de estima.[403] A *philautia* moral, na qual o homem tem uma alta

---

402 Lemos "valor [*Werth*]" em Kaehler.
403 Trecho modificado em Kaehler: "mas em comparação com outras pessoas não preciso ser humilde, mas posso me considerar digno de estima".

[171] opinião de si em relação às suas perfeições morais, é desprezível. Ela surge quando // o homem considera suas disposições como boas e acredita promover o bem-estar do mundo [*das Wohl der Welt*] por meio de desejos vazios e ideias românticas. Tal homem ama o tártaro e gostaria de praticar bondade em sua direção,[404] mas não pensa em seu vizinho, pois este lhe é próximo demais. A *philautia* é inativa e consiste nos desejos mediante os quais o coração se definha. Os dotados de amor-próprio [*Die Eigenliebigen*] são débeis, não são corajosos nem ativos. A arrogância, contudo, ao menos ainda é ativa.

Existe, no tribunal moral humano,[405] um tipo de sofisma preparado pelo amor-próprio.[406] Esse advogado, quando expõe as leis sofisticamente em seu proveito, é um trapaceiro. Mas, por outro lado, ele é também enganador quando nega o fato. Então o homem percebe afinal que seu advogado, mesmo que não[407] seja tão sofístico assim, não é merecedor de credibilidade, e ele o considera como um charlatão. O ser humano, que não pensa e não considera isso, é um ser humano fraco. Esse sofista [*Rabulist*] interpreta a lei de muitas maneiras e usa a letra da lei em seu proveito, não considerando o fato na disposição, mas nas circunstâncias externas. Ele age segundo a probabilidade. Esse probabilismo moral é um meio através do qual o homem se engana e se persuade de ter agido corretamente segundo princípios. Nada é mais sério e abominável do que fabricar para si uma falsa lei segundo a qual se pode prati-

---

404 Intercalado em Kaehler: "se ele apenas pudesse".
405 Em Kaehler: "tribunal moral interno".
406 Trecho modificado em Kaehler: "Há sofisma no tribunal moral interno que nosso advogado, que é o amor-próprio, prepara".
407 Negativo adicionado para dar sentido à premissa.

car o mal sob a proteção da verdadeira lei. Assim como aquele homem que violou a lei moral, mas continua reconhecendo-a em sua pureza, ainda pode se aperfeiçoar porque ainda tem uma lei pura diante de si,[408] aquele que fabricou uma lei conveniente e falsa possui um princípio para sua maldade e dele não se pode esperar qualquer aperfeiçoamento.

[172] O egoísmo moral é quando alguém se superestima tão somente em relação aos outros. Uma pessoa, no entanto, // não deve julgar o seu valor na relação com os outros, mas com a regra da lei moral, pois o critério em relação aos outros é bastante contingente e resulta dele um valor totalmente diferente. Podemos achar, de outro modo, que somos de menor valor do que os outros. Assim, passamos a odiar aqueles que demonstram um valor superior e disso surge a inveja [*Neid*] e o rancor [*Missgunst*]. Estes são gerados pelos pais nos filhos quando não buscam educar suas crianças por meio da moralidade, mas lhes expõem sempre outras diferentes como modelos, contra as quais os filhos depois se posicionam, pois, se tais crianças não existissem, eles seriam os melhores. O solipsismo moral é quando, em relação aos outros, amamos apenas nós mesmos. Esse aspecto não está incluído, no entanto, nos deveres para consigo mesmo, mas nos deveres para com os outros.

Do domínio sobre si mesmo[409]

O princípio universal do domínio sobre si mesmo descansa no fato de que a estima de minha própria pessoa em relação

---

408 Em Kaehler: "pode ainda ser conduzido à justiça porque ainda tem uma lei pura e correta diante de si".
409 Baumgarten, *Ethica*, §246-9.

Lições de ética

aos fins essenciais da humanidade ou da natureza humana e em relação aos deveres para consigo mesmo são as condições sob as quais, tão somente, os outros deveres podem ser realizados. Esse é o princípio dos deveres para consigo mesmo e a condição objetiva da moralidade. Ora, mas qual é a condição subjetiva do exercício dos deveres para consigo mesmo?[410] A regra é essa: "procures manter o domínio sobre si mesmo, pois sob essa condição tu serás capaz de praticar os deveres para consigo mesmo". Há, no ser humano, um certo tipo de plebe que precisa ser submetida a um governo e que tem de receber, sob uma regra, um regimento de vigilância, que deve permitir coagi-la, abaixo de tal regra, de acordo com a ordem de tal governo. // Essa plebe, no homem, são as ações da sensibilidade. Elas não concordam com a regra do entendimento, mas são boas tão somente na medida em que estão de acordo com isso. O ser humano deve ter disciplina.[411] Ele disciplina-se conforme as regras da prudência. Por exemplo, muitas vezes, ele tem vontade de dormir mais tempo, mas força-se a levantar, porque vê que é necessário. Outras vezes, ele deseja comer ou beber mais, mas vê que isso lhe é prejudicial.

---

410 Em Kaehler, encontramos o trecho adicional: "sob o qual somos capazes simplesmente de praticar os deveres em vista de nós mesmos?".

411 Lemos nas *Lições sobre Pedagogia*: "A disciplina é o que impede o homem de desviar-se do seu destino, de desviar-se de sua humanidade, através de suas inclinações animais. Ela deve, portanto, contê-lo de modo que não se lance ao perigo como um animal feroz ou como um estúpido. A disciplina, porém, é puramente negativa, porque é o tratamento através do qual se tira do homem a sua selvageria" (AK, XIX, p.442).

Essa disciplina é o poder executivo [*executive Gewalt*] da prescrição da razão sobre as ações que surgem da sensibilidade. Essa é a disciplina da prudência ou a disciplina pragmática. Mas devemos ter ainda um outro tipo de disciplina, a saber, a moral. De acordo com ela, temos que tentar dominar e coagir todas as nossas ações sensíveis não segundo a prudência, mas de acordo com a lei moral. A disciplina moral consiste nessa autoridade[412] [*Gewalt*] e essa é a condição sob a qual, tão somente, podemos realizar os deveres em relação a nós mesmos. Consequentemente podemos dizer: o domínio sobre si é o dever supremo para consigo mesmo. O governo [*Herrschaft*] sobre nós mesmos consiste no fato de que podemos submeter todos os princípios e faculdades ao nosso livre-arbítrio. Isso pode ser considerado conforme duas regras: de acordo com a regra da prudência e da moralidade. Toda regra de prudência, decerto, baseia-se na regra do entendimento, mas, no caso da regra de prudência, o entendimento serve-se da sensibilidade. Ele lhe dá em mãos os meios pelos quais a inclinação é satisfeita, porque depende dos fins da sensibilidade. O verdadeiro domínio sobre nós mesmos é, no entanto, o moral.[413] Este é

---

412 Em Kaehler, o trecho está modificado: "nessa autoridade para estabelecer as ações de acordo com a lei moral consiste a disciplina moral".

413 O domínio sobre si mesmo é, como observamos na *Metafísica dos costumes*, um requisito fundamental para a virtude moral: "Portanto, a virtude, na medida em que é fundada na liberdade interna, contém um comando positivo para os seres humanos, a saber, trazer todas as suas faculdades e inclinações a seu poder (da razão), por conseguinte, o comando de domínio sobre si mesmo, que se acresce à proibição de não se deixar dominar pelos seus sentimentos e inclinações (o dever de *apatia*); pois, sem que a razão tome em suas mãos

soberano e as suas leis ordenam categoricamente à sensibilidade diferente das leis pragmáticas, em que um aspecto sensível é posto em predileção aos outros pelo entendimento. Mas para [174] haver // um poder soberano sobre nós é necessário conceder à moralidade o poder supremo sobre nós, dominando a nossa sensibilidade. O ser humano pode exercer um domínio sobre si mesmo se ele quiser? De fato, parece acontecer dessa forma, porque isso parece depender do homem. E acreditamos que é mais difícil conseguir o domínio sobre outros do que sobre si mesmo. É mais difícil justamente porque se trata de um domínio em relação a nós mesmos, pois lá nosso poder está dividido, uma vez que a sensibilidade está em conflito com o entendimento, embora, quando desejamos ter domínio sobre outros, reunamos todo nosso poder. O domínio sobre nós mesmos também é difícil devido ao fato de que a lei moral tem, decerto, prescrições, mas nenhum móbil. Falta-lhe o poder executivo e esse é o sentimento moral. Esse sentimento moral não é nenhum sentimento de distinção entre o mal e o bem, mas um móbil [*Triebfeder*] no qual nossa sensibilidade concorda com o entendimento. Os seres humanos podem, sem dúvida, ter uma boa capacidade de julgar na moral, mas não ter nenhum sentimento. Eles estão bem conscientes de que uma ação, mesmo não sendo boa, é merecedora de castigo, embora mesmo assim a cometam. Ora, mas o domínio sobre si mesmo depende da força do sentimento moral. Podemos muito bem nos autogovernar se enfraquecermos as forças opostas. Fazemos isso, não obstante, quando as dividimos. Com efeito, primeiro, preci-

---

as rédeas do governo, aqueles se tornam mestres do ser humano" (AK, VI, p.408).

samos disciplinar a nós mesmos, isto é, ter disciplina em vista de nós mesmos, através de ações repetidas para extirpar a propensão que surge do móbil sensível. Aquele que deseja se disciplinar moralmente deve ter muita atenção em si mesmo para, sempre, prestar contas de suas ações diante do juiz interno, já que então, por meio de prolongada prática, é concedida força ao motivo moral e, através da cultura, é adquirido um hábito de demonstrar prazer ou desprazer em relação ao bem ou ao mal moral. Por meio disso, o sentimento moral é cultivado, e

[175] então a moralidade terá força e móbeis. // Através desses móbeis, a sensibilidade é enfraquecida e superada e, de tal maneira, o domínio sobre si mesmo é alcançado. Sem disciplinar suas inclinações, o homem não pode conseguir nada. Com efeito, no autodomínio, encontra-se uma dignidade imediata, pois ser senhor de si mesmo demonstra uma independência de todas as coisas. Ora, onde não há tal domínio sobre si mesmo, há uma anarquia. Mas mesmo quando há uma anarquia moral no homem, a prudência, ao fim de tudo, substitui a moralidade e governa no lugar dela com propósito de que, no fim das contas, essa anarquia não seja completa. O domínio sobre si mesmo segundo regras da prudência é um análogo do autodomínio.

O poder que a alma tem sobre todas as faculdades e toda a sua situação com o propósito de submetê-las ao seu livre-arbítrio sem que seja necessitada a isso é uma autocracia.[414] Se o homem não se ocupa diligentemente com essa autocracia, ele é, contra a sua escolha, um brinquedo de outras forças e impressões e isso depende do acaso e do curso arbitrário das circunstâncias. Se ele não tem a si mesmo sob controle,

---

414 Em Collins, lemos "monarquia".

sua imaginação corre solta. Ele não é capaz de se disciplinar, mas é levado por ela de acordo com as leis de associação. Uma vez que se entrega, de bom grado, aos sentidos, ele se torna, quando não é capaz de limitá-los, um brinquedo dos mesmos e seu juízo é determinado por eles. Sem fazermos referência às inclinações e às paixões,[415] permita-nos considerar apenas sua condição pensante, que é muito arbitrária quando não se tem ela sob controle. Por isso, todo homem tem de considerar o fato de que suas forças e sua condição se submetam ao livre--arbítrio. Temos dois tipos de autoridade [*Gewalt*] sobre nós: a disciplinar[416] e a produtiva. A autoridade executiva pode nos coagir, a despeito de todos os obstáculos, a produzir certos efeitos // e, nesse sentido, ela tem poder. A autoridade diretiva, no entanto, existe apenas para conduzir as forças do ânimo. Temos dentro de nós, por exemplo, um móbil para a indolência. Ele não pode ser suprimido por meio da autoridade diretiva, mas só pela coercitiva. Se apresento pensamentos preconceituosos, não devo apenas dar uma direção ao meu ânimo, mas preciso fazer uso de força para não ser levado por sua correnteza. Os homens têm força para dirigir o ânimo, mas ainda não para dominá-lo. Se nada no ânimo impõe resistência e não há quaisquer regras aí, ele pode apenas ser dirigido. Nossa sensibilidade é um tipo de plebe que não possui nenhuma lei e regra; embora essa plebe não ofereça resistência, precisa, no fim das contas, ser dirigida.[417] Mas há algo habitual em nossas forças

---

415 Frase intercalada em Kaehler: "onde isso ainda acontece em alto grau".
416 Em Kaehler, lemos "diretiva [*dirigirende*]".
417 Frase ausente em Collins.

que entra em conflito com a autoridade e o livre-arbítrio que temos como sujeitos pensantes,[418] tal como a volúpia sensível [*sinnliche Wollust*] e a preguiça. Estas não devem apenas ser dirigidas, mas também dominadas. A autocracia[419] é, portanto, a autoridade de coagir o ânimo a despeito de todos os obstáculos em vista disso. Ela envolve o domínio de si mesmo e não apenas o poder diretivo.

O autor[420] comete um erro, na enumeração dos deveres para consigo mesmo, do qual devemos falar alguma coisa aqui. Ele conta como deveres para consigo mesmo todas as perfeições do ser humano, mesmo as perfeições que dizem respeito ao seu talento. Ele fala da perfeição das forças sensíveis da alma de tal maneira que a lógica e todas as ciências, que fazem o entendimento mais perfeito e satisfazem a nossa sede de saber, poderiam estar aqui incluídas. Mas, nesse caso, nada disso, em absoluto, diz respeito à moral. A moral não nos mostra, em verdade, o que devemos fazer para nos tornar mais perfeitos em vista da habilidade de nossas forças. Todas essas prescri-

---

418 "Sujeitos que sofrem" em Kaehler.
419 Kant compreende que a doutrina da virtude "contém ao mesmo tempo uma *autocracia* [...], isto é, uma consciência da *faculdade* de tornar-se mestre de suas inclinações rebeldes à lei, consciência que, mesmo imediatamente percebida, é por certo corretamente inferida do imperativo categórico moral" (AK, VI, p.383). Dessa forma, encontram-se identificadas autocracia e moral. Em uma das reflexões de 1770, vemos escrito: "O *principium* da moral é a autocracia da liberdade em consideração à toda felicidade ou a epigênese da felicidade de acordo com as leis universais da liberdade" (AK, Refl. 6867, XIX, p.186).
420 Baumgarten, *Ethica*, §201.

[177] ções são apenas prescrições pragmáticas e regras de prudência segundo as quais devemos ampliar nossas forças, posto que elas // contribuem para nosso bem-estar. Mas se o discurso é sobre a moralidade, nada disso está incluído, exceto no que se refere a como devemos nos tornar mais perfeitos em relação ao nosso valor interno, como devemos conservar a dignidade da humanidade em nossa própria pessoa e como devemos submeter tudo ao nosso próprio arbítrio na medida em que nossas ações são estabelecidas, através dele, de acordo com os fins essenciais da humanidade. Ao nos ensinar sobre os deveres em relação a nós mesmos, todas as proposições [*Sätze*] e regras do autor e todas as suas definições são proposições tautológicas. As proposições práticas são tautológicas quando nenhuma execução pode seguir delas indicando-nos os meios pelos quais se pode realizar o que é exigido e quando elas contêm condições idênticas às condições e às exigências prévias. É uma resolução tautológica do problema se ela contém as mesmas condições que estão contidas nas exigências. Todas as ciências práticas *a priori*, exceto a matemática, contêm proposições tautológicas. A lógica prática, por exemplo, é cheia delas. Ela reafirma as condições postas pela lógica teórica e, da mesma maneira, a moral também é tautológica quando nenhum meio é indicado para satisfazer as condições exigidas. Isso é um erro geral que não podemos atribuir apenas ao nosso autor e, se não podemos repará-lo completamente, queremos ao menos mostrar no que ele consiste. Como somos capazes de perceber as lacunas nas ciências que, afinal, ainda podem ser preenchidas (embora isso não possa acontecer se acreditamos que não existe nenhuma lacuna, mas que tudo está perfeito)?

As exigências de aperfeiçoar os seus talentos, portanto, não pertencem aos deveres em relação a nós mesmos,[421] dos quais o autor fala pormenorizadamente de acordo com o fio condutor da filosofia.[422] Mesmo sem especulação e com um fraco discernimento, podemos também realizar os deveres em relação a nós mesmos. // Todos os adornos da alma pertencem, de fato, ao seu luxo e ao *melius esse*,[423] mas não ao *esse*[424] do ânimo. Não obstante, a saúde da alma em um corpo saudável pertence aos deveres em relação a nós mesmos. Na medida em que as perfeições das faculdades de nossa alma se harmonizam com os fins essenciais da humanidade, está incluído nos deveres em relação a nós mesmos, nesse sentido, promovê-las. Todos os nossos estados de ânimo e forças da alma podem ter relação com a moralidade.

[178]

A autocracia do ânimo humano – e as forças de sua alma –, na medida em que se relacionam com a moralidade, são o princípio dos deveres em relação a nós mesmos e justamente por isso de todos os demais deveres. Permita-nos passar através das forças da alma, na medida em que elas têm relação com a

---

421 Na maturidade, Kant assume outro ponto de vista, afirmando que há um dever para consigo mesmo de desenvolver e aumentar sua *perfeição natural*. "O *cultivo (cultura)* de suas capacidades naturais (capacidades do espírito, da alma e do corpo) como meio para quaisquer fins possíveis, é um dever do homem para consigo mesmo. O homem deve a si mesmo (enquanto ser racional) não deixar sem uso e, por assim dizer, enferrujar a disposição natural e as faculdades, das quais sua razão pode algum dia fazer uso" (AK, MS, VI, p.444).

422 Em Kaehler, lemos "psicologia".

423 Bem-estar.

424 Ser.

moralidade, e ver como alcançar a autocracia em vista dessas forças ou a capacidade de observá-las sob o livre-arbítrio. Por essa razão, antes de tudo, recorremos à imaginação. Não obtemos nossas maiores fantasias e imagens por meio do estímulo de objetos, mas de nossa imaginação [*Einbildungskraft*]. Temos isso sob controle de modo que a imaginação não se entusiasme e nos dite imagens involuntárias. Os objetos que se constituem como imagens em nós não nos estão sempre presentes, mas as ficções [*Einbildungen*], que sempre carregamos conosco, nos podem sempre estar presentes. Disso resultam grandes transgressões e violações dos deveres em relação a nós mesmos, como quando alguém deixa sua imaginação correr solta em vista da volúpia, concedendo até mesmo realidade a ela. Então disso resulta o vício, que corre contra a natureza, e a violação suprema dos deveres para consigo mesmo. Portanto, nesse caso, nossas ficções aumentaram o estímulo ao objeto. A autocracia deve, portanto, consistir em o ser humano banir totalmente suas ficções do ânimo de modo que a imaginação não impulsione um feitiço [*Zauberspiel*], representando objetos

[179] // que não se podem alcançar. Esse seria o dever em relação a nós mesmos em vista da imaginação.

Em relação aos sentidos em geral, uma vez que eles burlam o entendimento e também o iludem, não podemos fazer nada além de enganá-los de volta, tentando proporcionar ao ânimo um sustento diferente do oferecido pelos sentidos e buscando ocupá-lo com diversões ideais, nas quais estão incluídas todas as belas ciências. A relação do talento [*Witz*] com a moralidade para promover a perfeição de alguém não está incluída nos deveres em relação a nós mesmos. Com o objetivo de colocar o ânimo em um jogo, devemos tentar, dessa forma, nos proporcionar esse tipo de diversão ideal, algo que diz respeito não às forças dos deveres, mas está relacionado apenas a nós mesmos.

O autor[425] contabiliza entre os deveres para consigo mesmo a observância de si próprio. Mas isso não deve significar a mesma coisa que autoespionagem, mas em observar a si mesmo através de ações, prestando atenção a elas. Devemos levar a cabo o empenho de conhecer a nós mesmos e saber se somos bons ou maus na vida, examinando se nossas ações são boas ou más. A primeira coisa a se fazer é a que se segue: "procures mostrar ser bom e ativo na vida, não através de orações fervorosas, mas mediante boas ações, mediante regularidade e trabalho, e particularmente mediante retidão e uma conduta boa e ativa em relação ao próximo". É dessa forma que podemos ver que um homem é bom. Assim como alguém conhece um amigo não por meio da conversa, mas ao estabelecer negócios com ele, tampouco alguém pode, de igual modo, conhecer a si mesmo através da opinião que tem de si. E não é tão fácil, em geral, conhecer-se a si mesmo. Dessa forma, muitos não sabem que são corajosos até que experienciam isso em uma oportunidade por meio do ato. Então, muitas vezes, um homem [180] // tem disposição para algo, mas não sabe se poderia realmente, nesse caso, levar a disposição adiante. Por exemplo, com frequência, alguém pensa: "se tu ganhasses um grande prêmio na loteria, praticarias essa ou aquela ação generosa, mas se isso se dá de fato, nada acontece mais tarde". O mesmo se passa com o malfeitor, que vê a morte diante dos olhos. Em uma situação dessas, ele está em posse da disposição mais honrada e honesta, que pode, muitas vezes, ser genuína, mas ele não conhece a

---

425 Baumgarten, *Ethica*, §202.

si mesmo. Ele não sabe se poderia realizá-la se estivesse livre dessa situação. Isso é inimaginável nessas condições. Mas se, mais tarde, ele escapasse da morte, continuaria sendo o mesmo patife que era. Ele certamente pode mudar, mas não repentinamente. Dessa forma, o homem precisa sempre se conhecer aos poucos.

Passemos agora àquilo que se aproxima mais ainda da autocracia e que diz respeito à *suspensio judicii*.[426] Em nosso juízo, precisamos ter autocracia suficiente a ponto de poder decidir se queremos declarar nosso juízo à revelia das boas razões de persuasão. A suspensão do juízo demonstra grande força da alma, independente do juízo em si. Por exemplo, suspender o juízo em uma eleição ou decisão até possuir convicção demonstra uma força da alma. Se, por exemplo, recebo uma carta que, de imediato, desperta raiva em mim, se eu a respondo imediatamente, deixo bastante clara a minha ira, mas se suspendo minha resposta até o dia seguinte, vou considerá-la a partir de um outro ponto de vista. A *suspensio judicii* é, portanto, o maior aspecto da autocracia. Em relação à atividade, a autocracia é demonstrada quando mantemos nosso ânimo ativo e efetivo sob a fadiga do trabalho, quando estamos contentes com ele, quando estamos satisfeitos conosco e somos conscientes de nos sentir com força // suficiente para conduzir o trabalho sem desgosto e quando temos força para preponderar sobre seu incômodo. Portanto temos de ter o propósito de perseverar firmemente naquilo que desempenhamos e de erradicar a força persuasiva da procrastinação. A presença de espírito [*Gegenwart des Geistes*] também é um aspecto da autocracia: a presença de espírito é a

---

426 Suspensão do juízo.

união e a harmonia das forças do ânimo [*Gemütskräfte*] requeridas na consumação de uma tarefa. Isso não é, certamente, coisa para qualquer um, mas se baseia no talento, embora seja possível ser fortalecida através de exercícios.

Agora queremos considerar os deveres para consigo mesmo em vista da satisfação, do prazer e do desprazer [*Lust und Unlust*], do agrado e do desagrado [*Wohlgefalles und Missgefallens*]. O mal físico [*Übel*] é o contrário do bem-estar. O mal moral [*Böse*] é, no entanto, o contrário da boa conduta.[427] O mal moral surge da liberdade e, portanto, provém completamente de nossa conduta. O mal físico, porém, provém também da natureza. Em relação a todo mal[428] físico do mundo, o homem deve mostrar uma alma calma, serena e resoluta. No entanto, em relação ao mal moral, é diferente, já que, se o homem demonstra uma alma calma e serena, isso aumenta ainda mais a sua malignidade. Isto é a condição de uma alma infame e de um caráter perverso. O mal moral das ações deve sempre ser acompanhado da consciência da dor da alma. Mas a alma serena e alegre, em meio dos males e infortúnios, eleva o valor do ser humano. É contrário à dignidade do ser humano sucumbir ao poder do mal físico e depender do jogo do acaso. O homem,

---

427 Conforme a explanação apresentada em algum ponto da *Crítica da razão prática*: "O *Wohl* ou *Übel* [bem-estar ou mal-estar] sempre significa somente uma referência a nosso estado de agrado ou desagrado, de prazer e dor, e se por isso apetecemos ou detestamos um objeto, isto ocorre somente na medida em que ele é referido à nossa sensibilidade e ao sentimento de prazer e desprazer que ele produz. Mas o *Gute* ou *Böse* [bom ou mau] significa sempre uma referência à vontade, na medida em que esta é determinada pela lei da razão a fazer de algo seu objeto" (AK, V, p.60).

428 Em Collins, lemos "juízo".

[182] não obstante, não deve necessariamente se submeter aos males, pois tem em si uma fonte, uma capacidade do ânimo, para resistir a todo mal. As razões para cultivar essa constância da alma estão no fato de procurarmos remover // a falsa aparência que se encontra nos supostos bens da vida e na pretensa felicidade. A maior causa de felicidade ou infelicidade, do bem-estar ou do mal-estar, do agrado ou do desagrado, encontra-se na relação com outros seres humanos, pois se todos comem juntos um queijo ruim na cidade, eu o como com prazer e com alma alegre, mas se todos estiverem na vida boa e apenas eu em condições ruins, eu consideraria isso um infortúnio. Portanto toda felicidade ou infelicidade depende de nós e do modo como nosso ânimo a aceita. Se consideramos a felicidade desta vida, que consiste apenas em ilusão, e onde muitas vezes o mendigo no portão é mais feliz do que o rei no trono; se consideramos a insignificância dessa felicidade tendo em vista a brevidade da vida; se percebemos tudo isso como um grande infortúnio diante do qual todos estremecem, mas que é suportável, uma vez que já fomos acometidos por ele; se levamos em conta o fato de que não podemos fazer em absoluto qualquer reivindicação da felicidade e que nos julgamos infelizes tão somente porque antes éramos felizes e estamos mimados por isso e que, portanto, agora toda diminuição da felicidade é considerada como um novo infortúnio, então percebemos que podemos prescindir com generosidade de muitas coisas e demonstrar por conseguinte uma alma virtuosa[429] e alegre em meio a todos os males. Uma vez que não podemos reivindicar nenhuma felicidade maior, posto que Deus nos estabeleceu aqui no cená-

---

429 "Alma resoluta" em Kaehler.

rio do mundo, onde nos deu todos os meios materiais para o nosso bem-estar e também nos proveu com liberdade para fazer uso de tais meios conforme nosso gosto, tudo isso depende, portanto, apenas de como os seres humanos compartilham entre si os bens da fortuna. Apesar de os homens, certamente, se corromperem entre si, nos é permitido aceitar os bens da vida da forma como os recebemos e estar satisfeitos com a sabedoria universal e o cuidado de Deus, não deixando de modo algum a miséria e o infortúnio se abater sobre nós. Aquele que está na miséria, mas a suporta com // alma calma e alegre (não se importando com isso, uma vez que a miséria já está aí e não pode ser alterada), não é um miserável. Mas aquele que acredita ser um miserável, é um miserável. Aquele que se julga um desafortunado é também malévolo. Ele inveja a felicidade dos outros. Por isso um malvado senhor disse: "Deus odeia o desafortunado, pois, caso contrário, Ele não o deixaria cair no infortúnio e, quando procuramos tornar um infeliz ainda mais infeliz, nós promovemos o propósito de Deus". Mas se concedemos a essa ideia malévola outra conotação, podemos dizer que aquele que se julga desafortunado merece ser odiado, enquanto aquele que demonstra sempre uma alma alegre e resoluta em seu infortúnio e que mantém uma coragem firme mesmo quando perdeu tudo, possuindo em si mesmo afinal algo que conserva um valor em si, merece antes compaixão. Portanto, com o propósito de livrar a alma da maldade da inveja, temos de tentar suportar todo infortúnio e uma vez que já estamos em meio a ele, tentar extrair a vantagem que sempre se encontra nele. Em vista disso, cabe a nós mesmos nos colocar num certo humor, que é uma disposição voluntariamente aceita segundo a qual contemplamos o mundo e seus destinos e a partir da qual podemos emitir um juízo sobre eles.

No que diz respeito à direção do ânimo em relação aos afetos e às paixões, distinguimos, desse modo, as sensações e as inclinações dos afetos e das paixões. Alguém pode sentir algo e ter inclinação para isso sem ter afeto e paixão. Se as sensações e paixões estão então ligadas à razão, de tal modo que a alma concorde com a última, elas podem estar de acordo com os deveres em relação a nós. Para os deveres para conosco e para a dignidade da humanidade é exigido que o ser humano não tenha, em absoluto, nenhum afeto e paixão. // Essa é a regra, embora seja outra questão se os homens podem realmente chegar tão longe em relação a isso. O homem deve ser corajoso, regular e resoluto em seu trabalho e se precaver de cair no calor febril das paixões, pois a condição de um ser humano na paixão é sempre insano e então sua inclinação é cega e não pode concordar com a dignidade da humanidade. Por conseguinte, não devemos deixar que nada sucumba à paixão. E a exigência do estoico estava correta nesse sentido. A paixão ligada à devoção é mais ímpia, pois, nesse caso, se pensa, sob o manto da devoção, que se pode perpetrar qualquer tipo de coisa. A conclusão disso é que consideramos a autocracia do ânimo sobre as forças e faculdades da alma como a condição principal da observância dos deveres em relação a nós mesmos. Nossas máximas devem ser bem consideradas e é pior praticar o mal por máximas do que por inclinação, embora devamos fazer o bem a partir de nossas máximas.

O autor[430] fala ainda da vitória sobre si mesmo. Mas se o ser humano se governa tão bem a ponto de impedir a rebelião da plebe em sua alma, mantendo a paz nela (a paz da alma é aqui,

---

430 Baumgarten, *Ethica*, §248.

no entanto, não uma satisfação com tudo, mas o bom governo e o consenso na alma) e se ele agora conduz tão bem um regime dentro de si, não surge dentro dele qualquer guerra e, onde não há qualquer guerra, também aí nenhuma vitória é necessária. Portanto é de longe melhor se o ser humano se governa dessa maneira, não precisando obter nenhuma vitória sobre si.

[185]   // Dos deveres para com o corpo em consideração à vida

Aqui chegamos à questão sobre o direito [*Befugnis*] que temos de dispor de nossa vida: se temos esse direito e, por outro lado, se temos o direito de demandar cuidados a ela. Observamos, de início, que se o corpo pertence à vida de forma acidental, não como uma condição dela, mas como um estado, poderíamos nos despojar dele quando quiséssemos. Caso pudéssemos sair do corpo e entrar em outro, como em um país, poderíamos dispor dele, pois ele estaria submetido ao nosso livre-arbítrio, já que, nesse caso, não estaríamos dispondo de nossa vida, mas apenas de nossa condição, dos bens móveis, da mobília que pertence à vida. Ora, no entanto, o corpo é uma condição integral da vida, de modo que não temos qualquer conceito de outra vida à parte da mediação de nosso corpo e, uma vez que o uso de nossa liberdade só é possível por meio dele, vemos, dessa forma, que o corpo se constitui como uma parte de nós mesmos. Portanto, na medida em que alguém destrói seu próprio corpo, tomando, dessa maneira, a própria vida, empregou seu livre-arbítrio para destruir a força de seu próprio arbítrio. Nesse caso, entretanto, o livre-arbítrio se contradiz. Se a liberdade é a condição da vida, ela não pode servir para acabar [*aufzuheben*] com a vida, pois assim ela destrói e suprime a si mesma, uma vez que o homem precisa da vida para colocar um fim na própria vida. A vida é usada para causar a ausência de vida, o que, no entanto, se contradiz.[431] Vemos, de maneira preliminar, que o homem não pode dispor de si mesmo e de sua vida, embora possa muito bem fazê-lo em relação a sua condição particular. Só pela mediação do corpo o homem tem poder sobre sua vida. Se ele fosse um espírito, não poderia aniquilar sua vida, porque tal vida, tomada em sentido absoluto, // recebeu um caráter indestrutível [*Unzerstörlichkeit*] da natureza que culmina no fato de que não podemos dispor dela da mesma forma que de um fim qualquer.

Do suicídio

O suicídio pode ser considerado de diversas maneiras: do ponto de vista do condenável, do permissível e até mesmo do heroico. À primeira vista, ele assume a aparência de ser admissível [*Zulässigkeit*] e permitido [*Erlaubtheit*]. Os defensores dessa perspectiva argumentam que o homem, salvo certamente em caso de violação do direito de outrem, dispõe livremente dos

---

431 Em outras palavras, Kant apresenta a seguinte explicação na *Metafísica dos costumes*: "Enquanto se fala de deveres, portanto, enquanto vive, o homem não pode alienar sua personalidade, e é uma contradição ter a autorização para se subtrair a toda a obrigação, isto é, a agir livremente, como se para essa ação não se precisasse de absolutamente nenhuma autorização. Aniquilar em sua própria pessoa o sujeito da moralidade é o mesmo que exterminar do mundo a própria moralidade segundo sua existência, na medida em que esta dele depende; moralidade que todavia é fim em si mesma" (AK, VI, p.422-3).

bens da terra. Em relação ao seu corpo, o indivíduo pode dispor de diversas maneiras. Pode, por exemplo, ter um abscesso retirado, ignorar uma cicatriz ou ter um membro amputado.[432] Ele é livre para fazer, em vista de seu corpo, tudo o que lhe for conveniente e benéfico. Dessa forma, não deveria estar autorizado a retirar a própria vida se vê que isto lhe é mais benéfico e conveniente? E se agora ele vê que não pode mais viver de modo algum, já que pode escapar, por meio do suicídio, de tanto tormento, infortúnio e vergonha? Embora o suicídio seja uma completa privação de vida, por meio dele, o homem escapa, de uma vez, de toda calamidade. Esse argumento parece ser muito cativante. Desejamos, por outro lado, considerar esse ato apenas em si mesmo e não sob a perspectiva religiosa. Desde que tenhamos o propósito de nos conservar, podemos, sob tal condição, dispor de nosso corpo. Então um indivíduo pode permitir, por exemplo, que lhe amputem o pé se este lhe obstrui a vida. Para a conservação de nossa pessoa, podemos, portanto, dispor de nosso corpo. Mas aquele que toma a própria vida não conserva, dessa forma, sua pessoa, pois, ao dispor de sua pessoa, priva-se não só de sua condição, mas de si mesmo. Isto é contrário ao dever supremo para consigo mesmo, já que, dessa maneira, é suprimida a condição de todos [187] os demais deveres. // O suicídio ultrapassa todos os limites do uso do livre-arbítrio, uma vez que o seu uso só é possível pelo fato de que há um sujeito.

---

432 A questão é colocada nos seguintes termos em seu tratado prático de 1797: "não pode ser contado como um crime contra sua própria pessoa deixar extrair de si, mediante amputação, um órgão que esteja necrosado ou ameaçando necrosar e que, com isso, prejudique a vida" (AK, MS, VI, p.423).

O suicídio, além disso, pode adquirir uma aparência justificável, a saber, quando a continuação da vida baseia-se em algumas circunstâncias capazes de abolir o seu valor, como em circunstâncias nas quais não podemos mais viver de acordo com a virtude e a prudência e devemos, portanto, colocar um fim em nossa vida por motivos [*Bewegungsgrunde*] nobres. Aqueles que defendem esse tipo de suicídio citam o exemplo de Catão,[433] que se matou, mesmo com todo o povo ainda a apoiá-lo, depois que compreendeu que não seria possível escapar das mãos de César. Mas tão logo ele se subjugou como defensor da liberdade, as outras pessoas pensaram: "se até Catão se sujeitou, o que devemos fazer?". Mas, se ele se matou, ainda poderiam os romanos sacrificar, afinal, suas últimas forças para defender a própria liberdade? O que Catão faria agora? Aparentemente, portanto, Catão viu sua morte como necessária, pensando: "já que não podes mais viver como Catão, não podes de modo algum mais viver". É necessário certamente admitir, a

---

433 Kant faz aqui uma referência a Marcus Porcius Cato Uticensis, Catão de Útica (93-46 a.C.) ou Catão, o Jovem, em distinção ao seu bisavô. Catão foi um notável político romano seguidor da moral estoica. Ficou conhecido por sua forte integridade moral, fazendo oposição a Júlio César. Em sua defesa da república, cometeu suicídio depois que César saiu vitorioso da Batalha de Tapso, uma das principais batalhas da segunda guerra civil da república romana. Nas *Observações sobre o sentimento do belo e do sublime* lemos: "Um homem que não ama mais do que as ocupações tranquilas e úteis, carece de órgãos para sentir o que há de nobre em um poema ou em uma virtude heroica, prefere ler Robinson do que Grandisson e considera Catão um louco obstinado" (AK, II, p.224). Uma referência ao tipo erótico de suicídio é feita na primeira das questões casuísticas sobre o suicídio na *Metafísica dos costumes*, mas, nessa situação, Kant cita Curtius em vez de Catão (AK, VI, p.423).

partir desse exemplo, que na situação em que o suicídio é visto como uma virtude, ele adquire por si mesmo uma grande aparência. Este é inclusive o único exemplo em que foi concedida uma oportunidade ao mundo de defender o suicídio. Mas é também o único exemplo dessa natureza. Nunca mais foi dado qualquer caso semelhante. Lucrécia[434] também se suicidou, embora motivada pela vergonha e pelo desejo furioso de vingança [*Wut der Rache*]. Com toda a certeza, é um dever conservar a sua honra, especialmente para o segundo sexo, para quem isto é um mérito. Mas só se deve tentar salvaguardar a honra quando não se está entregue a propósitos egoístas e voluptuosos. Isso não se aplica, todavia, a um caso como o de Lucrécia. Se ao defender a sua honra ela tivesse preferido resistir até que fosse morta, teria procedido corretamente // e então não haveria qualquer suicídio, pois arriscar a vida diante do inimigo para observar os deveres para consigo mesmo, sacrificando-se ao mesmo tempo, não é nenhum suicídio.

[188]

Ninguém sob o sol, nem mesmo o soberano, pode me obrigar ao suicídio. O soberano pode decerto obrigar seus súditos a arriscarem suas vidas perante o inimigo em nome da pátria e, se alguém perece nesse caso, não se trata de suicídio, mas de uma situação que depende do destino. Da mesma forma, ao

---

434 O destino de Lucrécia, morta em 509 a.C., teve um papel fundamental na transição do regime monárquico para a república romana. Conta-se que Lucrécia foi estuprada por Sexto, filho do último rei de Roma, Lúcio Tarquínio, o Soberbo. Suplicando por vingança, Lucrécia suicidou-se depois de revelar o acontecimento ao marido e ao pai. O incidente teria alimentado a insatisfação com os métodos tirânicos de Tarquínio e desencadeado um conjunto de situações que culminariam na instituição da república.

contrário, não é nenhum caso de conservação da vida quando alguém se revela medroso e covarde [*feigen Herzen*] diante da morte que necessariamente, através do destino, nos ameaça. Aquele que, perante o inimigo, foge para salvar a própria vida e deixa todos os seus companheiros desamparados, é um covarde, mas aquele que defende a si mesmo e seus comparsas até a morte não é um suicida, mas é considerado alguém corajoso [*nobel*] e nobre [*edel*], pois a vida, em e por si mesma, não é para ser, em nenhum caminho, altamente valorizada, mas apenas até o ponto em que tento preservá-la quando sou digno de viver. É preciso distinguir entre um suicida e alguém que perdeu sua vida através do destino. Aquele que encurta sua vida em virtude de intemperança [*Unmässigkeit*] certamente é culpado por sua falta de previsão [*Unvorsichtigkeit*] e sua morte pode, portanto, lhe ser imputada indiretamente, embora não diretamente, já que ele não pretendia se matar. Não se trata de nenhuma morte premeditada. Todas as nossas transgressões [*Vergehen*] são, pois, *culpa* ou *dolus*.[435] Ora, embora nesse caso não haja nenhum *dolus*, há certamente culpa. Pode-se dizer a esse sujeito: "você mesmo é culpado por sua morte", mas não se pode dizer: "você é um suicida". A intenção de destruir-se é que constitui o suicídio. Eu não devo, dessa forma, identificar a intemperança, que causa o encurtamento da vida, com o suicídio, pois se eu elevar a intemperança à categoria do suicídio, o último, por sua vez, é dessa forma rebaixado e reduzido à

---

435 De acordo com uma explicação tardia: "Uma transgressão *não intencional* que, não obstante, pode ser imputada, chama-se uma mera *falta* (*culpa*). A intencional (isto é, aquela que está ligada à consciência de ser ela uma transgressão) chama-se *crime* (*dolus*)" (AK, MS, VI, p.224).

[189]   intemperança. Existe, portanto, uma diferença entre // a falta de previsão [*Unvorsichtigkeit*], em que o desejo de viver ainda permanece, e a intenção de se matar. As mais sérias violações dos deveres para consigo mesmo produzem ou uma aversão acompanhada de pavor, como é tipificado o suicídio, ou uma repulsa acompanhada de asco, da qual os *crimina carnis* são um tipo. O suicídio é uma aversão pavorosa, pois tudo na natureza busca se preservar: uma árvore danificada, um corpo com vida ou um animal. E exatamente no homem deve a liberdade, que é o grau supremo da vida e constitui o seu valor, ser um princípio para destruir a si mesma? Não é possível imaginar algo mais horrível, pois aquele que já foi tão longe a ponto de ser, incondicionalmente, o senhor de sua vida, é da mesma forma senhor da vida de todos os demais. A ele estão abertas as portas de todos os vícios, já que, antes que alguém possa apreendê-lo por seus crimes, ele está preparado para deixar o mundo. O suicídio, portanto, desperta o pavor, posto que o homem se rebaixa, dessa forma, a um nível inferior ao dos animais.[436] Consideramos um suicida como uma carcaça, enquanto temos compaixão daquele que perece por causa do destino.

Os defensores do suicídio tentam impelir a liberdade do homem ao limite máximo do que é lisonjeador ao defenderem que as pessoas estão em condição de retirar suas vidas a seu bel-prazer. Por isso, mesmo pessoas bem-intencionadas defendem o suicídio nesse sentido. Embora haja muitas condições nas quais a vida tem de ser sacrificada (quando eu não posso preservar a vida a não ser através da violação do dever diante

---

436 Trecho adicional em Kaehler: "em parte, poder-se-ia também dizer que ele desperta um asco".

de mim mesmo, sou obrigado a sacrificá-la em vez de violá--lo), o suicídio, em contrapartida, ainda não é permitido sob nenhuma condição. O homem possui uma inviolabilidade [*Unverletzlichkeit*] em sua pessoa. Trata-se de algo sagrado que nos é confiado. Tudo está subordinado ao homem, exceto o direito de atacar a si mesmo. Um ser que existe de maneira necessária possivelmente não poderia destruir // a si próprio, um outro que não existe necessariamente considera a vida como a condição de todas as coisas. Tal ser vê que a vida lhe é confiada e sente que, ao se voltar agora contra si mesmo, é como se estremecesse, na medida em que viola o santuário [*Heiligtum*] deixado sob sua confidência. Aquilo de que o homem pode dispor deve ser considerado uma coisa. Nesse caso, os animais são considerados como coisas, mas o homem não. No entanto, se ele dispõe de sua vida, transfere para si, portanto, o valor de um animal. Mas aquele que se assume como tal, que não respeita a humanidade e se transformou em uma coisa, torna-se um objeto do livre-arbítrio de todos. Dessa forma, qualquer um pode lhe fazer o que bem entender. As outras pessoas podem tratá-lo como um animal ou uma coisa. Já que não é mais um homem, pode ser adestrado como um cavalo ou um cachorro. Ao converter-se em uma coisa, abandonando a si mesmo, não pode, depois disso, exigir que os outros respeitem a humanidade em sua pessoa. A humanidade é, no entanto, digna de respeito e mesmo que o homem seja mau, a humanidade em sua pessoa ainda merece ser respeitada. O suicídio não é repulsivo [*abscheulich*] e ilícito [*unerlaubt*] porque a vida é um bem maior, pois, nesse caso, considerar se a vida é realmente um bem mais elevado diz respeito apenas a cada um de nós. De acordo com a regra de prudência, o suicídio seria, muitas vezes, o melhor meio para tirar a si mesmo do caminho. No entanto, para a regra da moralidade, ele não é admitido sob nenhuma condição, porque é a destruição da humanidade, uma vez que esta é colocada abaixo da animalidade [*Tierheit*]. Ademais, há no mundo muitas coisas mais elevadas do que a vida. A observância da moralidade é uma delas. É melhor sacrificar a vida do que pôr a perder a moralidade. Viver não é algo necessário, mas é necessário que, enquanto o homem viva, o faça honrosamente [*ehrenwert*]. No entanto, aquele que não pode mais viver dessa maneira, não é mais, de modo algum, digno de viver. Podemos, contudo, sempre viver na medida em que somos capazes de observar os deveres // para conosco mesmos sem empregar violência sobre nós. Mas aquele que está pronto a dispor de sua própria vida não merece mais, de maneira alguma, viver.[437] O motivo pragmático da vida é a felicidade. Posso eu, então, muito bem tirar a minha própria vida por que não posso viver feliz? Não! Não é necessário que, enquanto eu estiver vivo, viva feliz, mas é necessário que eu viva honrosamente. A miséria não autoriza ninguém a dispor da própria vida. Pois se estivéssemos autorizados, nesse caso, a retirá-la por causa da ausência de prazer, todos os nossos deveres deveriam visar, então, ao prazer da vida. Ora, mas, certas vezes, o preenchimento dos deveres para consigo mesmo exige o sacrifício da vida.

Encontramos no suicídio heroísmo ou covardia? Não é bom se praticamos sofística mesmo a partir de uma boa intenção, tampouco se defendemos a virtude e o vício com sofismas. Mesmo pessoas coerentes [*wohldekenden*] censuram o suicídio

---

[437] Trecho adicional em Kaehler: "Ora, eu não posso dizer nada pior do que o homem não é mais digno de viver".

sem, no entanto, ter as razões adequadas. Elas dizem que há uma grande covardia nele, mas consideram também um tipo de suicídio no qual há grande heroísmo, por exemplo, o de Catão e Ático.[438, 439] Raiva, paixão e loucura são, em muitos casos, as causas do suicídio. Daí a razão pela qual as pessoas que se salvam de suas tentativas se assustam consigo mesmas e não ousam cometê-lo outra vez. Havia uma época, entre os gregos e os romanos, em que o suicídio representava uma honra e, então, os romanos também o proibiram a seus escravos, já que estes não tinham a posse de si, mas pertenciam ao seu senhor, sendo, portanto, vistos como coisas, do mesmo modo que qualquer outro animal. Os estoicos afirmavam que o suicídio é a morte suave do sábio, que abandona o mundo, como se pudesse passar de um quarto enfumaçado a outro, porque este não mais lhe agrada.[440] O sábio estoico abandona o mundo não porque,

---

438 Uma referência a Titus Pomponius Atticus (109-32 a.C.), cavaleiro romano, mas também intelectual de influência epicurista, que manteve correspondência com o grande orador e filósofo Cícero. Este o coloca como interlocutor em muitos de seus diálogos e lhe dedica sua obra sobre a amizade. Segundo relatos, por volta dos 77 anos, Ático teria se suicidado. Ele deixou-se morrer de fome devido a uma grave enfermidade, argumentando que alimentar seu corpo seria como alimentar a doença.

439 Trecho adicional em Kaehler: "Eu não posso chamar tal suicídio de hesitante".

440 Do mesmo modo, Kant censura a atitude estoica diante da vida e, sobretudo, em relação ao suicídio na *Metafísica dos costumes*: "Por isso o estoico considerava como um privilégio de sua personalidade (de sábio) afastar-se, de bom grado, da vida (como de um quarto, em fumaça) com uma alma tranquila, sem ser pressionado pelo mal presente ou temível, pois nesta vida ele não poderia mais ser útil para nada. Contudo, essa própria coragem, essa firmeza da alma em

[192] estando nele, não possui felicidade alguma, mas porque // o despreza. Antes já mencionamos que, ao homem, é bastante lisonjeador possuir a liberdade para abandonar o mundo a seu bel-prazer e, mesmo que ele não o faça, a liberdade ainda lhe diz respeito de tal modo que possa fazê-lo quando quiser. Parece haver alguma coisa de moral nessa maneira de pensar, uma vez que o homem capaz de abandonar o mundo a seu bel--prazer não pode estar submetido a ninguém e não pode ser impedido por nada a dizer ao maior dos tiranos as verdades mais duras. Este não pode, pois, forçá-lo a isso por meio de nenhum tipo de tortura, já que lhe é possível se despedir rapidamente do mundo da mesma forma que um homem livre pode deixar o país quando quiser. Mas esta ilusão [*Schein*] desaparece quando se pensa que a liberdade não pode existir senão através de uma condição imutável que não pode ser modificada sob nenhuma circunstância. Essa condição imutável é que eu não empregue a minha liberdade contra mim mesmo com o objetivo de destruir-me e que não a deixe ser limitada por nada exterior. Esse é o tipo nobre de liberdade. Eu não devo ser desencorajado a viver por nenhum destino ou desgraça, mas devo continuar a viver enquanto for um homem e puder viver honradamente. Lamentar o destino e a desgraça desonra o homem. Se Catão, mesmo sob todas as torturas que César pudesse ter lhe infligido, tivesse permanecido com a alma resoluta em sua decisão, isto seria nobre, mas não é o caso quando ele

---

não temer a morte e em conhecer algo pelo qual o homem poderia ter ainda mais apreço do que sua vida, deveria ter sido, para ele, um motivo ainda maior para não destruir a si, um ser dotado de um poder tão grande, superior ao dos mais fortes móbeis sensíveis e, portanto, para não se privar de sua própria vida" (AK, VI, p.422).

colocou as mãos sobre si mesmo. Os defensores e partidários do direito ao suicídio são necessariamente muito prejudiciais a uma república. Supondo que o suicídio fosse uma disposição universal acalentada pelas pessoas, que ele fosse um direito e até mesmo um mérito ou uma honra, dessa forma, essas pessoas seriam repugnantes para todas as demais, pois aquele que não respeita sua vida absolutamente de acordo com princípios [*Grundsätzen*] de modo algum pode conter os mais repugnantes vícios. Ele não teme nenhum rei e nenhuma tortura. Mas toda ilusão desvanece-se quando também consideramos o suicídio do ponto de vista da religião.

[193]   // Fomos colocados neste mundo para certos destinos [*bestimmungen*] e propósitos. Um suicida, todavia, contradiz o fim de seu criador. Ele chega ao outro mundo como aquele que desertou de seu posto e é considerado, portanto, como um rebelde contra Deus. Tão logo reconhecemos essa verdade, que a preservação da vida está incluída nos propósitos de Deus, estamos obrigados a estabelecer o nosso livre-arbítrio de acordo com esse desígnio. Não temos nem autoridade nem direito de violentar as forças de conservação de nossa natureza e perturbar a sabedoria de sua execução. Esse dever [*Schuldigkeit*] está subjacente em nós até o momento em que Deus nos dá o comando expresso de deixar esta vida. As pessoas estão dispostas aqui como sentinelas e não devem deixar o seu posto até que sejam substituídas pela mão benéfica de outro.[441] Deus é nosso proprietário, somos Sua propriedade e Sua providência

---

441 Uma provável referência a Epiteto, que, em suas *Máximas*, recita: "quando chegar a hora, morrerei, mas morrerei como deve morrer um homem que sabe devolver o que lhe foi confiado para guarda".

se preocupa com o nosso melhor. Um servo que está sob os cuidados de um senhor benevolente age com pena de ser punido caso se contraponha aos seus propósitos.

O suicídio, não obstante, é ilícito e repugnante não porque Deus o proibiu, mas Deus o proibiu por ser repugnante devido à diminuição da dignidade interna a um nível inferior ao dos animais. Portanto, antes de tudo, todos os moralistas devem demonstrar a repugnância inerente ao suicídio. O suicídio ocorre entre aqueles que se preocuparam demais com a felicidade da vida, pois alguém que desfrutou do refinamento dos prazeres, não podendo possuí-los sempre, decai em ambição, desgosto e melancolia.

Do cuidado para com nossa vida

No que diz respeito ao dever em consideração à vida e aos seus cuidados, observamos o seguinte: a vida, em si e por si mesma, não é o sumo bem // que nos é confiado e do qual devemos cuidar. Há deveres mais elevados do que a vida e que devem frequentemente ser cumpridos com o sacrifício dela. Ao observar a experiência, vemos que um homem indigno valoriza mais a sua vida do que a sua pessoa. Então aquele que não tem valor interno coloca um grande valor em sua vida, enquanto aquele que tem mais valor interno coloca um valor bem menor nela. Um homem com valor interno vai preferir sacrificar sua vida antes que possa cometer um ato infame. Ele prefere, portanto, o valor de sua pessoa ao de sua vida. Mas aquele que não tem valor interno tem preferência por cometer uma ação infame em vez de se sacrificar. Então ele decerto conserva sua vida, mas não é mais digno de viver porque desonrou a humanidade e a dignidade da mesma em sua própria pessoa. Mas como se concilia o fato de que aquele que valoriza menos sua vida possui valor em sua própria pessoa? Há algo de misterioso aqui, muito embora esteja suficientemente claro que as coisas sejam assim. O homem considera a vida, que consiste na ligação da alma com o corpo, como algo contingente, o que realmente é verdade. Mas o *principium* da ação livre no homem é de tal espécie que a vida, que consiste na ligação da alma com o corpo, é pouco valorizada.[442] Se, por conseguinte, algumas pessoas, com toda a inocência, fossem acusadas de traição, embora entre elas estivessem algumas pessoas verdadeiramente honradas e honestas e outras sem nenhum valor interno, apesar de também inocentes, e fossem juntas condenadas à morte ou a uma sentença perpétua de servidão, tendo que agora escolher a preferida entre essas duas penas, é totalmente certo que as pessoas honradas escolheriam a morte enquanto as indignas a servidão. Aquele que tem valor interno não teme a morte e prefere morrer do que viver como objeto de vergonha na sociedade e entre trapaceiros na servidão. Mas o // indigno prefere a servidão quase como se isso já lhe fosse uma coisa natural. Portanto, há deveres, entre os quais a vida é bastante inferior, e, a fim de preenchê-los, não devemos demonstrar nenhuma covardia em relação à nossa vida. A covardia do homem desonra a humanidade e a supervalorização da vida[443] física é demasiadamente covarde [*Feighaft*]. O homem que, por causa de cada

---

442 Trecho adicional em Kaehler: "Portanto, assim como ações, que dizem respeito a um princípio espiritual e a sua pontualidade, são o valor de seu espírito, o valor da vida, que consiste apenas na ligação da alma com o corpo, torna-se pequeno em vista daquelas".
443 Em Kaehler, lê-se "mal físico [*physischen Uebels*]".

situação insignificante de sua vida, mostra-se excessivamente temeroso, aparece a todos como bastante ridículo. Nós devemos esperar resolutamente nossa morte. Há pouco valor em algo cujo desprezo tem um valor maior.

Por outro lado, não obstante, não devemos arriscar a nossa vida e colocá-la em jogo pelo mero interesse e propósito privado. Nesse caso, não agimos apenas de forma imprudente, mas também infame, por exemplo, se quiséssemos apostar uma considerável soma em dinheiro para atravessar um rio. Por nenhum bem do mundo, nem mesmo por liberdade, estamos obrigados a arriscar nossas vidas, exceto por dever. Há, no entanto, circunstâncias nas quais arriscamos a vida por interesse, por exemplo, na condição de um soldado na guerra. Mas isto não é um interesse particular (propósito), mas um bem geral. Ora, uma vez que os homens são constituídos de tal forma a se dirigirem à guerra, há também aqueles que se dedicam a ela. É uma questão muito sutil a medida em que devemos valorizar a nossa vida ou arriscá-la. O ponto principal é o seguinte: a humanidade em nossa pessoa é um objeto de respeito supremo, sendo ela, em nós, inviolável. Nos casos nos quais o homem é suscetível, por meio disso, à desonra, ele está obrigado a sacrificar a sua vida em vez de desonrar a humanidade em sua própria pessoa. Ele estaria honrando, pois, a humanidade em sua pessoa, quando esta mesma humanidade é desonrada pelos outros? Se o homem não pode conservar a própria vida a não ser pela desonra de sua humanidade, é preferível que se sacrifique. Por esse caminho, ele põe, decerto, sua vida animal em risco, mas sente, afinal, que, enquanto viveu, o fez honrosamente. // Não importa tanto o fato de viver prolongadamente (pois não é a própria vida que se perde em um acontecimento, mas apenas

[196]

a prorrogação da idade, uma vez que a natureza já decretou que uma hora vamos morrer), mas importa que, enquanto um homem viva, o faça honrosamente, sem desonrar a dignidade da humanidade. Ora, se ele não pode mais viver assim, significa que de modo algum pode continuar vivendo, pois sua vida moral chega ao fim. Ela termina quando não mais está de acordo com a dignidade da humanidade. Essa vida moral é determinada por seus males e suplícios. Não obstante, em meio a todos os suplícios, eu ainda posso viver moralmente. Prefiro ter que suportar todos esses tormentos, mesmo a própria morte, antes que cometa um ato infame. A partir do momento em que não posso mais viver com honra, tornando-me indigno da vida por meio de tal ação, não posso mais de modo algum viver. É, portanto, bem melhor morrer com honra e glória [*Ruhm*] do que prolongar, por alguns anos, a própria vida através de uma ação infame e continuar vivendo como um trapaceiro. Ora, se, por exemplo, uma pessoa já não pode mais preservar a própria vida a não ser se submetendo, ao fixar um preço [*Preisgebung*] a sua pessoa, à vontade de outro, ela está obrigada a sacrificar-se ao desonrar a dignidade da humanidade em sua própria pessoa, que é justamente o que ela faz, dessa forma, ao se entregar, tal como uma coisa, ao arbítrio de outrem.

Portanto, a preservação da vida não é o dever supremo, mas devemos, muitas vezes, sacrificar a vida tão somente para viver de maneira honrada. Há muitos desses casos e embora os juristas digam que a conservação da vida é o dever supremo e que *in casus necessitatis*[444] estamos obrigados a defender a nossa vida, essa matéria de modo algum diz respeito à jurisprudência, que

---

444 Em caso de necessidade.

[197] deve decidir sobre o justo e o injusto apenas em relação aos deveres obrigatórios [*schuldige Pflichten*] para com os outros, mas não em relação aos deveres para consigo mesmo e que também não pode, nesse caso, coagir qualquer pessoa // a desistir da própria vida. Como, pois, é possível coagi-la? Privando-a da própria vida?[445] Por isso os juristas precisam considerar a vida como o dever supremo, porque apenas pela ameaça de privação da vida eles podem colocar alguém realmente à prova. E não há, além disso, nenhum outro *casum necessitatis* além daquele em que a moralidade me absolve das preocupações para com a minha própria vida. Toda necessidade, perigo e suplício não são nenhum *casus necessitatis* de preservação da vida, pois nenhuma necessidade pode suprimir a moralidade. Se, portanto, eu posso preservar a minha vida apenas por meio da infâmia [*Niederträchtigkeit*], a virtude me absolve do dever de preservá-

---

445 Esse ponto pode ser mais bem esclarecido a partir de outra passagem da *Doutrina do direito*:"Não pode haver, pois, nenhuma *lei penal* que condene à morte quem em um naufrágio, correndo com um outro o mesmo risco de vida, o empurre da tábua em que se refugiou para salvar-se a si mesmo. Porque a pena que a lei ameaçasse certamente não poderia ser maior que a perda de sua vida. Ora, uma semelhante lei penal não pode ter de modo algum o efeito pretendido, pois a ameaça de um mal que é todavia incerto (o da morte por sentença judicial) não pode superar" (AK, MS, VI, p.235). Também lemos em *Geimeinspruch*: "Todavia, os teóricos do direito civil procedem com total consequência quando concedem licitude jurídica a esse recurso de emergência, pois a autoridade não pode ligar nenhum castigo a essa proibição, considerando que tal castigo tenderia a ser a morte. E seria uma lei absurda a que ameaçasse com a morte a quem, em situações de perigo, não se entrega à morte de maneira voluntária" (AK, VIII, p.300).

-la, porque aqui um dever mais alto ordena e me faz lembrar da prescrição de me sacrificar.

Dos deveres para com o próprio corpo[446]

Nosso corpo pertence a nós mesmos e submete-se às leis universais da liberdade em virtude das quais os deveres nos dizem respeito. O corpo nos é confiado e o nosso dever em consideração a ele, em primeira instância, é o de que o espírito humano [*Gemüt*] o discipline, para, então, tomá-lo de cuidados. O corpo precisa, primeiramente, ser disciplinado, pois há nele *principia* pelos quais o ânimo [*Gemüt*] é afetado e através dos quais o corpo altera o estado deste. Dessa forma, o espírito deve tomar o cuidado de ter autocracia [*Autokratie*] sobre o corpo de modo que este não possa alterar o seu estado. O espírito deve, portanto, manter a supremacia [*Obergewalt*] sobre o corpo de modo a poder dirigi-lo e afetá-lo de acordo com *principia* e máximas pragmáticas e morais. Isto requer disciplina. Esta é meramente negativa. O espírito deve apenas impedir que o corpo // possa necessitá-lo [*necessitieren*] a algo, já que impedir que o corpo não o afete é, sem dúvida, impossível. Muita coisa depende do corpo em consideração à nossa faculdade de conhecimento, do prazer e desprazer e de apetição. Se o espírito não possui uma soberania apropriada sobre o corpo, os

---

446 Baumgarten, *Ethica*, §250-66. "Procure a perfeição do corpo tanto quanto você é capaz [*Corporis tui perfectionem quaere, quantum potes*]. [...] uma relação harmônica do homem com suas transformações e o consenso de seus membros uns com os outros será a perfeição do corpo [*et consensus omnium eius membrorum inter se ad mutationes hominis harmonicas erit perfectio corporis*]".

hábitos que permitimos ao corpo tornam-se necessidades e se o espírito não reprime essa propensão corporal, resulta disso a predominância do corpo sobre o espírito. Essa supremacia do espírito sobre o corpo ou da intelectualidade [*Intellektualität*] sobre a sensualidade pode ser muito bem comparada a uma república na qual há uma soberania boa ou ruim. A disciplina pode ser de dois tipos na medida em que o corpo tenha de ser fortalecido ou enfraquecido. Muitos moralistas entusiastas [*schwärmerische*] acreditavam que, ao enfraquecer e remover toda sensibilidade do corpo, renunciariam a tudo o que os prazeres sensíveis promovem, de modo que a natureza animal [*Tierheit*] do corpo fosse suprimida e a vida espiritual, que eles esperavam alcançar um dia, já fosse antecipada aqui com o corpo aproximando-se cada vez mais dela por meio de uma gradual privação [*Ablegung*] de toda sensibilidade. Embora o termo fosse desconhecido dos pagãos, tal prática pode ser chamada de mortificação da carne. Os pagãos a denominaram, entretanto, de *exercitia coelestica*,[447] prática pela qual eles se esforçavam para se livrar das ataduras do corpo. Mas todas essas práticas, dentro das quais se incluem, por exemplo, o jejum e castigos, são práticas fanáticas e virtudes monásticas [*Mönchstugenden*] que apenas emaciam [*abmergeln*] o corpo. A perfeição da disciplina do corpo consiste em o homem ser capaz de viver segundo sua vocação [*Bestimmung*]. Certamente o corpo precisa estar sujeito à disciplina, mas ele não deve ser destruído pelo homem nem ter suas forças violadas.

Vai estar incluído na disciplina, portanto, o fortalecimento do corpo humano, que pode ocorrer por meio de todas as for-

---

447 Disciplinas corretivas.

[199] mas possíveis e úteis de fortalecimento [*Abhartungen*], // nas quais o corpo é, decerto, cuidado, mas não mimado [*verwöhnt*]. Dessa forma, não podemos deixar que nenhum dos prazeres do corpo se enraíze, mas tentar preparar o corpo para estar em condições de dispensar tudo, exceto as suas necessidades, de se contentar com uma alimentação pobre e suportar com alegria todas as dificuldades e infortúnios. O homem sente mais a sua vida quanto menos precisa conservar sua força vital. Devemos fortalecer [*abhärten*] nosso corpo da mesma maneira que Diógenes, que, como um escravo, não aprendeu nada além de resignação e educou os filhos de seu senhor a serem resistentes a todas as dificuldades da vida, embora com a alma serena e alegre e em posse do *principium* da retidão[448] [*Rechtschaffenheit*]. Como foi dito de início, *também a felicidade de Diógenes* não consistiu em excesso, mas em insuficiência [*Mangel*], na privação dos bens da vida.

Já que, por um lado, devemos disciplinar nosso corpo, por outro, temos também um dever de lhe demandar cuidados. Nisso se inclui tentar promover a vitalidade, a alegria, a atividade, a força e a coragem. Em consideração à disciplina do corpo, temos que observar os dois seguintes deveres: a moderação em relação a suas diversões e a suficiência [*Genügsamkeit*] em vista das necessidades reais do corpo. As necessidades não podem ser negadas ao corpo, mas é melhor que o homem permaneça dentro desses limites a excedê-los. É preferível negar ao corpo

---

448 Reflexão 6583: "O ideal que Diógenes tinha do *summum bonum* era negativo, isto é: nenhuma dor e nenhum pecado, o *minimum* em relação aos meios". Reflexão 6584: "A felicidade e o bem, a moralidade, constituem juntas o *summum bonum*. Diógenes: a felicidade na ausência de dor, deixando de lado todo o supérfluo e a moralidade na ausência de pecado" (AK, XIX, p.94-5).

algo que pertence às suas necessidades do que ir longe demais em seus excessos, pois a efeminação[449] [*Weichlichkeit*] se constitui como uma incapacidade. Diante da moderação existem dois caminhos inadequados: a gula em relação à comida e a ebriedade [*Versoffenheit*] em vista da bebida. O excesso na bebida não diz respeito à quantidade (muitas vezes se pode ter o desejo ardente [*Lüsternheit*] de beber água excessivamente), mas diz respeito ao seu refinamento e qualidade. Na alimentação,

[200] entretanto, // o homem pode ser induzido a comer em excesso devido a uma dieta ruim. Os dois desvios em vista da moderação são violações dos deveres para consigo mesmo. Ambos desonram o homem porque são bestiais.[450] Alguns vícios do homem, concordantes com sua natureza, são, pois, humanos, embora ainda sejam vícios, como a mentira, mas alguns deles são tais que estão fora da humanidade e não concordam, de modo algum, com a natureza e o caráter do homem. Tais vícios são de dois tipos: os vícios bestiais [*viehischen*] e diabólicos. Pelos vícios bestiais, o homem se rebaixa a um nível inferior ao dos animais. Os vícios diabólicos possuem um grau de mal-

---

449 Em um sentido mais literal, o termo parece se remeter ao oposto da firmeza masculina, ou seja, ao amolecimento, à suavidade e à frescura. Na versão inglesa de Peter Heath, o termo é traduzido por "flabbiness".

450 Podemos ler em algum ponto da *Metafísica dos costumes*: "No estado de embriaguez o ser humano deve ser tratado apenas como um animal e não como ser humano [...]. A gula encontra-se ainda mais abaixo deste prazer animal dos sentidos na medida em que emprega o sentido apenas enquanto propriedade passiva e não a imaginação, que é ainda um jogo *ativo* de representações, como é o caso do desfrute acima mencionado; e, portanto, aproxima-se ainda mais do prazer bestial" (AK, VI, p.427).

dade [*Bosheit*], que vai além da maldade dos seres humanos, dentre os quais contamos três: inveja [*Neid*], ingratidão [*Undankbarkeit*] e a alegria maliciosa[451] [*Schadenfreude*]. Nos vícios bestiais contamos a gula, a ebriedade e também os *crimina contra naturam*. Todos os vícios bestiais são objetos do maior desprezo, enquanto os diabólicos os são do maior ódio. Qual desses dois vícios bestiais – a gula e a ebriedade – é mais desprezível e infame? A propensão [*Hang*] à bebida não é tão baixa quanto à gula, já que a bebida é um meio para a sociabilidade e loquacidade [*Gesprächigkeit*] e promove o entusiasmo do homem, sendo desculpável nessa medida. Mas se o ato de beber excede essa medida, então temos o vício da ebriedade. Então, desde que a ebriedade funda-se no beber socialmente, permanece, certamente, sempre um vício bestial, embora não tão desprezível quanto a gula, que é ainda mais baixa, visto que, por meio dela, nem a sociabilidade nem o revigoramento do corpo são estimulados, mas se exibe tão somente a bestialidade. O ato de beber e a ebriedade, tomados isolados, são igualmente vergonhosos, pois, nesse caso, não temos mais aqui o fator que as elevou um pouco mais acima da gula.

201] // **Dos deveres da vida em vista de nosso estado**

O homem sente sua vida através de ações e não do prazer. Quanto mais ocupados estamos, mais sentimos que vivemos e mais estamos conscientes de nossa vida. Na ociosidade não somente sentimos que a vida passa diante de nós, mas sentimos até mesmo uma ausência de vida [*Leblosigkeit*]. A atividade

---

451 A alegria diante do mal dos outros.

relaciona-se, portanto, à manutenção de nossa própria vida. O tempo vazio não nos é agradável. Ora, mas como o tempo se torna agradável a nós? O gozo da vida não preenche o tempo, mas o deixa vazio. O espírito [*Gemüt*] humano possui, diante de um tempo vazio, repugnância, desgosto e asco.[452] O momento presente, decerto, pode parecer-nos cheio, mas na recordação nos parece vazio afinal, pois, se ele é preenchido com um jogo etc., parece estar realmente cheio no momento presente, embora esteja vazio na memória. Se uma pessoa, pois, não fez nada durante a vida além de simplesmente desperdiçar o seu tempo e faz uma retrospectiva de seus momentos, ela não sabe como chegou tão rapidamente ao fim, uma vez que nada fez em vida. O tempo é, no entanto, apenas preenchido por ações. Somente por meio de nossas ocupações, sentimos nossa vida.[453] No prazer, não a sentimos suficientemente, pois a vida é a faculdade de espontaneidade [*Vermögen der Selbstthägkeit*] e a consciência de todas as forças [*Gefühl aller Kräfte*] do homem. A ocupação, não obstante, nos torna conscientes de todas as nossas forças. Quanto mais sentimos nossas forças, mais sentimos também a nossa vida. A sensação é apenas a capacidade de perceber as impressões. Nela somos meramente passivos e somos ativos apenas quando lhes demandamos atenção. Mas quanto mais um homem agiu, mais é capaz de sentir a sua vida e de rememorá-la, porque fez muito nela, e mais satisfeito ele está com a vida quando morre. Estar satisfeito com a

---

452 Trecho modificado em Kaehler: "O espírito humano, no entanto, tem um repúdio quando não preenchemos o tempo com sensações [*Empfindungen*] ou ações, de modo a termos grande tédio, indignação e desgosto".

453 Baumgarten, *Ethica*, §267 ss.

[202] vida, entretanto, não é estar farto dela.[454] O simples gozo faz o homem farto // da vida. Podemos morrer satisfeitos com a vida, todavia, apenas se a preenchemos com ações e ocupações e a empregamos corretamente de modo a não nos lamentar de ter vivido. Morremos satisfeitos com a vida se vivemos de tal modo a agir e praticar muitas coisas, empregando corretamente a vida. O homem que está farto da vida, nada fez. Sente como se não tivesse vivido, mas quisesse começar a viver pela primeira vez de maneira adequada. Por isso devemos preencher nosso modo de viver com ações, pois assim não vamos nos queixar da duração do tempo em cada momento, nem de sua brevidade, se assumimos o tempo como um todo quando olhamos para trás, pois são as pessoas que nada fazem que reclamam de sua extensa duração. Cada instante do tempo é tão longo para elas, posto que não têm nada com o que se ocupar e quando essas pessoas relembram-se de coisas passadas, não sabem como o tempo passou. Mas para o homem que é ocupado é o contrário. Para ele, cada instante do tempo é muito curto. Quando está ocupado, não sabe que o tempo passou. As horas passam, para ele, sempre muito rápido, mas, quando olha ao seu redor, vê o quanto já realizou no tempo. O homem deve, portanto, preservar a sua vitalidade [*Lebenskraft*], isto é, a sua atividade, por meio de muita prática. O valor da vida baseia-se na medida daquilo que fazemos. Toda ociosidade é, por conseguinte, uma degradação da vida. Tentar conservar em nós um impulso [*Trieb*] para a atividade é a condição de todos os deveres, pois de outra forma todos os preceitos morais são em vão. Se

---

454 Trecho adicional em Kaehler: "Aquele que desfrutou de prazeres intensos, torna-se, por fim, farto da vida".

o homem não tiver, pois, um impulso para ser ativo, ele nem sequer se dará ao esforço de começar alguma coisa. Portanto o homem precisa ser ativo e corajoso [*wacker*], isto é, resoluto e vigoroso mesmo nas tarefas mais difíceis, ou seja, deve realizá-las sem procrastinação. Vigoroso [*rüstig*] é o contrário de indolente [*träge*].

[203] Toda ocupação é trabalho ou jogo, sendo um vício quando não se tem absolutamente nenhuma ocupação. É preferível // nos ocuparmos com jogo do que não ter qualquer ocupação, pois dessa forma pelo menos nos mantemos em atividade.[455] Mas se somos totalmente desocupados, perdemos um pouco da vitalidade e nos tornamos ainda mais indolentes, de modo que, depois disso, é muito difícil reconduzir o ânimo [*Gemüt*] à sua atividade anterior. O homem não pode viver sem ocupação e quando ele ganha seu pão, o come mais prazerosamente do que quando este lhe é repartido. Dessa forma, depois de uma dura jornada de trabalho, o comerciante gosta de ir ao concerto ou a uma reunião social e é mais prazeroso do que se não tivesse feito nada. Se um homem faz muitas coisas, está mais satisfeito depois do trabalho do que se não tivesse feito absolutamente nada, pois, pelo trabalho, colocou suas forças em movimento, sentindo-as melhor, e então seu ânimo também está mais excitado [*belebter*] para aproveitar as diversões.[456]

---

455 De modo complementar, Kant escreve em sua *Antropologia de um ponto de vista pragmático*: "o doce *far niente* para reunir forças, por conseguinte, não é ainda preguiça, porque alguém pode estar ocupado (também no jogo) de modo agradável e, ao mesmo tempo, útil" (AK, VII, p.276).

456 Em paralelo a isso, ainda na *Antropologia*, ao versar sobre o sumo bem físico, lemos: "o maior prazer dos sentidos que não leva consigo,

Mas aquele que nada fez não sente sua vida e suas forças e, da mesma maneira, não está preparado para se divertir.

É preciso distinguir descanso de ócio. Conduzir sua vida de forma tranquila é bastante apropriado, se acontece ao final de uma vida efetiva. Pode-se decerto descansar das ocupações gerais do mundo ou da rotina diária, posto que já se estabeleceu uma posição no mundo, embora se possa ainda continuar a estar ocupado na vida privada. Vive-se, dessa maneira, sabiamente o descanso. Esse repouso das pessoas mais velhas não é nenhuma indolência [*lässigkeit*], mas um descanso após o trabalho.[457] Portanto, para descansar, deve-se estar ocupado, pois isso não é possível para quem nada fez. Apenas depois do trabalho é possível repousar adequadamente. Aquele que muito trabalhou é capaz de dormir bem à noite, enquanto o descanso não vai parecer tão agradável para aquele que nada fez.

Observação em relação ao encurtamento do tempo

Há várias expressões e meios de encurtar o tempo em que o homem está. Quanto mais alguém se apercebe do tempo, mais sente que ele é vazio. Aquele que olha no relógio, por

---

em absoluto, nenhuma mistura com o asco, é, em estado saudável, o descanso depois do trabalho" (AK, VII, p.276).

457 Essa passagem é complementada pelo seguinte comentário da *Antropologia de um ponto de vista pragmático*: "com isto se explica também por que se tem por idênticos os passatempos e o deleite; porque quanto mais rapidamente passamos o tempo, mais reanimados nos sentimos, como um grupo de pessoas que durante um passeio de carro tem estado bem entretido conversando por três horas, na descida, se um deles olha o relógio diz alegremente: 'Como o tempo passou', ou 'Como o tempo é curto para nós'" (AK, VII, p.233-4).

exemplo, acha o tempo longo. Mas quem tem algo para fazer não está consciente do tempo e este lhe parece mais curto. Se dirigimos a nossa atenção para objetos, não estamos conscientes do tempo e então ele nos parece curto. Mas, quanto mais pensamos na medição do tempo e a observamos, o tempo se esvazia. Nossa vida é mais longa, portanto, quanto mais for preenchida.[458]

Observação: toda a distância perto de uma cidade parece ser mais curta e se distante dela, parece mais longa, pois as milhas parecem mais extensas para aquele que viaja e nada vê quando as percorre. Mas, uma vez que ele as completou, lembrando-se do caminho, elas lhe parecem mais curtas, porque, em toda essa distância, não há nada que ele possa lembrar posto que nada percebeu. Ora, há mais para ver e perceber perto da cidade do que longe dela.

Do dever para com o corpo em consideração ao impulso sexual

O homem tem um impulso que é dirigido às outras pessoas, não na medida em que pode desfrutar de seu trabalho e serviços, mas imediatamente delas como objetos de seu prazer. Ele, decerto, não tem qualquer inclinação para saborear a carne de seus congêneres e quando isso acontece é mais vingança bélica do que inclinação. Mas permanece nele uma inclinação, que se pode chamar apetite, e é dirigida ao desfrute do outro. Este é o

---

458 Trecho adicional em Kaehler: "Portanto nossa vida é mais longa quanto mais é preenchida com ações e mais curta quanto menos é preenchida dessa forma".

impulso sexual [*Geschlechtsneigung*]. O homem pode, certamente, aproveitar-se de outro homem como instrumento de sua serventia. Ele pode fazer uso das mãos e dos pés de outros a seu préstimo e até mesmo de todas as suas forças. Portanto, pode usar o outro em vista de seus propósitos, embora por meio do livre-arbítrio desse. Não obstante, de modo algum achamos que

[205] o ser humano pode ser objeto do prazer do outro // a não ser por meio do impulso sexual. Há uma espécie de sentido subjacente aqui que podemos chamar de sexto sentido, por meio do qual o ser humano é um objeto de prazer para o apetite do outro. Diz-se que uma pessoa ama a outra quando tem inclinação por ela. Se consideramos esse amor como filantropia [*Menschenliebe*] – se uma pessoa é amada por verdadeira filantropia –, não deve haver qualquer tipo de distinção em relação a ela. Ela pode ser velha ou jovem. Só assim uma pessoa pode amar a outra por verdadeira filantropia. Mas se alguém ama o outro apenas em virtude da inclinação sexual, isto não pode ser amor, mas apetite. O amor como filantropia é o amor de benevolência [*Wohlwollens*], de afeição [*Gewogenheit*], da promoção da felicidade e do deleite na felicidade alheia. Ora, mas é claro que as pessoas que possuem mero apetite sexual não amam pelos motivos [*Absicht*] mencionados da verdadeira filantropia. Elas são bastante despreocupadas com a felicidade dos outros, trazendo-lhes até mesmo um grande infortúnio apenas para satisfazer a sua própria inclinação e apetite. Quando amam meramente a partir do impulso sexual, tornam as pessoas objeto de seu apetite. Tão logo a pessoa é possuída e o apetite saciado, ela é descartada tal como se joga fora um limão depois de extrair o suco. O impulso sexual, decerto, pode ser combinado com a filantropia,

levando consigo, por conseguinte, também o propósito desta,[459] mas se ele é assumido em si e por si mesmo, então não é nada mais do que apetite. Está subjacente em uma inclinação de tal tipo, não obstante, uma degradação do homem. Pois, quando o homem é um objeto do apetite alheio, se desvanecem todos os móbeis [*Triebfedern*] do relacionamento moral,[460] uma vez que ele, enquanto objeto do apetite de outro, torna-se uma coisa por meio da qual esse apetite é saciado e, enquanto tal coisa, pode ser abusado por qualquer um. Não há nenhum caso em que o ser humano seja determinado, por natureza, a ser um objeto do prazer do outro, // com exceção desse caso que tem o impulso sexual como base. Essa é a razão pela qual nos envergonhamos[461] de possuir tal inclinação e pela qual todos os estritos moralistas e aqueles que querem ser considerados santos a reprimem e tentam dispensá-la. É verdade que uma pessoa que não possui uma inclinação desse tipo seria um indivíduo imperfeito, posto

[206]

---

459 De acordo com definição apresentada na *Metafísica dos costumes*: "A inclinação sexual [...] é, antes, um prazer de tipo particular (*sui generis*), e seu ardor não tem propriamente nada em comum com o amor moral, embora possa entrar em estreita conexão com o último, se for acrescentada a razão prática com suas condições restritivas" (AK, VI, p.426).

460 Ainda em paralelo ao tratado prático de 1797: "Que um tal uso de sua capacidade sexual, contrário à natureza (portanto, abuso), seja uma violação do dever *para consigo mesmo*, e certamente uma violação contrária à moralidade no mais alto grau, salta imediatamente aos olhos de cada um quando nele se pensa".

461 "[...] quase como se o homem em geral se sentisse envergonhado por ser capaz de um tratamento tão degradante de sua própria pessoa que o coloca numa condição inferior a uma besta" (AK, MS, VI, p.425).

que se poderia acreditar que lhe faltam os órgãos necessários para isso – que seria uma imperfeição de sua parte como ser humano. Mas, apesar disso, as pessoas têm buscado conter essa inclinação, já que ela degrada o homem.

Uma vez que o impulso sexual não é uma inclinação que um ser humano tem para com outro enquanto pessoa, mas uma inclinação para seu sexo, ele é um *principium* de degradação da humanidade, a origem da predileção de um gênero ao outro e da desonra desse gênero a partir da satisfação da inclinação. O desejo de um homem por uma mulher não diz respeito a ela como um ser humano, mas ao fato de que é uma mulher. Por conseguinte, a humanidade da mulher lhe é indiferente e apenas o sexo é o objeto de sua inclinação. A humanidade aqui é, portanto, colocada de lado. Disso se segue que cada homem ou mulher vai se esforçar para estimular não a humanidade, mas seu sexo e dirigir todas as suas ações e desejos apenas a isso. Se este é o caso, a humanidade será sacrificada em vista do sexo. Dessa forma, se um homem deseja satisfazer sua inclinação e uma mulher a sua, cada um estimula as inclinações do outro em si e ambas as inclinações se afetam mutuamente, não se direcionando de modo algum à humanidade, mas ao sexo e cada um desonra a humanidade do outro. Assim a humanidade torna-se um instrumento para satisfazer os desejos e inclinações. Mas, dessa maneira, esta humanidade é desonrada e valorizada em consonância à natureza animal [*Tierheit*]. Assim o impulso sexual coloca a humanidade em perigo ao igualá-la à animalidade.

// Ora, uma vez que, não obstante, após tudo, o homem possui essa inclinação por natureza, devemos nos perguntar: em que medida alguém está autorizado a fazer uso de seu impulso sexual sem violar sua humanidade? Até que ponto uma pessoa pode permitir a pessoa do sexo oposto a satisfazer, através de seu próprio corpo, sua inclinação? Ela pode se vender ou alugar seus serviços ou ainda permitir, por meio de qualquer tipo de contrato, que se faça uso de suas *facultatibus sexualibus*?[462] Todos os filósofos censuram essa inclinação meramente por ser prejudicial [*Schädlichkeit*] e pelo colapso que traz parte ao corpo e parte ao bem-estar comum [*gemeines Wesen*], acreditando que não haveria nada de desprezível na ação em si. Mas se assim fosse, se não houvesse nenhuma repugnância interna e violação da moralidade no emprego dessa inclinação, então qualquer um que pudesse evitar todos esses prejuízos poderia simplesmente fazer uso de sua inclinação de alguma maneira possível. Pois o que é proibido apenas pela regra da prudência é apenas condicionalmente proibido, e a ação, embora prejudicial, é, dessa forma, boa em si apenas sob algumas circunstâncias. Mas aqui há algo desprezível na ação em si, algo que vai contra a moralidade. Por conseguinte, deve haver condições possíveis sob as quais o uso da *facultatum sexualium*[463] é, ao menos, compatível com a moralidade. Deve haver um fundamento que restrinja nossa liberdade em vista do uso de nossa inclinação de modo que esta seja congruente com a moralidade. Devemos buscar por essas condições e por esse fundamento. O homem não pode dispor de si mesmo por não ser uma coisa. Ele não é uma propriedade de si mesmo. Isto é uma contradição, pois, na medida em que ele é uma pessoa, é um sujeito que pode se apropriar de outras coisas. Ora, mas se ele fosse um proprietário de si mesmo, ele próprio seria uma coisa da qual pode se

---

462 Faculdades sexuais.
463 Capacidade sexual.

apropriar. Ora, mas ele é uma pessoa e não uma propriedade, por conseguinte não pode ser uma coisa da qual se aproprie. É impossível, pois, ser ao mesmo tempo coisa e pessoa, ser um proprietário e uma propriedade.

[208] // Por conseguinte, o homem não pode dispor de si mesmo. Ele não está autorizado a vender um dente ou outro membro de seu corpo. Mas se agora uma pessoa permite ser usada, por interesse, como um objeto de satisfação do impulso sexual de outro, se ela se faz objeto do desejo de outrem, ela dispõe de si mesma como de uma coisa e, dessa forma, torna a si mesma uma coisa por meio da qual o outro satisfaz seu apetite da mesma maneira que sacia a sua fome com um assado de porco. Ora, visto que o impulso do outro se dirige ao sexo e não à humanidade, é claro que a pessoa entrega, em parte, a sua humanidade e, com isso, está em risco em consideração aos fins morais. O ser humano, portanto, não está autorizado a se entregar, por interesse, como uma coisa para o usufruto de outrem em satisfazer seu impulso sexual, pois nesse caso sua pessoa e sua humanidade correm o risco de serem usadas por todos como uma coisa, como um instrumento a ser empregado para satisfazer seu impulso. Essa maneira de satisfazer o impulso sexual em que se satisfaz a inclinação do outro por interesse é a *vaga libido*.[464] Isto pode acontecer em ambos os sexos. Não há nada mais vergonhoso do que se entregar [*preiszugeben*] ao outro por dinheiro para satisfazer sua inclinação e alugar a sua própria pessoa. A base moral disso está, portanto, no fato de que o homem não é uma propriedade de si mesmo e não pode fazer o que quiser com seu corpo, pois, já que o corpo

---

464 Desejo indiscriminado.

lhe pertence, ele constitui, junto com o próprio homem, uma pessoa. Ora, mas o homem não pode fazer de sua própria pessoa uma coisa como acontece, não obstante, na *vaga libido*. Por conseguinte, essa maneira de satisfazer o impulso sexual não é sancionada pela moralidade. Não é permitido, todavia, satisfazer o impulso de alguém por meio de um segundo método, a saber, o *concubinatum*? Nele as pessoas satisfazem reciprocamente seus desejos e não têm como propósito qualquer interesse além daquele em que cada um serve para satisfazer // a inclinação do outro. Aqui decerto não parece haver nada de impróprio [*Zwekwiedriges*], apesar de uma condição tornar esse caso também não autorizado. O concubinato acontece quando uma pessoa se entrega a outra apenas para satisfazer sua inclinação, mas conserva sua liberdade e seu direito em vista de outras circunstâncias que dizem respeito a sua pessoa, como a preocupação com a sua felicidade e seu destino. Mas a pessoa que se entrega a outra meramente para satisfazer a sua inclinação continua ainda a deixar que usem a sua pessoa como uma coisa, pois a inclinação dirige-se sempre meramente ao sexo e não à humanidade. Ora, é evidente que, se alguém entrega uma parte de si mesmo ao outro, doa-se completamente, pois o homem é uma unidade. Se ele dedica uma parte de si ao outro, dedica-se em sua totalidade. Não é possível dispor de uma parte de uma pessoa sem ao mesmo tempo adquirir um direito de se dispor dela por inteiro, pois uma parte do homem pertence ao seu todo. Por meio do concubinato, no entanto, não tenho nenhum direito em relação à pessoa por completo, mas apenas a uma parte dela, a saber, aos *organa sexualia*. O concubinato pressupõe um pacto, mas esse pacto sexual dirige-se

[209]

somente ao prazer de uma parte da pessoa, mas não de seu estado total.⁴⁶⁵ É um contrato, sem dúvida, mas um contrato desigual no qual ambas as partes não possuem os mesmos direitos. Mas quando desfruto de uma parte da pessoa no concubinato, desfruto, dessa forma, da pessoa por inteiro e como, sob os termos do concubinato, eu não tenho direito algum à pessoa por inteiro, mas apenas a uma parte dela, segue-se disso que estou tratando a pessoa, em seu todo, como uma coisa. Por conseguinte, essa maneira de satisfazer a inclinação também não é autorizada pela moralidade. A única condição em virtude da qual existe a liberdade para se fazer uso do impulso sexual funda-se no direito de se dispor da pessoa por completo.

[210] Esse direito // concerne ao estado completo de sua felicidade e todas as circunstâncias que dizem respeito à totalidade de sua pessoa. Mas como posso obter o direito de dispor de uma pessoa por inteiro e que me dá, ao mesmo tempo, o direito de dispor de parte dela e, portanto, de usar também os *organa sexualia* para satisfazer o meu impulso sexual, situação na qual outorgo a ela igualmente o mesmo direito sobre o todo da minha pessoa? Isso acontece apenas no casamento. O *matrimonium*⁴⁶⁶ significa um contrato entre duas pessoas no qual elas

---

465 Em paralelo, a *Doutrina do direito* define: "o contrato do concubinato (como *pactum turpe*), [...] seria justamente um contrato de *aluguel* (*locatio-conductio*) de um membro para o uso de um outro, pelo qual, devido à unidade inseparável dos membros de uma pessoa, esta se entregaria como coisa ao arbítrio do outro – de modo que cada parte pode rescindir o contrato fechado com o outro tão logo queira, sem que este possa queixar-se de maneira fundamentada sobre uma lesão a seu direito" (AK, MS, VI, p.278-9).

466 Ainda em paralelo, na *Doutrina do direito*, esclarece-se que: "A *comunhão sexual* natural é, pois, ou bem a comunidade segundo a mera *natureza*

outorgam reciprocamente os mesmos direitos uma à outra e aceitam as condições de que cada qual transfira sua pessoa inteiramente ao outro de modo que cada uma delas adquira, dessa forma, um direito integral à totalidade da pessoa do outro. Ora, é compreensível, pela razão, como um *commercium sexuale*[467] é possível sem degradar a humanidade e violar a moralidade.[468] O casamento é, portanto, a única condição para se fazer uso do impulso sexual. Se agora uma pessoa se dedica a outra, dedica-se não apenas ao seu sexo, mas ao todo de sua pessoa, duas coisas que não se podem separar. Se apenas um ser humano entrega ao outro sua pessoa, sua boa e má fortuna e todas as suas circunstâncias, de modo a ter um direito sobre tal e não tem como restituição o direito correspondente sobre a pessoa do outro, então nesse caso existe uma desigualdade. Mas se eu doo o todo de minha pessoa ao outro e, dessa forma, obtenho a sua pessoa como restituição, obtenho a minha própria pessoa de volta e, outrossim, tenho recuperado a posse de mim mesmo, pois ao me doar ao outro como uma propriedade, eu o tomo da mesma forma como minha propriedade e então me recupero de volta, já que obtenho a pessoa para quem me

---

animal (*vaga libido, venus volgivaga, fornicatio*), ou bem a comunidade segundo a *lei*. – Esta última é o *casamento* (*matrimonium*), isto é, a união de duas pessoas de sexos diferentes para a posse mútua e vitalícia de suas qualidades sexuais". Consultar também as reflexões 7564-7605.

467 Relação sexual.
468 Em paralelo: "Na doutrina do direito demonstra-se que o ser humano não pode se servir de uma *outra* pessoa para desfrutar este prazer, sem a restrição particular de um contrato jurídico, em que duas pessoas então se obrigam reciprocamente" (AK, VI, p.424).

[211] doei como propriedade.⁴⁶⁹ Com isso, ambas as pessoas constituem uma unidade da vontade. Portanto ninguém vai suportar a boa ou a má fortuna, a alegria ou o desprazer, // sem o outro tomar parte nisso. O impulso sexual cria uma união entre as pessoas e apenas sob o jugo dessa união o seu uso é possível. Essa condição de uso do impulso sexual, que é possível somente no casamento, é uma condição moral. Ao tratar isso de forma mais profunda e de modo mais sistemático, conclui-se que ninguém, mesmo no *matrimonio*, pode ter duas esposas, pois, se assim fosse, cada uma das esposas deveria ter a metade de um marido, considerando que ela se entregou completamente a ele e tem, portanto, o mesmo direito em relação à totalidade de sua pessoa.⁴⁷⁰ Há, portanto, fundamentos morais que contradizem a *vagae libidini* e que ainda se contrapõem ao concubinato e à poligamia no *matrimonium*. Consequentemente, tem lugar no *matrimonium*, sem dúvida, tão somente a monogamia.⁴⁷¹ Apenas sob essas condições posso

---

469 "O uso natural que um sexo faz dos órgãos sexuais do outro é um *gozo* com vistas ao qual uma parte se entrega à outra. Nesse ato um ser humano se converte a si mesmo em coisa, o que contradiz o direito da humanidade em sua própria pessoa. Isso só é possível sob a única condição de que, quando uma pessoa é adquirida por outra *como coisa*, esta, por sua vez, adquire aquela reciprocamente; pois assim se recupera a si mesma de novo e restabelece sua personalidade" (AK, MS, VI, p.278).

470 "[...] a relação dos cônjuges é uma relação de *igualdade* de posse, tanto das pessoas que se possuem reciprocamente (portanto somente na *monogamia*, pois em uma poligamia a pessoa que se entrega só obtém uma parte daquela à qual se entrega)" (AK, MS, VI, p.278).

471 Baumgarten, *Ethica*, §275. "Aquela relação sexual fora do casamento, isto é, aquela que é não é realizada entre pessoas mutuamente cônjuges, é ilegal [*Quum coneubitus extra matrimonium, i. e. qui non exercetur*

agora fazer um uso de minha *facultate sexuali*.[472] Não podemos mais estender esse assunto aqui. Mas ainda podemos perguntar: pode haver fundamentos morais que se contraponham ao *incestui* em todos os tipos de *commercii sexualis*, sendo *Incestus*[473] a relação sexual [*Gemeinschaft der Geschlechter*] que extrapola os limites da união sexual devido à consanguinidade? Em consideração ao incesto, os fundamentos morais são incondicionados em apenas um único caso e são, em todos os demais, meramente condicionados.[474] Na sociedade civil, por exemplo, o incesto não é permitido, mas no estado de natureza não existe qualquer incesto, pois os primeiros homens devem ter se casado com suas irmãs. A natureza por si mesma, no entanto, já colocou uma repugnância natural em relação ao incesto, pois ela queria que nos ligássemos com pessoas diferentes,[475] de forma que não houvesse em uma sociedade um vínculo muito próximo, pois onde a ligação e a familiaridade são excessivas, os impulsos produzem indiferença e desgosto. Os homens precisam, dessa forma, limitar essas inclinações através da mo-

[212] déstia // de modo que não tornem elas ou seu objeto algo nor-

---

    inter personas sibi mutuo coniugues, sit illicitus] [...] Relações sexuais fora do casamento com cônjuge de outra pessoa é adultério [*Concubitus extra matrimonium cum alterius coniuge est adulterium*]".

472 Faculdade sexual.

473 Baumgarten, *Ethica*, §275. "Finalmente, a relação sexual de pessoas proximamente unidas por sangue [...] é incesto [*Concubitus tandem personarum sanguine tam arete iunctarum* [...] *est incestus*]".

474 Trecho adicional em Kaehler: "Portanto, por exemplo, o incesto entre irmão e irmã é tão somente condicionado".

475 Lê-se mais literalmente "outras raças [*mit anderen Racen*]". Segundo Stark (2005, p.245), o termo "raça" é usado apenas nesse ponto das *Lições* e parece ter um sentido pouco técnico.

mal e, portanto, de tal maneira que uma indiferença não surja em uma comunidade com vínculos muito próximos. Por esse impulso ser muito delicado, a natureza lhe concedeu força, mas ele precisa ser restringido pela vergonha [*Schamhaftigkeit*]. Por isso os selvagens, que andam completamente nus, são bastante frios uns em relação aos outros. E, portanto, da mesma forma, a inclinação para com uma pessoa que se conheceu desde a juventude é muito fria, enquanto é muito mais forte e estimulante em direção a uma pessoa estranha. Dessa maneira, a natureza por si mesma já restringiu o impulso em direção aos irmãos. Não obstante, o único caso em que os fundamentos morais em consideração ao *incestus* são incondicionados é a associação dos pais com os filhos, pois, em consideração a essas duas partes, é necessário um respeito que deve durar por toda a vida. Em vista da união dos sexos, entretanto, esse respeito exclui a igualdade. Este é o único caso no qual o incesto já é incondicionalmente desautorizado pela natureza. Os outros tipos de *incestus* proíbem-se por si mesmos, mas pela ordem da natureza não são *incestus*. Outra razão de que só esse caso é um *incestus* é a seguinte: existe em uma relação sexual a maior submissão entre duas pessoas, mas, entre pais e filhos, a submissão é apenas unilateral. Os filhos estão meramente submetidos aos pais e, portanto, não há nenhuma verdadeira relação sexual.

Dos *criminibus carnis*

Os *crimina carnis* são contrários ao dever para consigo mesmo porque eles vão contra os fins da humanidade. *Crimen carnis* é o abuso do impulso sexual. Qualquer uso do impulso sexual além da condição do casamento é um abuso dele e, portanto, um *crimen carnis*. Todos *crimina carnis* são *secundum naturam*[476] ou *contra naturam*.[477] Os *crimina carnis secundum naturam* são contra [213] // a reta razão, enquanto os *contra naturam* contrapõem-se à nossa natureza animal [*Tierheit*]. A *vaga libido*, que é a antítese do matrimônio, pertence ao de primeiro tipo. Essa *vaga libido* é de dois tipos: *scortatio*[478] ou *concubinatus*. O último é, sem dúvida, um *pactum*, mas um *pactum inaequale*,[479] já que os direitos não são recíprocos. De acordo com esse *pactum*, a pessoa da mulher submete-se completamente ao marido no que diz respeito ao sexo, mas, em relação a isso, o marido não se submete totalmente à esposa. Dessa forma, o *concubinatus* é compreendido como *vaga libinine*. O segundo *crimen carnis secundum naturam* é o *adulterium*.[480] Este só tem lugar no casamento e é quando o casamento é rompido. Assim como o compromisso do casamento é o maior dever [*Verpflichtung*] contratual entre duas pessoas, que perdura para elas por toda a vida e, portanto, é o mais inviolável dos compromissos [*allerunverbrüchlichste Verlobung*], então o *adulterium*, entre todas as infidelidades [*Treulosigkeiten*] e violações [*Brechungen*] do dever [*Verpflichtungen*] contratual, é a maior delas, posto que não há compromisso maior que este. Por isso o adultério também é a causa da separação matrimonial [*der Trennung des matrimonii*]. Outra causa do divórcio é a insociabilidade [*Ungeselligkeit*] e a divergência entre as pessoas, que impossibilitam a unidade e a concórdia da vontade entre elas. Pode-se perguntar se o *incestus*, considerado em si mesmo,

---

476 Natural.
477 Não natural.
478 Prostituição.
479 Desigual.
480 Adultério.

mas não pelas leis civis, é um *crimen carnis secundum naturam* ou *contra naturam*? Mas aqui devemos distinguir, antes de tudo, se a questão deve ser respondida de acordo com o instinto natural ou com a razão. Segundo o instinto natural, o incesto é tão somente um *crimen carnis secundum naturam*, pois ele é, afinal, sempre uma relação entre ambos os sexos. Ele, portanto, não é *contra naturam animalium*,[481] pois os animais não fazem qualquer distinção nesse caso. Mas, de acordo com o juízo do entendimento, ele é *contra naturam*. Nos *criminibus carnis contra naturam* está incluído o uso do impulso sexual que é contrário ao instinto natural e à natureza animal [*Tierheit*]. Aqui se leva em conta // a *onania*,[482] que é o uso impróprio da faculdade sexual sem qualquer objeto, quando, a saber, o objeto de nosso impulso sexual está totalmente ausente e, por conseguinte, o uso da faculdade sexual é exercido sem ele. Isto vai claramente contra os fins da humanidade e é até mesmo contra a natureza animal. Dessa forma, o homem descarta sua pessoa e coloca-se abaixo de um animal. Em segundo lugar, está incluído entre os *criminibus carnis contra naturam* a relação de *sexus homogenii*,[483] quando o objeto do impulso sexual continua, decerto, entre seres humanos, mas é alterado de modo que a relação sexual não é heterogênea, mas homogênea, isto é, quando uma mulher satisfaz sua inclinação com outra mulher e o homem com outro homem. Isto vai contra os fins da humanidade, pois a sua finalidade em vista do impulso sexual é a conservação das espécies sem a depreciação da pessoa. Mas, dessa maneira, de

---

481 Contrário à natureza animal, perverso.
482 Masturbação.
483 Do mesmo sexo.

modo algum eu preservo a espécie – o que pode ainda acontecer por meio de um *crimen carnis secundum naturam* –, mas apenas descarto mais uma vez a minha pessoa e me coloco assim abaixo de um animal, desonrando a humanidade. O terceiro *crimen carnis contra naturam* é quando o objeto do impulso sexual continua, decerto, a ser do sexo oposto, mas é diferente do ser humano. Inclui-se nisso, por exemplo, a sodomia, a relação sexual com animais. Isso também vai contra os fins da humanidade e é contrário ao instinto natural. Eu degrado, dessa forma, a humanidade a um nível inferior ao da natureza animal, posto que nenhum animal se afasta de sua espécie. Todos os *crimina carnis contra naturam* degradam a humanidade abaixo dos animais e tornam a pessoa indigna de sua humanidade. O homem já não mais merece ser uma pessoa. Essa conduta é a mais ignóbil [*unedelste*] e degradante [*niedrigste*] que o homem pode cometer em consideração aos deveres para consigo mesmo. O suicídio é, sem dúvida, a coisa mais horrível que um homem pode cometer em relação a si mesmo, // mas não é tão ignóbil e baixo do que os *crimina carnis contra naturam*. Isto é o mais desprezível que o homem pode cometer. Por esse motivo, os *crimina carnis contra naturam* são também inomináveis[484] [*unnennbar*], porque o fato de mencioná-los causa um asco que, no fim das contas, não existe no suicídio. Todos se reservam ao falar desses vícios. Todo professor evita mencioná-los mesmo com a boa intenção de advertir seus alunos contra eles. No entanto,

[215]

---

484 Do mesmo modo, lemos no contexto de 1797: "enquanto lesão à humanidade em nossa própria pessoa, essas transgressões das leis, esses vícios antinaturais (*crimina carnis contra naturam*) a que também chamamos inomináveis, não podem ser salvos da mais completa reprovação por nenhuma restrição ou exceção" (AK, MS, VI, p.277).

posto que ocorrem tão frequentemente, estamos no aperto e no embaraço de decidir se devemos falar deles com o intuito de torná-los conhecidos e, dessa forma, prevenir que ocorram com tanta frequência ou se não devemos mencioná-los para não dar, desse modo, a oportunidade de as pessoas conhecê-los e de cometê-los, doravante, com mais frequência. A razão para esse acanhamento [*Schamhaftigkeit*] é porque a menção frequente aos mesmos familiariza as pessoas de modo que se perca o repúdio contra eles e de modo que, ao serem mencionados, esses vícios tornam-se mais toleráveis, embora quando se é cauteloso ao falar deles e relutante ao mencioná-los, é como se ainda se mantivesse o repúdio contra eles. Outra razão para esse acanhamento é que cada sexo envergonha-se do vício de que é capaz. Portanto o ser humano envergonha-se de falar de coisas das quais a humanidade deveria se envergonhar de ser capaz de fazê-las. Devemos nos envergonhar de ser um ser humano e ser, dessa forma, capaz disso, pois nenhum animal é capaz de qualquer tipo de *criminum carnis contra naturam*.

Dos deveres para consigo mesmo em consideração às circunstâncias externas

Já foi citado anteriormente que o homem tem uma fonte de felicidade em si. Isso não pode, decerto, consistir no fato de que o homem adquire uma completa independência // de todas as necessidades e causas externas, mas que ele pouco necessite delas. Para alcançar esse fim, o homem deve ter uma autocracia sobre suas inclinações. Deve domar suas inclinações em direção a coisas que ele não pode ter ou que pode ter com muito esforço, pois ele é independente delas. Ele deve ter ademais, os *principia* de proporcionar por si mesmo as agradabilidades[485] [*Annehmlichkeiten*] da vida que podem estar ao seu alcance. Estes são os prazeres permitidos e, portanto, a suficiência e o aprimoramento dos prazeres espirituais. No entanto, em relação às coisas exteriores na medida em que elas são a condição e os meios do bem-estar [*Wohbefindens*], eles são de dois tipos: meios das necessidades básicas [*Bedürfnis*] e emergenciais [*Notdurft*] ou meios de agradabilidade [*Annehmlichkeit*].[486] Os meios da necessidade emergencial servem apenas para que possamos viver. Os da agradabilidade,[487] no entanto, não servem apenas para a sobrevivência, mas para que possamos viver de maneira cômoda. O grau natural de satisfação está ligado à necessidade. Mas se estou satisfeito com os meios ligados à necessidade, não tenho ainda qualquer diversão [*Ergötzlichkeit*]. A satisfação é algo negativo, enquanto a agradabilidade algo positivo. Enquanto eu tenho vontade de viver, estou satisfeito, e se não tenho mais prazer nisso, estou insatisfeito. Ora, mas posso ter vontade de viver mesmo vivendo em necessidade, embora ainda não tenha nenhuma agradabilidade. Essas agradabilidades são meios do bem-estar que nos são dispensáveis, mas onde não há algo a ser dispensado [*Entbehrlichkeit*], já temos um meio de necessidade. Ora, a questão que se coloca é o que consideramos como um meio de agradabilidade e como um meio de neces-

---

485 Comparativamente, o termo é traduzido por "amenity" na tradução para o inglês de L. Infield e Peter Heath, "comodidades" na tradução para o espanhol de Aramayo e "agréments de l'existence" na tradução para o francês de L. Langlois.
486 No manuscrito de Kaehler, lemos "comodidade [*Gemächlichkeit*]".
487 O manuscrito de Kaehler apresenta, em toda a discussão, o termo *Gemächlichkeit* (en).

sidade? O que contamos como agradabilidade e necessidade e o que podemos ou não dispensar? Devemos gozar de todas as agradabilidades e prazeres de forma a poder também dispensá-los. Nunca devemos torná-los necessidades. Por outro lado, devemos nos acostumar a suportar resolutamente todas as adversidades [*Ungemächlichkeit*], pois tais ainda não são nenhum

[217] infortúnio. // Portanto, em relação às diversões, devemos nos acostumar a dispensá-las e, em vista dos incômodos, a tolerá-los. Os antigos expressavam isso quando diziam: *sustine et abstine*.[488] Não precisamos nos privar de todas as agradabilidades e prazeres, deixando de desfrutá-los em absoluto. Privar-se de tudo aquilo que é próprio à vida humana seria uma virtude monacal. Devemos, entretanto, desfrutar deles apenas em um caminho em que podemos também sempre dispensá-los e não torná-los uma necessidade. Nesse caso, nos tornamos abstinentes. Por outro lado, devemos nos acostumar a suportar todos os incômodos da vida e a tentar resistir a eles com nossas forças, sem perder, com isso, nossa satisfação. Possuímos, dessa forma, força de espírito quando suportamos, com espírito animado [*heiterer Seele*] e ânimo alegre[489] [*fröhlichem*

---

488 Suportar e dispensar. Kant o classifica como um dever para consigo mesmo e um dever de omissão na *Metafísica dos costumes* (AK, VI, p.4:419). Na mesma obra, o conceito é retomado ao falar da ascética moral: "Em relação ao princípio do exercício da virtude, vigoroso, corajoso e diligente, o cultivo da virtude, isto é, a *ascética moral*, tem o lema dos *estoicos*: habitue-se a *suportar* os males contingentes da vida e *prescindir* dos deleites supérfluos" (AK, VI, p.484).

489 "As regras do exercício da virtude (*exercitiorum virtutis*) conduzem a dois estados de ânimo, aos ânimos *diligente* e *alegre* (*animus strenuus et hilarius*) no cumprimento de seus deveres. Pois, para vencer os obstáculos com que tem de lutar, a virtude tem de reunir suas forças

Gemüte], aqueles males [*Übel*] que não podem ser alterados. Isto é o *sustine* dos antigos. Não devemos nos impor nenhum tipo de desconforto, buscar males de todos os tipos nem nos punir com mortificações [*Kasteiungen*]. Isto é uma virtude monástica que se distingue da virtude filosófica, que afronta alegremente os males que recaem sobre nós e são inevitáveis e, por fim, nos permite suportar tudo. Dessa forma se assume aqui o *sustine et abstine* não como uma disciplina, mas como uma disposição para prescindir [*Entbehrlichkeit*] das agradabilidades e dos divertimentos, e como uma tolerância a todos os incômodos, adotada com coragem alegre. Há necessidades verdadeiras da vida cuja privação nos torna completamente descontentes, por exemplo, estar despido ou sem alimento. Não obstante, há também necessidades cuja privação nos torna sem dúvida insatisfeitos, mas que podemos sempre dispensar. Quanto mais alguém depende de tais pseudonecessidades mais é, em vista de sua satisfação, um brinquedo dessas mesmas necessidades. Por isso o homem precisa disciplinar sua alma no que diz respeito às necessidades da vida. Se desejamos distinguir nossas

[218] necessidades, podemos chamar o excesso, // no gozo dos divertimentos, de luxúria[490] [*Ueppigkeit*] e o excesso, no desfrute da comodidade [*Gemächlichkeit*], de efeminação [*Weichlichkeit*].[491]

---

e, ao mesmo tempo, sacrificar muitas alegrias da vida, cuja perda por vezes pode bem tornar o ânimo sombrio e carrancudo" (AK, MS, VI, p.484).

490 No §72 da *Antropologia*, Kant define a luxúria (*Luxus*) como o "excesso do bem viver social acompanhado de gosto em uma comunidade (que é, portanto, contrário ao bem-estar dela)" (AK, VII, p.250).

491 A título de comparação, observa-se que o termo é traduzido por "sibaritismo" na versão espanhola de Aramayo, "flabbiness" na tradução de Peter Heath e "mollesse" na tradução francesa de Luc Langlois.

A luxúria torna-nos dependentes de uma infinidade de coisas relacionadas ao prazer. O homem depende de uma infinidade de pseudonecessidades que não pode, posteriormente, proporcionar a si e por meio das quais ele é colocado, depois de tudo, em todos os tipos de preocupações a ponto de, provavelmente, retirar até mesmo a sua própria vida. Pois onde a opulência é excessiva, o suicídio tende a prevalecer. Se a opulência é excessiva, ela diminui o bem-estar de nossa condição e se a efeminação o é, há uma completa extirpação das forças masculinas. A luxúria é uma forma exuberante de luxo [*üppige Luxus*], a efeminação, um tipo efeminado [*weichliche*].[492] A primeira é ativa, enquanto a segunda é indolente. A luxúria ativa é útil às forças humanas, pois, por meio dela, as forças da vida são fortalecidas. A equitação, por exemplo, está incluída na forma exuberante de luxo. Mas todos os tipos de efeminação indolente [*lässige Weichlichkeit*] são muito prejudiciais devido ao fato de que as forças da vida são diminuídas. Pertencem a esse tipo de efeminação, por exemplo, o consumo excessivo de bebidas, o transporte em cadeiras macias e o passeio em carruagem. Aquele que está inclinado à forma exuberante de luxo preserva a própria atividade e também a de outras pessoas. Assim, é preferível que um homem se dedique ao refinamento do próprio prazer do que à efeminação, pois a forma exuberante de luxo cultiva nossas forças e conserva a atividade em outras pessoas. Em consideração tanto à luxúria quanto à efeminação, devemos observar também a regra do *sustine et abstine*. Devemos nos tornar independentes de ambas, pois quanto mais alguém depende delas

---

492 De acordo com a Reflexão 997: "*Luxus* é um dispêndio do bem viver que nos torna efeminados" (AK, XV, p.440).

menos é livre e mais próximo está do vício. No entanto, do mesmo modo, não devemos nos privar servilmente de todas as diversões, mas temos sempre de desfrutá-las de modo a poder também dispensá-las. O homem que não viola nem os deveres para consigo nem aqueles em vista do outro pode gozar de tantos prazeres quantos simplesmente puder e quiser. Com isso, [219] // ele continua a ser sempre benigno e preenche os propósitos da criação. Por outro lado, da mesma maneira, não devemos nos autoinfligir todos os males com o objetivo de, então, suportá-los, pois não há mérito algum em suportar males autoinfligidos e que poderiam ter sido evitados. Mas devemos suportar resolutamente aqueles males que o destino nos endereça e que são inalteráveis, pois, tal como um muro que já desmoronou, o destino também não pode ser detido. Não obstante, tudo isso não é em si nenhuma virtude, tanto quanto o seu oposto não é nenhum vício, mas é meramente a condição de nossos deveres. O homem não pode preencher seus deveres se não puder prescindir de tudo, uma vez que, de outra maneira, as atrações sensíveis o dominam. Ele não pode ser virtuoso se não for resoluto no infortúnio. Ele deve, portanto, ser capaz de suportar de modo a ser virtuoso. Este é o motivo pelo qual Diógenes chamou sua filosofia de o caminho mais curto para a felicidade. Ele cometeu um erro, decerto, ao considerar isso um dever, já que meramente se assume a ideia de que o homem, mesmo em tal estado, pode estar satisfeito. A filosofia epicurista não é a filosofia da luxúria, mas das forças masculinas. Segundo Epicuro, deveríamos estar satisfeitos mesmo com a polenta e ainda estar felizes, animados e capazes de todos os prazeres da sociedade, incluindo todas as agradabilidades da vida. Assim, esses dois filósofos compreenderam a felicidade a partir de fins opostos. O estoico, todavia, não apenas não se permitiu tais coisas, mas ainda as recusou.

Entre as dificuldades que devemos nos acostumar a aguentar e tolerar está o trabalho, que é uma ocupação conforme fins e dotada de um objetivo. Há também, entretanto, ocupações que tampouco são trabalho, mas servem apenas aos prazeres e não compreendem quaisquer dificuldades. Tal ocupação é o jogo. Quanto mais elevados [*erhabener*] são os propósitos, mais obstáculos e dificuldades estão compreendidas no trabalho. Mas mesmo // que ele também envolva muitas dificuldades, devemos nos acostumar com o trabalho, de modo que ele se torne também um jogo e não nos imponha tampouco quaisquer inconveniências, mas nos entretenha e agrade. O homem, portanto, precisa ser ativo e trabalhador e assumir para si, de bom grado e com alegria, as tarefas difíceis, pois, de outro modo, o trabalho tem como característica a coerção e não a facilidade. Há pessoas que são ocupadas com um propósito e outras que, em sua ocupação, não têm nenhum propósito. Mas aqueles que não possuem nenhum propósito próprio são ociosos ocupados, o que é um tipo tolo de ocupação. Temos, sem dúvida, ocupação sem propósito, como o jogo, mas isto não é mais do que um repouso do trabalho pesado. Estar constantemente ocupado sem um propósito, todavia, é ainda pior do que não estar ocupado em absoluto, pois isto ainda cria uma ilusão [*Blendwerk*] de ocupação. A maior fortuna do homem consiste em ele próprio ser o autor de sua felicidade, quando se sente desfrutando do que adquiriu por si mesmo. Sem trabalho, o homem nunca pode estar satisfeito. Aquele que quer sentar em tranquilidade e livrar-se de todo trabalho, de modo algum sente e desfruta de sua vida. Mas na medida em que ele próprio é ativo, sente que vive e apenas na medida em que é trabalhador, pode estar satisfeito. Um homem deve ser trabalhador. Uma mulher precisa ter apenas uma ocupação. A ocupação destituída de propósito é uma ocupação ociosa na qual alguém se ocupa apenas com o objetivo de se entreter. A ocupação com propósito é um negócio e um negócio acrescido de dificuldade é um trabalho. O trabalho é um negócio compulsório em que ou compelimos a nós mesmos ou somos compelidos por outros. Compelimos a nós mesmos quando temos um motivo [*Bewegungsgrund*] que predomina sobre todas as dificuldades do trabalho. Por outro lado, muitas coisas nos obrigam ao trabalho, por exemplo, o dever. Aquele que não é compelido ao seu trabalho por dever, mas pode trabalhar quando quiser, não pode

[221] ocupar e preencher // seu tempo com trabalho voluntário tão bem como se o tivesse realizado por dever, pois é possível pensar: "você não precisa fazer, ninguém o está obrigando". Dessa forma, é parte de nossa necessidade ter um trabalho compulsório [*Zwangsarbeit*]. Quando o trabalho é desempenhado, sentimos uma sensação de agrado [*Annehmlichkeit*] da qual ninguém além daquele que realiza seu trabalho é capaz de sentir. Não obstante, há também mérito, aprovação e autolouvor a ser concedido a si mesmo quando, a despeito de todas as dificuldades, completamos o trabalho.

O homem deve disciplinar-se. Mas a maior disciplina é acostumar-se ao trabalho. Isto é um impulso [*Trieb*] para a virtude. No trabalho não se tem tempo de se lembrar do vício e o trabalho produz naturalmente aquelas vantagens que alguém deve maliciosamente pensar poder obter por meio da mentira. É preciso observar ainda, em relação ao luxo, que ele tem sido, por muito tempo, um objeto de consideração filosófica. Por muito tempo, tem-se investigado se ele é aprovável ou reprovável e se está de acordo ou em desacordo com a moralidade. Algo pode estar de acordo com a moralidade, mas ser indiretamente um obstáculo. Primeiramente, o luxo aumenta nossas necessidades. Ele incrementa os estímulos e as atrações das inclinações e, dessa forma, torna-se mais difícil observar a moralidade, pois, quanto mais simples e inocentes são nossas inclinações, menos tentações possuímos para satisfazê-las. Indiretamente, portanto, o luxo é uma violação à moralidade. Mas, por outro lado, o luxo promove todas as artes e as ciências. Ele desenvolve todos os talentos do homem e parece, dessa maneira, que esse estado é a destinação do homem. Ele refina a moralidade de modo que, em consideração a ela, possa ser observada a retidão [*Rechschaffenheit*] ou o refinamento. A retidão é quando alguém não apresenta resistência à moralidade. O refinamento da moralidade, porém, consiste em se conjugá-la também com a agradabilidade, por exemplo, ser hospitaleiro com os demais. O luxo, portanto, desenvolve // a humanidade até o mais alto grau de beleza. Mas o luxo deve ser distinguido do esbanjamento [*Luxuries*].[493] O primeiro consiste na varie-

---

493 Na versão francesa, o termo é traduzido por "surabondance" [superabundância]; na versão inglesa de Peter Heath, por sua vez, traduz-se por "self-indulgence" [autoindulgência]. Na *Antropologia*, Kant explica que *Luxuries* é luxúria "destituída de gosto" (AK, VII, p.249). Na Reflexão 998, lemos: "O dispêndio do gosto é luxúria [*luxus*]. O da soberba é glória. O da ostentação *luxuries*" (AK, XV, p.440). Em outra reflexão, Kant escreve: "A intemperança no prazer que é contra a saúde (tornando-nos doentes) é esbanjamento [*Schwelgerey*]. A que é contra o gosto: *luxuries*" (AK, Refl. 1000, XV, p.443). E ainda, em outro fragmento: "O bem viver com gosto que nos torna pobres é luxúria. O bem viver sem gosto que nos faz doentes é o esbanjamento [*luxuries*]" (AK, Refl. 1001, XV, p.444).

dade, enquanto o segundo na quantidade. A falta de moderação [*Unmässigkeit*][494] é encontrada em pessoas que não possuem nenhum tipo de gosto. Este é o caso, por exemplo, quando um rico avarento dá, por uma vez, um jantar e acumula comida em grande quantidade sem atentar para a variedade. O luxo, no entanto, é encontrado em pessoas que têm gosto. Ele amplia nosso juízo [*Urteilskraft*] por meio da diversidade e mantém ocupadas muitas mãos humanas, animando toda a comunidade. Portanto, nesse sentido, não há nada a objetar contra o luxo em relação à moralidade, exceto apenas que deve haver leis com o propósito não de limitá-lo, mas de dirigi-lo. Não se deve ir demasiadamente longe no que diz respeito a ele, mas apenas até o ponto em que é possível suportá-lo e recusá-lo. O tipo efeminado de luxo deve ser restringido. Nele está incluído, por exemplo, traje feminino em homens, delicadeza na dieta e todos os tipos de mimos [*Verzärtelungen*]. Por isso as damas reparam mais em um homem corajoso, inteligente e trabalhador do que em um doce e bem-vestido cavalheiro, desde que o primeiro não exagere, por outro lado, totalmente nos limites de sua vestimenta de modo a revelar, com isso, sua ignorância e indiferença. Mas se ele se traja bastante de acordo com a sua posição e com a ocasião, nesse caso demonstra que possui mais decoro. Aquele outro que é bastante delicado e afeminado no que diz respeito ao seu comportamento e às suas roupas está, no entanto, mais preocupado consigo mesmo e repara mais em si do que nas mulheres. Por conseguinte, o homem deve ser masculino e a mulher feminina. Efeminação no homem é tão pouco agradável quanto masculinidade na mulher. Tal tipo efe-

---

494 Intemperança.

minado de luxo torna o homem feminino. Ao luxo masculino está incluído, por exemplo, a caça.

[223]
// Das riquezas

Chamamos um homem de confortável [*wohlhabend*] se sua posse de bens é perfeitamente adequada às suas necessidades. Nós o chamamos de próspero [*bemittelt*] se possui não somente os bens relativos às suas necessidades, mas também para outros propósitos. Nós o chamamos de abastado [*begütert*] se possui bens em excesso tanto para as necessidades quanto para quaisquer outros fins. Ele é chamado de rico se seus meios bastam também para fazer os outros confortáveis. A riqueza é a condição suficiente do luxo. Por outro lado, uma pessoa é pobre se carece de recursos para seus gastos discricionários. Ela é necessitada, porém, se é carente em vista dos gastos necessários. Os bens são valorizados não somente por aquele que os possui, mas também pelos outros. Um homem rico é altamente respeitado pelos outros devido a sua condição, enquanto um necessitado tem pouco respeito por causa disso. As razões disso logo compreenderemos. Todos os bens chamam-se meios por serem meios de satisfazer as necessidades de alguém, seus propósitos casuais e suas inclinações. O excesso de bens além de suas necessidades e de seus propósitos casuais é chamado riqueza [*Vermögen*]. Isto já é mais do que ser próspero [*bemittelt*]. A riqueza tem duas vantagens: em primeiro lugar, ela nos torna independentes de outros. Se possuímos riqueza, não necessitamos de outras pessoas nem de sua ajuda. Em segundo lugar, a riqueza também tem poder, pois permite comprar muita coisa. Tudo aquilo que as forças humanas podem produzir pode ser adquirido por meio da riqueza. Por isso, dinheiro e bens são riqueza em sentido verdadeiro. Por meio disso, eu sou independente. Não preciso servir a ninguém e tampouco oferecer lhe alguma coisa, pois posso ter tudo pelo dinheiro.[495] Se tenho dinheiro, posso submeter, em virtude do próprio interesse das pessoas, outros a mim de modo que me sirvam e queiram me servir com seu trabalho. Ora, na medida em que um homem é independente de outros e é bem-dotado de recursos, é um objeto de respeito, pois uma pessoa perde seu valor se é dependente de outra. Já é algo natural // respeitar menos aquele que depende de outros. Mas se uma pessoa, por sua vez, tem outros sob suas ordens, como um oficial, ela recebe novamente o respeito. Por isso um soldado comum e um serviçal são menos respeitados. Posto que o dinheiro concede independência, somos mais respeitados, temos mais valor e não necessitamos nem dependemos de ninguém. Mas como o dinheiro nos torna independentes, por fim passamos a ser dependentes dele e, uma vez que o dinheiro nos torna livres dos outros, torna-nos, mais uma vez, escravos dele. Esse valor, que resulta da independência, é apenas negativo. O valor positivo resultado da riqueza emerge do poder que ela nos concede. Por meio do dinheiro, tenho o poder de empregar as forças de outras pessoas em minha serventia.[496] Os antigos diziam, decerto, que a

[224]

---

495 Na definição da *Metafísica dos costumes*: "*Dinheiro* é uma coisa cujo *uso* só é possível por meio de sua *alienação*. [...] O valor do dinheiro, ao contrário, é apenas indireto. Não se pode desfrutar o próprio, nem utilizá-lo diretamente, enquanto tal, para nada. Mas é um meio que, entre todas as coisas, é de suma utilidade. [...] ele é o *meio* universal *para o intercâmbio do trabalho dos homens*" (AK, VI, p.287).
496 Trecho ausente em Collins.

riqueza não é nobre [*erhaben*], porque nobre é propriamente o desprezo em relação a ela. É verdade que, para o entendimento, o desprezo da riqueza é nobre, mas, em aparência, nobre é a riqueza. Um homem rico possui influência na sociedade e no bem comum. Ele mantém muitas mãos ocupadas. Mas isto não é uma nobreza da pessoa. O desprezo da riqueza, entretanto, torna nobre uma pessoa. A riqueza enobrece apenas a condição da pessoa, mas não ela mesma.

Do apego do ânimo às riquezas ou da avareza[497]

A posse de uma riqueza para propósitos casuais já é em si agradável. Por conseguinte, as riquezas são em si agradáveis porque se relacionam a propósitos. Mas elas são também agradáveis antes que eu me imponha qualquer propósito ou se renuncio a todos os propósitos e sinto apenas que tenho os meios e a riqueza para alcançá-los. Pois se alguém tem meramente // os meios em seu poder, isto já é agradável, posto que já pode desfrutá-los quando quiser. Isso depende tão somente de minha vontade, pois, no fim das contas, o dinheiro já está na minha bolsa. Desfruta-se aqui, portanto, da riqueza em pensamento, porque é possível sempre desfrutá-la quando se quiser.

As pessoas afligem-se quando precisam renunciar àquilo pelo que elas têm apetite e não está em seu poder. Mas isto lhes é facilmente renunciável, mesmo que haja apetite, quando simplesmente se encontra dentro de seu poder. Dessa forma, um jovem solteiro se aborrece em ter que renunciar ao prazer de um homem casado e embora esse homem casado tenha o

---
497 Ver *Metafísica dos costumes* (AK, VI, p.289).

mesmo apetite, para ele, é todavia mais fácil dispensá-lo, já que pensa que, no fim das contas, pode tê-lo sempre. Se, portanto, o homem tem apetite por alguma coisa e nenhuma capacidade de satisfazê-lo, dói-lhe mais intensamente do que se ele quisesse renunciar ao mesmo apetite possuindo a capacidade para satisfazê-lo. Dessa forma, há alguma coisa agradável na mera posse da capacidade, posto que, quando se deseja, é possível, dessa forma, obter tudo. Por isso pessoas ricas que são avarentas andam malvestidas. Elas não prestam atenção às vestimentas visto que pensam que poderiam ter sempre tais roupas, já que, afinal, possuem dinheiro para tanto. Elas precisam – se assim desejarem – apenas permitir que lhes façam um corte de cabelo e lhes confeccionem as roupas. Quando veem carruagens e cavalos, pensam que, se quiserem, podem ter tudo aquilo tanto quanto aquele lá que já as possui. Nutrem-se, portanto, com os pensamentos do prazer que têm em seu poder. Andam todas em trajes finos, viajam em carruagens de seis cavalos, comem diariamente doze refeições, mas tudo em pensamento, pois, se simplesmente o quisessem, poderiam, a qualquer momento, ter a posse de tudo isso. A posse da capacidade de ter serve-as no lugar da posse verdadeira de todos os prazeres. Elas podem gozar de todos os prazeres e também prescindir deles mediante a mera posse dessa capacidade.

[226] // Um homem que gozou de um prazer não está tão animado como quando ele ainda tem a esperança de desfrutá-lo. Quando o prazer é saciado e o dinheiro gasto, a esperança de que ainda pode desfrutá-lo se vai. Não se tem mais prazer em prospecto. Pessoas destituídas de uma sensação refinada preferem se nutrir com a esperança de saciar o prazer e guardar o dinheiro do que sentir realmente o prazer, gastando dinheiro.

Um avarento que tem dinheiro na bolsa diz a si mesmo: "Como estará seu humor se gastou o dinheiro para satisfazer o prazer? Você não será mais sensato do que é agora depois disso. Dessa forma, melhor guardar o dinheiro". Ele pensa, portanto, não no prazer que vai desfrutar, mas em como vai se sentir depois de desfrutá-lo. O esbanjador representa, entrementes, o prazer no momento em que é gozado. Ele não pode imaginar como estará se sentindo depois de desfrutá-lo e isso tampouco lhe importa. No apego às riquezas existe algo semelhante à virtude. Trata-se de um análogo da virtude. Uma pessoa com essa característica domina a si e sua inclinação e nega a si muitos prazeres, promovendo, dessa maneira, sua saúde. Ela é regular em tudo. Por isso, do mesmo modo, pessoas idosas, quando são avarentas, vivem mais tempo do que se não o fossem, pois, posto que economizam, então vivem moderadamente. De outro modo, elas não viveriam dessa maneira se simplesmente lhes custasse dinheiro. Assim, quando um estranho paga a conta, podem comer e beber sem moderação, enquanto seus estômagos estão em boa forma.

Pessoas avarentas são desprezadas e detestadas pelos demais e não são capazes de compreender o porquê. Mesmo pessoas que nada lhes pediram as desprezam e, quanto mais elas se privam de algo, mais são desprezadas. Em todos os outros vícios, observamos que o homem se repreende. Todos reconhecem que se trata de um vício e muito embora // não possam se moderar para renunciar a ele, reconhecem e sabem que é um vício, reprovando-se por isso. Tão somente no caso do avarento observamos que o homem não reprova o vício. Ele não sabe que se trata de um vício e não é de modo algum capaz de compreender como isso pode sê-lo. A razão é a seguinte: um avarento é aquele que só é mesquinho e inflexível em vista de si mesmo. Ele pode ser sempre correto em relação aos outros e normalmente não tira nada de ninguém, embora também não lhes dê nada. Assim, simplesmente não é capaz de compreender por que o outro o despreza, uma vez que, no fim das contas, ele não faz nada para ninguém e o que faz para si mesmo, afinal, não ocasiona nenhum prejuízo ao outro. Não é da conta de ninguém se ele prefere comer muito ou pouco, ou até mesmo nada, ou se prefere andar com roupas caras ou se vestir mal ou de maneira humilde. Isso não diz respeito a ninguém. Em relação a isso, sem dúvida, ele está certo e, por esse motivo, não percebe que se trata de um vício. E, então, não se pode responder a um avarento de modo insolente, já que normalmente ele não é injusto, algo que raramente os avarentos são. Eles mantêm-se limpos de toda a culpa. Também possuem algum pretexto para justificar por que economizam. Por exemplo, dizem que é por causa de males futuros ou por causa de seus parentes. Mas isto é apenas uma ilusão [*Blendwerk*] que eles mesmos criam. Se a intenção do avarento fosse economizar em vista de seus parentes, ele os ajudaria em vida para ter prazer em seu bem-estar. Pessoas avarentas são geralmente também muito devotas, pois, posto que têm pouco entretenimento e nunca frequentam a sociedade porque custa dinheiro, ocupam seu ânimo [*Gemüt*] com preocupações angustiantes. Diante de tais preocupações, elas desejam ter conforto e apoio e, dessa forma, tentam obter isso através de Deus, por meio de sua devoção [*Andachterlei*], que, no fim das contas, não custa nada. Elas imaginam, especialmente, como seria muito bom e proveitoso se tivessem Deus ao seu lado. Isso não traria prejuízos e seria ainda melhor do que um retorno anual de doze por cento.

[228] // Assim, tanto quanto na religião, o avarento é bastante infame em todas as suas ações. E, assim como deseja adquirir tudo, quer adquirir portanto, do mesmo modo, o reino dos céus. Ele não considera o valor moral de suas ações, mas pensa que se simplesmente orar de maneira fervorosa, pois isso nada lhe custa, já chegará então ao reino dos céus. Um avarento é, outrossim, muito supersticioso. Crê que de todas as circunstâncias vai emergir um perigo e por isso roga a Deus para preservar todas as pessoas da ameaça, mas está principalmente pensando em si mesmo. Se ocorreu um infortúnio, em que muitos caíram em desgraça, lamenta bastante quando pensa que eles lhes pedirão algo de seu próprio bolso. O avarento, portanto, é um desconhecido para si mesmo. Ele não se conhece e, por isso, é incorrigível, posto que é absolutamente impossível convencê-lo de seu vício. Nenhum avarento pode ser convertido, muito embora muitos outros viciosos possam ser. A avareza é contrária à razão. Por conseguinte, nenhum argumento racional é de ajuda a um avarento, pois, se ele fosse capaz de compreender a argumentação, não seria um avarento. A avareza é contrária à razão porque o dinheiro tem um valor de meio, mas não é nenhum objeto de comprazimento [*Wohlgefallens*] imediato. Ora, não obstante, o avarento possui um comprazimento imediato no dinheiro, embora ele nada mais seja do que um simples meio. Trata-se apenas de um delírio [*Wahn*] da possibilidade de fazer uso dele. O propósito de usar o dinheiro nunca é realizado. Esse delírio não pode ser corrigido pela razão, pois quem quisesse falar ao louco com prudência e racionalidade, já seria ele mesmo um lunático. Se esse vício não fosse confirmado pela experiência, de modo algum poderíamos compreendê-lo como possível, porque ele está totalmente em conflito com a razão. A avareza engole, decerto, todos os vícios, mas isto porque é incorrigível.

[229] Todavia, a avareza nasce da seguinte maneira e isto é algo para qual razão já estabelece um fundamento. Quando vemos // muitos objetos e prazeres da vida, desejamos também possuí-los e desfrutá-los, mas, uma vez que faltam a capacidade, as condições e os meios de obtê-los, dedicamo-nos a adquirir os meios necessários para isso e levantar os recursos [*Fonds*] para também desfrutar desses prazeres. Mas, para adquirir tais meios, acostumamo-nos a nos privar de uma coisa após a outra. Ora, se o processo leva muito tempo, desabituamo-nos completamente de todos os prazeres e sua presença e satisfação se tornam indiferentes para nós. Uma vez que, na aquisição dos meios, acostumamo-nos a prescindir de tudo isso, agimos da mesma forma, mesmo que já tenhamos adquiridos realmente esses meios e eles estejam em nosso poder. Por outro lado, acostumamo-nos novamente a acumular. Continuamos, então, sempre a acumular mesmo quando não temos mais nenhuma necessidade de juntar e poupar. A invenção do dinheiro, da mesma forma, é uma origem da avareza, pois antes disso não é possível que a avareza tenha sido tão predominante. Por isso existe a mesquinhez [*filzigste Geiz*], o hábito de ser econômico com coisas que podem ser imediatamente desfrutadas e utilizadas, como alimentos ou roupas velhas. Mas é o dinheiro que dá ocasião para a avareza, uma vez que não é objeto de prazer imediato, mas um meio de obter tudo o que for possível em vista desse prazer, pois, se eu estou em posse de uma soma em dinheiro, posso ter inumeráveis projetos com o objetivo de me propiciar coisas agradáveis [*Annehmlichkeiten*] e objetos. O dinheiro é útil meramente para esse propósito. Aqui, portan-

to, ainda posso empregar o dinheiro para o que quiser. Eu vejo todas as agradabilidades e todos os objetos de meu comprazimento como coisas que, até então, sempre posso ter. Mas se já gastei dinheiro com uma dessas coisas, já não mais sou livre no que se refere à disposição do dinheiro. Agora não posso mais comprar qualquer outra coisa com ele e todos os projetos de coisas agradáveis e objetos chegam então ao fim. No entanto,

[230] aqui nos surge uma ilusão. Se ainda // possuímos o dinheiro, podemos considerá-lo disjuntivamente, posto que poderíamos usá-lo para isso ou para aquilo, mas nós o consideramos coletivamente e acreditamos poder conseguir tudo por meio dele. Se o homem ainda tem em sua posse o dinheiro, tem uma agradável fantasia [*Träumerei*] de propiciar-se todas as agradabilidades. Ora, ele permanece de bom grado nesse doce equívoco e, por isso, não se despoja dele mediante a razão. Uma vez que, agora, ele assume o dinheiro como um meio de satisfazer todos os seus prazeres, considera-o como o maior prazer, posto que nele subjaz a condição de todos os prazeres de que pode desfrutar se quiser. Portanto, na medida em esse homem tem dinheiro, desfruta da esperança de todos os prazeres. Mas, uma vez que optou aplicá-lo ao objeto de um prazer particular, o prospecto ilimitado de todos os demais prazeres desaparece subitamente. Assim, o homem considera o dinheiro como o objeto do maior prazer, no qual todos os outros prazeres e objetos subjazem. Esse jogo é diariamente levado adiante na cabeça do avarento. Trata-se de uma ilusão dentro dele. Ora, portanto, quando o avarento vê como outras pessoas gozam das agradabilidades da vida, pensa: "você também pode ter tudo isso, é verdade, basta querer". Decerto isso lhe dói e ele guarda rancor dos demais, mas, quando os outros já gozaram

de seu prazer e o dinheiro também já foi gasto com isso, é o momento de o avarento triunfar, pois ainda tem o seu dinheiro na carteira e pode rir de todos, já que os demais não[498] foram tão prudentes quanto ele.

Se consideramos as circunstâncias da avareza em vista da classe, do gênero e da idade, observamos, em relação à primeira, que os clérigos são acusados de ser propensos à avareza. Mas poderíamos dirigir essa acusação a todos os homens letrados em geral e, portanto, também a todos os clérigos, porque estes estão incluídos entre os eruditos. Ocorre, pois, que se um clérigo tem um pequeno rendimento e está acostumado a colocar um alto apreço em coisas pequenas, // ele é especialmente suscetível à avareza. Mas a razão pela qual se pode imputar isso, de modo comum, a todos os eruditos é a seguinte: a erudição não é uma obtenção imediata de riqueza, mas somente no caso em que é valorizada. Por conseguinte, todo erudito considera seu ofício como algo não lucrativo e não como um negócio que em si mesmo é uma forma de subsistência através da qual se ganha, tanto quanto outras profissões, dinheiro imediatamente. Ele é mais inseguro, portanto, em relação a todos os seus rendimentos do que aquele que pode ganhar sempre seu pão por meio de sua arte e de seu trabalho manual. Isto pode então predispor um erudito à avareza e à sobrevalorização do dinheiro. Ademais, as pessoas que possuem um trabalho sedentário acostumam-se à avareza. Considerando, pois, que essas pessoas não saem de casa, desacostumam-se com todas as despesas associadas a isso. Quando estão distantes de todos os prazeres e diversões, estão liberadas, por conseguinte, de todos os custos envolvi-

---

498 O negativo foi acrescentado para dar sentido à premissa.

dos. Ora, mas ao possuir um trabalho sedentário, elas podem se entreter com os prazeres que também acalentam seu ânimo e, ao fazê-lo, acostumam-se com a abstinência [*Enthaltsamkeit*]. O comerciante seria bem mais inclinado à cobiça [*Habsucht*] do que à avareza. Aquele que ocupa o ofício militar, todavia, não está de modo algum inclinado à avareza, pois, considerando que os militares não sabem quando e quanto tempo poderiam desfrutar de seu patrimônio, não estando muito seguros em relação a ele, e ainda por se tratar de uma posição que envolve muita sociabilidade, não se encontra neles nenhuma fonte de avareza.

Em relação ao gênero, observamos que o sexo feminino é mais propenso à avareza do que o masculino, o que também concorda bem com a sua natureza. Considerando, pois, que não são as mulheres que ganham o sustento, elas também devem poupar mais, enquanto aquele que o ganha já pode ser mais generoso.

Em relação à idade, notamos que a velhice é mais inclinada à avareza do que a juventude, já que a última ainda possui a capacidade de adquirir todas as coisas, enquanto a velhice não. // Mas dinheiro nos capacita, já que também permite alcançar todos os fins que carecem a alguém. O dinheiro concede poder. Dessa forma, no fim das contas, até mesmo os ladrões, quando já roubaram o bastante, tentam por meio do dinheiro manter-se em segurança e obter garantia diante da pena. Um ladrão pode, por exemplo, ascender à nobreza de modo que não possa ser tão facilmente enforcado. Dessa maneira, a velhice busca também compensar a deficiência de suas forças e poder mediante artifícios [*künstliches Vermögen*]. Outra razão é que existe na terceira idade o temor de necessidades futuras e escassez, pois, se eles perderem tudo, já não são capazes de adquirir mais. Os jovens, no entanto, sempre podem adquirir mais. Eles podem começar uma coisa diferente, se algo não lhes for bem-sucedido, e fazer novos planos, enquanto o idoso não pode. Dessa forma, o idoso precisa estabelecer um fundo [*Fonds*] por meio do qual se mantém assegurado de toda necessidade. Entre os mesquinhos [*filzigen Geizigen*], a causa de sua avareza é, na maior parte, o medo, ao passo que para alguns é também meramente o possuir poder e autoridade, o que é possível ser adquirido, da melhor forma, por meio do dinheiro.

Consideração sobre a frugalidade e a forma que ela pode assumir[499]

A frugalidade é a exatidão e o cuidado no gasto de bens. Não é nenhuma virtude, pois para economizar não se exige nem habilidade, nem talento. Se a comparamos com a prodigalidade [*Verschwendung*], observamos que ser um esbanjador dotado de gosto requer mais talento e habilidade do que economizar, pois mesmo o mais estúpido dos homens também é capaz de juntar dinheiro. Gastar dinheiro com prazeres refinados exige conhecimento e habilidade. Mas ter dinheiro por meio // de poupança não requer qualquer habilidade. Por isso, da mesma maneira, aquelas pessoas que ganham seu dinheiro poupando são almas bastante vulgares, enquanto, em contra-

---

[499] Baumgarten, *Ethica*, §289. "Temperança na manutenção de recursos é parcimônia e, em vista do consumo, é frugalidade. Intemperança no consumo de recursos é prodigalidade [*Temperantia in seruandis opibus est parsimonia, in iisdem insumendis frugalitas. Intemperantia in insumendis opibus est prodigalitas*]".

partida, entre os esbanjadores se encontram pessoas despertas e espirituosas. Se nos perguntamos: o que é mais prejudicial ao homem no Estado, a avareza ou a prodigalidade? Antes de tudo, é preciso separar nos dois casos o aspecto pelo qual ambos podem infringir os direitos de outras pessoas. Isto é, no avarento, a ganância, e no esbanjador, o gasto dos recursos de outrem. Nesse caso, vemos que o esbanjador gozou de sua vida enquanto o avarento enganou a si próprio, pois sempre desejou desfrutá-la na esperança. Então ele parte do mundo como um idiota estúpido que nem mesmo sabe que viveu. Mas se consideramos, por outro lado, a improvidência, há no esbanjador uma falta de prudência, posto que, afinal, ele não sabe quanto tempo vai viver e, dessa forma, deve privar-se de todas as coisas no fim, uma vez que já as desperdiçou antes, algo que não é necessário ao avarento. Mas, em relação ao avarento, a história não é diferente. Este priva-se da vida presente enquanto o esbanjador priva-se da vida futura. Sem dúvida, é mais difícil ter gozado, em primeira instância, do bem viver e depois passar necessidade do que, primeiro, se privar de algo e, mais tarde, desfrutar do prazer. O esbanjador já se regozijou, no entanto, com seu prazer e, se o avarento também pudesse fazê-lo no final, tudo estaria bem, mas ele nunca o desfruta e sempre o procrastina. Esse prazer lhe é sempre futuro e ele nutre-se apenas com a esperança desse prazer. Portanto, o esbanjador é um burro amável, enquanto o avarento um tolo detestável. O esbanjador, além disso, não corrompeu seu caráter e pode, dessa forma, criar coragem para viver em seu infortúnio, mas o avarento é sempre de caráter ruim.

Mas, e se perguntássemos quem é melhor, o esbanjador ou o avarento, em relação às outras pessoas? Considerando que

[234] ambos estão vivos, // o esbanjador é melhor do que o avaro, mas depois da morte o avarento é mais útil para as outras pessoas. A providência tem até mesmo o meio de promover seus propósitos por meio do avarento. Eles são máquinas que operam, na ordem das coisas, de acordo com os propósitos universais. Preocupam-se, desse modo, com sua posteridade, que pode chegar, por seu intermédio, à completa posse dos seus bens e uma vez que o dinheiro está disponível em um grande montante, podem empreender, assim, grandes negócios e colocar, por meio dessas empresas, o dinheiro novamente em circulação. A frugalidade não é nenhuma virtude, mas prudência. A suficiência é, inobstante, uma virtude. Ela é moderação ou abstinência, renúncia completa. É mais fácil renunciar a algo completamente do que ser moderado nisso. Ao renunciar a alguma coisa, não se sente mais nada. Mas se temos que nos moderar, já devemos ter gozado de algo antes e, assim, os apetites já foram excitados. É mais difícil, dessa maneira, conter aquilo que já se desfrutou parcialmente do que algo a que se renunciou por completo. Há virtude na abnegação, mas ainda mais na moderação. Essas virtudes levam à soberania sobre si mesmo.

Dos dois impulsos da natureza e dos deveres relacionados a eles

Por natureza, temos dois impulsos de acordo com os quais exigimos ser respeitados e amados por outros. Esse impulso relaciona-se, portanto, à disposição de outra pessoa. Qual dessas inclinações é a mais forte? A inclinação do respeito, por duas razões. O respeito refere-se ao nosso valor interno, enquanto o amor apenas ao valor relativo de outras pessoas. Alguém é

[235] respeitado porque possui um valor interno, mas uma pessoa é amada por outros por causa // das vantagens que traz e do prazer que decorre disso. Amamos o que nos traz vantagem e respeitamos o que, em si, tem um valor interno.[500] A outra razão é porque o respeito nos concede mais segurança do que o amor diante dos outros. Através do respeito, somos mais invioláveis e protegidos da ofensa. O amor, entretanto, também pode ocorrer quando há baixa estima, descansando na afecção de outras pessoas. Depende dos outros se eles desejam me amar, me rejeitar ou me odiar. Mas, se tenho um valor interno, então serei respeitado por todos. Aqui não depende do prazer de alguém, pois quem percebe meu valor interno também me respeitará. Se levamos em conta o oposto de cada um dos termos, o desprezo é mais doloroso do que o ódio. Ambos são desagradáveis, mas se sou um objeto de ódio, sou odiado, no fim das contas, apenas por esta ou aquela pessoa e muito embora eu deva esperar, do mesmo modo, muito infortúnio vindo desse ódio, devo, todavia – se os outros reconhecem meu valor – encontrar coragem e meios suficientes para suportá-lo e me contrapor a ele. No entanto, o desprezo é insuportável. O objeto de desprezo é universalmente desprezado. Ele despoja-nos de nosso valor diante dos outros e também da consciência de nosso próprio valor. Se queremos ser respeitados, devemos ter respeito diante das outras pessoas e da humanidade em geral. Por outro lado, estamos sujeitos a um dever semelhante, uma vez que, se desejamos ser amados, devemos também demonstrar um amor pela humanidade. Portanto devemos fazer o que exigimos dos outros, já que eles devem fazer o mesmo diante de

---

500 Trecho ausente em Collins.

nós. Se continuamos a analisar o respeito que gostaríamos de receber de outros, percebemos que a providência quer que não sejamos indiferentes ao juízo de outros, mas que estejamos imediatamente preocupados em relação ao que o outro pensa de nós. Mas exigimos o respeito de outros não por utilidade, vantagem e outros propósitos, // pois nesse caso não seríamos honráveis [*Ehrliebig*], mas ambiciosos [*Ehrbegierig*] e avarentos em vista da honra [*Ehrgeizig*]. Com essas intenções, um comerciante quer se tornar muito rico, pois isso lhe é útil. Mas as coisas não devem ser denominadas a partir dos meios, mas do fim. Então aquele que economiza dinheiro para desperdiçá-lo depois com grande ostentação não é avarento, mas ambicioso [*Ehrsüchtig*]. Assim, do mesmo modo, a inclinação para conseguir uma opinião favorável de outras pessoas não é uma consequência da vantagem, mas é uma inclinação imediata que é dirigida unicamente à honra e não tem nenhuma vantagem como objeto e, por isso, não pode ser chamada de cobiça [*Ehrgeizig*], mas de amor à honra [*Ehrliebig*]. Portanto, a providência colocou essa inclinação em nós e, por esse motivo, nenhum homem, ainda que muito notável, é indiferente à opinião do outro. Certamente um homem está mais atento a isso do que outro e então parece que a opinião do camponês é indiferente ao nobre ou até mesmo ao cidadão e a opinião de todos os seus súditos indiferente ao príncipe. Mas cada um, no fim das contas, vai solicitar a opinião de seu semelhante, que não lhe é indiferente. Para o príncipe, a opinião de outro príncipe não será indiferente, embora o respeito de um subordinado não pareça ser tão considerável, uma vez que se tem autoridade sobre tal pessoa e então o respeito dessa pessoa não tem tanto valor quanto o daquele sobre quem não se tem nenhuma autoridade.

Mas o amor de honra parece ter bastante a ver com os semelhantes de uma pessoa. Então, uma jovem donzela de casta baixa sente mais vergonha de seus semelhantes do que de seus superiores, de quem ela prefere suportar o desprezo do que quando vindo daqueles que lhe são iguais. Por isso, o respeito de pessoas superiores para conosco nos lisonjeia mais do que o das pessoas inferiores. Mas aquele que não é indiferente ao respeito dessas pessoas é alguém que estima a humanidade em geral. Para ele, a opinião do pior dos homens não é menos indiferente do que a do mais nobre.

O propósito da providência, ao implantar essa inclinação de respeito em direção aos outros, é que devemos contrabalançar nossas ações // pelo juízo de todos de modo que nossas ações não devem ocorrer apenas a partir de motivos do amor de si, uma vez que nosso juízo, por si só, corrompe essas ações, mas que possam também ser julgadas pelos outros.

É preciso distinguir o desejo de honra [*Ehrbegierde*] do amor de honra[501] [*Ehrliebe*]. Se estabelecemos uma relação entre os dois, o último aspecto se mostra como algo negativo: o homem apenas se preocupa em não ser objeto de desprezo. Mas no desejo de honra se cobiça ser um objeto de alta estima para os outros. Poderíamos denominar o amor de honra *honestas*,[502]

---

501 Na *Antropologia de um ponto de vista pragmático*, Kant explica que: "desejo de honra é a fraqueza dos seres humanos graças à qual alguém pode ter influência sobre eles por meio de sua opinião. [...] Não se trata de amor de honra, um apreço que o ser humano pode esperar dos outros por causa de seu valor interno (moral), mas de uma aspiração à reputação honorífica [*Ehrenruf*] em que é suficiente a aparência" (AK, VII, p.272).
502 Baumgarten, *Ethica*, §300. "Virtude (*virtus*), enquanto digna de honra, é honestidade (*honestas*) [*Virtus, quatenus honorem meretur, honestas est*]".

mas é preciso distingui-lo da respeitabilidade [*Ehrbarkeit*]. Entretanto o desejo de honra é ambição. É possível amar a honra mesmo sem estar na companhia de outras pessoas. Pelo amor de honra, pode-se buscar isolamento com o objetivo de não ser objeto de desprezo. Mas não é possível desejar a honra em isolamento, pois nesse caso se anseia ser superestimado por outras pessoas. Portanto o desejo de honra é uma presunção, uma exigência em ser superestimado pelos demais.[503] Aprovamos, a todo momento, o amor de honra em qualquer pessoa, mas não o fazemos no caso do desejo de honra. É modéstia se o amor de honra não se torna nenhum desejo em vista dessa mesma honra. De acordo com o amor de honra, desejamos ter o respeito de todos de modo a não sermos desprezados. Mas, segundo o desejo de honra, pedimos para ser mais estimados do que o normal. Desejando ser excelentemente respeitados, presumimos coagir os juízos de outros conforme nossa própria opinião. Mas, uma vez que os juízos dos demais em relação a nós são livres, os motivos para nos respeitar devem ser tais que esses juízos sucedam sem coação. Porém, com o objetivo de ser respeitado, aquele que deseja a honra busca compelir os juízos dos outros. Ele exige que os demais o respeitem e, dessa forma, torna-se ridículo. Empreende uma violação do direito de todos [238] os homens. Por conseguinte, devemos impor // uniforme resistência ao homem ansioso por honra, enquanto aquele que apenas a ama e busca manter o seu respeito tão somente com o objetivo de evitar o desprezo, merece também o nosso respeito. Quanto mais ele merece esse respeito e menos se faz presunçoso em relação a ele, mais estamos prontos a lhe concedê-lo.

---

503 Em Menzer, lê-se "ser observado".

É preciso distinguir dois aspectos no desejo de honra:[504] a vaidade e o desejo de honra propriamente dito. A vaidade é um desejo de honra em consideração àquilo que não pertence à nossa pessoa, por exemplo, a busca por honra em títulos e na vestimenta. Mas o verdadeiro desejo de honra é um anseio em vista daquilo que pertence ao valor de nossa pessoa. Todos os desejos de honra, embora sejam naturais ao homem, devem, no entanto, ser, no fim das contas, contidos. Todos os homens anseiam pela honra, mas ninguém deve avançar nela, pois nesse caso o desejo de honra falha em seu propósito, visto que as pessoas rejeitam imediatamente a presunção da opinião favorável dos demais, pois querem ser livres em seu julgamento e não desejam ser compelidas a ele. Podemos valorizar algo em si mesmo pelo seu valor, mas só podemos superestimar e honrar aquilo que possui um valor meritório. As pessoas comuns são aquelas que possuem um tal valor que pode ser exigido de todos sem distinção. Elas não são meritoriamente dignas de honra. Merecem ser respeitadas e estimadas, mas não superestimadas e honradas. Honestidade, confiabilidade, pontualidade na observância do dever estão entre as coisas que podem ser exigidas de qualquer pessoa e, por isso, esta merece ser respeitada e valorizada, mas não honrada e superestimada. Se uma pessoa é honesta, ela ainda não pode, nesse caso, exigir honra, mas apenas respeito, pois não possui um valor excelentemente excepcional. Em todas as épocas nas quais a honestidade angaria honra, sendo alvo do desejo, e alguém adquire, dessa maneira, um valor meritório por ser honesto, // já temos aí a corrupção da moral e a honestidade já se torna algo raro. Ela

---

504 Em Kaehler, lê-se "amor de honra [*Ehrliebe*]".

é considerada um mérito, mesmo que deva ser um atributo comum a todos, porque aquele que é apenas uma pequena parcela a menos do que honesto já é considerado um patife. Por isso louva-se como algo meritório nos juízes turcos o fato de eles não se deixarem subornar e quando Aristides foi chamado de "o justo", isto, certamente, lhe foi um elogio, mas um insulto para sua época, posto que, já que ele foi tão célebre por esse motivo, naqueles tempos poucas foram as pessoas justas. Mas entre as ações meritórias estão incluídas, por exemplo, a magnanimidade, a bondade, uma vez que isto não pode ser exigido de qualquer um. Por conseguinte, tais pessoas não são apenas respeitadas, mas honradas e superestimadas. Adquire-se respeito em virtude da boa conduta, mas honra devido a ações meritórias. Perde-se o respeito quando se deixa de realizar os deveres obrigatórios [*schuldige Pflichen*].

Assim como a natureza nos manda esconder o impulso sexual e torná-lo um segredo (muito embora ele seja natural a todos, essa dissimulação serve para estabelecer limites a essa propensão e a essa inclinação de modo a assegurar que eles não se tornem tão comuns e manifestos e possam ser mais vigorosamente preservados), do mesmo modo a natureza exige que busquemos esconder nossa inclinação ao desejo de honra, pois, assim que ela se exterioriza, já se torna uma presunção reprovável. O homem tem um impulso em direção à honra que é bastante altruísta. Mas, na maioria das vezes, o desejo de honra é também *egoísta*, por exemplo, quando se busca a honra para melhorar a sua condição e conseguir, dessa forma, um cargo ou uma mulher. Mas aquele que busca a honra sem qualquer outro propósito, apenas a partir da aprovação de outros, é o amante da honra.

[240] Se consideramos aquele impulso em direção à honra que é visto nas pessoas quando estas desejam conservar a aprovação de outros mesmo após a morte, vemos que não há nada de egoísta nisso. Sem esse tipo de honra ninguém se esforçaria para se // dedicar às ciências. Se uma pessoa estivesse em uma ilha deserta, jogaria fora todos os livros e prefeririria caçar raízes.[505] Devemos nos perguntar se esse impulso é um motivo legítimo ou ilegítimo às ciências. A providência implantou em nós o impulso de honra com o qual nossas ações e nosso comportamento podem concordar com os juízos universais de todos.[506] Sem esse impulso, portanto, não seríamos capazes, no fim das contas, de tornar nossas ações tão aceitáveis em sentido geral. Poderíamos nos equivocar em nosso próprio juízo e, por conseguinte, nossos conhecimentos, se baseados apenas nele, seriam na maioria das vezes falsos. Por isso esse impulso nos leva a comparar o juízo sobre nossos conhecimentos com os juízos de outros. Esta é a pedra de toque em virtude da qual submetemos nossos conhecimentos ao juízo de muitas cabeças. A razão universal, o juízo de todos, é o tribunal diante do qual nossos conhecimentos devem se posicionar, pois, de outro modo, eu não po-

---

505 Trecho adicional em Kaehler: "Mas o homem tem um impulso de honra para compartilhar seus conhecimentos com o outro".

506 Uma posição similar é encontrada no tratado estético de 1764, as *Observações sobre o sentimento do belo e do sublime*: "Contudo, visto que a simpatia moral não é ainda suficiente para incitar a indolente natureza humana a ações para o bem público, a providência também pôs em nós um certo sentimento refinado, que nos põe em movimento, ou pode contrabalançar o rude egoísmo e a luxúria vulgar. Este é o sentimento de honra e sua consequência, o pudor. A opinião que outros podem ter de nosso valor e o juízo deles sobre nossas ações é um fundamento de ação de grande importância" (AK, II, p.218).

deria saber se cometi ou não um erro, o que pode acontecer por muitos motivos. Sem dúvida, uma pessoa pode se equivocar, mas não exatamente no mesmo ponto que eu. Portanto nós temos um impulso em direção à honra para comunicar nossos conhecimentos aos juízos de outros. É verdade que esse impulso se degenera, depois de tudo, no desejo de honra no qual se busca encobrir coisas falsas e conhecimentos por meio de argumentos ilusórios com o objetivo de conseguir a aprovação dos outros ou tentar obter a honra. Mas, em sua origem, ele é um impulso puro e verdadeiro.[507] Quando se degenera, no entanto, o propósito da providência, dessa forma, também desaparece. O desejo de honra não é tão natural, exceto sob certas condições, enquanto o amor de honra é natural. Sem ele, todas as ciências não teriam nenhum incentivo.

[241] Levanta-se a questão: o amor de honra, em si e por si mesmo, destituído de qualquer interesse (amor que não nos pode ser indiferente // depois da morte, podendo ser ainda mais forte, porque, em tal situação, já não é mais possível apagar qualquer impureza a partir dele) está de acordo com os deveres para consigo mesmo ou é até mesmo um objeto do dever para consigo mesmo? Sem dúvida, esse instinto está de acordo não apenas com todos os deveres, mas é também um objeto de nosso dever. O homem deve ser amante da honra. Aquele que é indiferente a ela é indigno. A honra é a bondade das ações na aparência [*Erscheinung*]. Mas as ações dos homens não devem

---

507 "[...] ainda que o desejo de honra seja uma tola quimera, na medida em que se presta como regra sob a qual se ordenam as inclinações restantes, torna-se extremamente vantajoso como um impulso que as acompanha" (AK, Beobachtung, II, p.218).

ser apenas boas, devem aparecer como boas diante dos olhos dos demais. A moralidade, a boa vontade e a disposição de ânimo concedem, pois, valor ao gênero humano. Uma vez que isto[508] é, portanto, um vínculo moral, todos devem ver que suas ações proporcionam não apenas um exemplo negativo de modo a não compreenderem em si nada de mau, mas também um positivo que contém algo de bom em si. Nossas ações devem, dessa maneira, não apenas ser boas, mas devem também ser vistas como um exemplo aos olhos dos outros.

Nossas ações devem fluir do amor de honra. Agora a questão que se levanta é: em vista da honra, devemos nos guiar de acordo com a opinião que os outros têm a partir daquilo que merece aprovação ou reprovação ou nos dirigir de acordo com um *principio* próprio? A opinião de outras pessoas é de dois tipos: aquelas que nascem de motivos empíricos e possuem autoridade nesse âmbito e as que nascem a partir da razão, onde não possuem nenhuma autoridade. Em consideração à retidão que sou capaz de discernir através da minha razão, não posso seguir, nesse caso, a opinião de ninguém, mas devo me guiar a partir do meu próprio princípio discernido por meio da razão. Mas se, por exemplo, trata-se de uma questão de costume, nesse caso devo me guiar segundo as opiniões de outras pessoas.

O desejo de honra ainda pode ser de dois tipos se assumimos // por objeto da honra o que as pessoas dizem ou pensam de alguém. Cada um deve considerar como uma questão de honra o que se pensa de alguém. Mas não é bom se prestamos atenção apenas ao que as pessoas dizem.

---

508 Nessa passagem é pouco claro ao que Kant particularmente se refere. Stark (2005, p.278) sugere que se trata do "gênero humano".

Honradez [*Ehrbarkeit*] é a dignidade do comportamento para ser honrado, isto é, para não ser um objeto de desprezo.

Dos deveres para com as outras pessoas

Nosso autor comete aqui um excesso[509] ao discutir deveres para com as coisas inanimadas, com os seres animados embora irracionais e para com seres racionais. Temos, no entanto, tão somente deveres para com outras pessoas. As coisas inanimadas estão completamente submetidas ao nosso arbítrio e os deveres para com os animais são deveres na medida em que se referem a nós mesmos. Assim, deduzimos todos esses deveres ao dever para com outras pessoas.

Entre tais deveres observamos dois tipos principais:

1. os deveres de benevolência [*Wohlwollens*], de bondade [*Gütigkeit*] e
2. os deveres de obrigatoriedade[510] [*Schuldigkeit*], de justiça [*Gerechtigkeit*].

No primeiro caso, nossas ações são boas. No segundo, elas são justas e obrigatórias. Primeiramente, se assumimos os deveres de benevolência, não podemos dizer que estamos obri-

---

509 Baumgarten, *Ethica*, §301-3. Cap. III: Officia erga alia [Deveres para com o outro]. Seção I: Amor universal.

510 Em paralelo, encontramos "duties of indebtedness" na tradução de Peter Heath e de Louis Infield, "los deveres de la obligación" na tradução de J. Aramayo e "les devoirs constituant un dû" na tradução de L. Langlois. É importante diferenciar aqui os termos *Schuldigkeit* e *Verbindlichkeit*. No sentido proposto, trata-se de um dever perfeito em sentido jurídico. Para uma melhor compreensão, recorrer à nota 238.

gados a amar as outras pessoas e a lhes fazer o bem, pois quem ama o outro quer o seu bem, sem que essa pessoa, todavia, lhe deva algo. Isto é, agimos a partir de uma disposição voluntária, de bom grado, e através de nosso próprio impulso. Amor é benevolência a partir da inclinação. A bondade, todavia, pode acontecer também mediante princípios[511] [*Grundsätzen*]. Por conseguinte, nosso prazer e complacência [*Wohlgefallen*] em fazer o bem [*Wohltun*] aos outros pode ser um prazer imediato ou mediato. O prazer imediato na beneficência, quando estamos conscientes de ter de realizar ao mesmo tempo os nossos deveres, é uma beneficência segundo // a obrigação [*Verbindlichkeit*]. A beneficência por amor emerge do coração, enquanto a da obrigação provém mais dos princípios do entendimento. Um homem pode, por exemplo, fazer o bem à sua esposa por amor. Mas quando já não há mais inclinação, deve-se realizar a ação por obrigação.

Levanta-se a pergunta: um moralista pode dizer que temos o dever de amar aos outros? Amor é uma beneficência mediante inclinação. Ora, nada que não se baseie em minha própria vontade, mas na minha inclinação, pode ser me imposto como dever, pois não posso amar quando eu quero, mas apenas se tiver um impulso para isso.[512] No entanto, o dever é sempre uma coerção [*Zwang*]. Eu preciso me coagir ou ser coagido

---

511 "[...] a *benevolência (amor benevolentiae)*, enquanto um fazer, pode estar submetida a uma lei do dever" (AK, MS, VI, p.401).
512 "*Amor* é relativo ao *sentir* e não ao querer, e não posso amar porque *quero*, menos ainda porque eu *devo* (não posso ser necessitado ao amor); por conseguinte, um *dever de amar* é um absurdo" (AK, MS, VI, p.401).

pelos demais.[513] Qual é, todavia, a origem da obrigação de fazer o bem aos outros a partir de princípios? Aqui precisamos observar o palco do mundo em cima do qual somos colocados como convidados da natureza e onde encontramos tudo o que é necessário à nossa fortuna temporal. Todos têm o direito de desfrutar dos bens do mundo. Ora, mas uma vez que cada um possui a mesma parte nisso e Deus não repartiu esses bens da vida a ninguém, mas deixou que os homens os compartilhassem entre si, todos devem desfrutar deles de modo a considerar também a felicidade dos outros que possuem igual parte nisso e nada lhes deve ser retirado. Pois, considerando que a provisão de Deus é universal, não devemos ser indiferentes em relação à felicidade dos demais. Se encontro, por exemplo, uma mesa coberta de comida no bosque, não devo supor que é tudo só para mim. Posso desfrutar disso contanto que esteja consciente de ainda deixar algo para os outros. Do mesmo modo, eu não deveria comer totalmente sozinho uma refeição, pois alguém também poderia estar com fome. Portanto, onde vejo que a provisão é universal, tenho obrigações de limitar o meu consumo e de pensar que a natureza constituiu tais arranjos // em vista de todos. Esta é a origem da beneficência por obrigação.

[244]

Mas se, por outro lado, assumimos a beneficência por amor e vemos alguém que ama por inclinação, observamos que essa pessoa precisa de outras diante das quais possa se demonstrar bondosa. Ela não se mostra satisfeita se não encontrar pessoas para as quais possa fazer o bem. Um coração caridoso tem um

---

513 "Porém, todo dever é *necessitação*, uma coerção, mesmo que deva ser também uma autocoerção segundo uma lei. Mas o que fazemos por coerção não ocorre por amor" (AK, MS, VI, p.401).

prazer e um comprazimento imediato na beneficência, encontrando mais prazer nisso do que em seu deleite particular. Essa inclinação precisa ser satisfeita, pois é uma necessidade [*Bedürfniss*]. Isto é uma bondade [*Gutartigkeit*] de temperamento [*Gemüt*] e coração, mas nenhum moralista deve buscar cultivá-las. Ao contrário, é a benevolência [*Wohlwollen*] a partir de princípios que deve ser cultivada, pois a outra é baseada na inclinação e necessidade do homem a partir das quais nasce um tipo de comportamento irregular. Tal homem será, mediante a inclinação, beneficente para com todos, mas se ele for traído por alguns, vai se arrepender, e então tomar uma decisão diferente, fazendo uma regra de que, a partir da agora, não beneficia mais ninguém. Seu comportamento não é, portanto, de modo algum avaliado de acordo com princípios. Moralistas devem, por conseguinte, estabelecer princípios, recomendando e cultivando a benevolência por obrigação, e se toda obrigação natural for estabelecida, do mesmo modo, através da religião, então a inclinação também pode ser cultivada, mas apenas na medida em que está sujeita a princípios. Dessa forma, os móbeis para as ações bondosas são estabelecidos a partir da inclinação.

Passamos agora ao segundo tipo de deveres para com outras pessoas, a saber, aos deveres de obrigatoriedade [*Schuldigkeit*] e justiça [*Gerechtigkeit*]. Esses deveres não provêm da inclinação, mas do direito de outras pessoas. Aqui nós olhamos, não mais como antes, para a necessidade de outras pessoas, // mas para seus direitos. A outra pessoa pode ter necessidade ou não, pode ser ou não miserável, mas se as coisas concernem aos seus direitos, eu sou obrigado a satisfazê-la. Esses deveres baseiam-se na regra universal do direito.

O mais supremo de todos esses deveres é o respeito [*Hochachtung*] ao direito de outras pessoas. Sou obrigado a defender esse direito e a respeitá-lo, no mais alto grau, como sagrado. Não há nada mais sagrado em todo o mundo do que o direito dos demais. Ele é intocável e inviolável. Ai daquele que viola e pisa no direito dos outros. Esse direito deve manter as pessoas seguras em todas as situações, pois é mais forte do que qualquer barragem e muro. Nós temos um governante santo e aquilo que Ele concedeu às pessoas como algo sagrado é o direito dos homens.

Quando imaginamos um homem que age apenas de acordo com o direito e não por bondade, esse homem pode sempre fechar seu coração diante dos demais e ser indiferente ao destino miserável e lastimoso das pessoas. Mas se ele é meramente consciente na observância de seus deveres obrigatórios para com todo homem — se dá a cada um o seu direito como uma parte sagrada e digna do mais alto respeito concedida aos homens pelo governante do mundo, se ele não dá a ninguém nada mais do que é devido embora seja também pontual em não tirar nada de ninguém — ele age de maneira justa. E se todos quisessem agir, praticando não ações por bondade e amor, mas garantindo a inviolabilidade do direito de todo homem, não haveria miséria no mundo, exceto apenas aquela miséria que não provém da violação do direito, por exemplo, doenças e calamidades. A maior e mais comum das misérias dos homens baseia-se mais na injustiça das pessoas do que na má sorte.

[246] // Uma vez, no entanto, que o respeito ao direito é uma consequência dos princípios, embora as pessoas sejam deficientes de princípios, a providência implantou em nós uma outra fonte, a saber, um instinto de bondade [*Gütigkeit*] atra-

vés do qual compensamos o que obtemos de maneira injusta. Dessa forma, temos um instinto para a bondade, mas não para a justiça. Em virtude desse impulso, homens compadecem-se de outros e praticam benevolência àqueles de que antes já arrancaram alguma coisa, embora não estejam conscientes de nenhuma injustiça. O motivo disso é que eles não examinaram corretamente o assunto.

Pode-se tomar parte na injustiça universal, mesmo que não se faça nada de injusto a ninguém de acordo com os estabelecimentos e leis civis. Ora, quando praticamos uma ação benéfica a um miserável, nada lhe foi dado de graça, mas nós lhe demos aquilo que ajudamos a tirar por meio de uma injustiça universal. Pois se ninguém quisesse extrair para si os bens da vida mais do que o outro, não haveria ricos e tampouco pobres. Assim, as ações por bondade, por dever e obrigatoriedade [*Schuldigkeit*] são as mesmas que emergem a partir do direito dos outros.

Quando consideramos, por outro lado, um homem que não respeita o direito dos demais, mas que está acostumado a praticar suas ações obrigatórias por bondade [*Gütigkeit*] e que nunca ouviu falar nada de direito e obrigatoriedade [*Schuldigkeit*], embora execute muitas ações por bondade e quando alguém, que passa necessidade e tem que pagar uma dívida, lhe cobra também um débito, empregando a linguagem habitual da obrigatoriedade [*Schuldigkeit*], o devedor vai acusá-lo de ser muito grosseiro e de desejar obter tudo por meio de imposição, muito embora o cobrador, com direito, possa coercitivamente exigir o pagamento. Ora, se ele se recusa a pagar a dívida ao seu credor e este, por causa disso, cai em infortúnio, todas as // ações caridosas e benéficas que ele praticou durante toda a sua vida não contarão tanto quanto a injustiça que ele fez a esse homem. Este é, pois, um tipo totalmente diferente de cálculo no qual essas ações de modo algum entram em consideração. Ele pode praticar bondade [*Gütigkeit*] com o que lhe resta, mas não pode retirar de ninguém o que lhe é devido.

Ora, se todas as pessoas só quisessem agir meramente por bondade, tampouco haveria o meu e o teu, pois o mundo não seria o cenário da razão, mas da inclinação, posto que ninguém se esforçaria para adquirir alguma coisa, mas se entregaria à bondade dos demais. Mas, nesse caso, tudo deveria existir em grande abundância, tal como quando crianças desfrutam juntas de algo que uma delas compartilha com as demais pelo tempo que durar. Por isso é bom que as pessoas consigam seus bens pelo trabalho e que todos devam ter respeito pelo direito do outro. Todos os moralistas e professores, portanto, devem observar o fato de que precisam, tanto quanto possível, representar as ações da bondade como ações da obrigatoriedade [*Schuldigkeit*], reduzindo-as a uma questão de direito. Não se deve lisonjear um homem que pratica ações por bondade, pois, caso contrário, seu coração é inflado com generosidade e ele deseja que todas as suas ações devam, nesse caso, ser ações benevolentes.

Gostaríamos ainda de citar algo em relação aos deveres de benevolência [*Wohlwollens*] e de bondade [*Gütigkeit*]. A benevolência por amor não pode ser ordenada, como bem pode a por obrigação. Mas se fazemos o bem a alguém por dever, acostumamo-nos com isso de modo a praticarmos posteriormente também por amor ou inclinação. Se falamos bem de alguém simplesmente porque vemos que tal pessoa merece, acostumamo-nos com o fato de tal maneira que depois lhe reafirmamos isso por inclinação. Portanto mesmo o amor por inclinação é também uma // virtude moral e pode ser coordenado dessa maneira de modo que se deva praticar a beneficência primeiramente por obrigação e, depois, mediante esse hábito, também por inclinação.

Todo amor é amor de benevolência [*Wohlwollens*] ou amor de complacência [*Wohlgefallens*]. O primeiro consiste no desejo e na inclinação de promover o bem dos outros.[514] O segundo é o prazer que temos de demonstrar aprovação em relação às perfeições de outrem.[515] Essa complacência pode ser sensível e intelectual.[516] O amor como complacência sensível é um prazer baseado na intuição sensível mediante inclinação, por exemplo, o impulso sexual. Ele não diz respeito tanto à felicidade quanto à relação mútua das pessoas. O amor como complacência intelectual já é mais difícil de conceber. O comprazimento intelectual não é difícil de imaginar, diferente do amor baseado nele.

Qual complacência intelectual produz a inclinação? As boas disposições da benevolência. Ora, se dissermos: "amarás ao teu próximo". Como isso pode ser compreendido? Não é com o amor de complacência que devo amar o próximo, pois, com ele, eu também posso amar o pior dos malfeitores,

---

514 "O amor aos homens (filantropia), por ser aqui concebido como prático, portanto, não como amor de complacência aos homens, tem de ser posto na benevolência ativa e refere-se, portanto, à máxima da ação" (AK, MS, VI, p.450).

515 De maneira similar, encontramos na *Metafísica dos costumes*: "prazer pela perfeição de outros homens" é "amor de *complacência*" (VI, p.449). Ele está em contraponto ao "amor aos homens (filantropia) [...] concebido como prático" (V, p.450).

516 Trecho adicional em Kaehler: "Toda complacência, se for amor, deve, antes de tudo, ser uma inclinação".

mas devo fazê-lo com o amor de benevolência[517] [*Wohwollens*]. A benevolência moral, contudo, não consiste em querer bem a alguém, mas em desejar que essa pessoa possa, no fim das contas, também ser digna desse bem. E é o amor que também podemos possuir até mesmo para com nossos inimigos. Essa benevolência sempre pode ser de coração. Eu desejo que essa pessoa seja conduzida por si mesma e, dessa forma, possa se tornar digna de toda felicidade e realmente alcançá-la. Um rei pode demonstrar tal benevolência diante de seu traidor. Ele pode, decerto, permitir que o castiguem e prendam, mas pode

[249] também lamentar-se pelo fato de ele ser tão desafortunado // a ponto de tal punição ter lhe sido imposta de acordo com as leis. Mas o monarca pode também desejar-lhe de coração que possa se tornar digno da bem-aventurança e que possa, de fato, atingi-la. Por conseguinte, o amor de benevolência diante do próximo pode ser prescrito, de modo geral, por qualquer um, enquanto o amor de complacência não, posto que ninguém pode ter qualquer complacência se não houver nenhum objeto de aprovação. É preciso, no entanto, distinguir, em uma pessoa, entre o homem em si mesmo e sua humanidade. Assim, posso ter uma complacência em vista da humanidade, embora não possa, por exemplo, tê-la em relação ao homem. Posso ter, do mesmo modo, essa complacência diante de um malfeitor se fizer a distinção entre ele e sua humanidade, pois mesmo no pior dos malfeitores há ainda um germe de boa vontade. Não existe malfeitor que não possa discernir e diferenciar o bem do

---

517 "A máxima da benevolência (o amor prático aos homens) é um dever de todos os homens, considerem-se estes dignos de amor ou não" (AK, MS, VI, p.451).

mal e que não queira ser virtuoso. Portanto o sentimento moral e a boa vontade estão dispostos aí, apenas faltam a força e o móbil, pois, embora ele seja um malfeitor, posso ainda pensar: "quem sabe o que o levou a isso? Por acaso isso é algo insignificante, em relação ao seu temperamento, enquanto, em relação ao meu, é uma pequena transgressão?". Ora, se eu me colocar em sua posição, ainda posso encontrar nele um sentimento de virtude. Portanto a humanidade deve ser amada, mesmo nele. Assim, posso dizer com direito: "devemos amar ao próximo". Não sou obrigado apenas à beneficência, mas também ao amor aos outros homens por benevolência [*Wohlwollen*] e complacência [*Wohlgefallen*].

Considerando que as pessoas são objetos do amor de complacência, visto que devemos amar a humanidade nelas, então mesmo os juízes, ao punirem o criminoso, não devem desonrar a sua humanidade, mas decerto punir o malfeitor sem, por meio de castigos degradantes, violá-la. // Pois se alguém desonra a humanidade de outra pessoa, ele mesmo não dá nenhum valor à sua própria. É como se ele mesmo rebaixasse sua humanidade de modo a já não mais se mostrar digno de ser um homem. Ele deve então ser tratado como um objeto universal do desprezo.

Portanto o mandamento do amor aos outros está limitado tanto ao amor por obrigação [*Verbindlichkeit*] quanto também ao por inclinação. Pois, se eu amo os outros por obrigação, adquiro dessa forma um gosto pelo amor e, através de seu exercício, esse amor por obrigação se torna amor por inclinação. Sobre o amor por dever e todo dever em geral, do tipo artificial, um homem pode se perguntar se ele também estaria obrigado a praticá-lo. A inclinação, no entanto, segue seu próprio caminho reto, e ela deve seguir nesse sentido, pois não está submetida a nenhuma regra.

A afabilidade não é mais do que bons modos em nosso comportamento exterior para com os outros. Trata-se de uma aversão a toda ofensa que possa ser infligida ao outro. Ela provém do amor à humanidade e modera a raiva e o desejo de vingança em relação aos outros. No fundo ela não é nada[518] positiva. A pessoa afável, pois, não faz nada para impedir o bem do outro, mas também não é generosa no propósito de promovê-lo. Certamente ambas as coisas deveriam ser combinadas. Mas a generosidade, que é associada à bravura [*Wackerheit*] e à força do ânimo, não é compatível com a afabilidade, que consiste somente em suavidade [*Sanftmut*] e gentileza [*Gelindigheit*].

Humanidade é a participação no destino de outros homens. Desumanidade é quando não se toma parte no destino dos demais. Por que algumas ciências são chamadas *humaniora*? Porque elas refinam o homem. Permanece, por conseguinte, em todo estudante, mesmo que ele não tenha de outra maneira adquirido muita erudição, tal refinamento e gentileza. Posto, pois, que as ciências humanas se ocupam com o ânimo, elas concedem à pessoa um tal // polimento que depois permanece propriamente como sua peculiaridade. Dessa forma, o comerciante estima quanto um homem vale de acordo com sua fortuna, mas o estudioso já vai avaliar de acordo com outro tipo de valor.

Afabilidade junto com a franqueza [*Offenhertzigkeit*] é sinceridade [*Freimütigkeit*], que é muito apreciada. Toda amabilidade [*Freundlichkeit*], cortesia [*Höflichkeit*], polidez [*Geschliffenheit*] e

---

518 Seguindo uma sugestão de Peter Heath (p.181), a palavra *was* foi substituída por *nichts* para trazer sentido à frase.

civilidade já são sempre a própria virtude, embora praticada somente em pequenas coisas.[519] Apenas em raros casos, entretanto, a virtude é exercida com força. Nesses casos se incluem o serviço à amizade [*Freundschaftsdienst*] e o sacrifício da própria felicidade, o que é bastante raro. Por isso não é bom quando temos um amigo a quem, em caso de necessidade, importunamos com um pedido de ajuda. Pois, dessa forma, o colocamos em problemas e então ele imagina imediatamente que será submetido a essa situação com frequência. É preferível suportar as dificuldades por si mesmo do que importunar dessa forma os outros. Aqueles que reclamam da falta de amigos são pessoas egoístas que sempre gostam de se beneficiar com suas amizades. Eu não necessito de um amigo do qual possa extrair algo, mas apenas de um cuja relação social eu possa desfrutar e com quem possa me abrir. Mas cortesia [*Höflichkeit*] eu exijo de todos. Toda relação social já é um cultivo da virtude e uma preparação para um exercício mais correto dela. Cortesia [*Höflichkeit*] significa aquela complacência [*Gefälligkeit*] de acordo com a qual nós somos refinados [*fein*] o suficiente, até nas menores coisas, para demonstrar-nos complacentes ao outro.

---

519 Em complemento a esse ponto, a *Metafísica dos costumes* diz: "Por certo, são ninharias, mas promovem, no entanto, o próprio sentimento de virtude, por meio do esforço de trazer esta aparência tão próxima da verdade quanto possível, na *acessibilidade*, na *expansividade*, na *cordialidade*, na *hospitalidade*, no *comedimento* (no contradizer sem brigar), enquanto, em seu conjunto, meras maneiras de intercâmbio com obrigações exteriorizadas, por meio das quais se obrigam também os outros e que, portanto, operam em favor da intenção virtuosa [*Tugendgesinnung*], uma vez que ao menos tornam a virtude *amável*" (AK, VI, p.473-4).

Polidez [*Geschliffenheit*] é a remoção da grosseria. Os homens lapidam-se e pulem uns aos outros até que se ajustem. Essa aptidão demonstra uma delicadeza de juízo em discernir o que é agradável e desagradável ao outro.

A frieza [*Kaltblütigkeit*] de temperamento [*Gemüt*] diante dos outros é a que não demonstra nenhum afeto amoroso ou agitação emocional [*Gemütbewegung*]. Aquele que não demonstra quaisquer emoções benevolentes é // frio. Todavia a frieza não deve ser igualmente censurada. Os poetas podem estar, de bom grado, envoltos em sentimentos calorosos e afetos e repreender a frieza. Se, no entanto, esta é acompanhada de princípios e boas disposições, então os homens que a possuem são pessoas nas quais, em todos os casos, podemos confiar. Um tutor dotado de sangue-frio, que me queira bem, um advogado ou patriota desse tipo são pessoas de caráter resoluto que certamente farão tudo para o meu melhor. Não obstante, o sangue-frio em relação ao mal é, por sua vez, também muito pior do que em relação ao bem, pois, embora não pareça – no último, a frieza é melhor do que um sentimento caloroso de afeição, uma vez que é mais constante.

Frigidez [*Kaltsinnigkeit*] é a carência de amor, mas frieza é a falta de emoção no amor. A frieza concede ao amor regularidade e ordem, mas a frigidez é a ausência de sentimento para ser afetado pelo estado de outros.

Devemos amar os outros porque é bom e porque, ao amá-los, nos tornamos bons. Mas como podemos amar se o outro não é digno de amor? Nesse caso, esse amor não é uma inclinação, mas um desejo[520] no qual o outro seria digno de nossa sa-

---

520 Em Collins e Kaehler, lemos "inclinação".

tisfação [*Wohlgefallen*]. Devemos estar inclinados a desejar que o outro seja digno de amor. E aquele que procura no homem algo digno de amor, sem dúvida também encontrará nele algo que é digno de seu amor, assim como um homem destituído de amor que busca no outro aquilo que o torna indigno também vai encontrar realmente o que procura. Devemos desejar a felicidade de outrem, mas, igualmente, desejar encontrá-lo digno de amor.

Aqui é preciso observar uma regra: devemos fazer que nossas inclinações para amar o outro e para desejar sua felicidade não sejam anseios ociosos, que são desejos // sem resultado, mas desejos práticos. Um desejo prático é aquele que não é dirigido tanto pelo objeto do que pelas ações por meio das quais esse objeto é realizado. Não devemos apenas ter satisfação [*Wohlgefallen*] no bem-estar [*Wohlfahrt*] e na felicidade dos outros, mas essa satisfação deve se relacionar às ações efetivas que contribuíram para esse bem-estar. Do mesmo modo, eu não devo desejar que aquele que está na miséria seja resgatado dela, mas devo, em vez disto, tentar libertá-lo dessa situação. Todo o infortúnio e todo o mal dos seres humanos são objetos de nossa aversão não porque são males, mas porque são produzidos por seres humanos. Se um homem foi lesado em sua saúde ou riqueza, ele não tem nada mais a dizer caso isso tenha acontecido devido a um destino universal, posto que isso pode frequentemente acontecer na vida. Mas se esse mal foi causado por outra pessoa, é um objeto de nosso maior desagrado. Ora, se vejo tal pessoa assentada na miséria de tal modo que não posso de maneira alguma mudar a sua situação e tampouco ajudá-la, eu posso me voltar friamente e dizer como o estoico:

"o que isso me importa? Meus desejos não podem ajudá-la em nada". Entretanto, se eu puder estender apenas uma mão para ajudar essa pessoa, posso promover sua felicidade e tomar parte em seu infortúnio de tal modo que ela seja libertada disso. Mas não tenho nenhuma simpatia por seu infortúnio se apenas acalento desejos passionais de sua libertação. Portanto o coração é bom apenas na medida em que pode contribuir com algo para a felicidade do outro e não se somente lhe deseja essa felicidade. As pessoas orgulham-se de ter um bom coração apenas ao desejar que todos possam ser felizes. Mas possui um bom coração só aquele que contribui com algo para isso.

Toda instrução moral, portanto, descansa no fato de que nossa satisfação [*Wohlgefallen*] na felicidade dos outros só deve existir se encontrarmos um prazer em promover // essa felicidade. Assim a felicidade de outrem não é, em si e por si mesma, um objeto de nossa satisfação, exceto na medida em que nós lhe prestamos assistência. Mas as pessoas já acreditam aqui que a simpatia[521] pela situação do outro e o bom coração consistem no sentimento e nos desejos. Contudo aquele que tampouco presta atenção na miséria do outro quando ele não pode ser de nenhuma ajuda e que é indiferente a todo infortúnio que não pode ser alterado, mas só se preocupa quando pode fazer algo e ajudar, é um homem prático e seu coração é bom porque é ativo, muito embora não faça, por meio disso, um desfile [*Parade*] como aqueles que tomam parte na situação por meio de desejos e já estabelecem a amizade nisso.

---

521 Em tradução literal: "a participação no destino do outro [*Teilnehmung an des anderen seinem Schicksal*]".

Da amizade[522]

Isto é o cavalo de batalha de todos os moralistas poéticos e eles procuram aqui néctar e ambrosia. As pessoas são movidas por dois tipos de móbeis [*Triebfedern*]: um é retirado deles mesmos e é o móbil do amor de si [*Selbstliebe*]. O outro é o móbil moral, que é retirado de outros, sendo o móbil do amor universal à humanidade. Esses dois móbeis estão em conflito no homem. As pessoas amariam os demais e se preocupariam com sua felicidade se não tivessem que realizar os propósitos de seu amor de si. Vemos também, por outro lado, que as ações do amor de si mesmo não têm nenhum mérito moral, mas só são permitidas através das leis morais em si. No entanto, é um grande mérito se o homem é movido a promover a felicidade dos outros pelo amor universal à humanidade. Ora, um homem apega-se especialmente àquilo que concede um valor a sua pessoa. A amizade decorre dessa ideia. Mas de onde devo começar? Devo, primeiramente, // cuidar da minha felicidade, a partir do amor de mim, e depois, quando isso estiver em causa, tentar promover a felicidade dos demais? Mas, nesse caso, a felicidade dos outros é colocada em segundo plano e a inclinação para minha felicidade cresce cada vez mais forte, de tal modo que seu cultivo nunca chega ao fim e, dessa forma, a felicidade do outro é totalmente negligenciada. Se, entretanto, começo pri-

---

522 Baumgarten, *Ethica*, §491. "Amizade é um grau especial de filantropia na medida em que os demais não exibem nenhuma obrigação em relação às pessoas [*Amicitia specialis philanthropiae gradus, quantum omnibus exhibere hominibus non obligaris*]". Ela "pode ser também ativa ou mútua [...], externa [...] ou interna. [*Hinc patet amicitiam specialem etiam esse vel actiuam vel mutuam* [...], *vel externam* [...] *vel internam*]".

meiro cuidando da felicidade dos outros, então minha felicidade é deixada para trás. Mas se os homens estão dispostos de tal maneira a cada um se preocupar com a felicidade de outrem, o bem-estar de cada um é resguardado pelos demais. Se soubesse que os outros cuidariam da minha felicidade da mesma forma como eu gostaria de cuidar da deles, estaria certo de não negligenciar o cultivo de minha felicidade, pois, dessa forma, ao cuidar da felicidade alheia, eu seria compensado, já que permutaríamos nosso bem-estar e ninguém sofreria qualquer prejuízo. Quando, pois, uma pessoa cuida bem da felicidade de outrem, do mesmo modo o outro cuida bem de sua felicidade. Parece que o homem sai perdendo quando cuida da felicidade de outrem, mas se o outro também lhe dispensa seus cuidados, então ele nada perde. Nesse caso, cada um promoveria sua felicidade através da generosidade do outro. Esta é a ideia da amizade, na qual o amor de si é engolido pela ideia do amor recíproco generoso.[523] Mas se assumirmos o outro pressuposto, aquele no qual cada um cuida de sua própria felicidade e é indiferente à felicidade dos outros, então cada um está, de fato, admitidamente autorizado a cuidar de sua própria felicidade. Isso não é algo que a regra moral não permite, embora não seja nenhum mérito. Se cada um, ao cuidar de sua própria felicidade, apenas não obstruiu a do outro, tal pessoa não possui, decerto, nenhum mérito moral, embora também não seja um transgressor moral. Ora, se precisássemos escolher, o que escolheríamos? Amizade ou amor de si? A partir de motivos morais

---

523 Segundo a definição kantiana de 1797 apresentada na *Metafísica dos costumes*: "*A amizade* (considerada em sua perfeição) é a união de duas pessoas por amor e respeito igualmente recíprocos" (AK, VI, p.469).

escolheríamos a amizade, mas, a partir de motivos pragmáticos, o amor de si, pois, afinal de contas, ninguém poderia cuidar melhor de minha própria felicidade do que eu mesmo. Mas, em qualquer um dos dois que eu assumir, há sempre // alguma coisa errada. Escolhendo simplesmente a amizade, minha felicidade sofre. Se escolho apenas o amor de si, não há nenhum mérito e valor moral nisso.

A amizade é uma ideia, uma vez que não é retirada da experiência, mas tem seu lugar no entendimento. Ela é bastante deficiente na experiência, mas na moral é uma ideia bastante necessária.[524] Nessa oportunidade, podemos observar o que é uma ideia e o que é um ideal. Temos necessidade de uma medida de acordo com a qual se possa avaliar o grau. Essa medida ou é arbitrária, a saber, se a grandeza não é determinada segundo conceitos *a priori*, ou é uma medida natural, se essa grandeza é determinada *a priori*. Em consideração às grandezas, se forem determinadas *a priori*, qual é a medida específica de acordo com a qual podemos avaliá-la? Sua medida é sempre o máximo. Se esse máximo for uma medida em consideração a outras grandezas que são menores, tal medida é uma ideia. Mas se for um modelo de outras, então é um ideal. Ora, se compararmos as inclinações afetuosas dos homens em relação uns aos outros, aí se encontram muitos graus e proporções em relação àqueles que compartilham seu amor entre si e com os outros. O máximo [*Maximum*] do amor recíproco [*Wechselliebe*] é a amizade e isto é uma ideia, pois serve de medida para determinar

---

[524] "[...] é fácil concluir que a amizade é uma mera ideia (mesmo que praticamente necessária), efetivamente inalcançável em sua execução, e que, ainda assim, persegui-la é um dever posto pela razão" (AK, MS, VI, p.469).

o amor recíproco. O maior amor para com o outro é amá-lo como a mim mesmo, pois não posso amar alguém mais do que a mim, mas se eu quiser amá-lo como a mim mesmo, eu não posso fazê-lo de outra maneira a não ser me assegurando de que o outro me amará da mesma maneira. Nesse caso, sou compensado pelo que deixo escapar da minha parte e dessa forma me recupero. Essa ideia da amizade serve para que possamos, dessa maneira, medir a amizade e ver quanto ela ainda é deficiente. Então quando Sócrates[525] disse – "meus queridos amigos, os amigos não existem" – isto foi o mesmo que dizer que nenhuma amizade corresponde completamente à ideia de

[257] amizade. Ele está certo sobre isso, pois essa amizade // não é de fato possível. Mas sua ideia ainda é algo verdadeiro. Se escolho simplesmente a amizade e cuido somente da felicidade alheia na esperança de que o outro também cuide da minha, então isso decerto é uma forma de amor recíproco na qual sou restituído de volta. (Aqui todos cuidariam da felicidade do outro por generosidade. Não descarto a minha felicidade, mas apenas a coloco nas mãos dos demais, posto que tenho sua felicidade nas minhas próprias mãos.) Mas essa ideia é válida apenas na reflexão, já que não se realiza entre os homens.

---

525 Em Kaehler, lemos "Aristóteles". Em paralelo à *Metafísica dos costumes*, encontramos: "A amizade, pensada como alcançável em sua pureza ou perfeição (entre Orestes e Pílades, Teseu e Pirítoo), é o tema preferido dos romancistas; contra o que Aristóteles diz 'meus caros amigos, não existe nenhum amigo!'" (AK, VI, p.470). Na *Antropologia*, Aristóteles também é citado: "toda a galanteria cortês junto com as mais quentes garantias verbais de amizade não são certamente sempre *verdade* ('Queridos amigos, não existem os amigos' *Aristóteles*)" (AK, VII, p.152).

Ora, mas se cada um cuidasse apenas de si, sem se preocupar com os outros, não haveria de modo algum qualquer amizade. Portanto as duas coisas devem ser misturadas uma com a outra. O homem cuida de si e também da felicidade dos outros. Mas, uma vez que aqui os limites não são determinados e o grau[526] não pode ser indicado, a medida da disposição amistosa não é determinada por nenhuma lei ou regra. Sou obrigado a cuidar de minhas necessidades e do meu conforto em vida. Ora, se não posso cuidar da felicidade do outro a não ser por meio da supressão de minhas necessidades e do meu conforto, ninguém pode me obrigar, nesse caso, a cuidar da felicidade alheia e firmar amizade com ele. Mas considerando que todos podem aumentar suas necessidades e tornar necessárias tantas coisas quanto quiser, não se pode determinar aqui em que grau a supressão das necessidades torna possível que a amizade se concretize. Pois muitas de nossas carências, que convertemos em coisas necessárias, são constituídas de tal forma que podemos sacrificá-las em vista de nosso amigo.

A amizade é classificada em amizade de necessidade, de gosto e de disposição.

A amizade em vista da necessidade é aquela segundo a qual as pessoas podem, em relação umas às outras, // confiar um cuidado recíproco em consideração às suas necessidades vitais. Esta foi a origem primeira da amizade entre os homens, mas ela acontece apenas nas condições mais primitivas. Por isso, quando selvagens vão à caça e estabelecem uma relação de amizade, cada um defende e tenta promover a necessidade do outro.

---

526 Trecho adicional em Kaehler: "o grau de quanto eu devo cuidar de mim e o quanto devo cuidar dos outros".

Quanto menos os homens possuem necessidades, mais eles se envolvem em tal amizade. Mas quanto mais as necessidades aumentam, menos tal amizade acontece. Pois se um homem está no estado de luxúria no qual possui muitas necessidades, ele também tem muitas preocupações particulares e nesse caso pode ocupar-se menos com os assuntos alheios, uma vez que tem que cuidar de si. No estado de luxúria, portanto, não acontece esse tipo de amizade. Um homem não a quer nesse estado, pois se uma das partes percebe que o propósito do outro na amizade é o de buscar assegurar a manutenção de suas necessidades por meio dela, a amizade perde todo o interesse[527] e então é desfeita. Se a amizade é ativa, isto é, se uma das partes cuida realmente das necessidades do outro, ela é generosa, mas a parte passiva, que visa obter o benefício do outro, é bastante destituída de generosidade. Assim, ninguém vai causar problemas ao seu amigo por causa de seus assuntos particulares, preferindo suportar seus males sozinho a incomodar seu amigo dessa maneira. Portanto, logo que a amizade entre duas pessoas é honrosa de ambos os lados, cada um rejeita esse tipo de comportamento e ninguém vai criar problemas para o outro por causa de suas coisas. No entanto, em toda amizade, devemos pressupor essa amizade de necessidade, não para desfrutá-la, mas para ter confiança, isto é, eu devo ter confiança em cada um dos meus verdadeiros amigos como se cada um deles estivesse em condição de cuidar de meus negócios e pudesse promover

[259] meus interesses, embora, a fim de gozar de sua confiança, // eu nunca deva lhe exigir isso. Esse é um verdadeiro amigo de quem

---

527 Em Menzer, mais literalmente, encontramos "a amizade é interessante".

sei e posso presumir que me ajudará realmente na necessidade. Mas, uma vez que eu também sou seu amigo verdadeiro, não devo lhe exigir isso ou impor-lhe, em tais circunstâncias, esse constrangimento. Não devo exigir-lhe tais coisas, mas apenas confiar, preferindo sofrer sozinho do que incomodá-lo com isso. Ele deve igualmente depositar sua confiança de volta em mim, mas sem exigi-la. Portanto a pressuposição da confiança na disposição benevolente do outro e da amizade que nos assiste na necessidade é pressuposta, embora tomada a partir de outro fundamento, que faz que não possamos abusar de sua confiança. Uma vez que meu amigo é tão generoso comigo de modo a ter uma boa disposição para me querer bem e para me assistir em todo caso de necessidade, devo ser generoso não lhe exigindo isso. A amizade que se estende longe a ponto de ajudarmos o outro com seu prejuízo é bem rara, sendo também bastante delicada e fina. A razão é porque não podemos aparecer diante do outro daquela maneira. O mais doce e delicado na amizade são as disposições benevolentes [*wohlwollende*]. Mas essas disposições não devem buscar diminuir o outro, uma vez que o delicado da amizade não consiste no fato de que vejo que nos cofres do meu amigo há também um xelim para mim. A outra razão, no entanto, está no fato de que isso altera o relacionamento. A relação da amizade é uma relação de igualdade. Ora, se um amigo me ajuda em minha dificuldade, ele torna-se meu benfeitor e passo a estar em dívida com ele. Mas, se assim for, essa situação me torna um idiota[528] e não posso mais encará-lo tão diretamente nos olhos. Então, nesse caso, a verdadeira relação chega ao fim e não há mais nenhuma amizade.

---

528 Na versão de Menzer, lemos *Blöde*, mas na versão de Collins e de Kaehler, "blind" [cego].

[260]   A amizade de gosto é um análogo // de amizade e consiste na complacência [*Wohlgefallen*] na companhia e na associação recíproca de duas partes, em vez da felicidade de um ou de outro. Entre duas pessoas de uma posição ou profissão similar não acontece a amizade de gosto tanto quanto entre pessoas de ofícios diversos. Dessa forma, um erudito não estabelece qualquer amizade de gosto com outro, pois ambos são capazes das mesmas coisas. Eles não podem se satisfazer nem entreter um ao outro, pois aquilo que um sabe o outro também sabe. Mas um erudito pode muito bem estabelecer uma amizade de gosto com o comerciante ou o soldado, se o erudito não for um pedante e o comerciante um imbecil, pois um pode entreter o outro, cada um em sua especialidade. Então as pessoas são obrigadas [*verbunden*] apenas por aquilo que um pode contribuir em relação às necessidades do outro – não pelo que o outro já tem –, mas quando alguém possui o que compensa aquilo que falta ao outro, portanto, não por similaridade, e sim por diferença.

A amizade da disposição e do sentimento não consiste no fato de que um exige algo do outro, como uma prestação de serviços, mas é simplesmente a que é guiada por uma disposição pura e sincera. Esta é a amizade que é universal.[529] A amizade do sentimento não pode ser devidamente expressa em alemão. Ela envolve disposições de sentimentos [*Empfindungen*] e não uma prestação real de serviços. A amizade de sentimento baseia-se no seguinte: é curioso que, mesmo quando estamos

---

529 "*A amizade moral* (à diferença da estética) é a confiança total de duas pessoas em revelar reciprocamente seus juízos e sentimentos ocultos até onde tais revelações possam estar de acordo com seu respeito mútuo" (AK, MS, VI, p.471).

em companhia e na sociedade, ainda não estamos completamente em uma relação social. Em qualquer companhia tendemos a conter grande parte de nossas disposições. Não botamos para fora imediatamente todas as nossas sensações, disposições e opiniões. Cada um concede suas opiniões tal como são aconselháveis de acordo com as circunstâncias. Cada um encontra-se em um estado de coerção e nutre uma desconfiança diante dos outros que é // seguida de um reservar-se de acordo com o qual ou encobrimos nossas fraquezas com o objetivo de evitar sermos subestimados ou reprimimos, do mesmo modo, nossas opiniões. Mas se somos capazes de nos livrar dessa coerção, transmitindo aos outros o que sentimos, estamos completamente em um estado de relação social. Portanto, para que cada um de nós possa estar livre dessa coerção, precisamos então de um amigo para o qual possamos nos abrir e botar para fora todas as nossas perspectivas e opiniões, um amigo diante do qual não podemos esconder nada e com quem somos capazes de nos comunicar completamente.[530] Portanto nisso se baseia a amizade das disposições e sociabilidade [*Geselligkeit*]. Temos aqui um grande impulso para nos abrir e estar completamente

---

[530] Em paralelo a essa questão, o tratado de filosofia prática de 1797 explana: "O homem é um ser destinado à sociedade (ainda que insociável) e, pelo cultivo de sua condição social, sente poderosamente a necessidade de se *abrir* com outros (mesmo sem intentar algo com isso) [...]. Ele gostaria de conversar com alguém a respeito do que pensa sobre os homens com que convive, sobre o governo, sobre religião etc. [...] se ele encontra alguém com entendimento, de quem não deve recear aquele perigo, mas com quem ele pode abrir-se com total confiança e que, além disso, tem um modo de ajuizar as coisas que coincide com o seu, aí então ele pode deixar seus pensamentos virem à tona" (AK, MS, VI, p.471-2).

em uma relação social [*Gesellschaft*]. Mas isso pode acontecer apenas na companhia de um ou dois amigos. Ademais, as pessoas também têm a necessidade de se abrir, pois dessa forma podem corrigir suas opiniões. Se tenho um amigo que sei possuir uma disposição íntegra – que é gentil e não é malicioso ou falso –, ele já me auxiliará a corrigir os meus juízos quando eu me equivocar. Este é o fim integral do homem que lhe permite gozar de sua existência. Coloca-se a pergunta: há a necessidade de ser reservado em tal amizade? Sim, mas não tanto para proveito de si mesmo do que para o do outro, pois as pessoas têm fraquezas e estas devem ser escondidas mesmo diante de seus amigos. A confiança [*Vertraulichkeit*] relaciona-se tão somente à disposição e aos sentimentos, mas não ao decoro [*Anstand*] que se deve, dessa forma, observar. A nossa fraqueza a esse respeito deve ser contida, de modo que a humanidade não seja, assim, ofendida. Não devemos nos revelar diante de nosso melhor amigo tal como somos naturalmente e sabemos que somos, pois isso seria, habitualmente, repugnante [*ekelhaft*].

[262] Em que medida os homens tornam-se melhores quando estabelecem uma amizade? As pessoas não favorecem todas as demais em seu bem-querer, mas preferem // se restringir, nesse sentido, a um pequeno círculo. Elas querem se juntar a seitas, partidos e sociedades. As primeiras sociedades são aquelas que nascem da família e por isso alguns transitam apenas no âmbito familiar. Outras sociedades são formadas por seitas e grupos religiosos através dos quais as pessoas se ligam umas às outras. Isso é algo louvável que adquire a aparência de que as pessoas se esforçam para, em comunhão, cultivar seus sentimentos e suas opiniões. Mas isso produz um efeito que, por exemplo, em um grupo religioso, fecha o coração humano para

aqueles que estão fora dessa sociedade. O que, todavia, diminui a universalidade da benevolência [*Wohlwollens*] e fecha o coração para os outros, com exceção de alguns, enfraquecendo a verdadeira *bonität* da alma que culmina na benevolência universal? A amizade é, portanto, um auxílio necessário para se libertar daquela coerção que resulta da desconfiança diante das pessoas com as quais estabelecemos ligação e um auxílio para se abrir com elas sem reservas. Mas se firmamos tal amizade, devemos nos proteger de fechar nosso coração para as outras pessoas que não pertencem à nossa comunidade. A amizade não acontece no paraíso, pois o paraíso é a maior perfeição moral e esta é universal. Ela é, contudo, uma associação especial entre pessoas particulares. Isto é, portanto, apenas um refúgio no mundo para revelar nossas disposições ao outro e para nos comunicarmos com ele, posto que aqui existe desconfiança de uns em relação aos outros.

Quando as pessoas reclamam de falta de amizade é devido ao fato de que elas não possuem nenhum coração amigável e disposição. Dizem então que os outros não são amigos. Tais pessoas têm sempre alguma coisa a exigir de seus amigos e algo para incomodá-los. Aquele que não tem nenhuma necessidade disso foge da amizade com essas pessoas. Mas a reclamação geral sobre a falta de amigos é justamente // como a reclamação sobre a falta de dinheiro. Quanto mais as pessoas se tornam civilizadas, mais universalistas elas se tornam e menor é a incidência de amizades particulares. O homem civilizado procura uma amizade universal e agradabilidade [*Annehmlichkeit*] sem ter um laço particular. Quanto mais a selvageria prevalece nos costumes, mais necessários são esses laços em que cada um escolhe de acordo com as suas disposições e seu gosto. Tal amizade pressupõe fraquezas de ambos os lados, de tal modo que nenhum lado possa reprovar o outro. Mas onde cada um tem algo a desculpar ao outro e ninguém precisa se reprovar, existe igualdade entre duas pessoas e um não pode ser preferido ao outro.

Em que se baseia então a compatibilidade [*Zusammenpassung*] e a vinculação [*Verbindung*] na amizade? Aqui não se exige uma identidade em relação à maneira de pensar. Pelo contrário, é muito mais a diferença que firma a amizade, pois nesse caso um compensa o que falta ao outro. Mas em um aspecto eles devem concordar: devem possuir os mesmos *principia* do entendimento e da moralidade, de modo que seja possível se compreenderem completamente. Se não são iguais em relação a isso, de maneira alguma podem concordar um com o outro, uma vez que, em matéria de opinião, estão distantes. Cada um de nós busca ser digno de ser um amigo. Isso é possível através de disposições justas [*rechtschafenne Gesinnungen*], da franqueza [*Offenherzigkeit*], da confiabilidade [*Vertraulichkeit*] e de uma conduta destituída de maldade [*Bosheit*] e falsidade, embora conjugada com vivacidade [*Lieblichkeit*], amabilidade [*Munterkeit*] e alegria de espírito [*Fröhlichkeit des Gemüts*]. Isto nos torna objetos dignos de uma amizade. Havendo nos tornado dignos de ser um amigo, já encontraremos um ou outro a possuir um gosto por nós e a nos escolher como amigo até que, por ligação mais próxima, essa amizade cresça cada vez mais. A amizade também pode chegar ao fim, uma vez que as pessoas não são capazes de conhecer as intenções umas das outras e não encontram // no outro o que supunham e buscavam. No caso da amizade de gosto, a amizade acaba porque, com o passar do tempo, o gosto se perde, recaindo sobre novos objetos e então uma pessoa substitui a outra. A amizade de disposição é rara porque as pessoas dificilmente possuem princípios. Dessa forma, amizades terminam porque não eram amizades de disposição. Em consideração à amizade precedente deve-se observar o seguinte: devemos ter respeito pelo nome da amizade e, mesmo que nosso amigo tenha se tornado um inimigo, ainda devemos venerar a amizade anterior e não demonstrar que somos capazes de odiar. Não é só ruim por si mesmo falar negativamente de nosso amigo, posto que se prova, dessa forma, que não temos nenhum respeito pela amizade, que agimos mal na escolha do amigo e que agora somos ingratos com ele, mas é também contrário à regra da prudência, pois aqueles para quem falamos tais coisas pensarão igualmente que o mesmo lhes acontecerá se eles se tornarem nossos amigos e, depois, eles se sentem ofendidos, não firmando, por conseguinte, qualquer amizade. Diante de um amigo, devemos nos conduzir de modo que não nos prejudiquemos se ele fosse nosso inimigo. Não devemos dar-lhe nada que possa ser usado contra nós. Certamente, não devemos pressupor que ele pode se tornar nosso inimigo, pois do contrário não haveria confiança alguma. Mas seria muito imprudente alguém se entregar completamente ao amigo, confiando-lhe todos os segredos que poderiam prejudicar sua felicidade e que poderiam ser divulgados caso ele fosse um inimigo, pois ao confiar-lhe tais coisas, o amigo poderia dar com a língua nos dentes por descuido ou poderia usá-las para nos prejudicar se fosse nosso inimigo. Se temos amizade com uma pessoa colérica – que, quando enfurecida, poderia muito bem nos levar à forca, mas que, ao se acalmar, compadece-se em pedidos de desculpas –, não devemos colocar em suas mãos nada que possa ser usado contra nós.

[265] // Poderíamos nos perguntar se é possível ser amigo de todos. Amizade universal é ser amigo do homem em geral, ter uma benevolência universal para com todo homem, mas não é possível ser amigo de todas as pessoas, pois quem o é não tem um amigo em particular e a amizade é justamente uma conexão particular. Mas poder-se-ia dizer de alguns, no fim das contas, que são amigos de todas as pessoas por serem capazes de firmar amizade com todo mundo. Há apenas poucos de tais cidadãos cosmopolitas [*Weltbürger*]. Eles são dotados de boa disposição e inclinam-se a ver o melhor lado de todas as coisas. Essa bondade de coração [*Guthertzigkeit*] combinada com entendimento e gosto é o que constitui um amigo universal. Isto já é um alto grau de perfeição. Mas as pessoas são ainda muito inclinadas a estabelecer conexões particulares. A razão disso é que o homem começa do particular e vai para o universal e, além disso, trata-se também de um impulso natural. Sem amigo, o homem é completamente isolado. Através da amizade, a virtude é cultivada em uma pequena medida.

Da inimizade

A inimizade é mais do que uma falta de amizade. Se o homem não tem nenhum amigo, disso não se segue, afinal, que ele é um inimigo de todos. Ele pode sempre ter um bom coração sem ter o dom de agradar e cativar alguém. Pode também ter uma disposição justa sem saber como se tornar popular por conta de todos os erros. Tal pessoa pode não ter um amigo, mas disso ainda não se segue que ele deve ter, por isso, um caráter ruim [*Gemütsart*]. Da mesma forma que a amizade consiste na benevolência [*Wohlwollen*] e no comprazimento [*Wohlgefallen*] mútuo, a inimizade consiste no desfavor [*Ungunst*] e no desagrado [*Missfallen*] recíproco.

Podemos ter um desagrado diante de alguém sem que seja // desfavor. Temos desagrado diante de alguém quando não encontramos nele o bem que procuramos. Não podemos tratar com ele e não pode ser nosso amigo, mas de resto não lhe temos ainda nenhum malquerer. Desejamos-lhe tudo de bom e, é verdade, ainda lhe daríamos algo se ele apenas se mantivesse distante. Não obstante, temos malquerer diante de alguém quando não lhes desejamos nada de bom. Ora, uma vez que a inimizade consiste no malquerer e no desagrado, quando encontramos prazer no mal dos outros, não devemos nutrir uma inimizade diante de ninguém. No homem, pois, é algo detestável [*hässlich*] por si mesmo se ele odeia os outros e lhes quer mal. O homem, então, é digno de amor a seus próprios olhos quando se encontra cheio de amor [*liebesvoll*]. Do mesmo modo, pode-se ter um inimigo mesmo quando não se tem a inimizade de uma pessoa. Pode-se evitá-la e desejar também que ela possa sentir na pele como é perder a aprovação dos outros. Pode-se estar com raiva e aborrecido com essa pessoa sem lhe ser inimigo, pois ainda não se busca, por essa razão, fazê-la infeliz. Portanto não devemos nutrir uma verdadeira inimizade com ninguém. Podemos até odiar alguém que se comportou conosco de modo a nos prejudicar ao revelar nossos segredos. Essa pessoa é então detestável, mas ainda não é, por essa razão, um inimigo. Não devemos fazer-lhe ainda nenhum mal por isso, pois a inimizade é uma disposição declarada em fazer algo de prejudicial ao outro.

Um homem é pacífico se ele repudia todo tipo de inimizade. É possível ser um amante da paz de duas maneiras: se desejamos nossa própria paz e se incitamos a paz entre os outros. A última é magnânima. Essa disposição pacífica [*friedliebende*] é diferente da indolência diante da qual evitamos todo conflito e as inconveniências devido ao incômodo causado e não por causa de uma gentileza de caráter. Ela provém do bom caráter [*gutem Gemüt*] e do bom coração [*Gutherzigkeit*]. A disposição

[267] pacífica por princípios é, no entanto, // quando desconsideramos a gentileza de temperamento para ser pacíficos apenas a partir de princípios.

A misantropia[531] é o ódio à humanidade que pode ser de dois tipos: a aversão aos homens e a inimizade a eles. No primeiro tipo há temor em relação às pessoas, posto que se considera todos como inimigos. O segundo é, no entanto, quando a própria pessoa é um inimigo dos outros. O homem aversivo intimida-se diante das pessoas pelo temperamento. Ele não vê a si mesmo como bom diante dos outros e se considera insignificante em relação a eles. E uma vez que ele ainda carrega um certo amor de honra, então esconde-se e foge das pessoas. O inimigo da humanidade repudia pessoas por princípios. Ele se considera melhor que os outros. A misantropia provém em parte do desagrado e em parte do desfavor. O misantropo a partir de desagrado considera todos os homens ruins. Ele não

---

531 No §36 da *Doutrina da virtude*, Kant compreende que os vícios de misantropia são "diretamente opostos (*contrarie*) à filantropia". Baumgarten também contrapõe misantropia a *amicitia geralis* no §313 de sua *Ethica*. "Amizade geral ou universal é abrangente em todos os homens se for recíproca. Mas a misantropia, o hábito oposto em geral de dirigir ódio aos homens, deve ser evitada [*Amicitia generalis s. vniuersalis, est in omnes homines lata, vtinam mutua*, §312. *Cuius oppositum misanthropia habitus generatim homines odio prosequendi, vitanda*]".

encontra neles aquilo que procura. Ele não os odeia e deseja o bem de todos, tendo apenas desagrado em relação às pessoas. Tais são pessoas melancólicas incapazes de formar qualquer concepção do gênero humano. O misantropo por desfavor é aquele que não faz o bem a ninguém, mas apenas o mal.

Dos deveres que emergem dos direitos humanos

No *jure* determina-se o que é certo. O *Jus* mostra a necessidade das ações por autoridade ou coerção. A ética, todavia, mostra a necessidade das ações a partir da obrigação interna, que emerge do direito dos outros, na medida em que não se é coagido a isso.

Primeiramente, devemos dar uma atenção especial aos *principia* a partir dos quais nascem os deveres. Se devemos algo a alguém, de acordo com o seu direito, // não devemos considerar isso como um ato de bondade e generosidade nem tratar esse ato obrigatório [*Handlung der Schuldigkeit*] como um ato de amor. O título dos deveres não deve ser alterado. Se tiramos algo de alguém e lhe praticamos uma boa ação em um caso de necessidade, não se trata de nenhuma generosidade, mas de uma fraca compensação em relação àquilo que lhe retiramos. Mesmo a constituição civil [*bürgerliche Verfassung*] já é estabelecida de modo a tomarmos parte nas negociações públicas e gerais. Assim, devemos considerar uma ação, que praticamos diante de outros, não como uma ação de bondade e generosidade, mas como um pequeno reembolso daquilo que retiramos de alguém em virtude de uma disposição geral [*allgemeinen Einrichtung*].

Em segundo lugar, todas as ações e deveres que nascem do direito dos outros são os maiores entre nossos deveres para com os demais. Todas as ações de bondade são permitidas tão somente na medida em que não são contrárias ao direito de outrem. Se a ação é contrária a isso, não é moralmente permitida. Então eu não posso salvar uma família da miséria e depois deixar uma dívida para trás. Portanto não há nada no mundo tão sagrado quanto o direito do outro. Bondade é apenas algo a mais. Aquele que não pratica ações bondosas [*gütige Handlungen*], mas também não infringe o direito dos outros, pode sempre ser íntegro e, se todos fossem assim, a pobreza não existiria. Não obstante, aquele que pratica ações benevolentes por toda a sua vida e infringiu o direito de apenas um homem, não pode apagar isso por meio de todas as suas boas ações. Mas os deveres de direito e da bondade não são tão superiores quanto aqueles deveres para consigo mesmo.[532] Os direitos que emergem do direito dos outros não devem ter por móbil a coerção, pois habitualmente são apenas os trapaceiros que observam tais direitos por medo de punição. De igual modo, o móbil não deve ser o medo da punição divina, pois se trata do mesmo caso.

[269]
// Da equidade

A equidade é um direito que, no entanto, não concede nenhuma autorização para coagir o outro.[533] É um direito, mas não um direito compulsório. Se alguém trabalhou para mim

---

532 Trecho adicional em Kaehler: "Eu não posso expiar minha culpa por meio da violação do direito para comigo mesmo".

533 Por definição, "a *equidade* [...] [é] um direito sem coerção". Kant observa que "é fácil perceber que esta ambiguidade repousa realmente no fato de que há casos de um direito duvidoso cuja decisão nenhum juiz pode ter tomado" (AK, MS, VI, p.234).

por um salário combinado, mas fez mais do que aquilo que exigi, certamente essa pessoa tem o direito de exigir pagamento por seu trabalho extra, mas não pode me coagir a isso.[534] Se ele quiser voltar atrás na negociação, também não pode fazer isso se eu não permitir, pois ninguém tem nenhum direito de interferir em meus negócios. Ele não possui, portanto, qualquer autoridade para me coagir, porque nada foi combinado. Não há nenhuma declaração. Pois, para que alguém seja autorizado a me coagir, primeiramente, a ação deve emergir do direito do outro em si mesmo. Mas então a ação deve se basear também em condições externas suficientes para imputação do direito e estas são demonstradas por meio de provas que são exteriormente suficientes. A equidade é um direito estrito, *coram foro interno*,[535] mas não *coram foro externo*.[536] Ela é, portanto, um direito no qual os fundamentos de imputação externos, *coram foro externo*, não são válidos, embora sejam muito bem válidos diante da consciência.

Da inocência

Alguém é culpado juridicamente na medida em que praticou uma ação que é contrária ao direito do outro. É culpado etica-

---

534 Ainda se esclarece que: "A *equidade* (objetivamente considerada) não é razão, de modo algum, para apelar meramente ao dever ético de outrem (sua benevolência e bondade), mas sim um modo de alguém exigir algo com base nela apoiando-se em seu direito, mesmo que lhe faltem as condições de que o juiz precisaria para poder determinar o quanto ou de que modo sua exigência poderia ter sido satisfeita" (AK, MS, VI, p.234).
535 Diante do tribunal interno.
536 Diante do tribunal externo.

mente, no entanto, se teve meramente o pensamento de cometer essa ação. Cristo diz isso claramente quando fala: "qualquer um que olhar uma mulher para cobiçá-la... etc.".[537] Então, se uma pessoa não melhora suas disposições, permanece sempre eticamente culpada das ofensas que não cometeu, pois apenas faltou-lhe a oportunidade. Uma vez que a decisão já foi tomada em pensamento, a ação aconteceria. Apenas as circunstâncias a impediram. A pureza das disposições livra-nos da culpa nos deveres éticos. Sem a pureza da disposição, no tribunal moral, [270] o homem é considerado // como se tivesse praticado a ação. Pois, mesmo em uma corte comum, ele também é culpado pela ação mesmo que tenha sido desviado disso pelas circunstâncias e oportunidade. Quantos não são culpados de seus crimes apenas porque não caíram em circunstâncias similares? Se eles fossem simplesmente conduzidos à mesma tentação, tornar-se-iam igualmente culpados do mesmo delito. Então foi devido apenas às circunstâncias externas. Não há, então, nenhuma virtude tão forte para a qual não devesse ser encontrada uma tentação. Não conhecemos bem nossas disposições até chegarmos às circunstâncias nas quais podemos expressá-las, pois todo malfeitor também sustenta o desejo de ser bom e se concebe como tal. Mas quem é capaz de dizer que esta ou aquela pessoa foi tentada a enganar seu semelhante e não o fez? Demonstrar pureza da disposição em toda oportunidade é inocência do ponto de vista moral. Muitas vezes alguém se vangloria de ser inocente, mas não suportou a tentação. Por isso

---

[537] "Eu, porém, vos digo, que qualquer que olhar para uma mulher para cobiçá-la, já cometeu adultério com ela no coração" (Mateus 5,28).

temos razões para nos proteger de toda tentação. Assim, Cristo também no Pai-Nosso – que é uma prece completamente moral que mesmo pedindo pelo pão de cada dia demonstra mais a suficiência do que a preocupação com nosso sustento – ensinou-nos a orar para que não sejamos levados à tentação. Pois quem sabe até onde vão nossas disposições morais e quem já suportou todas as provações? O paraíso sabe melhor de nossa culpa. Quem pode dizer que é moralmente inocente? Podemos certamente ser inocentes diante do *foro externo*, mas não aqui.

Da injúria

Não há nada a ser dito sobre isso considerando que já tem a ver com os direitos dos outros. Eu não cometo nenhuma injustiça àquele que me ludibriou ou me proferiu uma mentira, se o engano ou minto-lhe de volta, mas pratico uma injustiça em geral // de acordo com o direito universal da humanidade. Sem dúvida, aquela pessoa não pode se queixar de mim, mas eu sou igualmente injusto pelo que fiz em geral.[538] Portanto não importa se nos glorificamos de não ter feito nenhuma injustiça a ninguém, pois podemos, no fim das contas, ter cometido injustiça em geral. Na ofensa, uma desculpa ou reparação é necessária. Se isso não pode acontecer, então deve se seguir uma retratação. Se pesar é demonstrado na ofensa e há arrependimento por ter ofendido o outro, mas isso não é suficiente para a parte ofendida, então me torno honrado se lhe peço desculpas. O pedido de desculpas não é nenhuma humilhação.

---

538 Trecho adicional em Kaehler: "mesmo que eu não tenha feito nenhuma injustiça ao próprio homem".

Da vingança

Devemos distinguir o desejo de justiça [*Rechtsbegierde*] do desejo de vingança.[539] Todo homem é obrigado a afirmar o seu direito e a observar que seu direito não seja pisado pelos outros. Esse privilégio da humanidade de ter direitos não deve ser abandonado, e o homem deve defendê-lo enquanto puder, pois, caso contrário, se ele descarta seu direito, descarta sua humanidade. Todas as pessoas possuem, portanto, um desejo de proteger seus direitos de modo a também exigir o poder para ver consumado o direito dos demais quando este é violado. Se escutamos que aconteceu uma injustiça a alguém, indignamo-nos e ficamos ansiosos para deixar o transgressor sentir o que significa violar o direito dos outros. Suponha que trabalhamos para alguém e essa pessoa não quer nos pagar pelo trabalho, levantando diversas objeções. Isso já é uma questão que concerne aos nossos direitos com a qual não devemos deixar que brinquem. Aqui já não mais lidamos com alguns talheres, mas com nossos direitos, que valem mais do que cem ou mil talheres. Mas se esse desejo de justiça vai além do que necessitamos para defendê-los, então já se trata de vingança.[540] Esta está re-

---

539 Na *Antropologia de um ponto de vista pragmático*, Kant esclarece, em relação a isso, que "o ódio que nasce da injustiça sofrida, isto é, o *desejo de vingança*, é uma paixão que procede irresistivelmente da natureza dos seres humanos e, por mais maligna que seja, esta inclinação carrega consigo a máxima da razão devida ao admissível desejo de justiça, do qual é análoga e precisamente por isso é uma das paixões mais impetuosas e uma das quais mais profundamente arraigam" (AK, VII, p.270).

540 Na compreensão apresentada na *Metafísica dos costumes*: "A mais doce das alegrias produzidas pelo mal alheio, com a aparência, além disso, de sumo direito e até mesmo de obrigação (enquanto desejo

[272] lacionada // à implacabilidade, à dor e ao mal que desejamos que possa ser infligido àquele que violou nosso direito, muito embora, por esse caminho, não inspiremos em tal pessoa mais qualquer respeito por nosso direito. Esse desejo já é vicioso e é o próprio desejo de vingança.

Do caluniador[541]

É preciso fazer uma distinção entre um inimigo verdadeiro e um inimigo insidioso. O inimigo insidioso, secreto e adulador parece muito mais desprezível do que a maldade manifesta, mesmo quando ela é também *ligada* à violência, pois ainda podemos, nesse caso, nos resguardar disso, embora não contra a maldade insidiosa. Esta suprime toda confiança nas pessoas de uma maneira que a maldade manifesta não faz. Pode-se ter confiança naquele que declara abertamente ser um inimigo, mas a maldade insidiosa e velada, se fosse universal, acabaria com toda confiança. Desprezamos mais esse tipo de maldade do que a do tipo violento, pois ela é mais desprezível e completamente destituída de valor e da fonte do bem em si. O malfeitor declarado ainda pode ser disciplinado e sua selvageria extirpada, mas nada pode ser feito àquele que não tem nenhuma fonte do bem.

---

de justiça [*Rechtsbegierde*]), é o *desejo de vingança* [*Rachbegierde*], isto é, propor-se como fim prejudicar os outros, mesmo sem proveito próprio" (AK, VI, p.440).

541 Embora tenhamos optado por conservar a tradução mais literal nesse ponto tendo em vista o termo alemão *Ohrenbläser*, as traduções latinas do francês e do espanhol preferem traduzir respectivamente por "De la sournoiserie" e "Da maldad oculta" [Da dissimulação].

Do ciúme e do rancor e inveja que resultam dele[542]

[273] Os homens têm duas formas de se estimar: quando se comparam com a ideia da perfeição e quando se comparam em sua relação com os outros. Se nos estimamos pela ideia de perfeição, temos uma boa escala de medida. Mas se nos avaliamos a partir da comparação com outros, // podemos chegar frequentemente, por esse caminho, à conclusão oposta do que quando nos estimamos pela ideia da perfeição. Ora, pois isso diz respeito a como são constituídas aquelas pessoas com as quais nos comparamos. Se alguém se compara com a ideia de perfeição, permanece bem longe e deve empenhar-se muito para se tornar mais próximo dela. Mas quando essa pessoa se compara com outros, pode, no fim das contas, ainda ter um grande valor, posto que aqueles com os quais se compara podem ser grandes trapaceiros. Os homens podem, de bom grado, se comparar com outros e se estimar logo depois, pois nessa comparação sempre têm vantagem. Mesmo entre aqueles com os quais querem se comparar, são escolhidos sempre os piores e não os melhores, pois dessa maneira eles podem melhor se destacar. Caso se comparem com pessoas que têm grande valor, o resultado de sua autovalorização mostra-se desvantajoso.

Agora restam apenas dois caminhos para se igualar às perfeições do outro: ou eu busco igualmente adquirir por mim mesmo as perfeições que o outro tem ou tento diminuí-las. Dessa forma, se aumento minha perfeição ou diminuo a do outro, sou permanentemente superior. Ora, uma vez que o último caminho é mais cômodo, então as pessoas preferem

---

542 Baumgarten, *Ethica*, §328.

rebaixar as perfeições do outro a aumentar as suas próprias. Isto é a origem do ciúme: quando as pessoas se comparam com outras e encontram nelas perfeições, elas tornam-se invejosas em relação a cada perfeição que podem perceber no outro e buscam diminuí-la de modo que as suas possam sobressair. Este é o ciúme depreciativo [missgünstige Eifersucht]. Mas se busco aumentar minhas perfeições de modo que sejam iguais às do outro, isto é um ciúme emulativo. O ciúme é, portanto, o gênero e pode ser depreciativo ou emulativo. Ora, uma vez que o ciúme emulativo // exige mais esforço, é natural que as pessoas decaiam no de primeiro tipo.

Assim, na educação dos filhos, os pais devem ser cautelosos em não tentar motivar suas crianças a boas ações através da emulação dos demais,[543] pois, por esse caminho, nasce neles um ciúme depreciativo e eles se tornarão hostis àqueles, tentando, mais tarde, depreciar a pessoa que lhes é colocada como modelo na emulação. Por isso, quando a mãe diz: "Veja bem, filho, como é o vizinho Fritz, como ele é bem-comportado e aplicado", a criança logo adquire antipatia em relação a ele e pensa: "se essa pessoa não existisse, não haveria tal comparação e então eu seria o melhor". Ora, a criança poderia esforçar-se, decerto, para conseguir as mesmas perfeições que tem o filho do vizinho, mas, uma vez que isso é difícil, ela cai em rancor [Missgunst]. O bem, portanto, precisa ser exaltado em e por si mesmo diante das crianças, independentemente se os outros podem ser melhores ou piores. Pois se o outro não fosse melhor, não

---

543 Nas *Lições sobre Pedagogia*, encontramos em paralelo a esse ponto: "Excita-se a inveja de uma criança levando-a a se estimar pelo valor dos outros. Ela deve, ao contrário, estimar-se pelos próprios conceitos da razão" (AK, IX, p.491).

haveria nesse caso qualquer motivo para eu melhorar. Assim, da mesma forma que a mãe pode dizer: "Veja bem, ele é melhor do que você",[544] o filho poderia responder-lhe: "Sim, certamente ele é melhor do que eu, mas você já deu uma boa olhada nos outros? Por aí existem outros que são ainda muito piores". Pois se a comparação se aplica a mim por um lado, ela deve também me convir bem por outro. Estes são erros da educação que posteriormente se enraízam profundamente. Os pais, dessa forma, cultivam o ciúme que, no fim das contas, eles pressupõem nos filhos quando colocam outro como modelo para eles, pois, caso contrário, as crianças poderiam ser completamente indiferentes aos outros. Uma vez que elas adotam agora o último caminho, porque é mais fácil destruir as perfeições alheias do que continuar aumentando as suas, nasce disso o rancor. Ora, certamente o ciúme nos é bastante natural, mas isso tampouco

[275] nos desculpa de cultivá-lo, considerando // que se trata apenas de um *subsidium*, um motivo quando não temos ainda máximas da razão. Quando adquirimos tais máximas, temos de limitá-lo através da razão. Pois, uma vez que somos determinados como seres ativos, muitos móbeis nos são concedidos, tais como o desejo de honra [*Ehrbegiede*], e entre eles também está o ciúme. Mas logo que a razão impera, não devemos, por esse motivo, tentar nos tornar mais perfeitos porque outras pessoas nos ultrapassam, mas fazê-lo em e por si mesmo. Então o móbil deve ser abandonado para em seu lugar dominar a razão. O ciúme

---

544 Ainda na *Pedagogia*: "Fazer consistir a humildade no estimar-se menos que os demais é muito errado. 'Vede como esta ou aquela criança se comporta bem!' ou expressões semelhantes: falar desse modo à criança provoca nela certamente pensamentos ignóbeis" (AK, IX, p.491).

prevalece especialmente em pessoas de posição e ocupação similares, por exemplo, comerciantes uns em relação aos outros. Mas prevalece, em especial, entre eruditos de uma mesma área, pois eles não podem permitir que alguém os supere. O gênero feminino é ciumento entre si em consideração ao sexo oposto.

 O rancor acontece quando alguém tem desprazer com a vantagem do outro. Sentimo-nos rebaixados diante da boa fortuna de outra pessoa e por isso lhe temos rancor. Mas quando nos desagradamos com o fato de que a outra pessoa toma parte na felicidade, então se trata da inveja. Portanto a inveja é quando desejamos a imperfeição e o infortúnio dos demais não de modo que possamos ser perfeitos e afortunados por meio disso, mas para que possamos ser, nesse caso, perfeitos e afortunados sozinhos. O homem invejoso busca ser feliz de modo que todos em sua volta sejam infelizes e ele busca a doçura da felicidade no fato de desfrutá-la sozinho enquanto todos os demais são infelizes.[545] Então esta é a inveja diabólica da qual ouviremos falar depois. O rancor é algo mais natural, embora também seja reprovável. Mesmo as almas bondosas são rancorosas. Por exemplo, se estou descontente e todos os demais estão felizes, eu guardo rancor em relação aos outros, pois é difícil estar descontente sozinho, sendo que todos em volta estão felizes. Se apenas eu tenho de comer uma refeição ruim enquanto todos os outros comem bem, isso me magoa e passo a guardar rancor. Mas se todos na cidade // não têm nada melhor, eu me satisfaço. A morte é suportável porque todos os homens têm de morrer. Mas se todos fossem viver e tão somente eu tivesse que morrer, isso me aborreceria bastante. Portan-

---

545 Trecho ausente em Kaehler.

to situamo-nos na relação das coisas e não nas coisas mesmas. Somos rancorosos porque os outros são mais felizes do que nós. Mas se uma alma bondosa é feliz e alegre, deseja que todos no mundo inteiro sejam igualmente assim. Então não guarda rancor de ninguém. Desfavor [*Abgünst*] é quando um homem não concede ao outro nem mesmo o que ele próprio não precisa. Isso já é uma malignidade [*Bösartigkeit*] da alma, mas ainda não é inveja, pois, ao me recusar a conceder ao outro aquela parte de minha propriedade de que não preciso, ainda não estou desejando que apenas eu deva ter algo e os outros absolutamente nada. Não estou tendo inveja de sua propriedade. Existe muito de rancor na natureza do homem que poderia ser inveja, mas ainda não é. Em sociedade, estamos bastante dispostos a escutar histórias sobre a desgraça do outro, mesmo que ainda sejam suportáveis, ou de ouvir sobre a falência de certas pessoas ricas e, embora não demonstremos nenhum prazer, no fundo isso nos é agradável. Do mesmo modo, quando nos sentamos, durante uma tempestade e tempo ruim, na frente da lareira quente e na mesa de café e nos lembramos do homem que está na estrada ou no mar em tais condições, regozijamo-nos, dessa forma, mais ainda com nossa sorte. Isso aumenta nossa comodidade [*Annehmlichkeit*]. Portanto o rancor está em nossa natureza, embora ainda não seja inveja.

Aqueles três vícios que podem aqui ser considerados juntos e que são a suma dos mais inferiores e malvados são: a ingratidão, a inveja e a alegria maliciosa [*Schadenfreude*]. Quando esses vícios atingem seu mais alto grau, são vícios diabólicos.[546]

---

546 Na *Religião nos limites da simples razão*: "Os vícios que se enxertam nessa propensão podem, pois, denominar-se também vícios da cultura;

[277] Todos os homens ficam envergonhados em receber um favor, posto que dessa forma eles adquirem obrigações // e a outra pessoa adquire vindicação e direito sobre aquele que tem favorecido. Por isso todos envergonham-se de estar em dívida [*verbunden zu sein*]. Um homem magnânimo não aceita, portanto, favores para não estar obrigado. Isto já é uma disposição [*Anlage*] para a ingratidão. Se a pessoa que usufruiu dos favores for orgulhosa e egoísta, torna-se ingrata, uma vez que, por causa do orgulho, ela tem vergonha de estar em dívida com outro e, devido ao egoísmo, não quer admitir a outrem tal dívida. Por esse motivo, ela torna-se arrogante e ingrata. Se essa ingratidão continua a crescer de modo que a pessoa não pode suportar seu benfeitor, tornando-se seu inimigo, isto é o grau diabólico do vício, posto que de modo algum isso se harmoniza com a natureza humana no intuito de odiar e perseguir aqueles que lhe fizeram um favor e, igualmente, é preciso considerar que isso causaria um prejuízo terrível, já que todos os homens seriam, dessa forma, dissuadidos da beneficência e se tornariam misantropos ao ver que agiram mal em ser beneficentes.[547]

---

e no mais alto grau da sua malignidade (pois então são simplesmente a ideia de um máximo de mal, que ultrapassa a humanidade, por exemplo, na inveja, na ingratidão e na alegria maliciosa etc.) chamam-se vícios diabólicos" (AK, IV, p.27).

547 Analogamente, lemos na *Metafísica dos costumes*: "A ingratidão para com seu benfeitor, que se chama *ingratidão qualificada* quando chega ao ponto de odiar a este, mas que, do contrário, chama-se meramente *desagradecimento*, é, mesmo no juízo público, um *vício* altamente detestável, embora por conta disso o homem seja tão difamado que não se considera improvável que se faça um inimigo precisamente pela beneficência demonstrada [...] Este é, portanto, um vício que indigna a humanidade, não apenas por causa do *dano* que um tal

O segundo vício é a inveja.⁵⁴⁸ Ela é excessivamente detestável, pois o homem, nessa situação, não quer apenas ser feliz, mas deseja ser o único a ser feliz. Ele deseja gozar de sua felicidade de tal modo que tudo em sua volta seja infeliz e somente assim ele pode estar completamente satisfeito em sua felicidade. Tal pessoa quer, dessa forma, extirpar a felicidade do mundo e por isso é uma criatura insuportável.

O terceiro tipo de maldade diabólica é a alegria maliciosa⁵⁴⁹ [*Schadenfreude*], que consiste em encontrar um prazer imediato no sofrimento dos outros, como quando se tenta provocar de-

---

exemplo tem de trazer para os homens [...], mas também porque aqui a filantropia é posta, por assim dizer, de ponta-cabeça e a falta de amor é vilmente convertida em autorização para odiar aquele que ama" (AK, VI, p.459).

548 Por definição, na *Doutrina da virtude*, compreende-se: "A *inveja* (*livor*), como propensão para sentir como dor o bem-estar dos outros, mesmo que com isso não ocorra nenhum dano ao seu próprio bem-estar, quando leva a um ato (diminuir aquele bem) chama-se *inveja qualificada*; do contrário, chama-se apenas *invídia* (*invidentia*) e é somente uma intenção [*Gesinnung*] indiretamente má, a saber, um desgosto de ver o nosso próprio bem-estar ser eclipsado diante do bem-estar dos outros [...]. Portanto, os acessos de inveja residem na natureza do homem e apenas sua irrupção os transforma no horrível vício de uma paixão abominável que atormenta a si mesma, orientada, ao menos segundo o desejo, para a destruição da felicidade dos outros" (AK, MS, VI, p.458).

549 Sobre a alegria maliciosa, Kant comenta em sua obra tardia de 1797: "Reforçar nosso bem-estar e mesmo nosso bom comportamento quando nos servimos da desgraça ou envolvimento de outros em escândalos como material de nosso próprio bem-estar, de modo a realçá-lo, certamente é algo que [...] se funda na natureza. Mas, alegrar-se imediatamente com a existência de tais *monstruosidades* [...] é uma misantropia oculta e o exato oposto do amor ao próximo" (AK, MS, VI, p.460).

savenças em um casamento e assim por diante, regozijando-se com o sofrimento das partes. Aqui devemos tornar uma regra nunca repetir a ninguém aquilo de prejudicial que nos é dito de outrem, a não ser que por meio de nosso silêncio surja dano para o outro. Nesse caso, pois, eu crio uma inimizade que é perturbadora à outra pessoa, // mas que não aconteceria se eu tivesse mantido silêncio e, então, também atuo de forma infiel contra a pessoa que me deu a informação. Nossa preocupação em um caso como esses é de nos comportarmos de maneira íntegra e então todos podem dizer o que quiserem, pois eu devo refutá-los não por meio de minhas palavras, mas por minha maneira de viver. Como Sócrates disse: "devemos nos comportar de modo que as pessoas não acreditem naquilo de ruim que é dito de nós".

[278]

Todos os três, a ingratidão (*ingratitudo qualificata*), a inveja e a alegria maliciosa [*Schadenfreude*] são vícios diabólicos porque demonstram uma inclinação imediata para o mal. É humano e natural que o homem tenha uma inclinação mediata para o mal. O avarento, por exemplo, quer de bom grado obter tudo para si, mas não tem qualquer prazer quando o outro não possui absolutamente nada. Portanto, há vícios que são direta e indiretamente maus. Esses três são vícios diretamente maus.

Devemos nos perguntar se haveria na alma humana uma inclinação imediata ao mal e, portanto, uma inclinação para o vício diabólico. Chamamos de diabólico quando o mal no homem é levado tão longe a ponto de suplantar o limite da natureza humana, da mesma forma que denominamos angélico o bem que vai além dessa natureza. Toda felicidade relacionamos ao paraíso, tudo que é mal ao inferno e o meio-termo à Terra. Mas devemos acreditar que não há na natureza da alma humana uma inclinação imediata ao mal, mas que tal inclinação é apenas indiretamente má. O homem não pode ser tão ingrato de modo a odiar absolutamente o outro. Ele apenas é demasiadamente orgulhoso para lhe ser agradecido e, de resto, lhe deseja toda a felicidade. Ele gostaria apenas de se manter distante. Tampouco tem qualquer prazer imediato no sofrimento do outro, como quando alguém se regozija pela infelicidade do outro porque tal pessoa era pomposa, rica e egoísta, uma vez que os homens gostam de preservar a igualdade. O homem, [279] portanto, não possui nenhuma inclinação direta // ao mal enquanto mal, mas apenas uma inclinação indireta. A alegria maliciosa [*Schadenfreude*], todavia, mostra-se, com frequência, mais forte nos jovens. Então as crianças estão acostumadas a brincar, por exemplo, de fincar uma agulha no colega inesperadamente. Elas fazem isso meramente por diversão, sem pensar no que o outro deve sentir. Fazem ainda outras brincadeiras semelhantes, como quando infligem sofrimento aos animais, por exemplo, apertando a cauda do cachorro ou do gato. Já se vê aí onde isso vai terminar e deve-se tomar precaução desde cedo. Trata-se, não obstante, de um tipo de animalidade em que o homem conserva algo de sua tendência predatória, que não pode ser dominada. A origem disso não conhecemos. De algumas características não podemos aduzir nenhuma razão sequer. Então existem animais que possuem essa propensão de carregar tudo sem fazer qualquer uso das coisas e é como se o homem tivesse conservado tal propensão animal.

Da ingratidão em especial ainda podemos observar o seguinte: ajudar alguém em vista de sua necessidade mais emergencial [*Notdurft*] é um ato de beneficência [*Wohltat*]. Essa ajuda em vista de outras necessidades é bondade, e em vista de seu conforto [*Annehmlichkeit*] é cortesia. Podemos receber de alguém um ato de beneficência, embora isso não lhe custe muito. Somos agradecidos a essa pessoa por esse ato em proporção ao grau da benevolência [*Wohlwollens*] que a impeliu. Regulamos nossa gratidão segundo o esforço que custou ao outro nos conferir tal benefício. Somos agradecidos não apenas pelo bem que obtemos, mas também pela boa disposição do outro diante de nós.

A gratidão[550] é de dois tipos: por dever e por inclinação. É por dever quando não somos movidos pela bondade do outro, mas percebemos que nos é pertinente ser gratos.[551] Dessa forma, não possuímos um coração agradecido, mas princípios de gratidão. Somos agradecidos por inclinação quando sentimos um amor recíproco em nós. Embora ainda seja sua condição, nosso entendimento tem // uma fraqueza, que com frequência reconhecemos, de colocar a condição nas coisas. Não valorizamos a força de outra maneira senão de acordo com os obstáculos. Portanto, do mesmo modo, não podemos avaliar o grau da beneficência [*Wohltuns*] dos demais senão pelos obstáculos. Ora, somos totalmente incapazes de perceber a beneficência e o amor em um ser que tampouco encontra quaisquer impedimentos. Se Deus é beneficente com alguém, a pessoa

---

550 Na definição de 1797: "A *gratidão* é a *veneração* que se concede a uma pessoa pela beneficência que demonstra em relação a nós" (AK, MS, VI, p.454).

551 Para elucidar melhor essa distinção, compreende-se que "[a] *gratidão* é um dever, isto é, não apenas uma *máxima da prudência* para, por meio do testemunho de minha obrigação decorrente da beneficência por mim experimentada, mover o outro a mais atos beneficentes" (AK, MS, VI, p.454).

então pensa que isso não Lhe custou, em absoluto, nenhum esforço e que, ao dar graças, está adulando Deus. O homem pensa assim de forma natural. Ele é bastante capaz de temer a Deus, mas não tanto de amá-Lo por inclinação, uma vez que reconhece aqui um Ser cuja bondade emerge de uma superabundância e que nada impede Deus de nos demonstrar essa bondade. Isto não serve para dizer que o homem deva pensar dessa forma, mas que o coração humano, quando é perscrutado, realmente pensa assim. Por isso povos representaram também a divindade como alguém cheio de inveja [*missgünstig*] e disseram que os deuses seriam reticentes com sua beneficência, querendo apenas receber súplicas. Devemos apenas encher o altar com muitas oferendas, pois assim vemos que não custa nada a Deus nos dar mais. Entretanto, isto é o que subjaz no coração do homem. Mas se tomamos a razão como auxiliar, compreendemos que há um alto grau de bondade em tal Ser quando Ele é bom com um ser tão indigno. Esse pensamento pode nos ajudar. Somos obrigados a agradecer a Deus não por inclinação, mas por dever, porque Deus é um ser completamente diferente e não pode ser objeto de nossa inclinação.

Devemos nos resguardar de aceitar favores [*Wohltaten*], a não ser sob duas condições: primeiramente, no caso de uma grande necessidade, e, depois, partindo de uma grande confiança em nosso benfeitor – o benfeitor já não é mais um amigo, mas um patrono e ele não contará tais benefícios como obrigação. Não obstante, aceitar favores incondicionalmente e buscá-los

[281] sempre // não é nobre e generoso, pois dessa forma nos tornamos obrigados. Mas se passamos por uma grande necessidade, devemos fazer a renúncia de nosso orgulho e aceitar, impelidos por isso, tais favores ou podemos ser convencidos por nosso

patrono de que eles não são nenhuma obrigação. Mas, de resto, devemos preferir nos privar de algo do que aceitar favores, já que um favor é uma dívida que nunca pode ser reparada. Pois mesmo que eu dê ao meu benfeitor dez vezes mais do que ele me deu, no fim das contas ainda não estou quite, uma vez que ele me prestou um favor primeiro e quando não me devia nada. Mas, mesmo que eu lhe restitua dez vezes mais, faço isso apenas para lhe retribuir o favor e pagar a dívida. Já não posso mais nesse caso estar à frente dele, pois ele continua a ser sempre aquele que primeiro mostrou a boa ação.

O benfeitor pode impor seus favores ao outro como uma dívida [*Schuld*] ou como uma expressão de seu próprio dever. Se ele lhe impõe o favor como uma dívida, afronta o orgulho do beneficiado e diminui dessa forma a sua gratidão. Mas se o benfeitor quer evitar essa ingratidão, deve considerar ter praticado um dever humano e não imputar isso ao outro como uma dívida que este deve pensar em restituir. O beneficiado precisa, no entanto, tomar, no fim das contas, esse favor como uma obrigação e ser agradecido ao seu benfeitor. Apenas assim os favores podem acontecer. Um homem coerente [*wohldenkender*] não aceita gentilezas e muito menos favores. Disposições de gratidão são bastante amáveis, de tal maneira que mesmo no teatro tais impulsos nos levam às lágrimas, mas disposições generosas são ainda mais doces. Odiamos admiravelmente a ingratidão. E ainda quando ela não nos é dirigida, indignamo-nos de tal modo que nós mesmos desejamos intervir. Isto acontece porque, dessa forma, a generosidade é rebaixada.

// A inveja não consiste em querer ser preferencialmente feliz – isso seria o rancor –, mas em querer ser feliz sozinho. Isto é a pior coisa na inveja. Se eu sou feliz, por que os outros também não podem ser? A inveja também se expressa em algumas situações raras. Entre os holandeses,[552] por exemplo, que é uma nação invejosa em geral, as tulipas alcançaram o valor de algumas centenas de florins. Um comerciante rico, no entanto, possuía uma das melhores e das mais raras tulipas e ao escutar que alguém mais também a possuía, ele a comprou dele por 2 mil florins e a pisoteou enquanto dizia: "O que esta tulipa importa para mim? Eu já tenho uma igual. Eu só quis adquiri-la para que nenhum outro possa ter uma similar". E da mesma forma é em relação à felicidade.

Com a alegria maliciosa [Schadenfreude] acontece algo diferente. Nesse caso, as pessoas são capazes de rir onde outros choram e ter prazer onde outros sentem dor. Fazer os outros infelizes é crueldade. Se disso decorre dor corporal é sede de sangue. Tudo isso conjuntamente é desumanidade tanto quanto a compaixão e a simpatia são humanidade, posto que elas distinguem o homem dos animais. É difícil explicar como ocorre uma disposição cruel. Deve ser resultado da representação que fazemos da maldade nas outras pessoas de tal modo

---

[552] Sobre a Holanda e os holandeses, podemos ler, em paralelo, os seguintes comentários nas *Observações sobre o sentimento do belo e do sublime*: "A Holanda pode ser tida como o país onde esse gosto refinado é quase de todo imperceptível" (AK, II, p.243). Lemos ainda na mesma obra: "O holandês é dotado de espírito ordenado e ativo e, tendo em vista o simplesmente útil, dispõe de pouco sentimento do que é belo ou sublime num entendimento refinado. Para ele, um grande homem equivale a um homem rico; por amigo entende seu sócio e uma visita é muito maçante, quando nada lhe rende. Contrasta tanto com os franceses quanto com os ingleses, aparecendo, em certa medida, como um alemão muito fleumático" (AK, II, p.248).

que passamos a odiá-las. Pessoas que creem ser odiadas por outras, portanto, retribuem o ódio aos demais, mesmo que estes últimos tenham motivos justos para odiá-las. Pois se, por meio do egoísmo e de outros vícios, um homem torna-se um objeto de ódio e sabe que os outros o odeiam por esse motivo, embora não lhe façam qualquer injustiça, então ele os odeia de volta. Por isso os reis que sabem que são odiados pelos seus súditos se tornam ainda mais cruéis. Da mesma forma, quando alguém pratica o bem ao outro e então é amado, uma vez que a pessoa saiba que o outro a ama, por esse motivo ela o ama de volta. Isto acontece por causa do amor recíproco e essa mesma reciprocidade acontece // com o ódio. Por nossa própria conta, devemos nos resguardar de ser odiados pelos outros para que não sejamos, por nossa vez, afetados por um ódio em direção a eles. Mas isto é mais inquietante para a pessoa que odeia do que para aquele que é odiado.

Dos deveres éticos para com outros e especialmente o da veracidade[553]

Na relação social entre os homens, a coisa mais importante é a comunicação de nossas intenções [*Gesinnungen*] e assim o principal é que cada um seja sincero a respeito de seus pensamentos, já que sem isso todo valor da relação social se esvanece. Somente quando uma pessoa expressa sua opinião o outro pode falar o que pensa, e se ele declara que quer expressar sua

---

553 No §9 da *Doutrina da virtude* compreende-se que: "A *veracidade* nas declarações é denominada também *honestidade* e, quando esta é ao mesmo tempo uma promessa, é denominada *fidelidade* e, em geral, *sinceridade*" (AK, MS, VI, p.429).

opinião, também deve fazê-lo, pois caso contrário não pode haver nenhuma relação social entre os homens. A *comunhão* é apenas a segunda condição da sociedade. O mentiroso, todavia, suprime essa comunhão e, por isso, nós o desprezamos, uma vez que a mentira torna o homem incapaz de tirar algo de bom do discurso do outro. O homem tem uma propensão para se reprimir e se disfarçar. A primeira é *dissimulatio*[554] e a segunda *simulatio*.[555] Ele se reprime em vista de suas fraquezas e transgressões e pode também simular e adotar uma aparência. A inclinação para se reservar e se esconder encontra seu fundamento no fato de que a providência quis que o homem não estivesse completamente aberto, uma vez que é cheio de defeitos. Visto que temos muitas características e desejos que são censuráveis para os outros, podemos aparecer aos seus olhos de uma maneira tola e detestável. Mas, nesse caso, resultaria que os homens se acostumariam às características ruins, uma vez que as veriam em todos. Por conseguinte, orientamos

[284] // nosso comportamento de modo a parcialmente esconder nossas transgressões e parcialmente assumir outra aparência, possuindo a arte de dar uma impressão diferente do que somos. Com efeito, não aparece diante dos olhos das outras pessoas nada de nossas transgressões e fraquezas além de uma aparência de bem-estar e, dessa forma, nos acostumamos com as disposições que produzem o bom comportamento. Por isso nenhuma pessoa é completamente sincera. Se, como Momo[556]

---

554 Dissimulação – ocultação.
555 Simulação – fingimento.
556 Momo era um dos filhos da deusa Nix, que personificava a noite. É considerado a personificação do sarcasmo, da sátira e da zombaria. Por suas críticas injustas e debôches, foi expulso do Olimpo.

queria, Júpiter tivesse colocado uma janela no coração de modo que cada homem pudesse conhecer sua disposição, os homens teriam de ser mais bem constituídos e possuir bons princípios, pois, se todos os homens fossem bons, ninguém precisaria ser reservado. Mas, uma vez que as coisas não são assim, devemos fechar nossas persianas. Da mesma forma que a imundice da casa fica em um lugar particular e não convidamos alguém para o recinto no qual está o urinol, muito embora essa pessoa saiba que, tal como ela, o possuímos, nós não procedemos desse modo, posto que poderíamos nos acostumar com isso e corromper nosso gosto. Da mesma maneira, ocultamos nossos erros e tentamos dar uma impressão diferente, demonstrando cortesia [*Hoflichkeit*], a despeito de nossa desconfiança. Mas, por esse caminho, acostumamo-nos com a cortesia e, no fim das contas, ela se torna natural para nós e, dessa forma, ainda damos um bom exemplo aparente. Se não fosse assim, todos seríamos negligentes uns com os outros, posto que não encontraríamos ninguém que fosse melhor do que nós. Portanto é realizado esse esforço para dar uma boa impressão de modo que alguém se torne realmente bom depois. Se os homens fossem todos bons, poderiam ser sinceros, mas as coisas não

---

Conta-se que, certa vez, foi chamado para avaliar três deuses – Zeus, Poseidon e Atena – em um concurso de quem era capaz de criar algo verdadeiramente bom. A criação de Zeus foi o homem, o melhor dos animais. Atena criou a casa para que o homem pudesse morar e Poseidon criou o touro. Momo criticou Atena por sua criação por não a ter constituído com rodas de modo a se deslocar para outros lugares. Criticou o touro por não ter os olhos exatamente debaixo dos chifres para melhor mirar os seus alvos e o homem por não ter sido criado com uma janela no coração que tornasse possível aos outros ver o que ocultava em seu interior.

são assim. A reserva consiste no fato de que não expressamos nossas intenções. Podemos fazer isso, primeiramente, quando estamos totalmente em silêncio. Isto é uma forma breve de ser reservado, mas é falta de sociabilidade.[557] Essas pessoas silenciosas não são apenas supérfluas na sociedade, mas também tornam-se // suspeitas e todos pensam que alguém assim os está vigiando. Se tal pessoa é questionada, pois, sobre o que acha do outro e diz: "eu fico calado", isso é como emitir uma opinião negativa, já que, se ela tivesse um parecer favorável, deveria tê-lo dito. Considerando que o silêncio nos trai, ser reservado nesses termos não está de acordo com a prudência. Mas é possível, do mesmo modo, ser reservado com prudência sem o silêncio e para agir assim, de acordo com a prudência, é necessário ponderação. Deve-se opinar e falar de tudo, com exceção daquilo que se quer deixar reservado.

[285]

Confidencialidade [*Verschwiegenheit*] é algo completamente diferente do reservar-se. Posso me reservar em relação a algo que não tenho vontade nenhuma de expressar, por exemplo, em relação às minhas transgressões, uma vez que de modo algum a natureza me impele a revelá-las. Por isso todo homem tem seus segredos e pode facilmente reservar-se sobre eles. Mas existem coisas que necessitam de esforço [*Stärke*] caso se queira mantê-las em reserva. Os segredos são coisas do tipo que as pessoas querem revelar, sendo necessário esforço para não os divulgar e isto é confidencialidade. Os segredos são sempre *deposita* de outra pessoa e eu não devo revelá-los para o usufruto de terceiros. Mas, uma vez que a tagarelice é bastante interessante

---

[557] Trecho adicional em Kaehler: "o homem é privado do prazer das relações sociais".

ao homem, o revelar segredos é aquilo que sobretudo a sustenta, já que, nesse caso, a pessoa considera a revelação como um presente. Como é possível guardar segredos? As pessoas que não são elas próprias muito faladoras são boas em guardar segredos. Mas melhor ainda para guardá-los são aqueles que gostam de falar, mas são prudentes, pois algo ainda poderia ser extraído dos primeiros, mas não dos últimos, porque estes sabem sempre como contar qualquer outra coisa no lugar.

Da mesma forma que a taciturnidade [*Sprachlosigkeit*] prática é um excesso por um lado, a loquacidade o é por outro. A primeira é um defeito masculino, a segunda, feminino. Certo autor diz // que as mulheres são tagarelas porque lhes é confiada a educação das crianças menores e que, por causa disso, as crianças logo aprendem a falar, posto que as mulheres estão em condição de lhes balbuciar algo durante o dia todo. Mas entre os homens as crianças não aprenderiam a falar tão rapidamente. A taciturnidade é detestável. Irritamo-nos com pessoas que nada falam, pois elas revelam orgulho. A tagarelice em homens é desprezível e mina suas forças. Todo esse discurso concentrou-se apenas no ponto de vista pragmático. Voltemo-nos agora para algo mais importante.

Se um homem se expressa de modo a querer revelar suas intenções, deve ele conscientemente revelá-las por completo ou deve se reservar? Se ele anuncia que deseja revelar suas intenções, mas as encobre, apresentando uma falsa afirmação, isto é um *falsiloquium*,[558] uma inverdade. O *falsiloquium* pode ocorrer

---

558 Discurso falso. Baumgarten, *Ethica*, §343-4. "Discurso falso é um *falsiloquium*. Assim, um *falsiloquium* lógico é um discurso lógico falso [...]. O *falsiloquium* moral é discurso moral falso que não está em

ainda quando a outra pessoa não pode presumir que vou expressar a minha opinião. É possível enganar alguém sem dizer-lhe qualquer coisa que seja. Posso dissimular e fazer uma declaração a partir da qual o outro pode deduzir o que quero, mas ele não tem nenhum direito de exigir de meu enunciado uma declaração de minha intenção e, nesse caso, eu não lhe proferi qualquer mentira, pois não declarei que estava sendo sincero.[559] Se, por exemplo, eu faço as malas, os demais imaginam que vou viajar e é isso que quero que pensem,[560] mas eles não têm qualquer direito de me exigir uma declaração acerca do meu querer. Dessa maneira procedeu o famoso Law.[561] Ele muito construiu e quando todos pensaram que não ia mais embora, ele já tinha partido. Mas eu também posso cometer um *falsiloquium* em que tenho a intenção de esconder de alguém minhas intenções e em que a outra pessoa pode presumir igualmente que as ocultarei, posto que seu propósito é o de fazer um uso indevido da minha verdade. Se um inimigo, por exemplo, me agarra pelo pescoço e me pergunta onde está o meu dinheiro, nesse caso eu posso // ocultar meus pensamentos, uma vez que ele quer fazer um uso indevido da verdade. Isto ainda não é

---

harmonia com nossa mente [*Sermo falsus falsiloquium est. Hinc falsiloquium logicum est sermo logice falsus* [...] *Falsiloquium morale, sermo moraliter falsus, non conueniens cum mente mostra*]".
559 Trecho ausente em Collins.
560 Trecho ausente em Kaehler.
561 Uma referência ao economista escocês John Law (1671-1719), considerado o fundador do sistema bancário atual. Foi o iniciador da Companhia do Oeste em 1717, que se expandiu, a partir de 1719, como Companhia das Índias. Kant parece se referir a uma anedota em torno de suas empresas do Mississippi.

um *mendacium*,⁵⁶² pois a outra pessoa sabe que vou omitir meus pensamentos e que também não tem absolutamente qualquer direito de me exigir a verdade. Mas suponha que realmente eu queira me expressar de modo a declarar minha intenção e o outro está completamente consciente de que não tem qualquer direito de me exigir isso porque é um mentiroso; nesse caso, levanta-se a questão: então eu sou um mentiroso? Se uma pessoa me enganou e eu lhe dou o troco, decerto não lhe cometi dessa forma qualquer injustiça. Já que ela me enganou, não pode se queixar disso, mas ainda assim eu sou um mentiroso, porque agi contra o direito da humanidade. Por conseguinte, um *falsiloquium* pode ser um *mendacium* (uma mentira) quando é contrário ao direito da humanidade.⁵⁶³ A quem sempre mentiu para mim, não cometo qualquer injustiça se lhe minto de volta, mas violo um direito da humanidade e ajo contra a condição por meio da qual uma sociedade de homens pode acontecer e, portanto, contra o direito da humanidade. Portanto, se um estado rompeu a paz, o outro estado não pode fazê-lo de volta por retaliação, pois, se isso acontecesse, nenhuma paz estaria assegurada. Dessa forma, mesmo que algo não infrinja o direito particular de um homem, no fim das contas ainda pode ser uma mentira, porque é contrário ao direito da humanidade. Ora, se um homem divulga notícias falsas, ele não comete dessa forma injustiça a ninguém em particular, mas contra a humanidade, pois, se isso se tornasse universal, nossa sede de

---

562 Uma mentira com intenção de enganar. Segundo Baumgarten, §344, "O *falsiloquium* moral que prejudica as outras pessoas é *mendacium* [*Falsiloquium morale alios homines laedens est mendacium*]".
563 Trecho adicional em Kaehler: "mesmo que não seja contrário ao direito de um homem em particular".

conhecimento [*Wisbegierde*] seria frustrada. Pois, com exceção da especulação, posso ampliar meu conhecimento apenas de duas maneiras: por meio da experiência e do testemunho. Ora, uma vez que eu mesmo não posso experimentar tudo e os testemunhos de outros poderiam ser falsos, a sede de saber não pode ser satisfeita. Um *mendacium* // é, portanto, um *falsiloquium in praejudicium humanitatis* mesmo quando não é contrário a um *jus quesitum*[564] particular de alguém. Juridicamente, um *mendacium* é um *falsiloquium in praejudicium alterius* e não pode ser qualquer outra coisa diferente nessa situação, mas moralmente ele é um *falsiloquium in praejudicium humanitatis*.[565] Nem toda invera-

---

564 Direito especial.
565 Em seu opúsculo *Sobre o direito de mentir por amor à humanidade*, Kant afirma: "A mentira, portanto, simplesmente definida como uma declaração deliberadamente não verdadeira feita a um outro homem, não precisa do suplemento que teria de prejudicar a outrem, como os juristas o exigem para sua definição (*mendacium est falsiloquium in praeiudicium alterius*). Pois ela sempre prejudica outrem, mesmo que não a um outro homem, pelo menos à humanidade em geral, na medida em que torna inutilizável a fonte do direito. [...] o dever de veracidade (já que é só dele que tratamos aqui) não faz nenhuma distinção entre pessoas em relação às quais se tem esse dever, ou em relação às quais também se pudesse isentar dele, isso porque é um dever incondicional, válido em todas as circunstâncias" (AK, VIII, p.426). Por sua vez, na *Metafísica dos costumes*, lemos: "A mentira (no sentido ético da palavra), enquanto inverdade proposital em geral, não precisa ser *prejudicial* aos outros para ser definida como condenável, pois neste caso ela seria violação do direito de outrem. Mesmo que a causa da mentira seja a mera leviandade ou também a bondade, ou mesmo que um realmente fim bom seja com isso pretendido, ainda assim o modo de segui-lo é, pela mera forma, um crime do homem contra sua própria pessoa e uma indignidade" (AK, VI, p.429).

cidade [*Unwahrheit*] é uma mentira, sendo assim apenas quando se declara de maneira expressa que se quer deixar o outro saber seu propósito. Toda mentira é censurável e digna de desprezo, pois, se declaramos que vamos expressar nosso pensamento ao outro e não o fazemos, rompemos um *pactum* e violamos o direito da humanidade. Mas se, em todos os casos, quiséssemos permanecer pontualmente fiéis à verdade, poderíamos frequentemente nos expor à malícia daqueles que querem abusar de nossa verdade. Se todos fossem dotados de boas disposições, não seria apenas um dever não mentir, mas ninguém precisaria fazê-lo, posto que não teríamos nada com que nos preocupar. Mas, agora, já que os homens são maliciosos, é verdade que, com frequência, corremos perigo ao observar pontualmente a verdade e, por esse motivo, surgiu o conceito de mentira necessária [*Notlüge*], que é um aspecto bastante crítico para um filósofo moral. Ora, mas considerando que uma pessoa pode roubar, mentir e matar por necessidade, os casos emergenciais de necessidade [*Notfall*] corromperiam toda a moralidade. A afirmação de que se trata de uma emergência, pois, baseia-se na opinião de cada um se se trata de um caso ou não. E uma vez que aqui o fundamento sobre se é um caso de necessidade não é determinado,[566] então as regras morais não são seguras. Alguém que sabe, por exemplo, que tenho dinheiro, me faz a pergunta: "Você tem dinheiro em casa?". Se mantenho o silêncio, ele chega à conclusão de que tenho. Se digo sim, ele me rouba. Se respondo não, eu minto. O que fazer nesse caso? Na medida em que sou coagido pela força que é exercida contra mim

---

566 Trecho adicional em Kaehler: "mas cada opinião pode se dar a bel--prazer sobre o que se sustenta como emergência ou não".

[289] a dar uma confissão, sendo feito um uso indevido de minha declaração, e não sou capaz de me // salvar pelo silêncio, então a mentira é uma arma de defesa. A declaração extorquida que é utilizada indevidamente permite-me que eu me defenda, pois se minha confissão ou meu dinheiro é retirado, dá no mesmo. Portanto não há nenhum caso no qual uma mentira necessária deva ocorrer, exceto quando a declaração é arrancada de mim e também estou convicto de que será feito um mau uso dela.[567] Levanta-se a pergunta: uma mentira, que não interessa a ninguém e não causa qualquer prejuízo, é afinal uma mentira? Sim, pois se eu declaro que vou deixar às claras minha intenção e não faço isso corretamente, não procedo certamente *in praejudicium* de uma pessoa particular, mas *in praejudicium* da humanidade. Há, ademais, mentiras nas quais o outro é ludibriado. O engano [*Betrug*] é uma promessa mentirosa. A deslealdade [*Untreue*] é quando prometemos algo verdadeiramente, mas nossa promessa não se cumpre do modo como a anunciamos. A falsa promessa [*lügenhafte Versprechen*] é uma ofensa ao outro e, embora nem sempre seja de caráter ofensivo, é no fim das contas sempre algo mesquinho. Se prometo, por exemplo, presentear alguém com um vinho, mas depois eu lhe dou no lugar risadas, isto já é uma forma de enganar [*Betrug*], pois, embora ele não

---

567 Posteriormente, Kant não admitirá exceção em relação a um suposto direito de mentir, como vemos em seu opúsculo sobre o suposto direito de mentir de 1797: "Portanto, aquele que mente, por mais bem-intencionado que também esteja ao mentir, tem de responder pelas consequências de sua mentira, até mesmo perante o tribunal de justiça civil, e pagar por elas [...]. É, portanto, um mandamento sagrado da razão, que ordena incondicionalmente, não restringido por nenhuma conveniência: [deve-se] ser verídico (honesto) em todas as declarações" (AK, vermeites Recht, VIII, p.427).

tenha qualquer direito de me exigir o vinho, trata-se afinal de um engano, posto que, pelo menos na ideia, isto já era parte de *sua* propriedade.

A *reservatio mentalis*[568] diz respeito à dissimulação e a *aequivocatio*[569] à simulação. A *aequivocatio* é permitida com o propósito de conduzir o outro ao silêncio e despachá-lo de modo que ele não continue tentando nos extrair a verdade, na medida em ele vê que não podemos dizer a verdade e que não desejamos lhe proferir uma mentira. Se ele for sábio, vai deixar que o assunto se encerre dessa forma. Completamente diferente, no entanto, é utilizar-se da *aequivokation* quando nos expressamos e declaramos que vamos deixar clara nossa intenção, pois nesse caso a outra pessoa pode concluir algo distinto a partir da *aequivokation* e então eu o terei enganado. Tais mentiras, por meio das quais se alcança algum bom // resultado, eram chamadas pelos jesuítas *peccatum philosophicum*[570] ou *pecatilum*,[571] de onde provém a palavra "bagatela". Mas a mentira em si mesma é algo indigno ainda que tenha intenção boa ou má, porque é má de acordo com a forma. Ela é ainda mais indigna, não obstante, se tam-

---

568 Reserva mental.
569 Ambiguidade. Baumgarten, *Ethica*, §345. "As ambiguidades morais são a análise de frases utilizadas em vários sentidos possíveis das quais somente uma é eticamente verdadeira. [*Aequiuocationes morales sunt studio adhibitae phrases plurium sensuum possibilium, quorum vnus tantum ethice verus est*]".
570 Em um sentido diferente, lemos na *Paz perpétua*: "o *peccatum philosophicum* (*pecatillum, bagatelle*): considerar como uma bagatela facilmente perdoável a conquista de um Estado pequeno, se por esse meio um Estado muito maior for favorecido em vista de um pretenso mundo melhor" (AK, VIII, p.385).
571 Mentira branca.

bém é má segundo a matéria,[572] pois da mentira sempre pode resultar algo de ruim. Um mentiroso é um homem covarde, pois, já que não é capaz de adquirir algo por si mesmo através de nenhum outro meio, nem de se livrar de sua necessidade, ele começa a mentir. Mas um homem corajoso amará a verdade e não deixará acontecer nenhum *casum necessitatis*. Todos os métodos nos quais a outra pessoa não é capaz de se proteger são absolutamente vis. Nisso estão incluídos a mentira, o assassinato e o envenenamento. Um ataque na rua não é tão baixo, pois nessa situação é possível tomar alguma precaução, mas não é possível fazê-lo contra o envenenador, uma vez que, no fim das contas, é necessário se alimentar. A bajulação não é sempre mendacidade [*Lügenhaftigkeit*], mas uma falta de autoestima na qual não se possui qualquer hesitação de colocar o valor de sua autoestima abaixo do valor da outra pessoa e elevar essa pessoa com o objetivo de ganhar algo por meio disso. Mas pode-se também bajular por bondade de coração. Isto é feito por algumas boas almas que possuem uma opinião elevada em relação aos outros. Há, portanto, a bajulação bem-intencionada e a falsa. A primeira é fraca, mas a segunda é baixa. Quando as pessoas não bajulam, decaem em censura.

Ora, se alguém comenta frequentemente sobre um homem na sociedade, está criticando-o. Contudo, não devemos falar sempre bem de nosso amigo, pois os outros habitualmente se tornam dessa forma ciumentos e rancorosos, posto que não acreditam que seja possível – já que afinal se trata apenas de um homem – que nosso amigo tenha todas as boas perfeições em si. Assim, devemos dar algo ao rancor dessas pessoas e men-

---

572 Trecho alterado em Kaehler.

cionar também algumas das falhas dele. Meu amigo não pensará mal de mim em tal situação. Considerando que destaco os seus méritos, // eu posso garantir que tais defeitos são gerais e não essenciais. Parasitas são aqueles que exaltam os outros na sociedade com o objetivo de ganhar algo. Os homens são constituídos de modo a julgar os outros. Eles são, portanto, também juízes. A natureza nos destinou a ser juízes, pois, de outro modo, não poderíamos, em assuntos que não dizem respeito à autoridade legislativa externa, nos posicionar – como em um tribunal – diante dos olhos da opinião pública. Se alguém, por exemplo, difamou uma pessoa e a autoridade não pune o delito, os demais o julgam e também o punem, mas apenas na medida em que está em seu poder puni-lo e, dessa forma, sem impor-lhe qualquer violência. Ninguém mais, por exemplo, mantém relação com tal pessoa e, nessa situação, ela é punida suficientemente. Se não fosse assim, as ações que a autoridade não penaliza poderiam permanecer completa e absolutamente impunes. Mas o que significa dizer: "não devemos julgar os outros"? Não podemos julgar os outros de acordo com um julgamento completamente moral, se a pessoa é punível ou não diante do tribunal divino, posto que não conhecemos as suas disposições. A disposição moral do outro pertence, assim, a Deus, mas, em vista de minha própria disposição, eu sou um juiz competente. Portanto não podemos julgar o interno da moralidade, já que nenhum homem é capaz de conhecê-lo, mas, em consideração ao externo, somos juízes competentes. Dessa forma, não somos juízes dos homens em vista da moralidade, mas a natureza nos concedeu o direito de julgar os outros e nos destinou a julgar a nós mesmos de acordo com o juízo dos demais. Aquele que não respeita o juízo dos outros é censurável e baixo. Não há nada que aconteça no mundo que não devamos julgar e somos também bastante sutis no julgamento das ações. Os melhores amigos são aqueles rigorosos em julgar as ações uns dos outros e apenas entre dois amigos pode acontecer tal franqueza [*Offenhertzigkeit*]. Ora, quando julgamos as pessoas, uma segunda pergunta é levantada: o que devemos // dizer ao homem? Que ele é bom ou mau? Devemos estabelecer todos os nossos juízos de modo a considerar a humanidade digna de amor [*liebenswürdig*] e nunca fazer uma sentença de condenação ou absolvição, especialmente em relação ao mal. Proferimos uma sentença quando consideramos as pessoas, de acordo com a ação, dignas de condenação ou absolvição. Apesar de estarmos autorizados a emitir julgamentos sobre os outros, não temos contudo o direito de espioná-los. Todo homem tem o direito de prevenir que o outro investigue e vigie suas ações. O homem que espia arroga-se um direito de intrometer-se no fazer e deixar de fazer das outras pessoas. Ninguém deve fazer isso. Assim, se alguém, por exemplo, diz alguma coisa ao outro de maneira privada, é preferível que eu me afaste de modo a não escutar nenhuma palavra da conversa. Ou, quando chegamos e somos deixados sozinhos nos aposentos de alguém, ao encontrar uma carta aberta em cima da mesa, é bastante desprezível tentar lê-la. Um homem coerente vai tentar evitar a qualquer custo todo tipo de desconfiança e suspeita. Ele não vai querer ficar completamente sozinho em um aposento onde há dinheiro em cima da mesa nem vai querer guardar os segredos de alguém para não levantar suspeitas de que os tenha revelado e também porque esses segredos sempre o incomodam. Pois, no fim das contas, mesmo na mais sólida amizade podem ocorrer suspeitas. Aquele que, no entanto, tira alguma coisa de seu amigo por inclinação ou apetite, por exemplo, a sua noiva, vai agir de forma muito desprezível em todas as situações. Pois, assim como demonstrou desejo por minha noiva, ele pode muito bem tê-lo em relação à minha carteira. É muito mesquinho espreitar ou espionar um amigo ou outra pessoa, por exemplo, quando tentamos descobrir o que o outro faz por meio de seus criados. Nesse caso, temos de nos igualar à posição do serviçal e, depois disso, ele vai querer sempre ser tratado como um igual. O homem perde sua dignidade por meio de tudo que é contrário à sinceridade [*Freimüthigkeit*], como acontece, // por exemplo, ao praticar algo pérfido pelas costas de alguém, porque o homem utiliza meios nos quais não pode ser sincero e que suprimem toda relação social. Tudo que é insidioso [*schleichende*] é muito mais desprezível do que a maldade violenta [*gewaltsame Bosheit*], pois, em relação a esta, podemos, no fim das contas, nos precaver. Mas aquele que não possui coragem de assumir abertamente sua maldade não conserva nenhum princípio [*Fundament*] de honra. Todavia aquele que é violento, mas, de outro modo, demonstra repúdio a tudo que é mesquinho, ainda pode ser bom se for domesticado. Por isso mesmo, na Inglaterra, a tentativa de envenenamento de um homem por sua mulher é punida com a fogueira, pois, caso isso se espalhasse, nenhum homem poderia estar seguro diante de sua esposa. Uma vez que não estou autorizado a espiar o outro, também não sou obrigado a lhe dizer suas falhas, pois, mesmo quando o outro me faz essa solicitação, ele nunca a escuta sem se ofender. Ele sabe melhor do que eu que possui tais falhas, mas acredita que o outro não está consciente delas. Quando, no entanto, alguém lhes fala delas, logo percebe que as outras pessoas têm plena consciência. Portanto não é bom quando se diz que amigos devem falar uns com os outros de seus erros, porque podem conhecer melhor o outro. Ninguém pode, entretanto, conhecer melhor minhas falhas do que eu. Certamente o outro pode muito bem saber se estou de pé e ando corretamente ou não, mas quem pode ter um melhor conhecimento de mim do que eu mesmo quando me prontifico a me examinar? É audácia do outro apontar as falhas de alguém e, se a amizade chega a esse ponto, ela não dura muito tempo mais. Devemos ser cegos diante das falhas da outra pessoa, pois, de outra maneira, essa pessoa vê que perdeu nosso respeito e então também perde todo o respeito por nós. As falhas devem ser apontadas se estamos em uma posição superior em relação a alguém. Nesse caso, estamos autorizados a dar lições e mencionar os erros, como no caso de um marido com sua esposa. Mas aqui a bondade, a disposição benevolente e o respeito devem prevalecer. De outra maneira, se apenas // desprazer está em jogo, então se trata de censura e amargor. A censura, não obstante, pode ser adoçada por meio do amor de benevolência e do respeito. Todo resto nada faz para melhorar.

[294]

No dever humano universal está incluída a afabilidade, *humanitas*. O que significa afável? O sufixo "avel" não significa nada além do que um tipo de propensão para uma ação, por exemplo, conversável.[573] Afabilidade é, portanto, uma harmonia habitual com todas as outras pessoas. Se é ativa, é

---

573 Pode-se entender o sufixo "ável" no sentido de "capaz de algo". Mas o termo alemão *redselig*, traduzido aqui como "conversável", seria mais bem traduzido (em sentido mais literal) por "conversador". No entanto, nesse caso, perderíamos o sentido da analogia kantiana. Optou-se, dessa forma, pela sugestão da tradução inglesa de Peter Heath, que traduziu *redselig* como "conversable". A tradução

complacência. Esta é ou negativa, pois consiste meramente em observância, ou positiva, consistindo em prestatividade [*Dienstgeflissenheit*]. A última deve ser diferenciada de cortesia, sendo aquela em que não incorre uma obrigação para com o outro, estendendo-se apenas como um objeto da agradabilidade. Por exemplo, se alguém me envia seu serviçal como acompanhante, isto é cortesia. Mas, se ele me dá o que comer, trata-se de prestatividade, pois isso lhe custa sacrifício. A complacência negativa não tem valor como prestatividade, posto que consiste apenas em observância. Então há pessoas que se embriagam de complacência, sendo coagidas a isso pelos outros, não tendo força suficiente para recusá-la. Uma pessoa desse tipo gostaria de se ver fora de todas as relações sociais, mas, uma vez que já se encontra nelas, mostra-se complacente. Demonstra-se uma falta de força e virilidade quando a pessoa não tem coragem suficiente e firmeza para se determinar segundo sua própria conveniência. A essas pessoas falta caráter e elas não são capazes de nenhuma ação de acordo com princípios. O oposto da complacência é a obstinação [*Eigensinn*], cujo princípio é nunca se acomodar às opiniões do outro. O homem complacente nunca se opõe às opiniões dos demais e, por esse motivo, aparece como alguém inferior em relação ao obstinado, que, afinal, possui princípios. Portanto deve-se preferir tentar ser, ao menos, um pouco obstinado em vez de se mostrar totalmente

---

em castelhano opta por manter *Leutseligkeit* e *Leutselig* com o mesmo significado, ambos traduzidos pelo substantivo "afabilidad" para assim, dando sentido à analogia kantiana, traduzir *redselig* também como um substantivo, por "loquacidad". O problema é que, nesse caso, o termo enfatizado em alemão seria *keit* e não *selig*. A versão em francês simplesmente omite a frase.

[295] complacente às opiniões de outrem. A resolução [*Entschlossenheit*] das ações de acordo com princípios // já não é mais obstinação. Mas, se tal resolução refere-se a uma inclinação particular e não àquilo que agrada de modo universal, é obstinação, sendo uma característica dos tolos. A conciliabilidade [*Verträglichkeit*] é uma aversão em discordar e entrar em conflito com as opiniões dos outros. Aquele que tem inclinação a acomodar-se às opiniões moralmente indiferentes do outro é um conciliador, com o qual não temos preocupação de entrar em qualquer conflito. O indulgente [*Duldsam*] é aquele que tolera igualmente o que lhe é contraposto apenas para evitar cair em conflito. O homem indulgente é aquele que não odeia o outro por causa de suas falhas. Ele é tolerante [*tolerant*]. O intolerante é aquele que não pode suportar as imperfeições alheias sem sentir ódio. Muitas vezes há pessoas na sociedade que são intolerantes porque não podem suportar os demais e por esse motivo elas tornam-se intoleráveis e os outros, por sua vez, não as suportam. Disso se segue que a tolerância é um dever universal do homem. Os homens possuem várias falhas reais e aparentes, mas temos que suportá-las. A tolerância em consideração à religião acontece quando uma pessoa pode suportar sem ódio as imperfeições e erros da religião do outro, embora encontre desprazer nelas. Aquele que, em matéria de religião, sustenta por verdadeiro aquilo que segundo a minha religião é um erro, de modo algum é um objeto de ódio. Não devo odiar ninguém a menos que seja um autor intencional do mal. Mas, na medida em que ele pensa fazer algo bom por meio do mal e do erro, não é nenhum objeto de ódio. O o*dium theologicum*[574]

---

[574] Ódio baseado em motivos religiosos.

é um ódio peculiar dos clérigos que acontece quando o teólogo transforma, por vaidade, um assunto que lhe diz respeito em uma questão que se refere a Deus e cultiva um ódio baseado no orgulho, acreditando que, por ser um doutrinador de Deus, pode ter a pretensão de ser um mandatário divino, enviado como um representante com autoridade para governar os homens em Seu nome. O *odium religiosum* é direcionado a alguém // quando se acredita que a falta dessa pessoa é uma alta traição da divindade, sendo os defeitos de sua religião considerados como *crimina laesae majestatis divinae*.[575] Ora, quando alguém distorce e interpreta de forma diferente as visões do outro, tirando delas muitas conclusões para declará-las como *crimina laesae majestatis divinae*, ele lhe dirige um *odium religiosum*.[576] Quem procede assim é um *consequentiarius*,[577] posto que infere da opinião do outro o que este de modo algum pensou. Então, se este nomeia uma outra pessoa, dizendo, por exemplo, "ele é ateu!", então o outro que ouviu abre bem os olhos e diz: "O quê? Um ateu? Eu gostaria de saber afinal com o que se parece um ateu". Por meio desse nome, o acusado torna-se odiado e intolerável para todos.

O *crimen laseae majestatis divinae* é um absurdo, considerando que ninguém quer cometê-lo. O ortodoxo afirma que sua religião deve ser, segundo a sua própria opinião, universalmente

---

575 Sacrilégio.
576 Baumgarten, *Ethica*, §368. Trata-se do "ódio religioso (intolerância) que temos diante de crenças diferentes sobre religião [*odium religiosum (intolerantismus) in dissentientes a nobis circa religionem*]". Em contrapartida, "a indulgência para com as crenças diferentes da nossa a respeito da religião é tolerância [*Lenitas erga dissentientes a te circa religionem est tolerantia*]".
577 Gaveta de conclusões injustificadas.

necessária. Ora, mas quem é o ortodoxo? Se todos nós aparecêssemos nos portais do paraíso e perguntássemos: "Quem é o ortodoxo?", o judeu, o turco e o cristão responderiam: "Sou eu". A ortodoxia não deve coagir ninguém.

O dissidente é aquele que disside de outros em matéria de especulação, mas na prática é igual. A disposição pacífica [*Friedliebende*] consiste em evitar toda inimizade diante dos dissidentes. Por que eu deveria odiar uma pessoa que discordou?[578]

Sincretismo é um tipo de complacência para fundir suas opiniões com as de outras pessoas simplesmente para se dar bem com elas. Isto é bastante prejudicial, pois aquele que funde suas opiniões com a de outros não possui nem uma nem a outra. É preferível permitir que os homens errem, pois, se eles são capazes de fazer distinção, podem do mesmo modo estar livres do erro.

[297] Um tipo muito baixo de perseguição é o espírito velado de perseguição no qual o outro é perseguido pelas costas, sendo difamado e declarado como ateu. // A forma sutil dessa atitude é quando um homem persegue, certamente sem ódio, o outro que não tem a mesma opinião, embora tenha, no fim das contas, um repúdio por ele. O espírito de perseguição a partir da honra de Deus entra em conflito com tudo e não respeita nem o benfeitor, nem o amigo, nem pai, nem mãe. Todos o consideram um mérito para queimar os outros em nome da honra de Deus. Em matéria de verdade religiosa não se deve usar a força, mas princípios. A verdade se defende por si mesma e o erro persiste mais tempo quando empregamos a força contra ele. A liberdade de investigação é o melhor meio para a verdade.

---

578 Em Menzer, lemos *"verwirren* [confundir]".

Da pobreza e das boas ações que emergem dela

Uma boa ação é aquela que está de acordo com as necessidades de outrem e visa o seu bem-estar. As boas ações podem ser também magnânimas por meio do sacrifício de nossas vantagens. Se elas se referem às necessidades básicas do outro, são ações beneficentes. Se elas visam às necessidades mais extremas da vida, são caridades [*Almosen*]. As pessoas se satisfazem ou acreditam satisfazer o seu dever para com a filantropia quando tentam primeiramente conseguir para si todos os bens materiais, acreditando estar, posteriormente, pagando seu tributo ao seu benfeitor ao dar algo ao pobre. Se os homens fossem estritamente justos não haveria pessoas pobres em vista das quais acreditamos poder comprovar esse mérito de beneficência e dar esmolas. Melhor é estarmos conscientes em todas as nossas ações e ainda melhor é ajudar o necessitado por meio de nossa conduta e não apenas doando o excedente. A esmola é uma forma // de bondade associada ao orgulho e destituída de esforço e para tal beneficência não é exigida nenhuma reflexão sobre se aquele é digno ou não da caridade. Por meio da esmola, os homens são humilhados. Seria melhor considerar uma outra maneira de remediar a pobreza de modo que as pessoas não fossem humilhadas ao aceitá-la.[579] Muitos moralistas tentam amolecer nosso coração e enaltecer boas ações por

---

579 Eis uma observação, em paralelo, apresentada na *Metafísica dos costumes*: "Assim, reconhecemo-nos obrigados a ser beneficentes perante um pobre; mas, como este favor contém também a dependência que o bem-estar deste último tem de minha generosidade, o que o rebaixa, então, é um dever poupar a humilhação ao receptor e manter nele o respeito por si mesmo, por meio de um comportamento que

ternura [*Weichmütigkeit*]. Mas as verdadeiras ações emergem de almas resolutas. Para ser virtuoso, o homem precisa ser firme. A beneficência para com os outros deve ser enaltecida mais como uma obrigação [*Schuldigkeit*] do que como generosidade e bondade e, de fato, é justamente assim, pois todas as boas ações são apenas pequenas restituições dessa dívida.

Das virtudes sociais

O autor discute aqui sobre acessibilidade [*Leichtigkeit des Acessus*], loquacidade [*Gesprächigkeit*], polidez e polimento [*Politesse und Geschliffenheit*], decoro [*Anständigkeit*], complacência [*Gefälligkeit*], insinuação [*Insinuation*], ou, em vez disso, maneiras graciosas [*Einschmeichelung*] e cativantes [*einnehmendem Wesen*].[580] Observamos que, em geral, algumas não são contadas como virtudes, porque não exigem nenhum alto grau de resolução para se tornarem efetivas. Elas não exigem autossuperação e sacrifício nem são revertidas para a felicidade do outro. Não visam à necessidade, mas tão somente à agradabilidade. Dizem respeito a nada mais do que ao prazer e à agradabilidade dos homens nas relações sociais. Mas, embora não se trate de nenhuma virtude, é, no fim das contas, exercício e cultivo dela. Quando as pessoas se comportam educadamente em uma relação social, tornam-se, dessa maneira, mais delicadas e refinadas, praticando boas ações em pequena medida. Não temos, com frequência, a oportunidade de praticar ações virtuosas, // mas,

[299]

---

apresente esta beneficência seja como mera obrigação, seja como pequena amabilidade" (AK, VI, p.448-9).
580 Baumgarten, *Ethica*, §378.

na maioria das vezes, exercitamos nossas características sociais e bem-educadas.[581] Na relação social, muitas vezes, a agradabilidade nos compraz tanto em uma pessoa que negligenciamos os seus vícios. Eu preciso da honradez e da generosidade do outro com menos frequência do que de sua modéstia e cortesia nas relações sociais. Podemos nos perguntar se os livros, que não servem para nada mais do que o entretenimento, ocupando nossa fantasia, e que tratam de algumas paixões, por exemplo, do amor, estendendo-se até uma proporção que excede limites, podem também nos ser úteis. Sim, embora os encantos e as paixões sejam bastante exageradas neles, eles, no fim das contas, refinam as pessoas em sua sensação quando tornam aquilo que é um objeto de inclinação animal um objeto de uma inclinação mais refinada. Dessa forma, o homem torna-se capaz de ser movido por meio de seus impulsos favoráveis. Indiretamente, eles têm, portanto, uma utilidade, pois as pessoas tornam-se mais civilizadas quando a inclinação é domesticada. Quanto mais refinamos nossos modos grosseiros, mais refinamos a

---

[581] Sobre as virtudes sociais ou virtudes da convivência, Kant comenta: "Trata-se, com efeito, apenas de *produtos exteriores* ou ornamentos (*parerga*), que proporcionam uma bela aparência virtuosa, aparência esta que não engana, porque cada um sabe para que tem de assumi-la. Por certo, são ninharias, mas promovem, no entanto, o próprio sentimento de virtude, por meio do esforço de trazer esta aparência tão próxima da verdade quanto possível, na *acessibilidade*, na *expansividade*, na *cordialidade*, na *hospitalidade*, no *comedimento* (no contradizer sem brigar), enquanto, em seu conjunto, meras maneiras de intercâmbio com obrigações exteriorizadas, por meio das quais se obrigam também os outros e que, portanto, operam em favor da intenção virtuosa [*Tugendgesinnung*], uma vez que ao menos tornam a virtude *amável*" (AK, MS, VI, p.473-4).

nossa humanidade e, dessa maneira, somos capazes de sentir a força motriz [*bewegende Kraft*] dos princípios da virtude.

O autor discute o espírito da contradição, o culto ao paradoxo ou a excentricidade[582] [*Sonderling*] do juízo.[583] O paradoxo é algo positivo se não implica aceitar alguma afirmação que é dita em particular, mas leva a uma mudança no juízo dos outros.[584] Este é o aspecto inesperado do pensamento através do qual as pessoas são conduzidas a uma nova maneira de pensar. O espírito da contradição expressa-se nas relações sociais por meio do ergotismo [*Rechthaberei*].[585] Mas a relação social tem por propósito o entretenimento e, dessa forma, a cultura. E, no trato social, não deve ser levado a efeito nenhum assunto de natureza importante, em que, com frequência, aparece um conflito desse tipo. Tais coisas ou devem ser definitivamente decididas ou ser tratadas como brincadeira, contando uma história distinta.

---

582 Lemos "crankiness" na tradução inglesa de Peter Heath, "extravagancia" na espanhola de Aramayo e "originalité" na francesa de Langlois.

583 Baumgarten, *Ethica*, §386.

584 Em explicação na *Antropologia*, Kant assevera que "a predileção pelo paradoxo" compreendida como "a obstinação lógica de não querer ser imitador de outros, mas aparecer como uma pessoa original", muitas vezes, em vez disso, termina por "constituir tão somente o estranho". Apesar disso, "o paradoxo desperta a mente incitando-a à atenção e à investigação, o que muitas vezes conduz a descobrimentos" (AK, VII, p.129).

585 O termo pode ser traduzido como "dogmatismo", mas aqui se optou por seguir as traduções latinas do espanhol e do francês que preferem o termo "ergotismo" que, em português, significa "mania ou hábito de argumentar por silogismos" ou "abusar de um sistema de argumentação silogística".

// Da soberba

O autor chama a soberba de *superbia*. *Arrogantia* é orgulho quando alguém arroga a si um valor que não tem. Mas se uma pessoa se atribui uma superioridade diante da outra, trata-se de soberba.[586] Nesse caso, menosprezamos os outros, estimando-os pouco e como inferiores a nós.[587] O orgulhoso não inferioriza os outros, mas tão somente deseja possuir os mesmos méritos. Ele não se curvará aos demais e se rebaixará, pois acredita ter um valor específico que não quer adjudicar às outras pessoas. Esse tipo de orgulho é autêntico e aprovável se não ultrapassar os limites. Mas quando um homem quer mostrar ao outro que tem um valor desse tipo, isto é chamado erroneamente de orgulho próprio. A soberba não é uma presunção em valorizar e estimar tendo em vista a igualdade com os demais, mas é uma pretensão de se autoestimar e se sobrevalorizar em vista de si próprio, estimando pouco os outros. Ela é detestável e ridícula, pois a estima é subjetiva. Ora, se alguém quer ser honrado por outrem, não deve começar dando-lhe ordens ou subestimando-o. Dessa maneira, essa pessoa não vai despertar para si nenhum respeito nos demais, mas será, antes de tudo, ridicularizada em vista do que deseja. Por conseguinte, todas as pessoas soberbas são, ao mesmo tempo,

---

586 Baumgarten, *Ethica*, §388.
587 Em definição, no §42 da *Doutrina da virtude*: "A soberba (*superbia* e, como a palavra expressa, a inclinação para elevar sempre mais alto) é um tipo de *ambição* (*ambitio*) segundo a qual exigimos dos demais homens que se menosprezem em comparação conosco e, portanto, é um vício que se opõe ao respeito ao qual todo homem pode pretender legitimamente" (AK, VI, p.465).

tolas. Elas tornam-se objeto de desprezo, já que o que tentam é tão somente mostrar sua superioridade.[588]

O *fastus*, ou altivez [*Hoffart*], consiste em querer ter primazia e prioridade sobre os demais, não em virtude da habilidade de pensar ou de méritos genuinamente superiores, mas com o objetivo de parecer superior aos outros em vista do exterior. Os homens são altivos se querem ocupar sempre a posição mais alta. Trata-se de vaidade e desejo de buscar superioridade naquilo que não possui qualquer valor. Pessoas altivas procuram superioridade nas pequenas coisas. Elas preferem // se alimentar mal apenas para possuir uma boa carruagem e belas roupas. Preocupam-se com título e posição e tentam parecer nobres. Pessoas de mérito verdadeiro não são nem soberbas, nem altivas, mas humildes, porque a ideia que possuem do valor verdadeiro é tão elevada que elas não podem satisfazê-la nem igualá-la. Portanto elas compreendem a sua distância em relação à verdadeira virtude e são humildes. A altivez afeta principalmente o de classe mais baixa e, particularmente, o de classe média em vez dos de posição mais alta, pois, considerando que se trata de uma escalada ao topo, então aqueles que querem se aproximar dele são altivos.

[301]

Do escárnio[589]

Os homens são parcialmente maledicentes [*medisant*] e parcialmente zombeteiros [*moquant*]. A maledicência é maldade, a zombaria é frivolidade, uma vez que tem como objetivo divertir

---

588 Em Kaehler, lê-se "uma superioridade [*einen Vorzug*]".
589 Baumgarten, *Ethica*, §363.

alguns ao custo dos defeitos dos outros. A difamação envolve maldade. A causa dela é frequentemente a falta de *loquacidade* e ela também alimenta nosso amor de si, pois, nesse caso, nossas falhas parecem pequenas. As pessoas temem mais a zombaria [*Raillerie*] do que a maledicência, uma vez que a maledicência e a difamação acontecem às escondidas e não podem ser introduzidas em qualquer tipo de relação social.[590] Também não posso ouvi-las. Mas a zombaria pode acontecer em qualquer relação social. O homem é mais degradado pela zombaria do que pela malícia, pois, quando somos objeto de chacota de alguém, não possuímos nenhum valor e somos expostos ao desdém. Temos que considerar, todavia, o que nos torna um objeto de chacota para o outro. Muitas vezes, quando a zombaria não traz nenhum prejuízo a nenhum de nós, podemos dirigi-la a outra pessoa, já que, dessa forma, não perdemos nada.[591] Um escar-

---

590 Em termos similares, na *Metafísica dos costumes* e, particularmente, nos §43 e 44 da *Doutrina da virtude*, é feita uma distinção dos conceitos de maledicência e zombaria/escárnio: "má-língua (*obtrectatio*) ou maledicência – pela qual entendo não a *calúnia* (*contumelia*), uma *falsa* difamação que se pode levar aos tribunais, mas apenas a inclinação imediata, não dirigida a nenhum propósito particular, para levantar boatos prejudiciais ao respeito dos outros – é contrária ao devido respeito à humanidade em geral". Por outro lado, a "frívola *mania de vituperar* e a propensão a expor os outros ao ridículo, a *mania de escarnecer*, que consiste em fazer das faltas alheias o objeto imediato do próprio divertimento, é maldade" (AK, VI, p.466-7).

591 Em analogia a esse ponto, na *Doutrina da virtude*, Kant observa que a zombaria ou o escárnio "difere completamente da *pilhéria*, da familiaridade entre amigos que permite rir de coisas que aparentam ser faltas, mas, de fato, são apenas traços de índole às vezes também fora da regra da moda (o que não é então *riso malicioso*)" (AK, MS, VI, p.467).

necedor [*Spotter*] de profissão revela que tem pouco respeito pelos outros e que não julga as coisas de acordo com o seu verdadeiro valor.

[302] // Dos deveres para com os animais e espíritos

O autor discute aqui sobre os deveres para com seres que estão abaixo e acima de nós.[592] Mas, uma vez que os animais existem apenas como meio, posto que não são conscientes de si mesmos, enquanto o homem existe como um fim – de tal maneira que não posso mais perguntar: "por que o homem existe?", como pode acontecer em relação aos animais –, segue-se que não temos nenhum dever imediato diante dos animais, mas os deveres para com os animais são deveres indiretos para com a humanidade. Considerando que os animais são um análogo da humanidade, observamos deveres diante da humanidade quando observamos, de forma análoga, esses deveres diante deles e, dessa forma, promovemos nosso dever para com a humanidade. Por exemplo, se um cachorro serviu fielmente a seu dono por muito tempo, isto é um análogo do mérito. Por esse motivo, devo recompensá-lo e mantê-lo até o fim, mesmo que ele não possa mais me servir, pois, dessa forma, cultivo meu dever para com a humanidade como sou obrigado a fazer. Portanto, se as ações dos animais emergem do mesmo *principium* a partir das quais emergem as ações humanas e as ações animais são um análogo disso, temos deveres para com os animais, posto que, dessa forma, promovemos o dever para com a humanidade. Se,

---

592 Baumgarten, *Ethica*, §391. "Deveres para com outros que não são homens [*Officia erga alia, quae non sunt homines*]".

por exemplo, alguém manda sacrificar o seu cachorro porque não pode mais sustentá-lo, ele não age de modo algum contra o dever diante do cão, já que este não é capaz de julgar, mas lesa, dessa maneira, a afabilidade e a humanidade em si que ele deve exercitar em consideração aos deveres para com a humanidade. Assim, para não extirpar tais qualidades, ele já deve realizar tal bondade em direção aos animais, pois aquele que já praticou crueldades contra os animais não é menos insensível em vista dos homens. Já se pode conhecer o coração humano levando em conta igualmente os animais. Assim Hogarth, // em suas gravuras, retrata os primórdios da crueldade, onde as crianças já a praticam contra os animais, por exemplo, ao apertar a cauda de um cachorro ou gato. Em outra gravura, demonstra-se o progresso da crueldade com um homem atropelando uma criança e, finalmente, retrata-se o seu ponto culminante com um assassinato, momento a partir do qual a recompensa pela crueldade parece horripilante.[593] Isso dá uma boa lição às crianças. Quanto mais nos dedicamos a observar os animais e seu comportamento, mais os amamos, quando vemos como são cuidadosos com suas crias. Nessa situação, não podemos sequer imaginar sermos cruéis com um lobo. Leibniz colocou a lagarta que examinou de volta à sua folha na árvore para que

---

593 Trata-se inequivocamente de uma referência ao trabalho de William Hogarth (1697-1764), uma sequência de quatro gravuras apresentadas em 1751 com o título "Os quatro estágios da crueldade". Nos escritos publicados, encontramos uma referência a ele nas *Observações sobre o sentimento do belo e do sublime*: "eu quero tornar mais compreensível esta singular investigação das fraquezas humanas, porque quando não se tem as gravuras de Hogarth, devemos compensar com descrições o que carece à expressão do desenho" (AK, II, p.214).

não viesse a ser culpado de prejudicá-la. É perturbador para uma pessoa destruir uma criatura desse tipo sem motivo. Essa ternura depois é passada ao homem. Na Inglaterra, nenhum açougueiro, cirurgião ou médico serve ao júri de doze homens porque essas pessoas já são insensíveis à morte. Então, mesmo sendo utilizado para um bom propósito, quando anatomistas pegam animais vivos para experimentos, trata-se, sem dúvida, de crueldade. Mas uma vez que os animais são considerados como instrumentos do homem, isso é aceitável, embora de forma alguma como um esporte. Quando um proprietário sacrifica seu asno ou seu cachorro porque não pode mais garantir seu sustento, isso demonstra sempre um espírito bastante pequeno nele. Os gregos eram nobres nesses assuntos, como se comprova na fábula do asno que tocou por acidente o sino da ingratidão.[594] Portanto nossos deveres para com os animais são deveres indiretos para com a humanidade.

[304] Os deveres para com outros seres espirituais são apenas negativos. Não devemos nos envolver em certos tipos de ações que implicam um *comercium* ou uma relação com outros seres. Todas as ações assim são do tipo que tornam os homens fanáticos, sonhadores e supersticiosos e são contrárias à dignidade da humanidade. A dignidade da humanidade, pois, envolve // o uso sadio da razão, mas se alguém se entrega a coisas desse tipo, então não é mais possível usar a razão de forma saudável. Pode ser que haja tais seres e tudo que é dito deles seja verdade, mas nós não os conhecemos nem podemos nos relacionar com eles. Em relação aos espíritos malignos, pode-se fazer a mesma ob-

---

594 Trata-se de uma provável referência a *Operae horarum subcisivarum centuria prima*, de 1644, de Philipp Camerarius.

jeção. Temos uma ideia tanto em relação ao bem como também em relação ao mal e referimos tudo que é mal ao inferno, assim como tudo que é bom ao paraíso. Se personificamos esse mal de forma perfeita, temos a ideia do diabo. Ora, se acreditamos que um ser desse tipo pode ter influência sobre nós de tal modo a aparecer à noite e nos assombrar, isso nos leva a alucinações [*Hirngespinste*] que suprimem o uso racional de nossas forças. Portanto são nossos deveres diante de tais seres negativos.

Dos deveres para com as coisas inanimadas

O autor ainda fala de deveres para com coisas inanimadas[595] [*leblose*]. Estes também aludem indiretamente aos deveres da humanidade. O ímpeto humano para destruir coisas que ainda podem ser utilizadas é bastante imoral. Nenhum homem deve destruir a beleza da natureza, pois, mesmo quando ele não pode usá-la, outras pessoas, no fim das contas, ainda podem fazer uso dela. Embora ele não tenha de observar isso em consideração à coisa mesma, deve fazê-lo em vista de outros homens. Portanto todos os deveres em relação aos animais, outros seres e coisas visam indiretamente aos deveres da humanidade.

// Dos deveres em vista de tipos particulares de pessoas

O autor também vai citar deveres especiais que temos diante de tipos particulares de pessoas.[596] Portanto deveres em vista

---

595 Baumgarten, *Ethica*, §396-8.
596 Baumgarten, *Ethica*, §400.

da diversidade da idade, do gênero e da ocupação. No entanto, todos esses deveres são derivados dos citados deveres universais da humanidade. Entre as diferenças de ocupação, há uma que é fundada na distinção intrínseca do valor interno. Trata-se da ocupação do erudito, que parece representar uma distinção desse tipo. As diferenças entre outras ocupações são aquelas em relação ao valor externo. As outras ocupações preocupam-se com coisas físicas que se referem tão somente à vida humana. Mas o erudito tem uma ocupação cuja função principal é a de estender o conhecimento. Parece haver aqui uma diferenciação em relação ao valor interno. Parece que o erudito é o único que leva em consideração a beleza que Deus colocou no mundo e que utiliza o mundo para o propósito ao qual Deus o constituiu. Por que Deus colocaria, pois, a beleza na natureza e em seus trabalhos se não fosse possível contemplá-los? Ora, uma vez que os eruditos preenchem sozinhos o propósito integral da criação, é como se apenas eles tivessem, a esse respeito, um valor interno. Os conhecimentos adquiridos são aqueles em relação ao motivo de Deus ter feito o mundo. Então só os eruditos desenvolvem os talentos que existem no homem. Parece, portanto, que essa ocupação tem prevalência sobre as outras porque se distingue delas por um valor interno. Rousseau, no entanto, inverteu essa opinião e disse: "O fim da humanidade não é a erudição. Os eruditos pervertem assim o propósito da humanidade".[597] Ora, é levantada a questão de se o erudito, ao

---

597 As *Anotações nas observações sobre o sentimento do belo e do sublime* são o maior testemunho do impacto avassalador do pensamento de Rousseau no de Kant em meados de 1760. Dentre as várias notas que comprovam a revolução antropológica desencadeada por Rousseau

contemplar a beleza do mundo e desenvolver talentos, preenche o // propósito da criação e o mundo a ele pertence? Considerando que cada erudito em particular não tem como propósito a contemplação da beleza da natureza, o desenvolvimento dos talentos e a promoção da perfeição integral da humanidade, mas busca apenas a honra que tem com isso ao comunicar seu conhecimento ao outro (assim como cada um busca a honra em sua profissão), então cada um deles em particular não pode sustentar a crença de que tem uma superioridade em relação a qualquer outro cidadão. Embora todos os eruditos como uma classe contribuam, em conjunto, para o propósito da humanidade, no fim das contas, ninguém pode arrogar-se algo em particular, posto que cada artesão, por meio de seu trabalho, contribui igualmente tão bem quanto o erudito para o fim da humanidade. Surge, portanto, a partir das origens universais das ações humanas, a saber, a partir da honra, uma concordância de fins no mundo. Levanta-se a questão: os homens, de um modo geral, são destinados à erudição e cada um deve tentar se tornar um erudito? "Não", a vida é curta demais para isso, mas faz parte da destinação da humanidade que alguns se de-

---

e a consequente reorientação dos fins da razão, a nota a seguir se mostra especialmente reveladora: "Eu sou por inclinação um pesquisador. Sinto uma ardente sede de conhecimento e a ávida inquietação de avançar nele, bem como a satisfação em cada passo dado adiante. Houve um tempo em que acreditava que unicamente isso poderia constituir a honra da humanidade e desprezava a população por nada saber. Rousseau corrigiu-me. Esse cego preconceito desapareceu; aprendi a honrar os homens e me reputaria mais inútil do que um trabalhador comum caso não acreditasse que essa consideração pode conferir valor a todas as demais: estabelecer os direitos da humanidade" (AK, XX, p.44).

diquem e sacrifiquem suas vidas em vista disso, assim como outras pessoas em vocações diversas, como aqueles que, entre os soldados, se sacrificam ao mar. A vida também é muito curta para podermos fazer uso de todo o conhecimento adquirido. Se Deus quisesse que o homem avançasse mais no aprendizado, teria concedido a ele uma vida mais longa. Por que Newton deve morrer em uma época em que poderia ter feito o melhor uso de sua erudição e uma outra pessoa deve começar mais uma vez do ABC, atravessando todas as fases de aprendizado até chegar novamente àquele ponto? E quando então essa pessoa está preparada para aplicar esse conhecimento corretamente, enfraquece e morre.[598] Portanto nenhuma pessoa em particular é criada para a ciência, mas através da coletividade o propósito da humanidade é, dessa forma, promovido. Os eruditos são, assim, meios para aquele fim e contribuem com algo de valor, mas não têm por si mesmos um valor superior. // Por que um cidadão que, em sua profissão, é organizado e trabalhador e,

[307]

---

[598] O mesmo ponto de vista é encontrado em uma nota de um opúsculo de 1786, o *Começo conjectural da história humana*: "Ora, a natureza tomou sua decisão em relação à duração da vida do homem abertamente a partir de um outro ponto de vista que não o da promoção das ciências. Pois, quando a cabeça bem afortunada está diante das grandes descobertas que sua habilidade e experiência permitiriam esperar, chega-lhe então a idade; ela se torna gasta e deve deixar que uma segunda geração (que começa novamente do ABC e tem de atravessar toda a distância já percorrida) acrescente mais um palmo no progresso da cultura" (AK, VIII, p.117). Encontramos também na *Antropologia*: "o impulso para a ciência, como algo cujo cultivo enobrece a humanidade, não guarda, no conjunto da espécie, proporção com a duração da vida. Quando o sábio avançou no cultivo [da ciência] até ampliar o campo da mesma, é levado pela morte e assume o seu lugar um estudante do ABC" (AK, XII, p.325-6).

além disso, possui um bom comportamento, deixando sua casa em ordem, não deveria ter tanto valor quanto o erudito? Uma vez que a ocupação do erudito é mais universal, carrega certo *status* e uma destinação consigo. Rousseau está certo até aí, mas se equivoca bastante ao falar do prejuízo ocasionado pela ciência. Nenhum verdadeiro erudito conduzirá esse discurso arrogante. A linguagem da razão é humilde. Todos os homens são iguais uns em relação aos outros e apenas aquele que tem um valor interno superior diante de todos é moralmente bom. As ciências são *principia* para o melhoramento da moralidade. Compreender os conceitos morais envolve conhecimento e conceitos esclarecidos. A propagação das ciências enobrece os homens e o amor pelas ciências erradica muitas inclinações baixas. Hume disse: "não há nenhum erudito que não deva ser ao menos um homem honrado". Por outro lado, a moralidade serve às ciências com o intuito de promover a retidão [*Rechtschaffenheit*] e o respeito pelo direito dos outros e pela própria pessoa, incrementando em grande medida os conhecimentos do entendimento. A honestidade [*Redlichkeit*] faz que um homem admita seus erros por escrito e não esconda seus pontos fracos. Portanto o caráter moral tem grande influência nas ciências. Aquele que prescinde dele trata os produtos de seu entendimento da mesma forma que um comerciante faz com sua mercadoria. Ele vai esconder os pontos fracos e enganar o público. Estes são os deveres que temos de observar em vista da erudição.

Dos deveres dos virtuosos e viciosos

Virtude é uma ideia e ninguém pode possuir a verdadeira virtude. Daí ser tão pouco comum chamar um homem de vir-

[308] tuoso quanto chamá-lo de sábio. Todos esforçam-se para // se aproximar da virtude tanto quanto da sabedoria, mas ninguém alcança o seu mais alto grau. Podemos imaginar um meio-termo entre virtude e vício e isto é um estado de ausência de virtude[599] [*Untugend*] que consiste apenas na falta de tais elementos. Virtude e vício são algo positivo.[600] A virtude é uma aptidão para superar a inclinação para o mal de acordo com princípios morais ou é aquela força das disposições morais que se contrapõe, como obstáculo, às inclinações más, com a primeira sempre mantendo sua preponderância.[601] Portanto seres

---

599 O termo é citado duas vezes na *Metafísica dos costumes*: "(Como a palavra *Tugend* [virtude] deriva de *taugen* [servir para], também *Untugend* [ausência de virtude] deriva de: *zu nichts taugen* [não servir para nada])" (AK, VI, p.390) e "A omissão dos meros deveres de amor é *ausência de virtude* (*peccatum*). Mas a omissão do dever que decorre do *respeito* devido a todo homem em geral é *vício* (*vitium*)" (AK, VI, p.493).

600 Esse ponto remete-nos diretamente ao problema abordado em 1763 em *Uma tentativa de introduzir o conceito de grandezas negativas dentro da filosofia*. Recusando a perspectiva wolff-leibniziana no *Ensaio sobre algumas considerações sobre o otimismo* de 1759, o mal ou o vício é compreendido não como a ausência de bondade ou de perfeição, mas como um *meritum negativo*, algo que, de fato, representa uma realidade efetiva e uma verdadeira oposição ao bem. O critério para a existência real do vício está na consciência da transgressão de uma lei interna. Dessa forma, a supressão da obrigação, que caracteriza propriamente a natureza das ações viciosas, acontece através da *atuação real* das próprias *forças do ânimo*: "[e]ssa lei interna é um fundamento positivo de uma boa ação, e, se a consequência é zero, só pode ser porque aquilo que decorreria da simples consciência da lei foi suprimido. Aqui, portanto, há uma privação, uma oposição real, e não apenas uma ausência" (II, p.182). Para comentário, consultar Cunha, *A gênese da Ética de Kant*.

601 Trecho ausente em Kaehler.

santos não são virtuosos porque não precisam superar qualquer inclinação direcionada ao mal posto que sua vontade é adequada à lei. O homem que não é virtuoso ainda não é por isso vicioso, mas tem apenas falta de virtude. No entanto, o vício é algo positivo, enquanto essa falta é ausência de virtude [*Untugend*]. Uma negligência com as leis morais é ausência de virtude [*Untugend*], mas o desprezo a elas é vício. Ausência de virtude é apenas não praticar a lei moral, mas vício é fazer o contrário da lei. O primeiro é algo negativo, o segundo, positivo. No vício, portanto, pode se incluir muita coisa.

Pode-se ter bondade de coração sem virtude, pois a virtude é a boa conduta a partir de princípios e não do instinto. Entretanto a bondade é uma concordância com a lei moral mediante o instinto. Muita coisa está envolvida na virtude. A bondade de coração pode ser inata, mas ninguém pode ser virtuoso sem exercício, pois a inclinação para o mal precisa ser reprimida segundo princípios morais e as ações feitas de acordo com a lei moral. Coloca-se a pergunta: um vicioso pode se tornar virtuoso? Existe uma malignidade de temperamento [*Bösartigkeit des Gemüts*] que não pode ser corrigida e que permanece resistente, mas um mau caráter pode sempre ser transformado em um bom caráter, porque o caráter age segundo princípios // e pode então ser gradativamente reformulado[602] por meio de bons princípios de modo a prevalecer sobre a malignidade do temperamento. Então se diz de Sócrates que tinha um coração maligno por natureza, mas que ele o domou por meio de princípios. Muitas vezes, os homens revelam, em seus semblantes, que são incorrigíveis e que já seriam quase predestinados ao enforcamento,

---

602 Lê-se em Menzer "destruir [*vertilgen*]".

sendo para eles difícil se tornarem virtuosos. Da mesma maneira, um homem honrado e correto não pode se tornar vicioso e mesmo que tenha uma recaída em algum vício, pode se restabelecer, uma vez que os princípios já firmaram fortes raízes nele. É preciso distinguir melhoria de conversão. Tornar-se melhor é viver de modo diferente, mas se converter implica estar de posse de um princípio bem estabelecido e de um fundamento seguro de modo a nunca mais viver de nenhuma outra maneira a não ser virtuosamente. Na maioria das vezes nos tornamos melhores por causa do medo da morte e não sabemos se melhoramos ou nos convertemos. Se tivéssemos apenas a esperança de viver mais tempo, o melhoramento não seria bem-sucedido. A conversão, no entanto, acontece quando, de maneira resoluta, resolvemos viver virtuosamente, não importando quanto tempo se quer viver. Arrependimento não é uma boa palavra. Ela deriva de penitências e castigos nos quais se inflige punição a si mesmo devido às suas transgressões. Quando o homem se reconhece como punível, ele inflige o castigo a si, acreditando que, nesse caso, Deus não o punirá ao fazer penitência. Mas esse sentimento de remorso [*Traurigkeit*] não ajuda ninguém. A única coisa que auxilia é o remorso interno relativo à nossa transgressão e a decisão firme de levar uma vida melhor. Esta é a verdadeira penitência.

Em consideração aos seus vícios, o homem pode se conduzir por dois caminhos: em vista da infâmia, isto é, da brutalidade, caminho no qual ele se coloca abaixo dos animais ao violar o dever para com sua pessoa; ou em vista da maldade – algo que é diabólico [*teuflisch*] –, caminho no qual o homem torna seu ofício o de buscar a maldade de tal maneira que nenhuma boa inclinação mais resta. Se ele ainda tem uma // boa disposição e desejo de ser bom, ainda é um homem. Mas se direciona suas disposições para a maldade,⁶⁰³ é diabólico.⁶⁰⁴ O estado de vício é o estado de escravidão sob a força da inclinação. Quanto mais o homem é virtuoso, mais livre ele é. Ele é obstinado se não possui desejo de se tornar melhor. A sociedade da virtude é o reino da luz e a sociedade do vício o reino das trevas. Por mais virtuoso que o homem sempre possa ser, no fim das contas, existem nele inclinações para o mal e ele precisa sempre se colocar em luta.⁶⁰⁵ Ele deve se resguardar da

---

603 Lê-se em Kaehler: "tal maldade por fim [*solche Bosheit aber zum Zweck*]".
604 Trecho adicional em Kaehler: "O homem não é por natureza nem bestial nem diabólico".
605 O conceito kantiano de virtude, mesmo nos escritos tardios, não perde a sua característica, aquela que remete, seguindo a própria concepção wolffiana, a uma ética da luta. Na *Metafísica dos costumes*, na apresentação da *Doutrina da virtude*, Kant deixa clara a necessidade de vencer o "adversário da intenção moral", um esforço que, *em nós*, se manifesta como "*virtude (virtus, fortitudo moralis)*" (AK, VI, p.380). Ao olhar para a trás, no período pré-crítico, somos capazes de perceber a mesma característica na gestação do próprio conceito kantiano de virtude. Percebemos isso já na *História natural universal*, em que Kant concebe a constituição física dos seres humanos, vista a sua distância em relação ao Sol, como "a causa da letargia que mantém as capacidades da alma em uma lassidão e debilidade impotentes", sendo ela "a fonte não só do vício, mas também do erro" (AK, I, p.357), o que, no entanto, não permite "negar aquela capacidade pela qual ele [o ser humano] está na posição de resistir aos estímulos sensíveis, a não ser que em vez disso sua inércia prefira se deixar levar por eles" (AK, I, p.366). No mesmo contexto, na *Nova Dilucidatio*, é a própria noção de virtude que se mostra como o meio pelo qual Deus, através "de advertências, de ameaças, de encorajamentos", busca a compensação que consiste em produzir o bem e conduzir o mundo à perfeição, respeitando "a liberdade humana" (AK, I, p.405). Nas *Anotações nas Observações*, a virtude já é análoga à força: "Uma vez que a virtude mostra força, ela deve ser adequada

presunção [*Eigendünkel*] moral de se considerar moralmente bom e ter uma opinião favorável sobre si. Este é um estado quimérico [*träumerischer Zustand*] bastante difícil de curar. Tal estado nasce quando o homem forja artificialmente [*künstelt*] a lei moral até que a tenha tornado acomodada às suas inclinações e à sua conveniência. A virtude é a perfeição moral do homem. A ela associamos poder, força e autoridade. Trata-se de uma vitória sobre a inclinação. Esta última, em si mesma, é destituída de regra e é a condição do homem moral suprimi-la. Os anjos no paraíso podem ser santos, mas o homem só pode chegar ao ponto de ser virtuoso. Uma vez que a virtude não se baseia em inclinações, mas em princípios, o exercício da virtude é um exercício dos princípios com o propósito de conceder-lhes uma força motriz [*bewegende Kraft*] de modo que sejam predominantes e de modo a não permitir que nada nos desvie e nos afaste deles. É preciso, para tanto, ter caráter. A força do caráter é a força da virtude e, na verdade, a própria virtude. Os obstáculos que se colocam diante do exercício da virtude devem ser superados pela religião e pelas regras de prudência e daí decorre a satisfação do ânimo, a paz da alma, a liberdade diante de toda reprovação, a honra verdadeira, a estima de si mesmo e do outro, a indiferença ou, antes, a equanimidade e a

[311] firmeza diante de todos os // males dos quais não somos culpados. Estes aspectos não são fontes da virtude, mas apenas meios auxiliares. Estes são os deveres dos virtuosos.

---

para estados bélicos, mais para Roma do que para Cartago" (AK, XX, p.98) (AK, XX, p.45). Nas *Observações*, ela é uma motivação fundada sobre *princípios e por isso, a única a ser sublime*: "apenas a virtude é sublime" (AK, II, p.215). Para comentários, ver Cunha, *A gênese da Ética de Kant*.

Por outro lado, parece ser vão falar com os viciosos sobre deveres. Mesmo assim, todo vicioso, no fim das contas, tem em si ainda um germe da virtude. Ele possui entendimento para reconhecer o mal e ainda está de posse de um sentimento moral, pois não há um malfeitor que não tenha, ao menos, o desejo de ser bom. Com base nesse sentimento moral, pode ser fundado o sistema de virtude. Mas o sentimento moral não é o primeiro começo do ajuizamento da virtude, e sim o conceito puro da moralidade com o qual o sentimento deve estar vinculado. Uma vez que o homem possua um conceito puro da moralidade, pode fundar a virtude sobre ele e então tornar o sentimento moral ativo, tendo um ponto de partida para se tornar moral.[606] Certamente, esse começo é um vasto campo. Inicialmente ele deve ser negativo. Primeiro devemos

---

606 É possível perceber de forma clara, nesse contexto, a delimitação correta dos papéis do sentimento e da razão em relação à moralidade. O sentimento é claramente rejeitado, como essa passagem nos permite supor, como princípio de judicação para ser assumido como um tipo de atividade complementar. As *Reflexões de filosofia moral* testemunham a apreciação que Kant concede agora à doutrina do sentimento moral. Dentre outras reflexões, podemos citar a Reflexão 6626: "A doutrina do sentimento moral é mais uma hipótese para explicar o *phaenomenon* da aprovação que concedemos a alguns tipos de ação, do que uma doutrina que deveria estabelecer máximas e princípios primeiros que sejam objetivamente válidos em relação a como se deve aprovar ou rejeitar algo, fazer ou deixar de fazer" (AK, XIX, p.116-7). Reflexão 6677: "Não se deve trazer o sentimento moral ao juízo, mas depois dele, apenas para evocar a inclinação: se o sentimento, por exemplo, a compaixão, precede a máxima, então emerge um juízo falso" (AK, XIX, p.131). Reflexão 6757: "O sentimento moral segue-se de um conceito moral, mas não o produz; ainda menos pode recolocá-lo, [em vez disso] ele o pressupõe" (AK, XIX, p.131).

nos tornar livres da culpa e deixar simplesmente de fazer tudo que surge em todos os tipos de ocupação que nos impedem de tal propensão. O homem pode fazer isso perfeitamente bem, embora fazer isso de um modo positivo seja mais difícil.

Dos deveres em consideração à diferença de idade

O autor não encontrou, por meio algum, qualquer boa classificação aqui. Ele poderia ter dividido esses deveres considerando a diferença de ocupação, gênero e idade. A diferença de gênero não é tão pequena quanto as pessoas pensam. Os móbeis no gênero masculino são bem diferentes dos do gênero feminino. Em relação à distinção de gênero, pode-se // procurar algo na antropologia, lugar de onde os deveres podem ser extraídos. No que concerne à diferença de idade,[607] temos deveres para com outros não apenas enquanto pessoas, mas enquanto concidadãos e aí ocorrem os deveres cívicos. No geral, a moral é um campo inesgotável. O autor cita deveres para com os saudáveis e os doentes de tal maneira que teríamos igualmente deveres para com os bonitos e os feios, altos e baixos. Mas estes não são deveres em especial, uma vez que são apenas condições diferentes nas quais se observam os deveres humanos universais. É possível dividir a idade no período da infância, quando não podemos nos manter por nós mesmos, no período da adolescência, no qual somos capazes de nos manter sozinhos e produzir descendentes, mas não de mantê-los, e no

---

[607] Baumgarten, *Ethica*, §451. Cap. II: *Respectu corporis* (No que diz respeito ao corpo).

período da maturidade, em que podemos nos manter, reproduzir nossos descendentes e sustentá-los. O estado selvagem concorda com a natureza, mas o estado civilizado não. No caso do estado civil, pode-se ser um jovem, capaz, de fato, de reproduzir seus descendentes, mas ainda incapaz de manter-se por si mesmo. No estado selvagem, não obstante, nesse caso, já se é um homem. Encontramos uma ampla distinção colocada no debate em antropologia. Uma vez que o estado civilizado se contrapõe à natureza, mas não ao estado selvagem, então Rousseau sustenta que o estado civilizado não está de acordo com o propósito da natureza. Mas o estado civil é, no fim das contas, adequado ao fim da natureza. O propósito natural de uma maioridade prematura [*frühen Mündigkeit*] é certamente a multiplicação do gênero humano. Se nos tornássemos maiores aos trinta anos, esse tempo estaria de acordo com o estado civilizado, mas o gênero humano, nessa situação, não se multiplicaria tão rapidamente em condições de selvageria. Por muitas razões, no estado de selvageria, a raça humana prolifera de forma muito precária. Por esse motivo, a maioridade precisa ser bastante precoce. Mas, uma vez que no estado de civilização tais razões não se aplicam, a condição de civilização compensa // isso, de tal modo que não podemos fazer uso de nossa inclinação naquela idade. O período intermediário, não obstante, é preenchido com vícios.[608] Ora, como se deve educar

13]

---

608 O mesmo ponto é abordado na seção sobre "o caráter da espécie" na *Antropologia de um ponto de vista pragmático*: "Ora, com o que ele preenche este intervalo de abstinência forçada e não natural? Com nenhuma outra coisa além de vícios" (AK, VII, p.325). Kant também discute a questão toda em uma nota no *Começo conjectural da história humana*: "A natureza fixou por volta dos dezesseis aos dezessete anos a época

o homem no estado civilizado em vista da natureza e da condição civil? Estes são os dois propósitos da natureza: a educação do homem em vista da natureza e do estado civil. A regra da educação é o principal propósito por meio do qual o homem é instruído na condição civil. É preciso distinguir duas partes na educação: o desenvolvimento das disposições naturais e a aquisição [*Hinzusetzung*] da arte. A primeira é a formação do homem, a segunda é a instrução ou o ensino. Aquele que realiza a primeira na criança poderia chamar-se tutor (ou governante) enquanto aquele que faz a segunda, instrutor.[609]

Devemos observar que a formação é meramente negativa de modo a impedir tudo aquilo que é contrário à natureza. A arte ou ensino pode ser de duas formas: negativa e positiva, impedindo e transmitindo. A forma negativa é a instrução para evitar que não se introduzam erros, a positiva transmite algo mais ao conjunto de conhecimentos.[610] O lado negativo, tanto na formação quanto na instrução da criança, é a disciplina. O aspecto positivo da instrução é a doutrina. A disciplina deve

---

da maioridade, isto é, do impulso e da capacidade para reproduzir a espécie [...]. No estado cultivado, entretanto, pertencem a esta última muitos outros meios, tanto em termos de habilidade quanto de circunstâncias favoráveis, de tal modo que, ao menos civilmente, a época da maioridade é postergada em dez anos na média" (AK, VIII, p.116-7).

609 Em termos semelhantes, Kant apresenta, em suas *Lições sobre Pedagogia*, a distinção entre governante e instrutor ou professor (AK, IX, p.452).

610 Na *Pedagogia*, do mesmo modo, essa distinção é colocada em destaque: a educação é "1. *negativa*, ou seja, disciplina, a qual impede os defeitos; 2. positiva, isto é, instrução e direcionamento e, sob esse aspecto, pertence à cultura" (AK, IX, p.452).

preceder a doutrina. Por meio da disciplina, podem ser formados o temperamento e o coração, mas o caráter é mais moldado pela doutrina. A disciplina significa correção [*Zucht*]. Através disso, no entanto, não é ensinado nada de novo à criança, tão somente a restrição de sua liberdade sem regras. O homem deve ser disciplinado, pois ele é, por natureza, bruto e selvagem. Apenas por meio da arte as disposições humanas são condicionadas [*bestimmt*] a se tornar civilizadas. Nos animais, a natureza se desenvolve por si mesma, mas em nós é por meio da arte. Portanto não podemos permitir o curso da natureza. Caso contrário, educamos os homens para a // selvageria. Disciplina é coerção. Mas, enquanto coerção, ela é contrária à liberdade. A liberdade, não obstante, é o valor do homem. Por conseguinte, o jovem deve ser submetido à coerção por meio da disciplina de tal modo que a sua liberdade seja conservada. Ele deve ser disciplinado através de coerção, mas não de uma coerção servil. Toda educação, dessa forma, precisa ser livre na medida em que o jovem permite a liberdade dos outros. O fundamento principal da disciplina, sobre o qual se baseia a liberdade, é o que se segue: que a criança compreenda seu comportamento como o de uma criança e que, a partir da consciência de sua infância, idade e capacidade, todos os seus deveres sejam derivados. Portanto uma criança não deve exercer sua força além do que é adequado à sua idade. Uma vez que, enquanto criança, ela é fraca, não deve ser capaz de conseguir as coisas através de ordens e comandos, mas precisa tentar obter tudo por meio de pedidos. Se ela deseja possuir algo pela autoridade e realizam seu desejo apenas para acalmá-la, ela vai praticar tal ação com mais frequência e mais vigorosamente, esquecendo sua fraqueza infantil. Dessa forma, uma criança não deve ser educada com hábitos autoritários e não deve obter nada por meio de sua vontade, mas através da complacência [*Gefällikeit*] dos demais.⁶¹¹ Ela consegue a complacência das outras pessoas quando se mostra, por si mesma, complacente com elas. Portanto, se ela não obtém nada por intermédio de coerção, acostuma-se, doravante, a conseguir tudo por meio de solicitação e de ações agradáveis. Se uma criança teve sua vontade satisfeita em sua casa, ela cresce autoritária e depois encontra todo tipo de resistência no meio social com o qual não está de modo algum acostumada e, nesse caso, ela é inútil para a sociedade. Assim como as árvores na floresta disciplinam umas às outras, posto que procuram o vento para seu crescimento não próximo às outras árvores, mas acima delas, onde não obstruem o resto e // assim crescem igualmente retas até o topo, uma árvore em um campo aberto, onde não é cerceada pelas outras, cresce totalmente atrofiada, sendo, depois disso, tarde demais para discipliná-la.⁶¹² Também é assim com o homem.

---

611 Kant segue claramente as instruções de Rousseau no primeiro livro do *Emílio*, concepções que ele assume em grande medida, especialmente no que concerne à educação física em sua *Pedagogia*: "A primeira perdição das crianças está em curvarmo-nos ante sua vontade despótica, de modo que possa conseguir tudo com seu choro" (AK, IX, p.461).

612 A mesma metáfora é utilizada na quinta proposição da *Ideia de uma história universal de um ponto de vista cosmopolita*: "Só dentro da cerca que é a constituição civil é que essas mesmas inclinações produzem o melhor resultado – tal como as árvores num bosque, justamente por cada qual procurar tirar à outra o ar e o sol, se forçam a buscá-los por cima de si mesmas e assim conseguem um belo porte, ao passo que as que se encontram em liberdade e entre si isoladas estendem caprichosamente os seus ramos e crescem deformadas, tortas e retorcidas" (AK, VIII, p.22).

Se ele é disciplinado cedo, cresce reto com os outros, mas se isso é negligenciado, ele permanece uma árvore atrofiada. A primeira disciplina baseia-se na obediência. Ela pode ser aplicada, posteriormente, para muitos propósitos, tais como os do corpo, do temperamento. Por exemplo, se a criança é geniosa, deve receber grande resistência; se é preguiçosa, não devemos, do mesmo modo, lhes ser submissos. Ademais, devemos atuar assim em vista de seu tipo de temperamento. É preciso resistir firmemente a este, especialmente quando se manifesta maldade [*Bosheit*], alegria maliciosa [*Schadenfreude*], inclinação para destruir e importunar. Em consideração ao caráter, nada é mais prejudicial do que o tipo de temperamento enganador, falso e mentiroso. Falsidade e mentira são falhas de caráter e características do covarde que precisam ser muito bem observadas na educação para que sejam reprimidas. A maldade, no fim das contas, ainda tem força e precisa apenas ser disciplinada, mas a mediocridade oculta e falsa já não possui mais nenhum germe do bem em si.

Da disciplina ou correção passamos para a instrução ou doutrina. Esta é de três tipos: a instrução pela natureza ou experiência, pela narração e pela argumentação [*Raisonnement*] ou discussão [*Vernünfteln*]. A instrução pela experiência é a base de tudo. Não se deve ensinar a uma criança mais do que aquilo que se encontra confirmado na experiência e pode ser observado. Aqui a criança deve ser acostumada a observar por si mesma como se originam os conceitos que são derivados da experiência. A instrução através da narrativa já pressupõe conceitos e juízos. A argumentação deve ser instituída segundo o critério da idade. A princípio, ela deve ser apenas empírica e não por intermédio de fundamentos *a priori*,[613] mas pelo efeito na experiência. Se a criança fala uma mentira, por exemplo, devemos tratá-la como absolutamente indigna de falar. É, em especial, uma questão de como a educação é adaptada às diferentes idades da criança.

[316]   Em consideração à idade, existem três fases da educação: // a educação da criança, do jovem e do adulto. A educação sempre precede e é uma preparação para o período seguinte. Enquanto preparação para o período da juventude, a educação consiste em fornecer ao jovem razão para tudo. Mas não pode ser assim para a fase infantil, pois nesse estágio são apresentadas às crianças tão somente as coisas como elas são, uma vez que, caso contrário, elas seguem sempre questionando e durante a resposta já estão pensando em uma nova pergunta. O período da juventude, entretanto, já diz respeito à razão. Quando se começa a preparar a criança para o período da juventude? Na idade em que o indivíduo já é por natureza um adolescente, ou seja, por volta dos dez anos, pois nesse momento ele já tem capacidade de reflexão. Um jovem já tem que possuir um pouco de decoro, mas uma criança não. A ela pode ser dito apenas: "não se faz assim". Um jovem já deve estar consciente dos deveres da sociedade civil. Aqui ele adquire a noção de decoro, de amor à humanidade. A partir daí ele já é capaz de princípios, pois a moral e a religião são cultivadas e agora ele já é capaz de se refinar, podendo ser disciplinado por meio da honra, já que uma criança é disciplinada somente por obediência. A terceira fase é aquela em que o jovem é educado para entrar no período

---

613 Trecho adicional em Kaehler: "Portanto as leis morais não [devem ser observadas] por meio de fundamentos *a priori*".

da maturidade, o estágio no qual ele não apenas é capaz de se conservar por si mesmo, mas também pode reproduzir seus descendentes e mantê-los. Aos dezesseis anos ele está agora à beira da maturidade e aí a educação da disciplina termina. Nesse estágio, ele aprende gradativamente a reconhecer a sua destinação e por isso deve conhecer o mundo. Na entrada da maturidade, alguém deve informá-lo dos verdadeiros deveres, da dignidade da humanidade em sua pessoa e do respeito pela humanidade nos outros. Aqui a doutrina deve formar o caráter.

No que diz respeito à conduta em vista do gênero, o mais importante cuidado que se deve tomar é que os afetos, entre os quais o impulso sexual é o mais forte, não sejam mal utilizados. Rousseau diz: "um pai // deve aqui, nessa fase, dar uma explicação completa disso ao seu filho e não guardar isso como segredo". Ele deve esclarecer o entendimento do filho, dizer-lhe o propósito de sua inclinação e os prejuízos que provêm do abuso dela. Ele deve demonstrar, mediante os fundamentos morais, o repúdio a esse abuso e colocar diante de seus olhos a desonra da dignidade humana em sua própria pessoa. Este é o mais delicado e o derradeiro ponto da educação. Até as escolas chegarem a lidar com isso, muitos vícios ainda serão praticados.

Da destinação final do gênero humano

A destinação final do gênero humano é a maior perfeição moral na medida em que é realizada através da liberdade do homem, meio através do qual ele é, nesse caso, capaz da maior felicidade. Deus já poderia ter feito os homens completamente perfeitos e ter compartilhado com todos a felicidade. Mas, nesse caso, ela não emergiria a partir do *principium* interno do mundo. Esse princípio interno é, não obstante, a liberdade. Portanto a destinação do homem é obter a sua maior perfeição por meio de sua liberdade. Deus não quer simplesmente que sejamos felizes, mas que sejamos capazes de nos fazer felizes. Isto é a verdadeira moralidade. O fim universal da humanidade é a suprema perfeição moral. Ora, se todos pudessem se comportar de modo que sua conduta fosse capaz de concordar com esse fim universal, então a perfeição suprema seria, dessa forma, alcançada. Cada indivíduo em particular deve se esforçar para estabelecer sua conduta de acordo com esse fim por meio do qual ele dá sua própria contribuição, de modo que, se todos fizessem o mesmo, a perfeição moral seria alcançada. Ora, todavia, quão longe // está o gênero humano do caminho para essa perfeição? Se tomarmos a parte mais ilustrada do mundo, vemos que todos os Estados estão com suas armas apontadas uns contra os outros e afiam suas armas, mesmo em tempos de paz, contra os demais. As consequências disso são tais que é impedido que os homens possam se aproximar do fim universal da perfeição. A sugestão do abade de Saint-Pierre[614] de

[318]

---

614 Charles-Irénée Castel (1658-1743), o abade de Saint-Pierre, foi precursor em questões de política e de direito internacional ao publicar, em 1712, ano em que ocorrera a Paz de Utrecht, um "Projeto para tornar perpétua a paz na Europa", em que propõe a formação de uma confederação formada pelos soberanos europeus com o objetivo de buscar a paz entre os povos. Influenciou bastante Rousseau, o qual dedicou comentários e críticas aos seus principais discursos. Em seus escritos publicados e em contribuição ao seu projeto para a paz perpétua, Kant o cita na sétima proposição de *Ideia de uma história universal de um ponto de vista cosmopolita* (AK, XIII, p.24) e na última página de *Über den Geimeinspruch* (AK, XIII, p.313).

um senado universal dos povos seria, se fosse levada adiante, o momento no qual o gênero humano daria um grande passo em direção à perfeição. Assim, o tempo que agora é dedicado à segurança poderia ser empregado em algo que promovesse esse fim. Mas, posto que a ideia do direito não tem tal poder com os príncipes tanto quanto as ideias de independência, autoridade pessoal e o desejo de governar de acordo com o próprio arbítrio, não é de esperar, em absoluto, algo assim daquela parte.[615] Ora, mas como devemos buscar essa perfeição e a partir de qual ponto podemos esperá-la? De nenhum outro caminho além da educação.[616] Esta deve estar de acor-

---

615 Uma crítica nesses termos é direcionada aos governantes nas *Lições sobre Pedagogia*. Kant destaca que em relação à boa educação "é necessário, portanto, contar mais com os esforços particulares do que com a ajuda dos príncipes [...], uma vez que a experiência ensina que os príncipes, para atingir seus objetivos, se preocupam não com o bem do mundo, mas com o bem do Estado". Assim, "alguns poderosos consideram, de certo modo, o seu povo como uma parte do reino animal e têm em mente apenas a sua multiplicação. No máximo desejam que eles tenham um certo aumento de habilidade, mas unicamente com a finalidade de poder aproveitar-se dos próprios súditos como instrumentos mais apropriados aos seus desígnios" (AK, IX, p.448-9). Por isso "[n]as condições atuais pode-se dizer que a felicidade dos Estados cresce na mesma medida que a infelicidade dos homens" (IX, p.451). Para toda essa discussão, consultar Cunha, *A gênese da Ética de Kant*.

616 Em *Lições sobre Pedagogia*, Kant mostra-se convicto de que o "homem não pode se tornar um verdadeiro homem senão pela educação" (IX, p.443). Em outras palavras, Kant sustenta que "o grande segredo da perfeição da natureza humana se esconde no próprio problema da educação" (IX, p.444). A educação carrega os germes do aperfeiçoamento da humanidade em vista de sua destinação final. Não obstante, é preciso observar, do mesmo modo, que "[e]ssa finalidade,

do com todos os fins da natureza, da sociedade civil e da vida doméstica. Mas nossa educação em casa e nas escolas é ainda bastante defeituosa, não apenas em relação à disciplina, à doutrina e à cultura do talento, mas também em vista da formação do caráter de acordo com princípios morais.[617] Considera-se mais a habilidade do que a disposição para se fazer bom uso da mesma. Como, no entanto, um Estado pode ser governado por pessoas tais que não são mais bem-educadas do que as demais? Se a educação, não obstante, fosse estabelecida de tal maneira que os talentos fossem bem desenvolvidos e o caráter constituído moralmente, então ela ascenderia ao trono e, doravante, os príncipes seriam educados tão somente por pessoas preparadas para isso. Até agora, no entanto, nenhum príncipe nunca contribuiu em nada para a perfeição da humanidade, para a felicidade interna e para o valor da humanidade, mas apenas estiveram sempre atentos à prosperidade dos seus domínios,

---

pois, não pode ser atingida pelo homem singular, mas unicamente pela espécie humana". Portanto, com isso, as intenções kantianas se dirigem para "[o] estabelecimento de um projeto educativo que deve ser executado de modo cosmopolita" (IX, p.448). A "natureza humana pode aproximar-se pouco a pouco do seu fim", "através dos esforços das pessoas dotadas de generosas inclinações, as quais se interessam pelo bem da sociedade e estão aptas para conceber como possível um estado de coisas melhor no futuro" (IX, p.449).

617 No mesmo sentido, Kant dá seu diagnóstico na *Pedagogia*: "vivemos em uma época de disciplina, de cultura e de civilização", que ainda "não é a da verdadeira moralidade". Destaca-se, com isso, a importância de uma educação prática que, partindo da consideração dos deveres humanos, visa "ensinar às crianças a lei que têm dentro de si", pois a lei pela qual se dá conduta correta "é a única que pode torná-lo [o homem] digno de felicidade" (AK, IX, p.494).

319] // que é a coisa mais importante para eles. Mas, de acordo com a mencionada educação, eles seriam formados de modo que tivessem influência sobre a concórdia [*Vertragsamkeit*]. Uma vez que as origens já tivessem aparecido, essa forma de educação ganharia consistência e, caso fosse universalmente difundida, manter-se-ia através da opinião pública. Não é apenas o monarca que, no entanto, deve ser educado dessa maneira, mas todos os membros do Estado. Dessa forma o Estado alcançaria a requerida estabilidade. Podemos esperar por isso algum dia? Os institutos educacionais de Basedow[618] representam uma pequena, mas alentadora esperança em relação a isso. Quando a natureza humana tiver alcançado a sua completa destinação e a mais alta perfeição moral possível, este será o reino de Deus sobre a terra [*Reich Gottes auf Erden*]. Nessa situação, a consciência interna, o direito e a igualdade governarão no lugar da força autoritária. Este é o fim destinado e a perfeição moral suprema à qual o gênero humano pode alcançar e pela qual, após o decorrer de muitos séculos, ele ainda pode esperar.

---

618 Nascido na Alemanha, Johann Bernhard Basedow (1724-1790) foi responsável por fundar, em 1774, o Philanthropinum. Trata-se de uma escola experimental cujos princípios, profundamente influenciados pelo *Emílio*, de Rousseau, voltavam-se para uma educação completamente conforme à natureza. As bases de tais princípios já são apresentadas em um livro de 1768 intitulado *Vorstellung an Menschenfreunde*, em que Basedow (1965, p.12) acredita que "todo o melhoramento das escolas e instituições não pode ocorrer através de meras modificações ou meros decretos)", e, dessa forma, deve ser defendida a "[n]ecessidade e método da total transformação de escolas e instrução" (1965, p.28).

SOBRE O LIVRO

Formato: 14 x 21 cm
Mancha: 23 x 44 paicas
Tipologia: Venetian 301 12,5/16
Papel: Off-white 80 g/m² (miolo)
Cartão Supremo 250 g/m² (capa)
1ª *edição Editora Unesp*: 2018

EQUIPE DE REALIZAÇÃO

Edição de texto
Tulio Kawata (Copidesque)
Beatriz de Freitas Moreira (Revisão)

Capa
José Vicente Pimenta

Editoração eletrônica
Eduardo Seiji Seki

Assistência editorial
Alberto Bononi
Richard Sanches

Rua Xavier Curado, 388 • Ipiranga - SP • 04210 100
Tel.: (11) 2063 7000 • Fax: (11) 2061 8709
rettec@rettec.com.br • www.rettec.com.br